U1019337

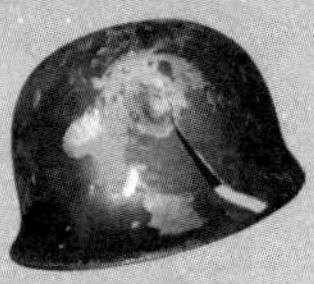

被遗忘的士兵

一个德国士兵的苏德战争回忆录

[法] 盖伊·萨杰 著　　杨华钢 译

新 华 出 版 社

图书在版编目（CIP）数据

被遗忘的士兵：一个德国士兵的苏德战争回忆录/（法）萨杰著；
杨华钢译．—修订本
北京：新华出版社，2015.12
ISBN 978－7－5166－2263－6

Ⅰ.①被…　Ⅱ.①萨…②杨…　Ⅲ.①苏联卫国战争—史料
Ⅳ.①K512.54

中国版本图书馆 CIP 数据核字（2015）第 307876 号

京权图字：01－2008－3889 号

Le Soldat Oublié
Copyright © Editions Robert Laffont，S. A.，Paris，1967
The simplified Chinese translation edition published by Xinhua Publishing House
All Rights Reserved

中文简体字专有出版权属新华出版社

被遗忘的士兵——一个德国士兵的苏德战争回忆录

作　　者：	（法）盖伊·萨杰	**译　　者：**	杨华钢
出 版 人：	张百新	**封面设计：**	图鸦工作室
责任编辑：	鞠　景　黄绪国	**责任印制：**	廖成华
出版发行：	新华出版社		
地　　址：	北京石景山区京原路 8 号	**邮　　编：**	100040
网　　址：	http：//www.xinhuapub.com　http：//press.xinhuanet.com		
经　　销：	新华书店		
购书热线：	010－63077122	**中国新闻书店购书热线：**	010－63072012
照　　排：	新华出版社照排中心		
印　　刷：	三河市君旺印务有限公司		
成品尺寸：	150mm×230mm	**开　　本：**	20
印　　张：	24.6	**字　　数：**	440 千字
版　　次：	2015 年 12 月第二版	**印　　次：**	2019 年 7 月第三次印刷
书　　号：	ISBN 978－7－5166－2263－6		
定　　价：	68.00 元		

图书如有印装问题，请与出版社联系调换：010－63077101

目　录

第一部　俄国（1942 年秋）

第二部　大德意志师（1943 年春至 1943 年夏）

第三部　撤退（1943 年秋）

第四部　向西部的行军（1943 年冬至 1944 年夏）

第五部　结局（1944 年秋至 1945 年春）

译者序

《被遗忘的士兵》一书记述了一个普通德国士兵在1942年至1945年德国与苏联空前惨烈战争中的真实个人见闻。作者盖伊·萨杰（化名）是出生在法国阿尔萨斯地区的德法混血后裔（阿尔萨斯在一战后被法国占领），他父亲是法国人，母亲是德国人。盖伊于1942年17岁时应征入伍，担任苏德前线上的一名年轻的运输兵，1943年他转入了东部前线德国陆军最精锐的部队——大德意志师，并参加了与苏军的几乎所有重要会战，其中包括斯大林格勒（现称伏尔加格勒，为保持历史原貌，本书仍译为斯大林格勒）会战、明斯克会战、库尔斯克会战、第聂伯河会战一直到德国国内的防御战役等。

该书以流畅的第一人称文笔，讲述了作者在这3年人类历史空前残酷屠戮中的个人见闻，文字描述生动、翔实，深刻刻画了作者的感受和经历。该书内容极其朴实而又深具震撼，作者的回忆跨越了意识形态和国家意识对此类风格书籍的拘囿和辖制，深刻反映了普通个体生命在人类历史残酷舞台上的无足轻重。作者并不是一个信奉纳粹主义的狂热分子，但历史的洪流不由分说地将年轻幼稚的他推向了人类相互疯狂残杀的各个战场。该书于1967年在美国首次发行，2005年再版。《纽约时报》对此书评为："读完此书的任何人都永远不会忘记它。"在许多的书评中，大量读者称此书为"最震撼人心的战争回忆录"。

与其说此书是一本战争回忆录，不如说这是一本讲述个体生命在人类残酷历史中命运和地位的回忆与思考。该书也是一个普通的个体生命对于人类历史和命运的拷问，这个拷问超越了时空和疆域，让我们读完此书的所有人都将掩卷长思。同时作为一本讲述战败国士兵经历的回忆录，此书将是中国国内第一部介绍普通德国士兵在二战中经历的历史记录。普通士兵的视线将提供给读者一个全新的视角来解读这场人类历史上空前的屠戮，让读者对于战争、人性和人类历史都有一个更加深刻和客观的领悟。任何讴歌战争和对于战争有着天真幻想的人，他们在读完此书后应该都会变得清醒许多。

第二次世界大战是人类有史以来最大规模和死伤最为惨烈的战争。当时的德国领导人阿道夫·希特勒在建立欧洲新秩序和消灭共产主义的旗帜下发动了这场世界大战。这场波及全球的大屠杀夺去了近一亿人的生命，无数的家园被战火毁于一旦。这场人类历史最血腥的篇章之一在许多的二战回忆录或历史传记中都被详细地描述了。但是，这些描述绝大多数都是从战胜国的角度撰写的。英国首相丘吉尔说过，历史是胜利者写成的。如果这样的话，那历史一定充满了种种人为的误解。其实作为那些战败国的士兵，他们也是这场人类悲剧里的一分子，许多人并不是愿意打仗，而是身不由己地被卷入了这场人类空前的自相残杀之中。

有人说，战争的根源是骄傲与仇恨。就如阿道夫·希特勒利用第一次世界大战后德国人民对于带来深重民族耻辱的凡尔赛和约的痛恨，挑动德国民众的狂热民族主义和复仇心理，最终把德国人民推入了战争的深渊。对于战争的失败者，历史通常只会忠实地接受和记录胜利者们加给失败者们一切的罪责和指控。但在我看来，如果我们还是以一种简单的思维模式对待任何战争的失败者，而不去反思那些导致人类自相残杀的根源的话，那类似的悲剧一定还会在人类未来的历史中再次重演的。

当然，由于特定的历史背景和认识的局限，作者看问题的角度与观点会有一些不尽客观、正确之处，相信中国读者在阅读本书的过程中能够批判、辨别。

译　者

2008 年 12 月于昆明

作者自序

盖伊·萨杰……你到底是谁?

我的父母都是乡下人,但他们俩却是来自两个完全不同背景的人——相隔遥远的地域,迥异的文化,被崇山所隔绝的边界,拥有同样的情感却难以用共同的言语来表达。

我就是这个奇怪爱情的产物,在后来的生命中不得不一个人去面对和处理由这而产生的种种难题。我还是个孩子的时候就觉察到了,但这无关紧要,因为这些问题在我存在之前便早就在那里了,我不过只是发现了它们而已。

接着战争爆发了。虽然我已到了坠入爱河的年纪,但我却要与战争携手同行。我不得不面对一个难以担负的重担。转眼之间,我面对着两面需要我去捍卫的国旗,两条需要我去防守的战线——德国的齐格菲防线和法国的马其诺防线——它们分属于两个不共戴天的敌国。我后来入伍了,也曾经有过许多的幻想和祈望。我经历过《丽丽玛莲》[1] 中所不曾提及的战争恐怖的渊薮。我根本就没想到能够活下来,但我还是活下来了,在这之后,一切对我而言都不再重要了。

所以如今我还是我,虽然无悔,但自己的整个生命却业已被那场战争完全地改变了。

---

① 二战时一首著名的德国爱情歌曲。译者注

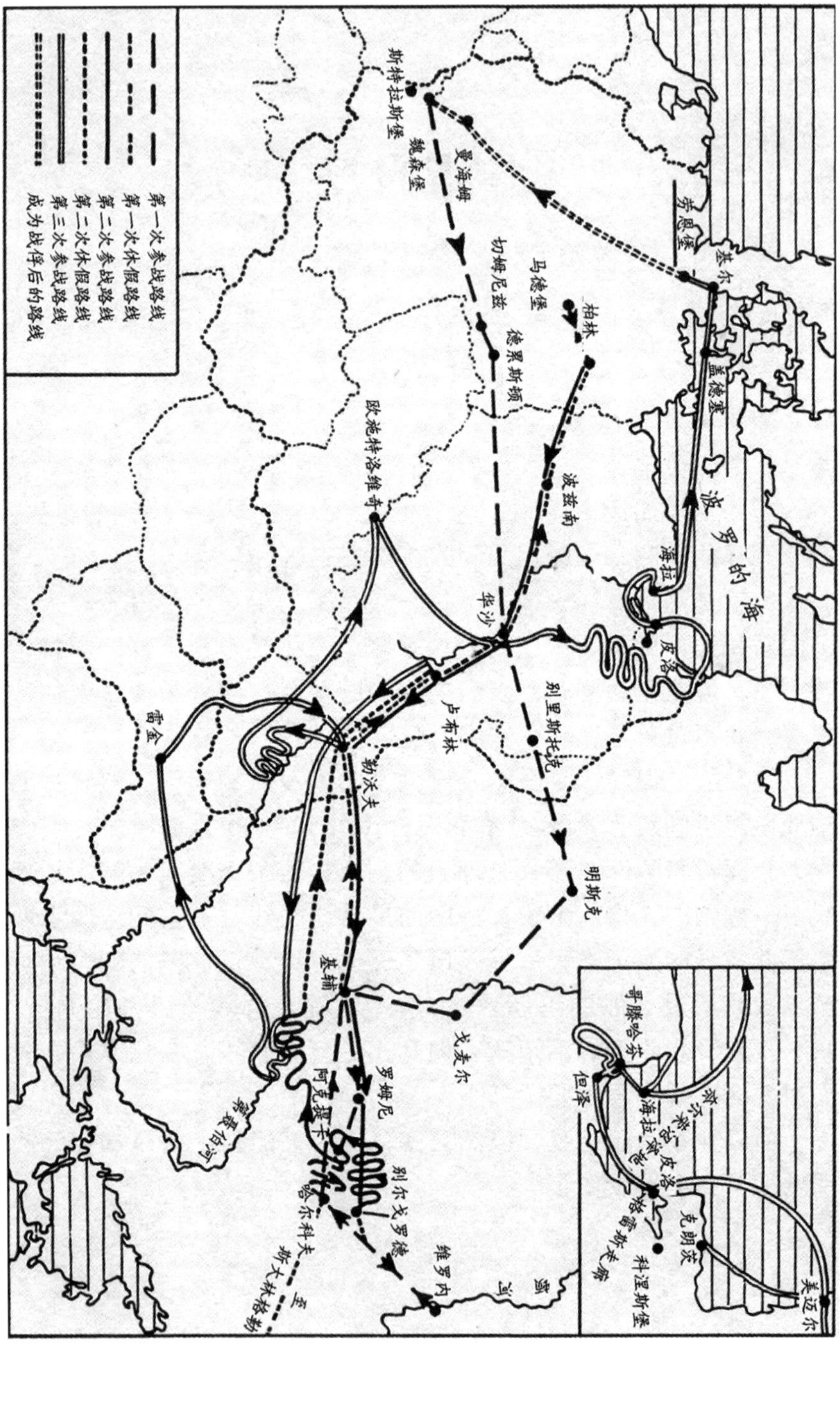

波罗的海
基尔
劳恩堡
盖德塞
海拉
皮洛
柏林
马德堡
波兹南
别里斯托克
明斯克
切姆尼兹
德累斯顿
华沙
曼海姆
斯特拉斯堡
魏森堡
戈麦尔
卢布林
欧施特洛维奇
勒沃夫
基辅
罗姆尼
别尔戈罗德
维罗内
阿克提卡
哈尔科夫
至
斯大林格勒
第聂伯河
雷金
美迈尔
克朗茨
科涅斯堡
格雷斯走廊
哥滕哈芬
但泽
第一次参战路线
第一次休假路线
第二次参战路线
第二次休假路线
第三次参战路线
成为战俘后的路线

前　言

1942年7月18日，我来到了位于切姆尼兹的兵营——一个通体白色的巨型椭圆建筑物。我被这个特异的建筑结构所深深吸引，甚至心中多少产生了些许莫名的敬畏之情。

在我的请求下，我被分配到了飞行王牌卢德尔①所指挥的飞行中队第26小组。不幸的是，我没有通过德国空军的考试，但搭乘斯图卡式轰炸机的经历成为我终生难忘的一幕。我们这些新兵们每天都生活在巨大的兴奋当中。每一天都有新的事情发生在我们身上。我有了一套崭新而合体的制服，一双不算新但是相当不错的军靴。我对我的新形象感到非常自豪。军营里的伙食也不错，我还学了几首军歌，但我常常带着自己浓重的法国口音而常常将它们唱跑调。其他新兵在听我唱歌的时候常常大笑起来。

没有当上空军的我被转往了德国陆军。和我想象的空军训练营的生活比，陆军训练营的生活当然对我没有太大的趣味性。训练营中的战地训练科目是我经历过的最苛刻的体能训练。训练结束后的每一天，我都是筋疲力尽，常常吃着饭就睡着了。但另一方面，我又是满心欢喜和快乐的。在经历了战争一切的恐怖和残酷之后，至今回想起来我也搞不懂为什么我那时能够如此兴高采烈。

在那年的9月15日，我们离开了切姆尼兹，徒步行军40公

① 卢德尔是二战德国空军的头号王牌飞行员，在整个战争中，他驾驶的斯图卡式俯冲轰炸机摧毁苏军坦克500余辆，战机上百架。译者注

里到达了德累斯顿市，在那里我们登上了一列火车。

火车带我们穿越了大片的波兰领土，我们在华沙的车站上停靠了几个小时。我们的连队在停靠期间还游览了华沙市的市容，包括著名的犹太人定居区。我们后来陆续地回到了车站。大家脸上都洋溢着笑容，波兰人也向我们报以微笑，特别是那些波兰女孩们。一些远比我要大胆的老兵已经安排了如何在下一次返回时约会某个波兰女孩了。我们的列车再一次启动，我们最终到达了别亚里斯托克。从别亚里斯托克下车后，我们徒步行军了大约 15 公里到达了一个小村庄。那天的天气凉爽而晴朗。秋天的妩媚在这片群山环绕的乡村里被展示得格外淋漓尽致。我们穿过了一片巨树丛生的森林。劳斯军士长大声命令我们快步跑到一片开阔地，在那里，一个童话般的城堡就矗立在我们面前。我们沿着林荫大道一边前进一边用四个声部唱着《艾丽卡，我们爱你》这首歌。在城堡外迎接我们的是 10 来个德国军人，其中一个还戴着只有军官才能佩戴的闪亮的肩章。我们准时到达了自己的目的地，大家一面唱着最后几节歌词，一面站好了队。军士长再次大声发出命令，我们都立正站好。接着下一个命令，所有人都齐刷刷地向右看齐，空气中充满了 300 双皮靴的擦碰声。在一个隆重的部队欢迎仪式后，我们起步走进了这个气势恢宏的城堡里。在城堡的院子里，军官开始了点名。被点到的士兵出列组成了另外一组，随着被点士兵的陆续出列，我们原来队伍的规模变得越来越小。院子里到处都停着各种各样的军车，军车上坐着大约 500 名全副武装准备出发的士兵。我们每 30 人被编成一个组原地休息。一个年纪挺大的军人向大家叫道："休息的部队，这边来。"

我们从这个命令中知道那些军车上的士兵就要离开这个富丽堂皇的城堡了，这也许可以解释他们的脸色为什么不太好。两个小时后，我了解到了他们的目的地是俄国。俄国就意味着战争，而那时的我对于战争仍旧是一无所知。当我刚刚把自己的行李放到我选好的木板床上时，我们又被下令到院里集合。现在是下午两点了。除了在火车上吃的一点面包和白奶酪，还有在华沙车站上的几块饼干外，我们所有人都没有吃任何东西。这次集合一定和午饭有关，尽管已经晚了 3 个小时了。

但结果这次集合和午饭一点关系都没有。一个穿着背心的军官带着嘲讽的口气建议我们和他一起学习游泳。他带领着大家齐步跑到了大约离城堡一公里左右的一个灌满水的沙池边，一条小溪缓缓地流过这个沙池。带队的这个军官此时面无表情地命令大家脱掉衣服。大家很快都脱得赤条条的，我们多少感到有些滑稽。军官首先跳入了池里，他接着挥手命令我们也跳下去。

每个人都哄笑起来，但我的笑声多少有些勉强。那天的天气对于散步而言再好不过，但对于下水游泳恐怕就不是了。外面的气温只有十几度，我试着用脚尖试了一下水，水冰凉刺骨。就在此时，突然有人在我后面猛地一推，我随即跌到了水里，周围传来一阵大笑声，我在水里拼命地扑腾着好让自己不呛到水。当从水里颤抖着爬上岸时，我相信今晚一定要得肺炎住院了。我焦急地等着有人递给我一条毛巾，但终于明白不会有人给我什么毛巾的。因为没有人带了毛巾！我的大多数战友只有自己的长袖内衣和咔叽布夹克，从水里上来的人将夹克披在自己的赤裸的身上。我因为穿了一件套头背心而比较幸运，这件背心可以让我的肌肤不用摩擦着夹克粗糙的布料。

我们上气不接下气地追赶着我们的带队军官，他已经跑到了离城堡只有500米的地方了。我们所有人都饿得快不行了，大家都极度迫切地等待着任何让我们吃饭的命令。一个体格健壮的阿尔萨斯新兵跑到一个军官身边，眼睛直勾勾地望着军官，好像要把他一口吞掉一样。

他问军官说："我们要吃饭了吗？"

接着一个令人振聋发聩的"大家注意"的命令声传到了我们的耳朵里。大家都站住了。那个军官接着喊道："这里的午餐时间定在上午11点钟，但你们迟到了3个小时。我数到3，所有人到我的右边，现在是实弹射击训练时间。"每个人都紧咬着牙跟着我们这个"新家长"出发了。我们走上了穿过树林的一条狭小的山路。部队的队列散了开来，很快大家已经成一个单列前进了。我接着注意到了走在我前面的10来个人中爆发了一场小小的骚乱。很快我们30来个人挤在了一个树丛边上，3个穿着平民装束的波兰男人每人手里拿着一个装着鸡蛋的篮子在那里站着。我们每个人都在问彼此同一个问题："你带钱了吗？我没有。"

我们都听不懂那几个波兰人说的是什么，但马上我明白了他们是想把自己的鸡蛋卖给我们。我们参军后还没有发补贴，算我们倒霉。结果我们几乎没有人身上带了钱。对于早已饥肠辘辘的我们而言，眼前的鸡蛋简直是一个无法抗拒的巨大诱惑。转眼间，无数只手伸到了篮子里面。许多鸡蛋破掉了，波兰人和我们在无声地推搡着：双方都担心可能的报复。我还不算运气太差，虽然我的一只脚被拥挤的众人踩了许多次，但最后我抢到了 7 个鸡蛋。

我快跑着赶上了自己的部队。我把两个鸡蛋递给了一个肥硕的奥地利人，他惊讶地望着我。我飞快地吞下了手中的 5 个鸡蛋，一同下肚的还有不少碎蛋壳，这一切都在不到 100 米的距离内完成了。

我们终于到达了射击场。那里至少有 1000 人。射击的声音此起彼伏。我们列队走向一群前来迎接我们的战士，从他们的手中接过枪来。我拿了 24 发子弹——我打掉的子弹并不是我们连队最多的，而只是一个平均数而已。

刚刚吃下去的鸡蛋开始发挥作用了。夜幕降临，我们所有人都要饿晕了。我们扛着自己的枪离开了靶场。别的连队向其他方向走去。我们沿着一条似乎来时没有走过的狭窄的碎石路行进着。实际上，我们还需要快步走 7 公里才可以回到那个该死的城堡。看起来行军时唱歌是一种很好的呼吸运动。虽然已经累得半死，但那个晚上我还是想把自己的肺唱成一副风箱。在唱歌间隙，我注意到所有人脸上都浮现着焦虑的神情。就在正忙着呆呆地走着的时候，和我只有一步之遥走在我正前面的彼得·德雷格指着他手腕上在黑暗中闪闪发光的手表轻声说"看现在几点了！"

我的天！现在已经过了下午 5 点，我们已经错过了晚饭时间。所有人都开始加快了自己的脚步。或许城堡里的人还给我们留了一些吃的。我们抱着这样的希望好使自己能够不去注意快要压垮我们的疲劳感。最前排的士兵很快超过了带头的军官一大步的距离，接着又超过了两大步的距离。领头的军官惊讶地瞪着我们，接着他喊道："你们以为可以把我甩到后面，是吗？我们试试吧。"

当带队军官第七次命令大家齐步走的时候，我们终于跨过了通向城堡大门的宽阔的运河石桥，大家的步伐依旧没有放慢下来。我们看到了被几盏昏黄灯泡照亮的城堡大院，在那里一队士兵正拿着自己的饭盒和水杯排着队，在他们队列的最前面停着一辆改装过的装着三个巨大圆筒形炊锅的挎斗摩托车。

随着军士长的命令，我们停了下来。大家都在等着解散的命令好拿出自己的饭盒。但是，天哪，我们并没有等到这个命令。这个变态的虐待狂军士长命令我们大家将自己的枪按照枪号放回到枪架上。这个过程大约又花了 10 分钟左右。我们都要崩溃了。然后大家终于听见军士长命令说："现在所有人可以回来排队领饭，看还剩下多少吃的。"

我们列队走到了军械库的门口，但当我们一出城堡大门，所有人都发了疯一样冲向自己的营房，打了铁掌的皮靴底把石板地面碰出点点的火星。我们排的 60 个人像疯子一样冲上了营房的石台阶，把几个其他连队的刚从营房出来的士兵又挤了回去。在宿舍里，混乱进一步升级，因为没有一个人清楚自己的房间或床位在哪里。我们从一间房冲到另一间房，好像是被魔鬼附身了一样，然后不可避免的是，当一个人想出去时，另一个人又打算进来。我们挤作一堆，咒骂着，互相推搡着。我戴着钢盔的头不知被谁猛地砸了一拳。

一些幸运的恶棍先找到了自己的饭盒并迅速大步流星地跑了下去。这帮猪猡！他们一定会把所有剩下的饭菜都抢光的！我终于找到了自己的背包，但当我正在拿出饭盒的时候，有个穿着脏靴子的家伙跳到了我的床上，顺便也把我的背包连同所有东西踢到了地板上。我的饭盒滚到了旁边的床下面，当我一个鱼跃扑向饭盒时，手又被人踩到了。

当我回到院子里，在我们军官慈祥目光的注视下，排进了打饭的队列，我欣慰地看到还有一个饭锅里还剩着一些东西。在排队的间隙，我扫视了其他排队的战友。每个人的脸上都挂着极度疲惫的倦容。有许多像我这样身材并不魁梧的士兵，他们的眼圈都已经变成了灰黑色。

我看到了布鲁诺·林森。他刚刚领完食物并正在一边小心地走，一边狼吞虎咽地吃着自己的东西。法尔施泰因、奥林海姆、林德伯格还有霍尔斯，他们都在做着和林森同样的事情。当轮到我的时候，我打开了自己的饭盒，自从上一顿后我还没有来得及洗我的饭盒，饭盒内壁上还沾着食物的残渣。炊事兵除了将我的饭盒装满，还将一大份酸奶放到我的餐盘里。我退后几步坐在靠厨房墙边的一把长椅上。我们打靶后返回途中，下午匆匆吃掉的几个鸡蛋发挥了作用。我边坐着边飞快地吃起了晚饭。晚饭总的还不错。我起身走到一个没有拉上窗帘的窗户前，借着里面的灯光，我看到自己饭盒里的食物是一些面条、葡萄干和肉块的混合物。马上这些东西都将转到我的肚子里了。因为我们没有喝的东西，我像其他人一样走到水槽边上接了三四杯冰凉的自来水灌下了肚。现在我终于有机会可以洗洗自己的餐具了。到了晚点名的时候，我们被叫进了一个宽敞的大厅。一个军士长给大家做了一个有关第三帝国题目的演讲。现在是 8 点了，熄灯号响了起来。我们回到了自己的房间，随即进入了沉沉的梦乡。

我刚刚度过了自己在波兰的第一天。这一天是 1942 年 9 月 18 日。

我们每天清晨 5 点起床，接下来的两周里我们都是如此。我们将接受高强度的体能训练并每天都要跨越那个该死的积满水的沙池。但不再是以游泳的方式，而是全副武装游过去。每天晚上回来，每个人都是筋疲力尽，浑身湿透地倒在自己的床垫上，我们就这样沉沉地睡了过去。在这两个星期里，我们甚至没有力气给家里写信。

作为一个狙击手，我在训练中取得了很快的进步。两周的强化训练里，我至少在演习和打靶场上打掉了 500 个弹夹和抛掷了 50 颗训练手榴弹。训练的两个星期里天色总是阴沉沉的。有时天会下雨，我不知道下雨是否意味着冬天马上就要到来了，但现在还只是 10 月 5 日。今天清晨天气晴朗，地上有一层薄薄的霜。这意味着白天的天气会很好。早上我们举行了升旗典礼，接着我们背着枪开始了一天的例行训练。

我们的队列走过了城堡护城河上的那座石桥，我们排 60 双皮靴整齐地发出雄壮的响声。劳斯军士长没有命令我们唱歌。在出城堡后半个小时的时间里，我只听到我们行军时整齐的脚步声。我很喜欢这种声音，我也不想说话，只是大口大口地吸着早晨森林里所特有的清新空气。我感到自己的身体里奔涌着说不出的活力，并没有去想为什么在高强度的训练后我们所有人都仍然感到强健有力。在路上碰到了一支驻扎在离我们有10公里远一个叫克莱门斯托夫斯克的小村庄里的德军队伍。彼此向对方行了军礼，我们将头偏向他们所在的左边，他们将自己的头也偏向我们的方向，随即被命令加快步伐继续行军。当我们回到城堡时，看到了一大群新面孔。

所有的军士长们都一如既往地扑向这批新兵。而我们此时仍然站在城堡门口。又过了一个小时，还是没有人来命令我们做些什么，于是我们将自己的武器放好，并就地坐在院子的地上。

我和身边的一个从洛林来的德法混血小伙子交谈着，这时已经快到中午了。吃午饭的钟响了起来，在走进食堂前我们把自己的武器放回到军械库里。转眼已经到下午了，依旧没有任务，没有训练，我们简直不敢相信这是真的。在城堡院子里溜达是不可能的，军官们发现的话会惩罚我们的。于是在得到同意后，我们爬上了城堡的三楼，这里有着更多的宿舍。我们发现了一个通向城堡顶部的梯子。明媚的阳光正倾泻在城堡房顶的瓦片上。我们爬到房顶，然后完全躺了下来，只是必须要将脚牢牢顶在环绕城堡顶的排水管上，要是不这样做的话，恐怕有人会从房顶摔到院子里的。

外面天气很好，城堡顶上却出奇地热，不到一会儿，我们都脱去了所有的上衣，大家就像在海滩晒太阳一样。但是，很快大家就感到热得受不了了。和其他人一样，我不得不离开了城堡的顶上。但有一件有意思的事就是从城堡顶上向下观望那些刚到这里的新兵们受到教官们粗暴调教的景象。回到院子里，我发现我和那个洛林人又在一起了。除了他当兵前学医的经历，他仿佛就不会谈点别的什么。他问我是否他该像他父亲一样以后当个机师，我实在觉得他的问题无聊透顶——如果你刚刚参加了部队，谈这些遥不可及的平民生活计划有什么意义呢？

由于还是没有命令，我现在可以在城堡里相当自由地走来走去。我第一次仔细地观察了这个雄伟的建筑。城堡里的一切东西似乎都是特大尺寸的。这里最窄的楼梯都有至少6米宽，整个建筑物是如此宏大，甚至你都忘掉了它多少有些怪异的外观。与城堡入口平行的是长长的顶部箭墙。城堡的另一大块由四个高塔组成。城堡的结构让人既感到印象深刻而又不乏美感。城堡内的瓦格纳时代的装饰也让人感到某种不可抗拒的力量。从城堡顶上望去，四周都是一眼望不见边的茂密森林。

在接下来的几天最让我感到兴奋的就是我学会了驾驶。我首先开的是一辆摩托，然后就是一辆大众汽车，最后是一辆军用吉普。我对于驾驶这些车辆显得非常随心顺手，几乎把它们当作玩具看待。我相信我可以在任何情况下熟练驾驶它们。没有长官来干涉我们的学习，我们仿佛又变成了一群天真的男孩。

10月10日，天气依旧那么晴朗，但今天早上的气温已经降到了摄氏零下3度左右。一整天都在学习如何驾驶一辆小坦克，我们需要将这辆小坦克开上一些相当陡峭的斜坡。拉我们去训练地的车子原来只能够坐8个人，但我们有15个人，最后只好借助于一些高难度的体操动作才勉强挤下。尽管挤得够戗，但我们一路上笑个不停。那天我们所有人都掌握了坦克的驾驶。但回来的时候大家都感到全身没有一处是不疼的。

第二天，当我们正准备再次投入训练的时候，劳斯军士长向我喊道："萨杰！"

我从队列中站了出来。

劳斯接着说道："施达非上尉需要有人驾驶他的坦克，因为你昨天的训练表现很出色，现在去做一些准备吧。"我向劳斯敬礼之后大步离开了队列。我简直不敢相信——我……居然会是我们排最好的驾驶员！我高兴得跳了起来。很快我穿好了军装回到了院子里。我开始向指挥部跑去。但显然这是不必要的。施达非上尉已经在等我了。他是一个瘦高个，看起来没有什么架子。好像他曾经在比利时战役中受过重伤，现在他在部队里主要做训练新兵的工作。我向上尉介绍了自己。上尉问道："你知道去克莱门斯托夫斯克村的路吗？"我回答说："是的，上尉先生。"

老实说，我只是知道到那个村子的道路应该就是我们训练路上常常碰到的那些连队所经过的道路，并没有去过那里。但是我对这项任务兴奋之情难以言表，以至不可能因为对路况不熟而拒绝掉。自从到这里后，这还是第一次有人要求我做一件与训练无关的事。

上尉接着说：“好的，那我们走吧。”

上尉指着一辆昨天我们训练用的坦克。这辆坦克的结构看起来就像是有一个四轮拖车挂在后面一样。事实上，这是一辆88毫米炮车。车身上覆盖着迷彩网。我坐进了驾驶座发动了引擎。油表上显示只有大约10升汽油了。我向上尉请示加油，上尉对于我的发现表示赞赏。在加完油后，我们的坦克摇摇晃晃地驶出了城堡。我不敢看施达非上尉，他一定注意到了我拙劣的驾驶技术。开出城堡大约600米时，转向了那条我认为通向目的地的道路。以中速开了大约10分钟，我对于行驶路线的正确与否感到了几分焦虑。路上我们经过了两辆波兰农民满载饲草的马车。他们看到我们的坦克后赶忙将马车赶到路边。上尉看了看我，然后又向慌忙躲到路边的马车笑了笑。

上尉对我说：“他们以为你是故意这样的，他们绝不会相信是因为你技术不熟才这样的。”

我不知道是否我该笑出来还是将上尉的话当作是一个警告。我越来越感到紧张，坦克在我手里也颠簸得厉害，看起来上尉好像是在骑一匹骆驼一样。我们终于到了一片破败的建筑物跟前。我慌不迭地寻找着路标，但前面只有一群头发蓬乱的当地小男孩跑出来看我们的坦克，坦克的履带几乎要碰到他们。突然我看到了前面的道路上停着上百辆的德国军车，接着施达非上尉指着一个飘着德国旗帜的建筑物。我终于松了一口气，我们毕竟走对了。

上尉对我说：“你需要等我一个小时，现在你可以去食堂看看他们那里有些热的东西没有。”

在他说话的时候，他拍了拍我的肩膀。上尉的友善让我非常感动，我知道刚才上尉经历了一个让人担惊受怕的旅途。我没有想到一个看起来有些苛刻的人竟然能够如此宽容别人。我从坦克上下来走向了一个像是市政厅的建筑。建筑门口挂着一个黑底白字的牌子，上面写着：27连士兵餐厅。士兵们从这里进进出出。因为没有哨兵看门，我径直走了进去。里面一间屋子里有3个士兵在忙着打开装食物的箱子。在这个房间边上是另一个房间，这个房间后面有一个柜台，一群士兵正站在那里交谈着。我向他们说道："我可以吃点热的东西吗？"我刚刚送一个军官到这里。我不是27连的。柜台后有一个士兵嘟嘟囔囔地说："又是一个假装德国人的阿尔萨斯人。"

我的德语发音相当蹩脚，这无疑是一个事实。

我接着说道："我不是一个阿尔萨斯人，我母亲是德国人。"

他们没有再为难我。柜台后的那个人接着回到了厨房。我仍然留在原地。5分钟后，那个士兵回来了，他手里拿着一个饭盒，饭盒的一半装着热腾腾的山羊奶。然后他又倒了满满一杯白酒在里面，一句话不说地将饭盒递给我。尽管饭盒烫得要命，但我还是接过来把里面的羊奶喝了下去。食堂里所有人的目光都注视着我。尽管我不喜欢酒精的味道，但我还是决心无论如何要将这一大饭盒带酒的羊奶喝下去，我不想大家因为这个而看扁了我。

喝完后我没有向这帮粗鲁的家伙告别就径直走了出来。我再一次感到了寒冷。这一次我确信波兰的冬天已经来到了。天色阴沉沉的，温度计现在已经跌到了至少摄氏零下7度左右。

我真的不知道要往哪里去。广场上已经几乎空无一人。临近的房屋里，波兰人正围坐在炉火边取暖。我向停车场走去，在那里有几个士兵正在修卡车。我试图上去搭话，但他们的回答冷冰冰的。也许我对于他们而言太年轻了，这些家伙看起来至少有30岁了。我继续漫无目的地走着，接着我看到了3个留着长长胡须，穿着奇怪棕色外套的男人。他们正在用一把万能锯将一棵树干切成长段。我无法从他们的制服辨认出他们部队的类别。

我走到他们那里，向他们微笑，并问他们一切都还好吗。他们仅有的回答就是停下手中的活，并站直起来。我猜他们一定在浓密的胡须后面也向我微笑。其中一个人显得身材高大魁梧，另外两个人则个子不高而且有些肥胖。我继续问了两个问题，但还是没人回答我。这些家伙一定在嘲笑我！接着我听到后面有脚步声，一个声音说道："别管他们。你知道和他们说话是禁止的，除了向他们下命令外。”

我回答说：“这帮家伙反正是不回答我。我不知道他们在德国陆军里到底干什么。”那个人又接着说：“他们是一帮魔鬼。我看出来你从来没有上过前线。这些人是俄国战俘。如果你到了俄国前线看到这些家伙中的一个，你最好在他看到你之前马上开枪，要么你肯定看不到下一个俄国佬了。”我吃惊地看着这些俄国人，他们现在已经重新锯起来了。他们就是我们的敌人，他们就是那些向德国士兵开枪的人，他们的军服原来是这个样子。但为什么他们刚才朝我微笑呢？

接下来的两周，我和自己所在的19连继续在城堡里重复往日的训练生活。我决心忘了我在27连那里的记忆，因为那里所有的人都是那么阴郁。但公平地说，27连的士兵都是一些1940年就服役的老兵。

冬天终于来了。天空中飞舞着雨和雪，很快地上便成了一片泥泞。当黄昏训练回来，我们全身都是泥巴，筋疲力尽。但我们的年轻和健康仍然让我们心里充满了快乐。其实这些微小的疲劳和我们后来面对的处境比起来简直不值一提。每天晚上我们都躺在温暖的床上互相开着玩笑直到不知不觉进入梦乡。

10月28日。天气虽然不算太冷，但天色却阴沉得有些吓人。一整天，天空中都飘着小雨和刮着风。我们的教官也不想再在雨中弄湿自己，他因此宣布取消户外的训练。我们大多数时间都花在继续提高驾驶技术和如何修理车辆之上。我不知道除了在雨中修理汽车发动机外，还有什么事情更让人不悦的。接下来的几天里，温度计都在零度附近徘徊。

10月30日，下雨并寒冷的天气。在早上的例行升旗仪式后，我们被命令到仓库集合。我们机械地走到了仓库，至少那里要暖和一些。我们连的两个排已经拿到了自己的东西，他们出来的时候两手都是满满的。当轮到我时，我领到了四盒法国产的沙丁鱼罐头，两根包在蜡纸里的蔬菜香肠，一袋维生素饼干，两块瑞士巧克力，一些猪油，最后还有一个大约重200克的糖块。刚走了几步，另一个仓库管理员将一张防水床垫、一双袜子和一副羊毛手套放到了我堆满东西的手臂里。在快出门的时候有人又将一个写着战地急救包的布包裹塞到我的怀里。

在雨中我回到了队列里，发现大家正围在一个坐在卡车后厢边上的一个军官旁边。他穿着深绿色的皮大衣，看起来他正在等待大家集合好。当确信所有人都到了以后，他开始向大家讲话。他说话的语速很快，这使我很难听懂他的意思。

军官说道："你们将很快离开军营去执行一个重要的任务——保护我们的军列运输。你们刚刚得到了 8 天的口粮，你们要把这些给养保管好。在 20 分钟后我们集合，现在大家准备好自己的东西。"

我们所有人都怀着焦虑的心情默默无声地回到了营房收拾自己的东西。当我把自己的背包背起来的时候，睡我隔壁那张床的人问我："我们会走多长时间?"我回答他说："不知道。"他接着又说："我刚刚给我的父母写了信，我要他们给我寄些书来。"我说："邮局会把包裹送给你的。"

就在这时，我的好朋友霍尔斯来到我后面拍了拍我说："至少我们要看见俄国人了。"他狡黠地冲我笑着。我明白他在为自己壮胆。对我们这些刚刚结束少年时代的人而言，战争的念头让我们感到恐惧。

我们再次在雨中来到院子里集合。我们每个人都配发了一支毛瑟枪和 25 个弹夹。我注意到每个士兵的脸色都变得异常苍白。当然我们的反应是正常的：我们连没有一个士兵年纪是超过 18 岁的。我还要等两个半月才满 17 岁。上尉注意到了我们的反应，为了鼓舞大家的情绪，他向我们念了最近一期的德国陆军公报。公报的意思大约是：冯·鲍卢斯将军[①]的部队已经到了伏尔加河畔，李希托芬的部队现在正在莫斯科附近，英国人和美国人在他们轰炸德国的过程中损失惨重。我们随即齐声回应道："胜利万岁!"

---

① 冯·鲍卢斯是德国陆军第六集团军总指挥。在斯大林格勒战役中，第六集团军为德军主力部队。苏军成功反攻并于 1942 年年底在斯大林格勒包围了第六集团军后，冯·鲍卢斯被希特勒提升为陆军元帅。由于严寒和严重的弹药短缺，死伤惨重的德军第六集团军于 1943 年初在斯大林格勒向苏军无条件投降，冯·鲍卢斯被苏军俘虏。1953 年，冯·鲍卢斯获释回到当时东德的德累斯顿市，他于 1957 年死于癌症。译者注

上尉对我们的反应表示满意。接着我们全连在军旗前立正站好等待出发命令。

我们的长官劳斯军士长也和我们站在一起。不同的是他现在已经戴好钢盔并将全部武器装备都带到了身上。他将一支长长的自动手枪放在一个黑皮套中斜挎在自己旁边，枪身在雨中发出冷冷的反光。我们大家都静默不语。出发的命令听起来就像是特快列车的出发笛声一样——“注意，向右转，出发!”随着军官“一二三，一二三”的口令，我们离开了军旅生涯的第一个家。我们最后一次走过了城堡前的石桥踏上了一个半月前来时的道路。我几次回头看着这个再也不会见到的巍峨的波兰古堡。如果不是周围有战友的话，我恐怕会陷入一种伤感的情绪中。我们到达了别里斯托克火车站，整个站上完全已经成为一片墨绿色军服的海洋。

第一部
俄　国
（1942年秋）

第一章

向斯大林格勒前进

明斯克　基辅　战火的洗礼　哈尔科夫

我们正站在一长串军列的旁边。刚刚接到命令，我们必须将枪和背包按堆放在铁轨旁。时间已到了中午 12 点或者 1 点左右。劳斯军士长正嚼着他从自己背包里拿出来的一点食物。劳斯并不太帅气的脸现在已经对我来说渐渐地熟悉了，甚至有些让人欣慰。好像他的动作是某种信号，我们都拿出了自己带的干粮，一些人甚至狼吞虎咽地迅速吃下了平日两顿的口粮。劳斯注意到了这一切，他心满意足地对大家说："好的，你们把自己的东西都吃掉好了，因为还有一星期你们才会领到下一次的口粮。"

虽然我们都感觉好像仍旧是有些饥肠辘辘，但食物的作用开始让我们觉得有了一丝暖意。

此时我们已经在寒风中等待了两个多小时，严寒已经让大家开始感到它的威力。我们在铁轨边跑跳着，互相开着玩笑并原地跺着脚，有一些人拿出纸来开始写信。我的手指已经被冻僵而无法拿笔了。我只好开始观察车站上的情景来打发时间。满载着作战物资的火车不停地穿过车站，将车站变成了一个拥堵不堪的场地，各样的车厢绵延近一公里。一切都是杂乱无章，车站的管理看起来也是同样的一塌糊涂。军列要出去时，只能转到另一段铁轨上，而在那些铁轨旁也同样站着一些像我们这样不知从哪里来的其他连队。当列车来时，士兵们总是站起来让出路来，结果几分钟之后，刚让开的这列火车又掉头折了回来。天哪！

我们旁边的这列火车似乎已经永远地停在了这里。要是这列火车不走，我们在车站的日子会更好过一些。为让自己活动一下冻僵的腿脚，我爬到停在我身边车厢的窗口向里望去。车厢里没有装什么牲口，整个列车满载的是武器和弹药。

此时我们在车站里已经等了 4 个小时，大家也被冻得浑身发僵了。天色渐渐暗淡，气温也跌了下来。为了打发时间，我们再一次开始吃自己的干粮。夜色变得更暗了，但车站一点也没有冷清下来，夜色中仍旧是穿梭不停的军列。劳斯看起来有些受不住了。他把帽子拉下来盖住耳朵，将衣领竖了起来，并走来走去好让自己感觉暖和一点。我和几个从切姆尼兹来的朋友组成了一个互助小组，这个小组一直伴随着我们很长时间。小组的成员有：林森、奥林海姆和霍尔斯，这三个德国出生的人法语说得和我的德语一样烂；小组里还有摩万，他是从阿尔萨斯来的；还有奥地利人乌特贝克，他有一头像意大利舞蹈家一般乌黑而卷曲的头发，乌特贝克不久后离开了我们的小组；当然最后还有我，一个法德混血儿。后来，除了乌特贝克，小组里的所有人都渐渐掌握了用德语和法语两种语言彼此进行交流，而乌特贝克却总是令人心烦地不停地哼唱着意大利民谣。对于听惯了瓦格纳的德国人而言，这些单调的意大利小调实在是难以令人恭维。

霍尔斯有一块带着夜光显示的手表，表上的时间告诉我们已经八点半了。我们确信部队登车出发的时刻马上就要到来了，上面不会让我们在站台上过夜的。又过了一个小时左右，连队有几个人拿出了睡袋，他们将睡袋尽量避开潮湿处，放在凸出的地面上；还有几个人甚至睡到了正停靠着火车的铁轨中间。

我们的军士长靠坐在一堆士兵的行李上点燃了一根烟。他看起来非常疲惫。我们无法想象这样的一个晚上要在外面露宿，而且看起来我们不可能被留在车站上。我们认为出发的哨音马上就要响起来，然后那几个没有耐心等待的白痴们将会狼狈不堪地收拾起他们的睡袋集合。但结果是：如果我们效仿他们的话，我们将会是明智地补充两个小时的睡眠——因为两个小时后，我们仍旧坐在铁轨路基冰冷的石子上。天气正变得越来越冷，星星点点的小雨也开始下了起来。军士长正忙着用车站上的行李为他自己搭建一个临时的露营棚。当他用防水布将自己的露营棚盖上时，他完全不用担心天气的变化了——真是个老狐狸！

而我们现在也不得不为自己找到一个可以休息的地方。我们不能离开自己的武器太远，但我们还是把步枪留在原来集放的地方。由于步枪的枪口朝上，落下来的雨肯定要流到枪管里，这如果被上面知道了，一定有我们好看的。到了现在，车站上最好的露营的地方都已经被占掉了，我们唯一可以去的地方就是睡到旁边列车车厢下面的铁轨间。我们曾经想到这列货车的车厢里去睡，但所有的车厢都被粗铁线锁了起来。我们满腹牢骚地抱怨着爬到了车厢下的铁轨间躺下。雨水仍旧顺着风从我们的两侧刮了进来，这让我们实在是愤怒之极了。但到了以后的日子，那时的“愤怒”实在让我感到好笑……

我们尽了最大努力为自己在雨中找到了某种程度的“露营地”。这是我有生以来第一次睡在露天，我无法合上自己的眼皮超过 15 分钟。我所能记住的就是长时间地呆呆地盯着我头上的火车车厢底巨大的横轴。在疲惫中，我总觉得我头上方的横轴在转动，好像火车就要启动一样。我会突然完全醒过来发现什么也没有发生，然后我就又回到了似睡非睡的状态，然后又会下意识地惊醒过来。天刚蒙蒙亮时，我们离开了这个临时的“宿营地”，大家浑身又酸又麻，看起来活像一帮刚被掘出的僵尸一样。

早晨 8 点钟，我们集合准备登车。霍尔斯好几次说我们可能会在前面的某个古堡里过下一夜。那时我们谁也不知道在战争中军队的生活是怎样的。虽然这是我们第一次在野外露宿，但谁也没有料到我们将要度过许许多多比这晚要糟糕许多倍的夜晚。

我们连的任务是负责押运军需货车。连里的人随后被分为三组，分别押运三列长长的货车，每辆车厢有两到三名士兵负责。我和林森、霍尔斯被分在一节敞篷货运车厢上。车厢上摆放着飞机的机翼，在这些机翼上刷有黑十字的标记。很显然这些东西是给德国空军使用的。依据这些部件上所刻的生产标记，生产地是拉迪斯伯恩[①]。这些货物的目的地是明斯克。

明斯克——俄国，这个地名使我们大家的嘴里都感到有些发干。

一路上，我们的运气开始走下坡路。先是我们押运的车厢是露天的，然后连绵的雨水慢慢变成了雪花，列车的运动加剧了原本已经难以忍受的寒冷。经过商议，我们决定躲在覆盖着 DO-17 轰炸机引擎的帆布底下。我们的决定使大家免受了刺骨寒风的侵袭，大家蜷缩在一块儿也让我们稍微觉得了一些温暖。我们在帆布下面待了足足有一个小时，不时发出一阵阵没有任何缘由的傻笑。列车隆隆地向前驶去，我们根本不知道外面的情况，除了不时我们听到的对行列车交会时的轰鸣声。

突然，林森听到了一个高于车轮轰鸣之上的喊声。他小心地将自己的脑袋从帆布里探了出来。他回头向我们平静地说："是劳斯。"然后他又把帆布拉上了。大约 10 秒钟后，我们的帆布被猛然掀开。满脸怒容的军士长正看着我们这三个嬉笑的家伙。劳斯戴着钢盔和手套，看起来他正忙于他的本职工作。他的脸和外衣上都是雪，而在他身后是蜿蜒摇曳的绵延的货车车厢。军士长高喊一声"立正"，然而列车行进中抽搐式的摇动使得大家动作的精准度大打折扣。接下来的场景多少有点滑稽剧的味道。为了保持姿势的笔挺，霍尔斯被车厢的摇动推得东倒西歪。而我的长大衣挂住了车厢里的货物，使得我无法站直。劳斯也比我们好不到哪去，最后，他只好用一只膝盖顶住地板才勉强稳住自己。我们也紧接跟着学着像他那样稳住了自己。如果从远处看，我们四个人好像在认真策划着某个阴谋似的，但实际上，我们正在接受军士长极其严厉的训斥。

劳斯向我们吼道，"你们在这个帆布下到底在做什么？你们

---

① 德国城市名。译者注

以为在哪里？不知道在这个车上该做些什么吗？”性格直率的霍尔斯打断了军士长的话，他向军士长说外面太冷没法让人待，而且周围也没有什么好观察的。霍尔斯的话完全激怒了军士长。军士长像暴怒的大猩猩一样抓住了他的衣领，将霍尔斯左右地用力晃着。

“我要写报告！在车到下一个站的时候，我会把你送到军纪处去，没有什么比放弃自己的岗位更严重的错误了。你有可能会被枪毙的……如果有一个在你后面的车厢被炸掉怎么办？你躲在那个窟窿里是没法告诉别人的！”

林森问军士长说：“为什么？难道车厢会自己爆炸吗？”劳斯愤怒地打断他说，“闭嘴，你这个白痴。沿着这条铁路线到处都有铤而走险的破坏分子，当他们不把列车炸掉时，就会向列车投掷炸药和燃烧弹。你们的任务就是要阻止这些事情的发生。现在拿起钢盔到车厢的前面去，要不我把你们都从车上踢下去！”

我们没有等劳斯再重复他的命令。迎着像刀片一样扎人的寒风，我们按照他的命令站到了自己的位置上。劳斯穿过拥挤的货物接着又向下一节车厢走去。劳斯不是一个颐指气使的家伙，他只是一个对自己工作有着清楚认识的人。尽管我没有和他交谈过，但我认为他有着某种能同情别人处境的心肠。连里其他的军士长都没有一个像劳斯那样严格。他们号称只把精力用来处理连里的大事，但真的这些“大事”发生时，劳斯做得一点也不比他们差。劳斯也是连里年纪最大的军士长，也许他已经上过前线了。实际上，他还是像世界上所有的军士长一样——惧怕责任，然而又热衷给下属出难题。

劳斯对我们的训斥让我们清楚认识到：如果不能够忍受一点现在的寒冷和防备那些可能的危险的话，我们将不可能在前线活下来。

列车正在穿越一片白雪覆盖的低矮松树林，我也有着足够的时间来思索军士长对我们所说的话。波兰的北部看起来人烟十分稀少，到目前为止我们只经过了几个小村镇。突然，在列车前面出现了一个沿铁路线奔跑着的人。我想我不是唯一看到他的人，然而似乎其他车厢的人都没有注意到他。我迅速地将我的枪准备好，向这个可能的破坏分子瞄准。

列车此时行驶得非常缓慢，如果要有炸弹袭击的话，现在将是一个绝佳的时刻。几分钟之后，我的车厢与这个人平行行进在一起。我看不出这个人有什么可疑之处，他多半是一个当地的波兰伐木人，出于好奇想看一看我们的列车。我感到有一些不安。我曾准备好了射击，但现在却有没有任何理由这样去做。我将步枪抬高瞄向他头上的天空，然后扣动了扳机。子弹射出的后坐力有力地将枪托回撞到我的肩膀上。由于担心更坏后果的发生，那个可怜的家伙飞也似的逃离了我们。我确信刚才鲁莽的行动已经为第三帝国又树立了一个敌人。

火车仍旧保持着刚才的速度。几分钟后，劳斯又出现在我们面前，他仍旧继续着他的巡视职责。他困惑地看了我一眼。

我们决定轮流站岗，每次两人，另外一个人可以在帆布下避避风。我们现在已经在列车上待 8 个小时了。我们对晚上的到来感到有些担心，看来我们要在目前的条件下过夜了。20 分钟前，我换了霍尔斯的岗，同时这 20 分钟里我也无法控制住自己因为寒冷而浑身不住地打战。夜晚渐渐来临，或许明斯克也不远了。列车正行驶在一条单向的铁轨上，铁轨的两面都是茂密黑暗的森林。在过去的 15 分钟里，列车正在加速，那要命的寒风变得更加猛烈了。我们已经吃完了所带的一大半的干粮以保持自己足够的体温。

突然间火车开始减速了，刹车闸瓦尖利地与车轮发出摩擦声，车身也剧烈地抖动起来。列车像自行车速度般慢行起来。我看到列车的前部向右边转去，我们在岔入另一条路线。列车大约继续行驶了 5 分钟后完全停了下来。两名军官从列车前部跳了下来，劳斯和其他几名非指挥人员也下车来和这两名军官交谈了一会儿，但他们没有告诉我们停车的原因是什么。整列车的人都好奇地向外张望着。铁路两旁的森林看起来是破坏分子藏身的理想之地。列车停下来已经有几分钟了，就在这时，我们听到了远处列车行进的声音。我们正在车下来回走动让自己暖和一点。突然哨音响起，有人用手势命令我们立刻回到自己的岗位上去。一辆火车头出现在我们刚刚离开的铁轨的远方。那列列车看起来没有开任何的灯。

接下去我所看到的完全把我吓坏了。我真希望我是一个天才作家，能将我所看到的景象忠实真切地描述下来。一开始，我们看到的是一个运送铁路器材的车厢，车厢里有着非常暗淡的灯光。火车的车头紧接其后，然后是煤车，煤车后是一个完全封闭只有一个矮烟囱的车厢，看起来像是厨房。在这节车后是一个有很高围栏的车厢，上面坐着全副武装的德国士兵，车厢上还装了一门双管的高射机枪。列车剩下的部分都是由我们所在的类似敞篷平板车厢组成，但那些车厢里装载着一些非常不同的货物。经过我面前的第一个敞篷平板车厢里看起来装着一些模糊难辨的物件，我慢慢认出那些东西是人的尸体。在这尸体堆后面有一些紧紧拥挤站着或蹲着的人。每一辆敞篷车厢里挤满了人，已经到了车厢的最大容量。我们中的一个人，显然比其他人见过更多的“世面”，只对我们说了几个字：“俄国战俘。”我想我看到了那种我先前在城堡附近看到过的棕色外套，但天色实在太黑了，我实在拿不准是否看清了。我发现霍尔斯正在看着我。霍尔斯的脸上除了因为寒风而起的红斑外，其他地方都显得十分的苍白。

霍尔斯小声对我说：“你看到了吗？那些战俘把他们自己的死人堆起来抵御寒风。”在极度惊愕的状态下，我只对霍尔斯发出了一声呜咽般的回应。每一个平板车厢里都是这样用尸体堆砌起来。我呆若木鸡地看着这些车厢从我们身边缓缓驶过，这使我可以看到许多尸体惨白的面孔和已经在寒风中僵直了的四肢。当第十节车厢从我们旁边经过时，一件更可怕的事情发生了。大约有四五具尸体从尸体堆上掉了下来并落在了铁轨边上。这列运尸车并没有停下来的迹象。我们这列车上的几名军官下了车要去调查一下。受到好奇心的驱使，我也从自己的车厢上跳下来跑到了军官那里。我向他们行了军礼并带着颤抖的声音问他是否这些人都死了。一个军官惊讶地看了看我，我马上意识到自己已经擅离职守了。但军官已经看出了我的局促因而并没有责备我。他有些忧郁地回答我说：“是的，我想他们都死了。现在你可以和你的战友去掩埋这些尸体。”然后他就转身走开了。霍尔斯也来到了我这里。我们接着回到自己的车厢里取回战壕铲并开始在路基旁边挖出一个土沟。劳斯军士长和其余几个人查找了一下这几具尸体的衣服中是否有关于他们的身份证件之类的东西。后来我知道这几个可怜的家伙什么身份证件也没有。霍尔斯和我鼓起自己所有的勇气把两具尸体拽到了挖好的沟边上，我们尽量不去看他们。在出发哨吹响之后，我们将这些尸体掩埋了。天气正在变得越来越冷。现在我只感到了一种无法遏止的强烈的恶心。

一个小时后，我们的火车经过了两座围着篱笆的木房子，尽管没有光线很暗，但我们可以看到这两座房子已经多少被毁坏了。我们接着又和另一列火车交会了，但这趟车要比前一趟车好许多。车厢上都用红十字标记了起来。透过车厢上的窗户，我们可以看到担架——那里一定有重伤员。在其他的窗户，一些身上裹满纱布的士兵向我们挥着手。

我们终于到了明斯克车站。我们的列车缓缓地停在了一个宽敞而又很长的站台上。整个站台上到处挤满了忙碌的人群：到处是全副武装的士兵，还有老百姓和俄国战俘。战俘们被一些手臂上戴着红白相间袖套、手拿警棍的其他战俘呵斥着。这些特殊的战俘都是反对“人民的政权”的反共分子，他们也是我们的报信人。他们因此获得了管理他们原来同志的权利，这当然合我们的心意了。除了这些特殊的战俘外，谁还能管好俄国战俘呢？我们听到有人用德语下了命令，后来又用俄语。一大群人接着走上了我们的火车开始借助站台上的卡车的灯光往下卸行李。我们也加入了搬运的工作，大概干了将近两个小时。我们因此而感到了一些温暖，接着又拿出自己的干粮啃了起来。霍尔斯在两天之内已经吃完了一大半配发给自己的干粮。后来在一个大楼里住了下来，这让我们终于可以安稳地睡上一觉了。

第二天我们被送到战地医院。在那里待了两天，医生还给我们打了几针。明斯克是个被战火严重破坏了的城市，城里许多的房子都没有顶，墙上遍布着机枪扫射后留下的弹孔。城里的一些街道仍旧完全不能通行，道路上遍布着弹坑，有的弹坑有 5 米多深。人们用木板和其他硬质材料架在这些弹坑上以便通行。有时我们会给某个手里满是食物的俄罗斯妇女让路，她的身后往往跟着四五个小孩，那些小孩用他们圆圆的眼睛好奇地看着我们。城里面还有一些奇怪的商店，这些商店的破窗户被用板子和装满草的麻袋封上了。霍尔斯、林森、摩万和我进了几家这样的商店一看究竟。每个商店里都摆着一排涂上不同颜料的瓦罐子。罐子里装着泡菜、干菜或是一种介于果酱和奶油之间的浓浓的蜜糖。

由于我们不知道怎么用俄语打招呼，我们四个人只好在每次进店后彼此交谈着。店里不多的几个俄国人多少有些不安地向我们微笑着，而店主或伙计总是殷勤地招呼我们，并给我们免费吃一些俄国泡菜或其他什么，显然是想安抚我们这些他们多少有些惧怕的占领军。

我们最常吃的是用某种黄色的面粉和蜜糖混合而做成的点心，这种点心的味道好极了，多少让我们想到了蜂蜜的味道。唯一让我们有些畏惧的是这些点心都放了太多的动物脂肪。我仍旧记得那些满脸笑容的俄国人给我们东西吃的情景。他们总说着一个“欧卢卡”的单词，我不知道这个俄语词到底是指“吃”还是指食物的名字。我们在明斯克的日子里有些天我们都在吃这种叫“欧卢卡”的东西，但不管我们吃多少，我们从来没有漏掉连里的一顿饭。

霍尔斯对于从俄国人那里的一切白给的食物都来者不拒。有时候我都觉得他实在太过分了。只要他知道哪里有免费食物，他都会拿着自己的饭盒到那些提供免费食物的俄国商人那里去打一份，食物的样子看起来都差不多，都是一种流质如同稀饭一样的东西。有些时候我看到霍尔斯的饭盒里装着那种我们熟知的“欧卢卡”，一些腌鲱鱼片、烤麦片和其他一些叫不出名字的东西。不管是什么东西，霍尔斯总是贪婪地把它们吃得一干二净。

我们整天忙碌在车站，几乎没有什么时间让自己放松一些。明斯克是一个重要的军需运输中心，每天都有许多东西需要运上去和搬下来。

这里的部队生活被安排得井井有条。休假的士兵都可以去看电影（我们除外），当地有专门为德国士兵开设的图书馆和餐厅。那些餐厅的用餐价格实在太贵，我从来也不愿去。但是霍尔斯却把每个月的所有津贴都花在了这些餐厅的几顿饭上，他为了吃这几顿饭，还向我们借了钱。我们对他借钱的唯一要求就是他要向我们绘声绘色地描述各种他在那些餐馆所吃过的美食。霍尔斯每次都兑现了我们对他的要求，我们也在听他描绘美食的过程中得到了精神上的满足。

现在的伙食比在波兰的时候要好很多，我们可以非常容易地补充给养。俄国 12 月的天气冷得吓人，温度常常在摄氏零下 20 度左右。几乎每天都在下雪，雪落到地上也化不掉，因而一些地方的雪已经有一米多深。这些情况显然延缓了我们向前线运送给养的效率。从前线回来的人说在那里气温要比明斯克还要冷。前线的人员不得不节衣缩食，除此之外，严寒也造成了许多的肺炎、冻伤和截肢。

现在第三帝国正在不遗余力地保护自己的士兵从俄罗斯冬天的淫威中逃脱出来。在明斯克、科夫诺和基辅，仓库里面堆积如山的是毛毯、羊绒衣、防寒靴、手套、毛皮头套、便携式暖炉和各种干粮。我们的职责就是将这些急需的用品运送到前线作战部队的手里。我们为此作了巨大的努力，但这些努力并没有收到应有的效果。我们的运输线并没有受到苏联红军的威胁，直到那个时候他们还在忙于撤退。但是俄罗斯严冬的力量巨大得令人难以描述。除了主要的城镇，几乎没有像样的公路。到处的道路都是破烂不堪。当我们还在波兰训练时，这里的德国陆军迅猛的攻势由于连绵的秋雨和极度泥泞的道路而不得不陷于停顿。然后第一场霜冻让路重又硬了起来。在这之前我们的辎重实际上都陷在了泥中，只有老式的马车还可以勉强通行。路面冻结起来后，交通暂时恢复了一阵。紧接着严冬里漫天的鹅毛大雪把广袤的土地严严实实地包裹了起来，所有的道路也被厚厚的积雪掩盖了。

在 1942 年 12 月的一天，整个明斯克附近的交通完全被漫天大雪所瘫痪了。我们大家奋力铲雪以让我们的卡车能够在一个早上的时间前进大约 25 公里到 30 公里。结果我们发现自己一天的努力最后还是被大雪盖得严严实实。厚厚积雪下的地面常常是凹凸不平的，我们的车常常在路途中几乎被颠得散架。到了晚上，我们又必须踉踉跄跄地在路边找一个可以挡风的地方过夜。

在清路的过程中，工程师们会搭建一个临时的过夜窝棚，我们有时也会找到一个当地人的木房子，常常是五十几个人挤在一个原本只是为容纳几个人而设计的窝棚里。在这种条件下最好的装备就是那种专门为俄国冬天所设计的大帐篷。这些帐篷非常高大并有着尖尖的帐顶。帐篷是防水的，并且标准是容纳 9 个人。我们的清路小组很少低于 20 人，就是在明斯克我们也找不到这种急需的帐篷。唯一的运气就是有足够的粮食，我们可以从容地开展工作。因为几乎无法洗澡，我们有人身上开始长虱子了。结果一回到明斯克，必须做的第一件事就是全身消毒。

我开始感到已经受够了俄罗斯的冬天和没完没了地开卡车。我和其他人一样害怕参战，但又感到我需要用一用我的步枪。一天到晚都要拖着这个东西，似乎永远我也不会用上它。我觉得如果向什么东西开枪的话，这可以让我发泄一下这个严冬里所忍受的各种郁闷的心情。由于长期使用铲子，我的手上都是水泡，羊毛手套也早已磨破了，指尖已经从手套中露了出来。我的手和脚都被冻得生疼，那种特殊的疼痛仿佛可以一直传到心脏的部位。温度计显示外面的温度是摄氏零下 20 度。

我们现在在离明斯克 20 多公里的地方安营下来。这里有一个停放军用车辆的巨大的停车场。当地只有 8 间老百姓的房子，我们征用了 7 间，只把最大的那一间留给了一个当地的俄国农户。这个农户的名字叫高尔斯基，他有两个女儿。据他们说原本住在克里米亚半岛。他们提到那里是总是充满了思乡之情。他们办了一个向士兵提供伙食的小馆子，当然我们必须要掏自己的腰包才行。除了吃饭，我们大家还时常聚在那里一起打发时间。

雪终于停了，但是外面的寒冷却是一天天加剧起来。在我们连来到这里的一周后，我被安排要站两个小时的夜岗。我穿过那个巨大的停车场，大约 500 多辆各式各样的军车停在那里，积雪已经掩埋了一大半的车身。我对自己晚上必须要穿越这个停车场的现实感到有些忧心忡忡。要是有俄国游击队来的话，他们可以非常容易地躲在这些车子中间向我开枪。但我渐渐安慰自己说，要是有战争的话，那只会发生在别处，不会在这里的。在这里我所见过的俄国人不是战俘就是商人，要见到其他的俄国人几乎不大可能。

想到这里，我走向了自己的哨位。哨位的地点大约离第一排车辆有 15 米远。我站在一个有一米左右深的壕沟里。在这个壕沟里我可以从车辆的第一排走到最后一排，而不用担心暴露自己。壕沟的边上已经被大约一米多高的积雪围了起来。每次新的雪落下，我们都不得不去将壕沟里的雪挖出来。我现在站在一个专门为哨兵准备的箱子上，站在这个箱子上我可以把停车场的情景看得很清楚。我裹紧了自己身上的毛毯，这使得我的手臂动起来变得更加困难。

我在站岗时没要白酒，因为我不喜欢白酒的味道，所以现在我已经做好了在外面被好好冻上一阵的准备了。今天夜里天气非常晴朗，我可以清楚地看到 100 米外的一只乌鸦。远处的地平线被一处处的不太高的灌木所遮蔽。夜色里我可以看到穿越过我们营地上空并延伸到远方的三四根电话线。电话线的线杆参差不齐地被埋进了地里，一些地方的电话线几乎垂到了雪上。

鼻子是我全身唯一露在外面的部分，现在它已经被冻得通红了。我把帽子尽可能地往下压，以使前额和脸能够被遮住。除了这些，我头上还按照要求戴了钢盔。父母给我的毛衣领子刚好能够被提起来严严实实地挡住我后脑壳。我不时看着停车场里那一大片车辆，不知道如果要在短时间里开动它们的话，这是否可能。因为所有车辆的引擎都被冻得硬邦邦的了。

在自己的岗上站了大约一个小时左右，突然看见一个黑影在停车场边上。我马上趴到了自己掩体的边上。在我把自己的手从口袋中拿出之前，又顺着战壕的边向外看了一眼，看到那个黑影正向我走来。那一定是我们自己的人，但我也不能排除那是一个俄国游击队员！我气喘吁吁地抽出手拿起了步枪。步枪的枪筒已经被白霜所覆盖，我的手指皮肤都被粘住了。我将步枪放到射击的位置，并向那个黑影喊道："是谁？"那个黑影给出了正确的回答，我枪里的子弹结果还是待在了原处。虽然如此，我的处理还是慎重的，前来查哨的是一个我们的军官。我向他敬了礼。

军官问我："一切都好吗？"

我回答道："是的，上尉。"

上尉接着对我说："很好，圣诞快乐。"我诧异地说："什么？已经到圣诞节了？"上尉回答道："没错，你看那里。"

他指着高尔斯基家的房顶。那个低垂至地的房顶上早已经被厚厚的白雪所覆盖。屋子里面闪烁着明亮的灯光（这是违反通常灯火管制条例的）。在房子灯光的映照下，我看到了一些战友在雪地上快速移动的身影。不一会儿，一个巨大的火舌从一大堆已经堆好的木块中迸射出来，那些木块看起来事先浇了汽油在上面。300 多名士兵的歌声缓缓地流入了寂静的夜色中。“平安夜，圣善夜……”这是真的吗？在那个时刻，营地外的世界仿佛已经从我的世界里消失了，我呆呆地望着熊熊燃烧的篝火。坐在篝火周围的士兵的脸庞被熊熊的篝火映照着。远一些人的脸则淹没在火光后的黑暗中。洪亮的歌声继续着，现在已经分成了几个声部了。也许现在我们的处境使得今年的圣诞节对于我们有着特别的意义，但直到今天，可以说没有任何东西能够像那个晚上的歌声那样让我如此感动。

自从参军以来，我对自己家乡的回忆还从没有像现在这样强烈。现在不知家里怎么样了？法国的情况还好吗？我们从部队的战报中知道有不少法国的士兵现在已经和我们并肩作战了，这个消息让我格外欢欣鼓舞。法国士兵和德国士兵能够肩并肩一起行军的想法让我感到特别高兴。马上我们就不会再受冻了，战争也马上会结束了，到时我们可以回家向家人讲述自己的冒险故事了。虽然今年的圣诞节我并没有收到什么礼物，但我却收到了许多关于法国和德国关系日渐和睦的好消息。虽然我知道我已经是一个成年人了，但是在我的内心深处还抱着一个傻呵呵的想法：要是有人送我一个精致的发条玩具就好了。

我的战友仍然在唱着歌，在俄国前线数以百万计的德国士兵今夜一定在像他们这样歌唱着。但我不知道的是，就在此时此刻，苏军的 T-34 坦克正在利用圣诞节的短暂停火冲破了第六集团军在斯大林格勒的防线。我不曾想到，就在此时此刻，正在斯大林格勒地狱般的战斗中，第六集团军的成千上万的战友已经倒在了进攻的道路上，我的一个舅舅也在第六集团军服役。我没有想到现在德国的城市正在遭受英国和美国飞机的狂轰滥炸，也没有想到法国已经拒绝了与德国结为同盟的邀请。

但不管怎样，今年的圣诞节是我有生以来最美的一个圣诞节。没有了一切俗气的饰品和喧闹，远离家人孤独地站在这个繁星满天的夜空下面，我还记得那颗顺着我的脸颊流下的热泪，那是一颗既不属于忧愁也不属于欢乐的眼泪，而是一颗在经历了人生巨大转折后难以言表的眼泪。

我回到了营房，军官们已经下令停止了庆祝活动并把篝火熄灭了。霍尔斯给我留了半瓶白酒，为了不使霍尔斯失望，我勉强灌了几口瓶里的酒。

又过了 4 天，严寒在继续着，带着雪片的狂风在原野上呼啸着。我们现在的巡逻次数已经被减到了最低，我们在不停地烧着木柴取暖。这里房子的设计非常适合保暖，以至于有时候我们已经感到房间里实在太热了。每个人的身体都还不错，就像是在没有战争的时候一样。但我们很快就遇上了麻烦。

我们的麻烦发生在一个清晨的 3 点钟。两个人一脚踢开了我们小屋的门，一阵冰冷的狂风也随他们进到了屋里，他们迅速奔向了我们的炉子。在他们开口说话之前已经过了几分钟了，和屋里其他人一样，我向他们喊着要他们关门。但我们却听到了一个骂娘的声音，然后我们就被命令立正。我们所有人都呆住了以至于没有反应过来。那个发出命令的人把他身边的凳子气冲冲地踢翻，然后又再一次喊出了立正的命令。他怒不可遏地扑向一个还躺着的士兵，把他盖在身上的小山一样的毯子、衣服和夹克抛得到处都是。这一次在昏暗的炉光中我们看到了这个军官肩膀上的军阶。

他吼叫道："你们这些浑蛋到底起不起来?"他边吼边把他能够到的所有人都拽了起来。他接着嚷道："谁是管这帮人的？这实在太丢人了！你们认为我们能够像这样抵挡住俄国人的进攻吗？如果在 10 分钟之内不出来站好，我会把你们都扔到外面去。"仍然在迷迷糊糊之中，我们大家慌不迭地收拾好自己的东西，小屋的门依旧是大开着，那个军官从我们屋里像疯子一样地冲了出去，又去把混乱带给其他的房子了。我们谁也不知道发生了什么。我们站岗的士兵，他看起来相当的震惊，告诉我们说那几个军官是开着挎斗摩托车从明斯克赶来的。这一定花了他们很长时间，这也许可以解释他们愤怒的举止。尽管军官们疯子般的号叫，大家还是花了20分钟才最终在雪地里列队站好。劳斯军士长原本也和大家一样睡得很死，但现在他正试图假装刚才那些军官的暴怒让大家都醒过来。那个怒气未消的军官又回来向我们吼道："在黎明之前你们会加入到乌尔特纳司令的部队。"他接着转身向劳斯说道："你需要从车场里开出15辆卡车来，然后听我的命令。"

为什么他不事先打个电话，而是这样气冲冲地来到这，后来才知道，当我们还在梦乡的时候，通向我们这里的电话线已经被游击队在四个不同的地方剪断了。把卡车开出停车场的工作之艰苦让人难以想象。我们搬出汽油桶和酒精把卡车的油箱和散热器加满，然后又把吃奶的力气拿出来发动卡车，接着又在黑暗中把周围的积雪扫清。当所有卡车都准备好后，我们上路驶往明斯克。我们沿着那几个军官从明斯克来的颠簸不平而又积雪覆盖的老路上开着。有一辆卡车在结了冰的路上打滑陷进了路边的沟里，我们花了整整半个小时才把它弄出来。我们把这辆卡车挂到了另外一辆卡车后面，但前面这辆卡车也同样不时在冰面上打着滑。最后整个连队都不得不像这样开着，我们实际上是把这些卡车拉到了目的地。在上午8点的时候我们到达了明斯克并加入了乌尔特纳的旅。我们站在一个宽阔的广场上，尽管我们竭尽全力想站好，但我们还是和广场上其他两三千士兵一样在打着战。

广场周围的高音喇叭正在播放一条最高统帅部的消息。消息的大意是说即使是一支常胜的军队也必须要面对伤亡，我们部队的使命是将前线所需的食物、弹药和军需品不惜一切代价地送到那里的部队手里。我们这个车队必须采取一切方法将物资运送到伏尔加河畔，以确保冯·鲍卢斯的第六集团军能够在斯大林格勒的战斗中取胜。从明斯克到斯大林格勒有着大约1600公里的距离，现在我们已经没有时间了。

我们在午饭后上路了。我发现这次我的好朋友霍尔斯没有和我分到一辆车上。我驾驶的这辆卡车上满载着大口径的自动武器。明斯克城郊的道路已经被人清理干净了，我们以很快的速度驶出了城。我想一定有不少人24小时不停地在清理这里的道路。道路两边的雪堆有大约4米多高。我们经过一块路牌，路牌上面写着“在后面是普利佩、基辅、第聂伯河、哈尔科夫、第聂伯罗彼得罗夫斯克”。

所有能拿起雪铲的德国士兵都被召集到清理路上积雪的工作中来。我们因此在很短的时间里就前进了大约 150 公里。我们很快就开到了一座可以俯瞰乌克兰广袤平原的小山顶上。在我们前面的十几辆车的速度急速地减了下来，在这些车的前面，大约一连人在忙着清理道路上的积雪。有一辆扫雪车正在向四周喷射出道路上的积雪。连绵的大雪已经完全将道路掩埋，以至于每一次有车队通过，我们都需要借助指南针才可以把道路挖出来。我们周围乌克兰浩瀚的原野上都覆盖着约一米深的积雪。我们的指挥官们已经下车走到了尚未清除的积雪中，路上的积雪没过了军官们军靴的最高处。指挥官们凝视着前面一望无际的雪原，不知道如何才能够穿越这片看不到道路的莽莽原野。在车窗紧闭的卡车驾驶室里，我们正在享受着难得的温暖。但没多久他们就命令我们走出卡车参加铲雪。由于没有足够的雪铲，军官告诉我们要用一切可以用的工具来铲雪，我看到有人在用木板，有人用钢盔，有人甚至在用吃饭的餐盘……

我们把自己卡车货厢的门卸了下来，我们希望这扇门可以被用来作为临时的雪铲。这时一名军士长的哨音打断了我们的忙乱。军士长对我们说道：“你们在这里干什么？现在你们跟我来，我们现在去找一些人力来。带上你们的枪。”

我感到了一阵欣喜，但我没有表现出来。我在心里感谢那些让我们出来扫雪的白痴们。我宁肯干任何事也不愿意扫雪。我们跟随着军士长出发了。我不知道那个军士长如何能够找到更多的劳力。自从离开明斯克以来，我们只经过了两个空无一人的小村子。我们背着枪离开了车队，向北走去。每走一步，积雪都没过我们的膝盖，这使得前进的速度相当缓慢。我费尽气力跟上我们的军士长，他现在走在距离我 5 米左右的前面。我现在已经走得上气不接下气了，感到汗水顺着自己的背流了下来。我急促的呼吸制造了一排长长的蒸汽，这些蒸汽马上消失在了冰冷的空气中。我的眼睛死死地盯着前面军士长的脚印，试图每一步都走进他的脚印里面。但是由于他比我高，这就意味着我每次都需要小跳一下才可以踩到他的脚印里面。我故意不看远处的地平线，现在我们后面的一排白杨树让我们无法看到我们的车队。

在这片茫茫的白色原野上，我们显得特别的渺小。我开始怀疑我们的军士长是否能够找到那些传说中的帮手。我们已经走了快一个小时了。突然一声隆隆的声音打破了周围的寂静，这个声音而且正变得越来越响。我们停了下来。

我们的军士长似乎现在想让我们知道我们不需要再走多远了，但他说道我们错过这列车真是令人遗憾。我并不太明白他话的意思，但此时这个隆隆的声音正在变得越来越清楚。在我们的左边，我看到了一条在皑皑白雪中蜿蜒的黑线。一列火车！我们现在正在靠近铁路线。我现在依然不明白火车能够帮我们什么。莫非我们可以把自己的货物放到火车上吗？火车现在正在离我们前面 500 米的地方缓慢地行驶着。这列火车长得出奇，每隔一些车厢便有一个火车头，整列车共有 5 个火车头。列车喷出巨大的白色水汽，这些水汽旋即像魔术表演般消失在了空中。这列火车一定自己有一个特殊的除雪设备。

在 15 分钟后，我们走到了铁轨边。这时军士长和我们说："这里有很多运送给养的列车经过，许多车厢是运物资的，但通常也有一些车厢是用来运当地的俄国乘客的。我们要拦住一列火车好找到一些俄国人做帮手。"

我终于明白了。现在我们要做的就是等待。我们在铁轨边走来走去以保持温暖。天气开始变得温暖起来，恐怕只有大约摄氏零下 10 度左右了。寒冷因而变得不再那么可怕了。我还从来没有见过能够像德国士兵那样能够忍受极度寒冷或是炎热考验的军队，我们见过的俄国士兵反而怕冷怕得要命。我并没有抬高自己的意思，俄国的生活对我而言还只是一个没完没了的令人冷得发抖的日子。

第一列经过的列车并没有减速。在费尽气力也没能拦住这列车后，我们的军士长已经愤怒之极了。这列车上的士兵们告诉我们这列火车不能因为任何原因停下来，这是上面的命令。

我们在愤怒之中沿列车行进的方向继续走着。不管怎样，公路应该是和铁轨平行的，我们只需要向右即可以回到我们的连队里。但现在问题是我们已经错过了开饭的时候。在我的外衣口袋里还有两片面包，但是考虑到要几个人分，我不想把它们拿出来。和我一起扫雪的那两个士兵看来已经彼此相识很长时间了。他们正交谈得很投机，自我们离开车队后他们就粘在了一起。我们的军士长一个人走在我们前面，我正试图追上他。到现在我们已经走了很长时间了。我们身边的铁轨一直延伸到远方，一直到我们视线的尽头。如果现在有火车开来的话，我们可以在至少 8 公里之外就能看到它。在路基上的灌木现在看起来要比刚才我们在的位置上显得更为浓密。

现在我们离开连队已经大约 3 个小时了。在雪地中，一切物体都显得轮廓鲜明。离我们大约 500 米的地方有一个黑点，10 分钟后，我们发现这是一个小木屋。军士长走向了木屋。这个木屋一定是铁路工人的临时住所。军士长提高声调对我们说："大家抓紧，我们到那个小屋去等。"

这个主意看来不坏。我们集合一起走向了那个小屋。那个和我一同铲雪的脸上长着雀斑的士兵正在和他的朋友开着玩笑。就在这时，一阵猛烈的枪声突然传到我的耳中。与此同时，我看到小木屋的右方升起一股淡淡的白烟。我完全被吓呆了，四下看了看我的同伴。此时军士长已经像守门员一样扑到了地上，他正在往自己的冲锋枪里上子弹。那个脸上长着雀斑的士兵此时正在向我踉踉跄跄地走来，眼睛睁得大大的，脸上带着异样而呆滞的表情。当他走到离我大约两米的时候，跪了下来，嘴张得大大的，似乎要喊些什么，但一句话也没有喊出来，然后就向后仰面倒下了。随着一声变调的哨音，又一阵枪声撕裂了周围的寂静。我马上趴到了雪地上。军士长的冲锋枪开火了，我看到房顶上的雪被弹到了天上。我无法将视线从那个脸上长着雀斑的年轻士兵身上移去，现在他就一动不动地躺在离我不远的地方。

军士长向我们吼道："掩护我，你们这帮白痴。"

我看了看那个脸上长雀斑士兵的朋友，他看起来更多的是惊讶，而不是害怕。我们终于平静地将自己的武器瞄向树林，现在那里还不时有枪声传出。我们开火了。我的毛瑟枪的后坐力让我恢复了一些自信，但是还是有些害怕，又接着开了两枪。我们的军士长令人惊讶而又极为自信地站起来向那个小屋投了一颗手榴弹。手榴弹的爆炸声把小屋屋顶的一片木板炸得飞了起来。

我此时在一种不可思议的冷静中继续盯着那个小木屋。军士长的冲锋枪还在继续射击。我不慌不忙地把一颗子弹塞进了我的步枪里。正当我要射击的时候，两个穿黑衣服的人从小木屋里冲了出来，向森林跑去。这是个开枪的好机会。我的准星瞄准了其中一个，我扣动了扳机……但子弹射偏了。

军士长迅速冲到小屋那里，并向那两个逃跑的人开火，但也没有打中他们。过了一会儿，军士长示意我们到他那里去，我们从雪地里站了起来。军士长正在盯着小屋废墟里的什么东西。当我们走近时，我们可以看到一个男人正靠在里面的墙上，脸上的胡须盖住了他的半张脸，眼睛有些发湿。他看着我们一句话也不说，他穿的毛皮衣服不是军队上的服装。我注意到了他的左手被鲜血浸透了。更多的血从他的衣领里面流了出来。我多少为他感到有些难受。军士长的声音把我从恍惚中带回到了现实里。

他吼叫道："游击队，唉，你该知道你的下场会是什么样！"

他边说边把自己的枪指向那个俄国人。那个俄国人看起来很惊恐，他向旁边一倒跌到了墙角。我往后退了一步，但此时我们的军士长已经把他的冲锋枪收了回去。他命令我们说："你们看好他。"他指了指那个受伤的俄国人。

我们把那个俄国人抬到了外面。他发出几声痛苦的呻吟并说着一些我们听不懂的话。现在一列火车离我们越来越近了，但这列车是开往后方的。我们拦住了这列火车。3个裹着厚厚鹿皮的士兵从第一节车厢上跳了下来，其中有一个人是个上尉。我们随即向他立正。

上尉向我们吼叫着说："你们到底在干什么？为什么拦住我们的火车？"

我们的军士长向他解释了我们正在寻找帮手。

上尉说："这列火车上都是伤员，如果我们有休假的士兵，我们会提供给你们的。但现在我们对你们的问题无能为力。"

军士长对上尉说："我们这里有两个受了伤的人。"

上尉现在已经走到了那个脸上长着雀斑的士兵旁边。那个士兵现在一动不动地躺在雪地里。上尉说："你看，这个人已经死了。"

军士长说："不，我的上尉，他还在呼吸。"

上尉接着说："嗯，也许吧，但恐怕他只能挺一刻钟了……好吧，我们可以带他走。"接着他叫下来两个骨瘦如柴的担架员。在他们抬起那个士兵时，我看到他的后背上有一块棕色的印记，不知道是血还是什么别的。

上尉不耐烦地问道："另一个呢?"军士长回答道："在那里，木屋子边上。"

上尉看着那个满脸胡须，活不了多久的俄国人，问道："他是谁?"

军士长回答说："一个俄国人，是游击队，上尉。"

上尉接着说："够了。你认为我会帮助这个随时会从我们后面向我们开枪的狗娘养的吗？好像前线的日子我还没有受够一样!"他随后向两个和他一起的士兵喊了一句命令。这两个士兵随即走到那个躺在地上的俄国人那里，接着就是两声枪响。

过了一会儿，我们踏上了回去的道路。我们的军士长已经放弃了寻找帮手的想法，我们现在将回到我们的连队。想必现在车队已经前进了不少路了。

这是我第一次与敌人交火。我无法用语言来描述我的感受。今天发生的事情对我而言还有某些荒诞的成分：军士长在雪地中的脚印大得出奇，我在恍惚中还在不停地寻找着那个脸上长着雀斑的士兵。一切都发生得太快了以至于我还不能完全理解这一切。但不管怎样，已经有两个人的生命从我们的眼前就这样消失了。我们甚至都还没有等到那个士兵 18 岁的生日。天色现在完全黑了下来，我们最后还是上路寻找我们的连队。夜空非常晴朗，但是四周却越来越寒气逼人，我们随身带的温度计汞柱正在急速地下降。

在急速行军将近 4 个小时之后，我们浑身打着寒战，腹中早已是饥肠辘辘了。由于极度疲劳，我只感到自己的头昏昏沉沉的。我立起来的衣领上也早已结满了我呼出水汽而凝结的冰晶。在赶回连队营地还有一段路程的时候，我们可以看到德军车队了，绵延的车队在白色的雪原上显得格外突出。车队前进的速度并没有提高多少。卡车的轮子已经陷在了冰雪里，大块的雪堆积在卡车的轮子和挡泥板上。几乎所有人现在都躲在驾驶室里。在嚼了一些干粮后，卡车上的人用他们能够找到的一切衣物将自己严严实实地包裹起来，然后就在这片寒冷的原野上就地睡着了。在不远处，两个被抽中站岗的士兵正在跺着自己皮靴好使自己的脚好受一些。透过结满了霜的卡车玻璃，我可以看到有人在里面吸香烟或雪茄时烟头的红光。我爬到了自己的卡车上，找到了自己的背包和饭盒。我把饭盒拿起，吞了几口饭盒里剩下的一些看起来脏兮兮，吃起来有些像豆浆的一些混合物。食物的味道实在让人无法忍受，结果我把剩下的都倒在雪地里，我只好吃一些其他的东西了。可以听到一些人正在外面谈话的声音，我探头出去张望了一下。外面有一堆火正在一个雪坑里燃烧着，火焰发出令人惬意的明亮的光芒。我从卡车上一步跳了下来，拼命向火堆跑过去。在火堆旁站着 3 个人，其中一个人是今天下午和我在一起的那个军士长。他正在用自己的膝盖“劈”着一些柴块。军士长说：“我已经受够了这里的严寒，去年冬天我就得了肺炎。如果我再得的话，我只有死在病床上了。我们的车队在三四公里之外就清晰可见，所以我们烧几块柴并不会把我们的位置暴露出去的。”

另一个和他在一起看起来至少 50 岁左右的士兵说：“没错，现在不管是俄国兵还是游击队都一定躲在他们的床上睡大觉呢。”另一个人一边看着燃烧的火焰，一边喃喃地说：“要是现在在家里的床上该有多好啊。”

除了正在一旁拆木箱的军士长外，我们大家现在实际上都站到了最可能贴近火焰的地方。突然有人向我们喊道：“嗨，你们！”一个身影从车队里走了出来。我们看到了这个人的帽子上银质的徽章在黑暗中闪烁着——是一个上校。现在军士长正和那个老兵在把那堆篝火踩灭掉。上校走到我们面前，我们向他立正。上校对我们说：“你们在这里干什么？你们一定是疯了！难道你们不知道命令吗？既然你们出来点篝火，现在你们拿起自己的枪去巡逻，你们刚才的‘庆典’毫无疑问地已经请来了一些‘客人’。现在你们去找到他们，两人一组直到车队离开。”

我离开了那里去寻找我的枪。我现在因为饥饿、寒冷和疲乏已经在休克的边缘了，哪里有力气去在这个雪地里站一晚上，雪地里的雪现在已经没过我的皮靴的靴筒了。我已是满腔愤怒了，但我还是回到了刚才和我在一起的那几个倒霉蛋那里。军士长决定让那个50岁左右的老兵和我一同站第一班岗。军士长说：“我们会在两小时后接替你们，这样你们可以感到好受一些。”

我不明白为什么军士长将老兵和我安排在一起，但感到军士长是故意这样做的。显然军士长更喜欢和那个25岁的健硕的士兵在一起巡逻。我和那个老兵出发了，我确信我们两人是一个脆弱组合。刚走了几步，我就摔倒在了雪地里。我的手重重地摔到了冻得硬邦邦的结了冰的地上。当勉强从地上爬起来时，我已经控制不住地流出眼泪来。老兵是一个富于同情心的人，他对在俄国的生活已经厌倦了。他像父亲一般问我：“你受伤了吗?”我回答道：“没有。”他一句话也没有说。只是把自己的衣领重新又竖了起来，让我在他前面走。我不知道我们应该往哪里走，但这并不重要。我只知道在走到车队尽头的时候就必须返回。尽管已经筋疲力尽，我还是离开老兵一段距离走着。我费力地向前走着，尽量减少自己的呼吸，以免呼出的气让我冰凉的鼻子感到难受。走了一会儿，再也走不动了，膝盖在颤抖着，我开始流眼泪了。我不懂这一切为什么要发生在我身上，在我脑海里浮现出法国，我的家，还有我过去和朋友常常玩的游戏，还有那些拼版玩具。我在这里干什么?我还记得我在哭泣时的叫喊：“我现在参军还太小了。”

不知道我的伙伴是否被我的反应惊吓着。当他赶上我时，安慰我说：“你走得太快了。请原谅我不能跟上你，我也不该在部队上。我其实在战前已经退休了。但6个月前他们又把我征召了进来。现在他们需要一切能够拿起枪的人。不管怎样，让我们都能够最后平安地回家。”尽管我不太明白当时的局势，我还是觉得要找一个对象来发发气，我开始咒骂起俄国人来：“都是这些该死的俄国佬!”但是无论如何我无法忘记那个下午发生的事情。那个俄国游击队员的被处死让我心里充满了难言的感受。老兵此时困惑地看着我，他一定以为我是一个狂热的纳粹党徒或是一个秘密警察。

老兵接着小心翼翼地说：“可不是，这些俄国人实在让我们坐卧不安。最好的办法就是让俄国人自己解决自己的问题。俄国不会再成为一个共产主义国家了。但最后不管怎样都和我们没有什么关系。”

我又说：“斯大林格勒，我们必须要向被围困的第六集团军提供援助！我的舅舅在那里！他们现在一定非常艰难。”老兵说：“可以肯定他们在那里非常困难，我们对他们的情况也了解不多，但要干掉朱可夫可不是件容易的事。”我接着说道：“朱可夫会逃跑的，就像他先前在哈尔科夫和资托米尔的逃跑一样。这次鲍卢斯元帅会打垮朱可夫的。”

老兵此时一言不发。由于我们对于前线的信息知之甚少，我们的交谈变为了沉默。我做梦也没有想到此时斯大林格勒已经危在旦夕，第六集团军的士兵虽然已经知道最后不可逃避的命运，但是他们许多人仍然在极为恶劣的情况下英勇地战斗着。我们头顶的天空上满是明亮的繁星。在皎洁的月光下我可以清晰地看到手表上的时间，那是高中毕业时的纪念品。时间仿佛停滞了下来，我们两个小时的岗仿佛像一个世纪一样。我们缓缓地走着，看着自己的皮靴尖随着每一步消失在积雪深处。现在没有一点风，但是周围依旧寒气刺骨。在每班两个小时的轮流警戒之间，我都会抓紧时间睡觉。随着东方的第一抹晨光照到我满是倦意的脸上，我又开始清除道路上的积雪。清晨的气温似乎比半夜还低。我们发的羊毛手套已经磨破了，我们现在用破布或者是袜子来裹住满是冻疮的双手。尽管我们奋力地铲着雪，但依旧感觉不到一些暖意。我们要么用手拍打着自己的身体或是跳上跳下来让自己暖和一些。我们的上校现在送给大家一些热气腾腾的咖啡。这些咖啡受到了大家的热烈欢迎，因为早上我们只吃了一些冻住的白奶酪。管理餐车的军士长告诉我们说，挂在他卡车外面的温度计显示现在的气温是摄氏零下30度。我现在已经想不起我们走完这段路程到底花了多长时间，那些日子给我留下的只是一个噩梦般的回忆。温度总是在摄氏零下20度和摄氏零下30度之间徘徊。我还记得有一个风很大的日子，尽管我们的军官无论怎样命令和恐吓我们，所有士兵都丢掉自己的铲子跑到了背风的车后。那一天的温度是摄氏零下40度。我当时以为恐怕要被冻死了。无论我们做什么都无法感到哪怕是一丝丝的温暖。我们甚至是把尿撒到自己冻僵的手上好让自己感到一些暖意，还有就是希望用自己的尿来消毒一下那些被冻裂的伤口。我们车队里有4个人得了严重的肺炎，他们躺在一辆卡车里面的临时病床上。我们的车队只有两个医务兵，他们对于这种重病束手无策。除此以外，还有至少40个人患上了冻疮。有些人的鼻子被冻坏而感染了。一些类似的冻伤感染多发生在眼皮、耳朵周围，特别是在手上。我自己并没有被严重地冻伤，但是我们手指上还是冻开了口，我的手指每动一下，上面的伤口都会流出血来。这些伤口让我感到钻心的疼。我心情糟透了，有些时候我也躲着哭鼻子。但由于每个人都有自己的工作，没有人注意这些小问题。

我已经去了两次医务车把我的手放在温热的消毒酒精里，虽然酒精让我的伤口疼得厉害，但随后我的手还是觉得温暖了几分钟。我们的粮食也不够了。从明斯克到旅途的第一站基辅的距离大约有400公里。我们原计划走5天，但实际上走了8天。结果我们不得不吃掉了本该在前线吃的粮食。还有我们这个有着38辆车的车队有3辆车出了机械故障。我们不得不把车和连同车上的货物一同毁掉，以防止这些东西落入游击队的手中。那4个得肺炎的人里，已经有两个人死掉了。许多人都患上了冻疮，有几个人不得不进行了截肢手术。在我们到达基辅前3天时，我们通过了一片看来是俄国人防线的地区。我们的车辆穿越了一片到处是废弃坦克、卡车、大炮和飞机残骸的原野，这些东西散布在一大片我们视线所能及的地方。不时有一片片的地方竖立着木棍或是十字架，那些是为阵亡德军或苏军士兵仓促修建的墓地。

实际上，苏军的阵亡人数要远远超过德军。我们看到每个阵亡的德国士兵都得到了体面的安葬；而每10个或12个苏军士兵被埋在一起，他们的坟墓上面则有个俄国东正教的十字架。一路上，我们还要下车不时填上路上的大弹坑好让我们的车队通过。我们的车队终于到达了基辅。这个典雅漂亮的城市看来并没有受到太大的破坏。红军与德国陆军的战斗大多发生在城市的外围，也就是我们刚才经过的那些地域。当苏联红军无法再承受我们的进攻时，他们就退到城市外的另一个方向，这使得基辅能够免遭像明斯克那样的厄运。在明斯克和哈尔科夫之间的基辅是我们的第一站。我们的最终目的地是斯大林格勒，现在离那个城市还大约有 1000 公里。

基辅是德军在俄国战场的一个重要补给中心。从这里，那些罗马尼亚和波兰来的部队正在被运送并投入到高加索地区和里海地区的进攻里。基辅多少有些像明斯克，城里到处都是士兵和军车，唯一与明斯克有区别的是这个城市里有一种明显的前线气氛。

车队在城市的郊区停了下来等候命令。我们再一次发现自己行走在积雪覆盖，冻得结结实实的道路上。我们都以为一切的麻烦可以告一段落了。每个人都在期待着去营房休息的命令。但我们首先被送到了防疫站，在这里我们清洗了自己。每个人都已经脏得要死，而且身上都有了跳蚤。我们连有 7 个人因为严重的伤病而住院了，剩下的人只在基辅停留了 7 个小时便再次上路了。在离开这个井井有条的城市前，我们被命令列队站在一个建筑物前的大道上。这时一个上尉乘坐着一辆大众汽车到了我们面前。他在车里向我们发表了一个简短的讲话。他讲话的大意是：

“士兵们！德国公民们！在此时此刻，第三帝国的战斗正在俄罗斯辽阔的土地上进行着，我们的祖国期待着你们夺取最后的胜利。你们的责任就是将我们作战部队急需的物资送到他们的手上。在前面的道路上要面对许多的艰难险阻。在后方的工厂里，我们的工人们制造了这些精良的武器，通过你们将这些武器送到我们英勇的战士手中。只要还有德军战士面对弹药和其他物资的短缺，没有人可以有片刻耽搁的权力。我们的国家正在全力以赴地确保前线战士能够收到他们所需要的东西，而这些东西也可以激励他们的斗志和团结。我们每一个人都没有理由在面对困难时动摇或逃避。没有人有权利怀疑我们刚刚的胜利。我们所有人团结一致才是战胜一切困难的唯一方法。决不要忘记你们的一切来自祖国，祖国也期待着你们能够用自己无畏的牺牲来回报这一切。你们必须学会毫无怨言地面对前面的痛苦和困难，因为你们是德国人。希特勒万岁！”

我们也同声回答道：“希特勒万岁！”

接着上尉清了清自己的嗓子开始用一种较为亲切的语气对我们说话：“你们将组成一个整体并在市郊加入第124运输连和第125运输连执行到哈尔科夫的运输任务。你们的车队将由一个德军装甲分队保护。他们会保护你们不受到那些想要阻挠你们的破坏分子的干扰。你们可以看到，第三帝国正在作出一切努力来确保你们的任务圆满完成。”

接着他向大家敬了军礼，他的副官旋即发动了汽车离开了。

我们和自己连队的另外两个部分在指定的地点会合并组成了第19运输连。我们连归乌尔特纳指挥。我的第一个念头就是我会遇到自己在新兵训练营的一些朋友，如果他们还没有被调走或是阵亡的话。我不知道他们是否先于我们还是晚于我们来到明斯克。但是事实上我们连现在又回到了一起。我们经过了一辆流动的炊事车，我们吃到了一顿热腾腾的饭。这使得我们的士气重新又高涨起来。现在外面的气温大约在摄氏零下15度左右，已经比我们路上时暖和多了。我们也刚刚洗了澡，换了自己的衣服。我非常容易地找到了劳斯，他夸张的手势让我在人群中相当容易地认出了他。

劳斯对我说：“哦，年轻人，你觉得天气怎么样？还有餐厅呢？我已经连续10天没有吃什么热的东西了，我原本以为我会死在那列车上的。”我说道：“什么？你上了火车，你真走运……”

劳斯回答说：“走运！你说得轻松……你要是在那列车被炸的时候在场就明白了。”爆炸制造了一大团100多米高的烟雾。我们有4个人死了，7个人受伤。摩万在我们清理现场的时候负伤了。我们花了5天时间才恢复了通车。我还和其他人去抓捕那些破坏分子。我们在一个农庄里抓到了两个破坏分子。农庄里有一个农民告诉了我们这些破坏分子的下落，在行动结束后他还请我们吃了一顿丰盛的宴席。

我也把我的冒险经历告诉了劳斯。我们的谈话让我们两个人都感觉到好了许多。我们后来又遇见了林森和奥林海姆。我们重逢时的快乐心情让我们都不由自主地抓住了对方的肩膀，一边大笑着，一边跳起了夸张的波罗乃兹舞。一些年纪稍大的士兵惊讶地看着我们，他们似乎无法理解我们突然迸发出的快乐，而这些快乐与眼下周围一片灰暗和冰冷的气氛是如此格格不入。

我问道："法尔斯坦在哪里？"

林森笑着快乐地喊道："他现在在他温暖的卡车里。他扭了自己的脚，脚肿得很厉害以至于没办法把靴子脱下来，所以现在只好等到脚伤恢复。"

霍尔斯说道："他正在好好利用这次受伤的机会，如果是我的话，我会每一次都扭伤我的脚的……"

我们的谈话被出发的命令声所打断。我们回到了自己的岗位。知道我的朋友们就在离我几辆车的地方让我现在感觉到好多了，我几乎忘记了我们的车将把我们带到前线去这个事实。前线仍然是如此之远，我们依旧在覆盖着冰雪的土路上行驶着，道路两边是除雪车清扫积雪后留下的高高的雪墙。我们因此无法看到路两边的风景是什么样的。透过雪墙不时的豁口，我们可以看到一年前这里残酷的战斗所留下的痕迹。道路的状况是如此糟糕，我们的车队不得不缓慢地穿越过这一片被战争毁掉的原野。冯·维克斯·古德里安和冯·施徒普纳格的部队在与苏军进行了数周的激战后才把这片土地夺过来的。在战斗中有数十万的苏军被德军抓了俘虏。沿路到处散落在雪地里的苏军战争物资让我不明白苏军怎么会在有如此之多物资的情况下被打败。

渐渐升高的气温又带来了降雪，我们又开始了铲雪的工作。幸运的是，护送我们的那支装甲部队在两天后赶上了我们，我们可以把四五辆卡车挂在一辆坦克后面，坦克前进时，卡车就可以沿着结冰的道路向前滑行。但不久后雪停了，天也晴了起来。气温陡然降了下来，我们再一次在酷寒中行驶在俄罗斯的冰原上。我们的飞机不时地从头上飞过，我们都向飞机挥着手，飞机也把机翼向我们点了点。在更高的空中，一队队的容克-52式轰炸机慢慢从我们的头顶上飞过，一直向东飞去。热腾腾的饭食不再能温暖我了，我手上的冻疮又再次疼了起来。幸运的是，这次我们的车队里有一名随队军医。每次到开饭的时候，我们都会在他的卡车旁边排好队接受治疗。他在我的手上涂上了一种油性的药膏。我努力使这些药膏能够在我的手上留住，这些药膏减轻了冻裂伤口的疼痛并让我的手感到不怎么冷了。我把自己的手揣在外衣口袋里，同时也非常小心地注意不要将手上的药膏蹭到衣服上。

我在那辆雷诺卡车里度过了漫长而充满颠簸的时间。有时我们必须停车下来除掉挡泥板和轮胎之间的雪，有时我们又需要帮某辆卡车从坑里驶出来。除了这些原因外，我们避免走到驾驶室外面，到目前为止，我还没有被抓去晚上站岗。当夜色让我们无法再往前走时，就原地宿营。司机们可以在座位上睡觉，而我只能睡在驾驶室的地板上。我将自己的脚放在操纵踏板边，而鼻子则贴在发动机上，发动机散发出一种令人作呕的机油味。我们每天醒来都感到浑身又酸又冷。

在天亮之前我们都必须发动卡车的引擎。霍尔斯来看过我几次，但我们卡车的驾驶员总是抗议说我们的小卡车不需要3个人，相反他建议我去看看我的朋友，但他那里也是同样的情况，要站在外面聊天根本是不可能的。

一天，我们经过了一个规模很大的镇子，镇子旁边有一个德国空军的军用机场。不久一架我们的侦察机飞到了车队上空，侦察机和护送我们的装甲分队用无线电交流了一些什么，紧接着飞机离开了我们向北飞去。护送我们的坦克也消失在了它们履带卷起的雪雾之中。我们依旧沿着公路往前驶着，没有人觉得有什么异样。几个小时后，我们听到了远处传来几声隆隆的爆炸声。接着爆炸停了下来，然后又是几声。在上午11点钟的时候，车队停在了一个积雪覆盖的小村子里。太阳照得让我们眼睛发花，而气温也好像提升了一些。

我们向炊事车走去，车上的两个炉子正在喷出煤烟。首先到车子面前的人被厨师叫过去拿烧水壶。厨师的手艺还不错。他的烹饪特点的唯一奇怪之处就是每个人都分到一份浓浓的面酱。我、霍尔斯和林森拿着自己的饭盒向我们的卡车走去。就在这个时候，我们听到了离我们不算太远也不算太近的地方传来几声爆炸声。我们停下脚步听了一会儿。所有人似乎都在做着同样的事。爆炸声再次响了起来。有几次的声音听起来离我们很远。我们本能地跑了起来。林森问一个老兵说："发生了什么?"老兵回答说："拿我们的武器，我们离前线近了。"

我们其实都猜到了，但我们还是需要有人证实这一点。

霍尔斯说："哈，我去取我的步枪。"

就我个人而言，我并没有将目前的情况看得太严重。又是几阵爆炸声，一些爆炸是陆陆续续的，而另一些则是连续的。出发哨响了，我们爬回到自己的卡车里。一个小时后，我们到达了一座小山的山顶，激烈的枪声让我们的车队完全停了下来。枪声从一个离我们非常近的地方传来。每一次的爆炸声都让我们周围的空气震颤起来。有几个司机紧张得猛然踩住刹车。他们的卡车在冰面上侧滑了起来，司机试图把卡车重新调正，但没有成功。我打开了车门看着我们的车队。一辆大众牌吉普车从我们后面飞速驶来，车上的上尉向我们喊着："大家继续走，你……去帮忙弄出那个白痴的车来。"

我从雷诺卡车上跳了下来，随即加入了一群士兵——他们试图将一辆欧宝卡车从路边沟里弄出来。附近猛烈的交火声再次响了起来。听起来枪声在离我们很近的北面。车队再次艰难而缓慢地向前行进了起来。当顺这个小山向上爬时，我们卡车的司机错踩了刹车，司机手忙脚乱了好一阵才把车再次发动起来。现在我们沿着下山的道路缓慢地开到了一片低矮丘陵、树木丛生的乡村地貌里，远处低沉的爆炸声仍然在继续着。突然，我们前面的卡车停了下来，接着就听到了一声尖厉的哨音。我们迅速从车里跳了下来。士兵们此时都向车队的前面跑去。刚才的那个上尉也在跑着，他边跑边召集士兵，我也被他喊了过去。我们拿着自己的步枪，以最快的速度跑到了车队的最前面。护送我们车队的那辆指挥装甲车此时也已经开到了路边的雪地里。

一个军士长喊道："前面有游击队，现在大家散开准备战斗。"他边说边用手指着我们的左边。我没有多想便紧随着我们的军士长扑倒在一片被雪厚厚覆盖的坡上。当我将自己的脑袋从地上抬起向外看去时，看到一大片黑压压的人群正在从树丛中向我们的防线走过来。俄国人的速度看来和我们的速度一样缓慢。

寒冷和我们大家身上的厚衣服已经无法让我们灵活地作出什么战斗动作了。严寒让所有的东西都变得慢吞吞的，不管是欢乐还是忧愁，勇气或是恐惧。

和其他人一样，我把自己的头也尽力低了下来。我向前移动着，但注意力主要在自己的靴子上而不是在敌人身上。那些俄国游击队现在离我们还很远。我猜想他们现在一定在大步向前跑以使自己不至于掉到被积雪所覆盖的那些弹坑里。军士长命令我们说："现在大家挖好自己的散兵坑。"我没有铲子，所以我只能用自己的枪托把地上的一些雪敲去。我趴在自己的临时掩体里，多少有些轻松地看着外面的景象。我对于那些从树丛里出来的俄国游击队的人数感到惊讶，竟然有如此之多的游击队员！我还可以看见在森林里面还有更多的游击队员没有出来。他们看起来像是一群浩浩荡荡的蚂蚁军团一样。显然他们正在自北向南移动着。由于我们是从东至西走的，因而没有引起他们的注意，也许他们想包围我们。

护送我们的部队在离我们阵地大约20米的地方架设了一挺重机枪。我不明白为什么现在还没有人开枪。敌人已经开始穿越公路了，从北边传来的大炮声越来越响了。我的手和脚现在感到有些冰凉。我不太明白现在的局面，但感到非常的平静。那群俄国游击队还没有向我们开火，此时他们已经穿越了公路了。看起来他们的人数至少是我们的三到四倍。我们的车队大约有100辆卡车，随车的有100来名带枪的司机和押运部队。我们充其量只能保护自己。除此之外，我们还有10个军官，一个医生，两个医务兵。每一次北边的爆炸都带起来一片雪雾。在离我们很近的一个长满树木的小山上，大股的烟柱和着渐渐激烈的爆炸声升上了天空。那挺在我们右边的重机枪开火了，然后又停了下来。我傻呵呵地将自己的脑袋从临时掩体里探了出来，我可以看到那些游击队员所在的地方出现了一片片的淡淡的白烟，接着是一声沉闷的爆炸声。我们右面那挺机枪的开火声几乎要把我的耳鼓给震裂了，接着我们在山坡对面的另一挺机枪也和我们一起开了火。现在所有的士兵都开枪了。在俄国游击队那里，我们看到那些人正从各个方向奔跑着，而且跑得越来越快。他们有些人跌倒了便一动不动地躺在雪地里。太阳仍然在天空照耀着。看起来情况不严重。从俄国人那里打来的子弹在空气中嗞嗞地掠过我们的阵地。双方交火的声音震耳欲聋，而我现在还没有开火。在我右边突然有人喊叫了起来。那些布尔什维克游击队员们现在向树丛中退去。这时我们的坦克向他们冲了过去，边冲还边开着炮。有三四颗俄国人的子弹打到了我前面的雪地上，我开始和其他人一样盲目地向前面开火。又有七八辆坦克开到了我们这里并向游击队开火。交火延续了大约 20 分钟，然后一切就结束了，我大概打了 12 个弹夹的子弹。又过了一会儿，我们的坦克和装甲车回来了，其中 3 辆坦克前面走着一大群俘虏，每组俘虏大概有 15 人。那些俘虏看起来都非常沮丧。有 3 个德国士兵从一辆装甲车里被人搀了下来，有一个人看来已经昏迷了，有两个人的脸上露出痛苦的表情。在一辆坦克后部上躺着 3 个俄国人和两个德国士兵，除了有一个人还在呻吟着，其他人都一动不动。不远处有一个德国士兵正靠在路边的雪堆上，脸上都是鲜血，他向我们挥手要我们过去。

一个站在指挥坦克上的军官向我们说：“现在道路畅通了，你们可以继续赶路了。”

把伤员扶上了医护车后我回到了自己的雷诺卡车里。林森从我旁边走过，他边走边困惑地摇着头。他问我：“你看到了吗?”我回答道：“是的，有没有人死了?”林森说：“当然有。”

车队再次上路了，死亡的念头现在开始搅扰我，突然我感到害怕起来。外面的阳光现在看起来也变得有几分灰白，气温又开始降了下来。那些穿着棕色长外套的尸体现在正躺在路边。在我们的卡车经过时，其中躺着的一个人向我们挥着手。我碰了碰司机说：“嗨，那里有一个受伤的俄国人向我们挥手。”司机回答说：“可怜的家伙，但愿他们自己的人能够来照顾他。战争就是这样，明天也许就轮到我们像这个样子了。”

我接着说：“是的，但我们有医生啊。他可以为那个人做些什么。”

司机回答说：“你可以去找医生谈啊。我们已经有两卡车的伤员了，我们的医生现在已经忙得四脚朝天。你不要因为看到这些而难受，你以后会看到许多这样的场面。”

我回答道：“我已经看到过很多了。”

司机多少有些怀疑我的回答，但他还是说：“我也看到过许多。特别是当我看到自己的膝盖的时候。在波兰的战役中我的膝盖被炮弹整个地炸飞了，我当时以为他们会送我回家。但他们把我和其他的老人、小孩、病号一起送到了运输团工作。真的不开玩笑，像我这种伤口常常会疼得厉害，特别是你必须要等好几个小时才可以打到吗啡。”他接着谈到了他在波兰战役中的经历，在那时，他属于第六集团军，就是正在斯大林格勒的第六集团军。

天色暗了下来。我们长长的车队停在了一个小村子里。护送我们的装甲分队也在那里。上校下令车队停了下来以便使伤员能够得到治疗。坑洼不平的道路让医生无法对伤员动手术。现在有两个俄国人已经失血过多死了，其他伤员也等了几个小时还没有得到治疗。

我们的卡车正好停在一个农户的谷仓旁。正当我要开门下去打饭时，我的司机一把抓住了我说：“别慌，除非你想今天晚上站岗。这里的军士长是不会打记录的，就像是他们在军营的时候。他只是把站夜岗的任务交给他第一眼看到的人。”

我的司机说的是真的。不一会儿，我就听到了总是饥肠辘辘的霍尔斯的怨言：“妈的，他们又让我去站岗了，天知道今晚会发生什么。外面越来越冷，我们受不了的。”

又是一个晴朗的夜晚。外面的气温跌到了摄氏零下30度。感谢我的司机把我从这个冰冷的夜晚里救了出来。但是后来所发生的事几乎让我后悔今晚的运气。当我们向炊事车走去，心中有些焦虑，担心我们吃不上饭了。当厨师看到我们时，他略带讽刺地对我们说：“嗨，看起来今晚你们不饿啊。”

他已经把汤锅从火上抬开了，现在他在火上放上了几个大餐盘，大餐盘盛的水在火上开始嗞嗞作响。厨师一边把汤勺伸到汤锅的最底下，一面对我们说：“抓紧吃。我必须要为我们的医生烧开这些水，他现在正忙着给受伤的士兵动手术。”

我们正在吃着半冷不热的晚饭的时候，上尉来到了我们这里。上尉问道："水快好了吗？"厨师回答说："刚刚开，上尉。"上尉说："很好。"接着他的目光落到了我们两个人身上。他说："你们俩，现在把这些水送到医生那里。"他边说边指着一个亮着灯光的屋子。我们的晚饭刚吃了一半，我们只好盖上饭盒，并把饭盒挂在自己的皮带上。小心翼翼地拿起了一个冒着蒸汽的开水盆，我不想让里面的东西落到脚上，然后就向那个临时的手术室走去了。

走到屋里的最大好处就是比外面温暖。我们很长时间没有进到屋里了。我们的医生已经从当地的俄国农户手中征用了这间大房子，他正在一张桌子上处理一个倒霉家伙的腿。两个士兵正在用力按着那个受伤的人，他不停地扭动并痛苦地呻吟着。屋子里到处都是伤员，凳子上、地板上和储藏柜上，伤兵们有的躺着，有的坐着，他们一边等一边痛苦地呻吟着。两个医务兵正在照顾他们。地板上到处都是带血的绷带。两个俄国妇女正在热水盆中洗着手术器械。房间里的光线非常暗淡。医生把农户的大瓦斯灯放在了临时的手术台边。农户本人正站在医生旁边，手里提着另一盏灯。上尉和一个军士长也一人提着一盏灯。

我把水盆放在医生旁边，医生随即放了一卷绷带到盆里。我待在原地看着这个可怕的场面，呆呆地看着医生正在处理的那条伤腿。伤腿上到处都是鲜血，汩汩鲜血正在从伤腿上一个巨大的洞里面涌出来，医生在用一把止血钳试图止住流血。我的头开始眩晕起来，但我还是不由自主地看下去。那个伤员不停地把自己的头从这边扭到那边，两个战士用尽力气把他牢牢地按住。伤员的脸上毫无血色而且满是汗水。有人把一卷绷带放到他的嘴里，也许是防止他喊出来。这是一个从护送我们的装甲分队来的士兵。医生这时轻声地对我说："按住他的腿。"我犹豫了一下，医生又看了我一眼。我用我颤抖的手按住了那条血肉模糊的腿。当我的手摸到腿时，不由得抖了起来。医生又小声说："轻点。"

看到手术刀向伤口的深处切去，我感到伤腿的肌肉的活动。我闭上了眼。我可以听到外科手术器械的声音和伤者沉重的呼吸声。虽然刚上过一些麻醉药，他还是在桌上痛苦地扭动着。接着，我听到了一个几乎不能忍受的锯子声。不一会儿，我感到手中的伤腿变得异常沉重，我睁开眼看到双手正举着这条被锯下来的腿。医生刚刚做了截肢手术。在那里有些笨拙地在一种悲剧性的气氛中拿着这条腿，我以为我会晕过去。最后我把腿放到了桌子边的一堆绷带上。就算活到100岁，我恐怕也不会忘记这条腿的。

我的司机已经离开了。我想把注意力转移一下，但是一直到半夜才勉强缓过来。我又被叫去做了一些和刚才的截肢一样让我痛苦的事情。到了凌晨两点中，终于走出了临时手术室，外面的寒冷一下子就包围了我。我犹豫了一下，但是当想到那些垂死的伤员和到处的鲜血时，头也不回地走向了我的卡车。天空还是依然清朗，风也停了下来，农舍和卡车在雪光的反照下显得格外突出。我没有看到一个人在外面。我穿过村子找寻我的雷诺卡车。接着一间屋子的门打开了，一个裹着厚厚毛毯带着毛瑟枪的人踉踉跄跄地走了过来。当那个人看到我时，他嘟囔着说："你进去吧，现在轮到我了。"

我不解地说："去哪儿？"

他说："去里面暖和暖和，除非你想再站一岗。"

我说："但是我今晚不站岗，我刚才在帮医生，现在要去睡觉了。"他嘟嘟囔囔地说："明白了，我以为你是……"他随口说了一个名字。我追问道："你说有个可以取暖的地方？"

他回答说："是的。你可以进那里去。他们已经把那里变成一个哨兵的总部了。我们每隔15到20分钟换一次。当然这样你没法睡觉了，但这总比待在外面冻个两小时强。"我对他说："好的，谢谢你，我进去了。"我推开一扇厚重的门走进了这个屋子。在屋子的火炉里一团大火正在熊熊燃烧。火炉旁边坐着4个士兵，其中一个是霍尔斯，他正在炉灰里烤土豆和蔬菜。炉火是房间里唯一的亮光。另一个家伙跟着我也进来了，也许他就是那个把我当作换岗士兵的人。我在火上把我饭盒里的剩饭热了热，虽然我没有什么胃口，但还是把饭盒里的东西一扫而光。然后就在炉火前尽可能舒服地躺了下来。每隔15或20分钟，就会有一个哨兵进来把另一个可怜的家伙从睡梦中摇醒。有时大声抱怨的声音也会把我吵醒。当天还是漆黑一片的时候，起床哨响了。

我们从地板上爬了起来，浑身硬邦邦的，但这是我们很长时间里第一次在一个温暖的地方睡觉了。这时村里的一个俄国女孩向我们走来。她正提着一个热气腾腾的锅，她微笑着把锅向我们端过来。锅里装的是热腾腾的牛奶。我突然想，如果她在牛奶中放了毒怎么办？但是霍尔斯是那种宁可撑死也不愿饿死的人，他端起锅大大地喝了一口里面的奶。我们 4 个人把这锅牛奶相互传着喝光，然后霍尔斯大笑起来，他把锅还给了这个俄国女孩。我们双方都没法听懂对方的语言。霍尔斯只好走上去亲了那个女孩的双颊。女孩顿时羞得满脸通红。我们然后向她鞠了躬，就离开了。

点完名后每人都发了一杯半温的咖啡。每天早上都需要至少半个小时来发动引擎。我们总是在天亮之前就上路了。我们的连队正沿着凹凸不平的该死的俄国“高速公路”前进着。

有几次我们不得不给那些返回后方的车队让路。我们在一个脏兮兮的小村庄停下来吃午饭，在那里我们遇见了一队停在那儿的坦克。我们从坦克驾驶员那里知道我们现在离哈尔科夫只有 80 公里了。

大家听到我们离目的地如此之近都兴奋不已。大概只需要两三个小时就可以到达哈尔科夫了。我们现在开始想象在哈尔科夫的营房的样子。林森问我：“你认为我们的营房会是什么样子？”

一路上和我在一起的那个膝盖受伤的老兵现在看起来并没有任何兴奋的表情。他说：“我希望我们不会在这里待太长时间，现在就像把我们送到伏尔加河地区一样，我宁肯待在后方干任何事情也不想再往东走了。”有人回答道：“如果大家都不往东走，那我们就永远也打不败俄国人。”另一个人附和道：“对，有人最好是闭嘴并不要再谈他是多么害怕前线。”

半个小时后我们重新上路了。太阳躲到了地平线缓缓升起的雾气后面。渐渐地温度上升了一些。我们又开了一个小时。我眼睛半闭着，不时呆呆地望着卡车仪表盘上的亮光，几乎都要睡着了。我的头随着汽车的颠簸也左右摇晃着。我最终决定斜靠着门睡觉。在我闭上眼睛之前，望了望外面广袤的田野。天空中布满了铅色的云，看起来比地面的颜色还要重。我还看到在离我们最近的小山顶上有两个小黑点向我们飞来。我想，也许是两架侦察机，接着就闭上了眼睛。几秒钟之后，我的眼睛睁开了。一架飞机引擎巨大的声响越过我们的头顶，紧接着就是一连串巨大的爆炸声。然后一种难以置信的力量将我重重地抛在挡风玻璃上，我感到胸和耳鼓都要爆炸了。那种天崩地裂的声音让我觉得到了世界末日。我们随即被一阵石块、冰雪、箱子、钢盔和饭盒的碎雨所包围。我的雷诺卡车几乎撞到了前面一辆突然急停的卡车上。

我在恍惚和震惊中打开了车门跳到了地上，向那个爆炸声音发出的方向看去。紧跟在我们后面的那辆卡车几乎撞上了我们的车，在这辆车后面的卡车已经翻倒在路边，轮子还在继续转着。在那辆车之后就是一片浓烟和烈火。

有人喊道："大家赶快！不要待在路边！"

士兵们纷纷在道路四周的雪地里散开。有人喊道："他们在向卡车扫射！"我躲在路基外的雪地中。一个军士长喊道："防空火力！"他边喊边弓着腰跑向路基的一侧。那些在我旁边的士兵纷纷举起自己的枪向天空瞄准。

天哪！我的枪还在雷诺卡车里。当再次听到飞机引擎声的时候我正在向我的卡车飞奔。我一头扑在地上，一架飓风式战斗机从头顶呼啸而过，接着听到了两声巨大的爆炸，一声近些，一声远些。我抬头看到那两架飞机在白杨树林后面再次俯冲下来，此时上校的吉普车正在沿着车队开下来。车队的士兵们向各个方向跑去。

我站了起来并向车队里冒出的一根巨大的黑色烟柱跑去。一辆满载炸药的卡车被苏军的飞机炸中了，卡车立刻爆炸了，将紧靠的前后两辆卡车也炸毁了。雪地里到处是这 3 辆卡车爆炸后落下的残骸。卡车现在变成了一堆冒着火苗和刺鼻黑烟的废铁。我看到军士长和另一个士兵从烟雾中走了出来。他们抬着一具满身是血熏得黑黑的尸体。我和其他士兵迅速跑向那片浓烟滚滚的地方去看看我们还能帮上些什么。透过浓烟我们试图看到是否有人在那里。这时从我们后面跑来一个身影，他一面跑一面咳着说："别待在那里，那里太危险。弹药箱随时会爆炸的。"这时我听见了后面的汽车引擎声，然后看见一辆卡车的前灯的光柱从烟雾里穿了出来。一辆又一辆卡车紧接着开了过来……我们的车队再次向前开动了。虽然被击中的那些汽车在我周围燃烧着，却并没有感到暖意。我决定回到我那还算温暖的卡车驾驶室里。现在路面的情况变得越来越清楚了，透过渐渐变淡的烟雾，我注意到前面有一排裹着长外套的士兵正在一名军官面前列队站着。

上尉对我们喊着："嗨，你们俩，过来。"

我们快步向队列跑去。

"你，"上尉指着我说，"你的枪在哪里？"

我结结巴巴地回答道："在那里，上尉……在你的后面……那辆雷诺卡车里。"

我的声音因为焦虑而颤抖起来。上尉看起来非常愤怒。他一定以为我已经把枪给丢掉了，而我正在编一个谎言来掩盖这个事实。他像一头被激怒的牧羊犬一样向我扑来。上尉朝我吼道："你真是目无军纪！现在出列！"

我站了出来，当我还没有立正站稳时，上尉狠狠的一个耳光就打到了我的脸上，尽管我躲了一下，但我的帽子还是滚到了雪里，我脏兮兮的乱发露在了外面。我以为上尉马上就要对我拳打脚踢了。

他对我嘟囔着说："你从现在开始起站岗。"接着他把自己愤怒的灰色眼睛转向了军士长。军士长赶紧敬了一个军礼。上尉对他说："稍息。"上尉还是用令我窒息的目光盯着我。他继续说："你们这帮废物，当你的战友们正在拼死保护你们，你们却不能发现两架狗娘养的布尔什维克飞机向我们开火。你们本该看到它们的。你们一定是睡着了。我会把你们都送到前线的处罚营里去。现在有 3 辆卡车被毁，7 个人死了，两个人受伤。他们一定也是睡着了。这就是你们的下场。你们不佩带上武器。我会向上面反映你们的表现的。"说完他连军礼都没敬就转身走了。

军士长向我们命令道："现在回到你们的岗位上。"大家随即分头跑向自己的车子。我想要捡起我的帽子，但军士长一把抓住我的肩膀。

他说："现在回到你的岗位！"

我说："我的帽子，军士长。"

一个站在我的帽子旁边的士兵把帽子捡起来递给了我。在一片木然中，我爬到了自己的卡车里面。卡车刚刚被发动起来。

司机对我说："擦擦你的鼻子。"我回答道："好的……看起来好像我是为所有人挨的这一记耳光。"

司机说："别担心，我们今晚就会到达哈尔科夫。也许在那里我们不用再为任何东西站岗了。"我现在开始对那个突如其来的耳光感到愤怒。我说："上尉自己本该看到那两架飞机的。不管怎样，他也是车队的一员啊！"司机说："那你为什么不告诉他这些话？"

我回忆了一下我在睡觉的时候看见的那两个小黑点。上尉所说的话其实也多少属实，但我们所有人都没有对这样的威胁有任何的心理准备。实际上，我们还没有碰到过什么真正的威胁。我们都因缺乏睡眠，漫长的路途和恶劣的生活条件弄得筋疲力尽了。但这些理由都无法让我的战友活过来了。我非常震惊地发现我们的车和那个被炸中的车只隔了 3 辆车的距离。我尽管没有受伤，但我可以想象在那个被炸中的驾驶室里的痛苦……我死死地把眼睛盯在车窗上。我说道："如果有飞机来的话，这一次我不会错过它们了。"司机还是用那种习惯的嘲弄表情看着我说："那你最好也要看一看后视镜，他们也许会从我们后面来。"我愤怒地问他："你认为我是一个白痴。那我们该怎么做呢？"司机耸耸肩膀。他嘲弄的神态并没有改变。他接着说："你得知道，我们对于现实做不了什么。当我把我的膝盖弄断时，我却在考虑自己的头。我想对我最好的选择就是向后转回国。"我怒不可遏地说："够了！你就这样抛弃掉了那些在前线的战友们！"他看了看我，脸上的笑容暂时消失了一会儿。但马上他又微笑了起来，他还是用一贯的无所谓的语气说："他们所要做的就是我刚才所说的：'向后转，齐步走。'"他模仿着军士长的口气。

他转过脸来看着我说："你还太年轻。你以为我刚才说的是认真的。不，我们必须要加快速度了，越快越好。"好像要强调他的观点，他随即加大了油门。我回答道："我太年轻，你们都在用这样的话羞辱我，好像只有像你们这样的家伙才能够办事一样。"司机回问我："难道我穿的制服和你的不一样吗？如果你不满意的话，你完全可以下去打一辆出租车。”他现在已经公开嘲笑我了。

因为他全然不把我当回事，我决定一句话也不和他说了。我现在是既愤怒又伤心，首先他们揍了我，然后又当众吼了我。我们的车队依旧在冰雪上滑行着前进。夜幕降临了，但马上就要到目的地的想法鼓励着我们。我们就要在半个小时之内到达哈尔科夫的郊区了。那个城市的情况怎么样？这是在我们到达前线和顿河以及伏尔加河之前的最后一个大城市了。斯大林格勒距离哈尔科夫还有600多公里。但我内心里还是对于我们没有到达真正的前线感到多少有些失望。

我记得我们正在开下一座小山时，前面的卡车慢了下来，接着就不动了。“发生了什么？”我边说便打开了门。司机叫道：“关上门，太冷了。”我重重地把门关上然后就沿着所谓的“高速公路”走下去。一辆挎斗摩托停在了我的前面，一个从哈尔科夫来的信使给我们带来了一个命令。在昏暗的灯光下，我看到军官们正在很快地彼此交谈着。他们看起来在制订一份计划或是在讨论一个重要的新闻。他们中的一个——我们的上校——正在读着一份文件。

过了一会儿，一名军士长顺着车队走了下来，他吹响了集合哨。正在大家收拾自己的武器准备集合时，那辆摩托从我们身边开了过去。上校走到了我们队列面前，他的身后跟着两名上尉和三名军士长。上校的目光一直注视着地上，他脸上带着一种沮丧的神情，大家都感到了一种莫名的忧虑。

军士长命令道：“注意，原地站好！”我们所有人都立正站好。上校看了大家一会儿，然后将一份文件拿了出来。他说：“士兵们，我现在有一个非常重要的消息告诉你们，这个消息对于我们所有的士兵和人民都非常重要，也对我们所为之奋斗的信念和付出的牺牲非常重要。无论这个消息在哪里公布，哪里都将会充满忧伤，无论是在我们辽阔的前线，还是在我们祖国的首都，人们都会难以接受这样的消息。”

军士长命令道：“立正！”

上校接着又说：“斯大林格勒失守了！冯·鲍卢斯元帅和他

率领的第六集团军在作出最大的牺牲后，被迫无条件放下了自己的武器。”

我们所有人都感到非常震惊和焦虑。上校在片刻沉默后接着又说：“冯·鲍卢斯元帅在他最后发给总司令部的电报中告诉元首说，他会将铁十字勋章的荣誉授予每一个坚守在斯大林格勒英勇的德国士兵。鲍卢斯元帅还说，在长达数月的激烈战斗中，这些不幸的战士们已经用他们超人的勇气回答了祖国对他们的召唤。这里还有一封从斯大林格勒红十月拖拉机厂发出的电报，最高统帅部要求我们把内容念给你们听。这份电报是第六集团军战斗到最后的几名战士中的一个——海因里希·史多达写的。史多达在这份电文中提到在斯大林格勒的西南方还可以听到战斗的声音。以下是他的话：‘我们现在是这个地方的最后 7 个幸存者了。我们中 4 个人还负了伤。我们在拖拉机厂里坚守了 4 天了，在这 4 天里我们没有吃任何的东西。我们刚刚装上了最后一个弹夹，在 10 分钟后布尔什维克们将占领这里。告诉我的父亲，我忠于自己的岗位，我即将光荣地战死。德国万岁！希特勒万岁！’”

海因里希·史多达是慕尼黑一名药剂师的儿子。我们的队列里没有一个人说话，只有呜咽的寒风多少打断了这种肃穆的寂静。我想到了我从未谋面的舅舅。我在家时看过他的照片，家里人告诉我说他是一名诗人，我深深觉得我失去了一个朋友。队列中有一个人开始抽泣起来。也许他年纪并不大，但是他花白的鬓角让他看起来像一个老人。他走向其他的军官，大声地哭泣和叫喊起来。“我的两个儿子死了。这是注定要发生的。这都是你们的错，你们这些指挥官。这是个致命的错误，我们不可能打败俄国的冬天。”他低垂着身子，眼泪夺眶而出。“我的两个孩子死在那里了……我可怜的孩子……”

军士长向他命令道：“解散。”那个老兵还继续说：“不，如果你们愿意就枪毙我吧。一切都不重要了，不重要了……”有两个士兵上前扶住这个可怜的人，他们试图把他带走以免更不幸的事发生。他在这两个士兵的手中拼命地挣扎着。上校命令道：“带他去医务车，给他打一针镇静剂。”我以为上校还会说些什么，但他面无表情，也许他也在那里失去了一位亲人。

我们三三两两地无声地回到了自己的车上。现在夜已经深了，我不由得哆嗦了一下。我对身边的士兵说："现在越来越冷了。"他的眼睛呆呆地望着远方说："是啊，越来越冷了。"

俄罗斯广袤的国土让我印象极深，我这时感到这片无边无际的地平线就要把我们包裹起来，想到这里我不由得更厉害地颤抖起来。大约过了45分钟，我们的车队穿过了哈尔科夫遍布战火痕迹的郊区。在卡车前灯的照射下，我们不能看清楚太远的东西，但在灯光所能及的地方，我们看到没有一处建筑是完好的。

第二天，我从雷诺卡车的地板上醒过来。现在我可以清楚地看到了哈尔科夫的全貌。尽管经历了战争的破坏，哈尔科夫看起来依然是一座非常重要的大城市。从1941年到1943年，哈尔科夫在激烈的战斗中多次易手于苏军和德军之间。这个城市后来终于被苏联人夺了回去。但在现在，这个城市又一次被我们的部队所控制。整个城市就像一座烧空的废墟。城市里有一大片地区被用来堆放那些被毁坏的车辆和各种轻重武器。那些无数扭曲的金属无声地见证着这里先前惨烈的战斗。看到这些各种武器的残骸，人们可以很容易地联想起那些曾经使用过这些武器的士兵们的命运。现在，这些金属造的"食人怪兽"虽然已经部分被积雪所掩埋，但它们依然让人深切地体会到夺取哈尔科夫战斗的惨烈。

现在德国军队已经在这座城市一部分还算能用的建筑物中驻扎下来。洗浴设备已经为我们准备好了。在我们洗完澡后，我们被人带到了一个巨大的地下室里，在那里有许多各种各样的床。我们被告知可以在那里睡觉。虽然还是正午时分，但我们却马上在那里沉沉地睡去。我们后来被一名军士长唤醒，他带着我们到了食堂。在那里我找到了霍尔斯、林森和奥林海姆。我们聊起了许多事，但我们特别谈到了斯大林格勒。霍尔斯依旧坚持认为斯大林格勒发生的事情是不可能的，他说："我的上帝，第六集团军！他们不可能输给苏联人的！"

我对他说："既然最高统帅部的公告说他们被包围了，而且已经弹尽粮绝，他们还能够做什么？他们是被迫投降的。"

其他人插话说："所以我们才必须去营救他们。"

一个老兵回答道："一切都太迟了。"

霍尔斯痛心地攥紧拳头说："一切都晚了……狗屎！狗屎！狗屎！我不相信！"

如果斯大林格勒的失守对于一些人而言是打击的话，那对于另外一些人就变成了复仇的力量。在我们这群人里，大家的意见分为两派。年纪大的士兵总体而言是失败主义者，而年纪轻一些的士兵则是坚决要解救困在斯大林格勒的战友。当我们一路争论到回营房的路上，一场因为我的斗殴暴发了。

那个我所乘坐雷诺卡车的司机在我们回营房的路上碰巧和我走在了一起。他说："你现在应该高兴才是，看起来我们明天要回明斯克了。"我可以看到他的脸上依旧带着那种惯有的讽刺神情，我感到自己的脸因为愤怒而变得通红。我冲他喊道："够了！我们是要回去，但至少部分是因为你，我的舅舅才死在斯大林格勒的。"

他的脸色变得煞白起来。

他说："谁告诉你他死了？"

我接着喊道："如果他被俘虏的话，那比死更糟糕！你不过是一个胆小鬼而已。就是你成天告诉我们不要去管他们的。"我一路上的这个同伴听到我的这些话非常惊讶，他环顾了一下周围想看一看其他人的反应。接着他就揪住我的衣领说："你给我闭嘴！"他边说边向我挥舞着拳头。

我一脚踢在他的小腿上。正当他要打我的时候，霍尔斯拽住了他的拳头。

霍尔斯平静地说："够了，住手，要么你过一会儿会被关禁闭的。"

那人说："哈，又来了一个欠揍的。"

我的对手已经怒不可遏，他嚷道："我要好好修理你们一顿，你们……"

霍尔斯依旧说："住手。"那人回答道："狗屎！"

霍尔斯一记勾拳打在了他的脸颊上，他被打了一个趔趄，一屁股坐在了雪地上。现在林森也上来了。

我的司机喊道："你们这帮乳臭未干的臭小子。"他边说边准备再冲上来。林森立刻飞起一脚，用自己钉了铁掌的皮靴重重地踢在了他的脸上。我的司机大叫一声跪在了地上，脸上流出了血。旁边有人喊道："这个野蛮人。"我们随后一边小声地骂着，一边回到了自己的部队里。一群人恶狠狠地看着我们，其中有两个人把我的司机扶了起来，他还在痛苦地哼哼着。霍尔斯警告我们说："我们得小心那个家伙。在下次遇到敌人袭击时，他也许会在我们后面打黑枪的。"

第二天的起床哨要比往常迟些。我们列队点名的时候外面正在飞舞着满天的雪片。大家都把领子竖起来防止那些雪片掉到脖子里面。我们听到了一个好消息。好久没见的军士长劳斯正站在大家面前，手里拿着一张纸。他看起来在冷风中也有些哆嗦。他向大家念道："士兵们，司令部体会到了大家一路的艰辛，决定特批你们放假 24 小时。但无论如何，考虑到当前的局势，这个休假会随时被取消。所以，你们必须每两个小时回到这里报到一次。我想不用提醒你们，这次休假不会给你们时间去看望你们的女友或家人。但至少你们可以写信给他们。"

劳斯吩咐了两个人去拿大家的信，随后这些邮件被分发给了个人。我收到了 4 封信和一个包裹。我们想看看哈尔科夫，但是恶劣的天气让我们只好待在自己的营房里面。我们因此开始准备回程的安排。当我们被通知第二天要到前线去搬运食物和武器给那里的部队时，大家都感到非常的意外。我们将去沃罗涅日①以南的一个地区。我们所有人对于这个消息都感到并不鼓舞人心。

霍尔斯说："其实我们去基辅或是到沃罗涅日，这都没有什么区别。"

奥林海姆说："同意，但沃罗涅日是前线地区。"

霍尔斯接着说："是啊，但我们迟早会上前线的。"

我不知道该说什么。战场到底是个什么样子？我感到既好奇又有些害怕。

---

① 沃罗涅日位于俄罗斯东南部。译者注

第二章

前　线

沃罗涅日以南　顿河

俄国的冬天似乎没有尽头。每天都在下雪，几乎从未停止过。

在 1943 年的 2 月底或是 3 月初——我实在记不清了。我们搭乘火车到了一个被用作物资转运站的小镇，这个小镇距离哈尔科夫有大约 80 公里。在那里，食物、毛毯、药品和其他的给养被放置在一些大木房里。镇上的每一个地窖里都堆满了武器弹药。镇上还有一些武器维修点，有些在户外，有些在户内。那些修理坦克的士兵不时地向手指哈气，以使自己的手指不至于太僵而拿不住扳手。在小镇的外围有一个精心修筑的战壕体系和一些碉堡。俄国的游击队常常向这里发动突袭，经常有大批的游击队参与这样的袭击。无论这样的袭击何时到来，每一个维修兵和后勤兵都会立刻丢掉手中的活，拿起机枪来保护这里的军需品和他们自己。

一个士兵对我说："待在这里唯一的好处就是我们吃得很好。我们有干不完的活，还必须得保护好自己——我们轮流站岗。游击队很难对付。他们给我们制造了不少麻烦。尽管我们与他们奋力战斗，他们还是毁坏了不少的物资。有时我们的指挥官甚至要求别的部队来支援我们——但这种情况只发生了一次。有一个连的党卫军到过这里支援我们，但 3 天后他们就被送到斯大林格勒去解救第六集团军了。我们连已经有 40 个人阵亡了，这是一个不小的伤亡数目。"

那天下午，我们组建了一个用俄国四轮马车改制而成的运输队，这些马车的轮子上被绑上了雪橇。我们的运输队中还有几个真的雪橇。这些雪橇都是从俄国农户手里征用的。当我们出发时，我记得车队多少有些圣诞车队的感觉，只是在车上运的是炮弹和手榴弹，而不是什么圣诞礼物。我们向西北方向驶去，这是一个靠近弗罗内的区域。我们每人都发了御寒的特殊干粮，新的急救包和够用两天的饭菜。一路上只看到了一个哨兵，当经过他的时候，他抽着自己的烟斗，缓缓地向我们挥了挥手，他的双脚深深地没在雪里。

大约走了一个小时，雪开始越下越大。虽然我们军靴的防水性能非常好，但它们毕竟不是为在半米多高的雪地中行进而设计的。我们很快就感到力不从心了。我们不得不抓住马的鞍子或是雪橇的边，把那里当作是我们的拐杖。我在试图抓住马鬃时还扭了手指。由于马的速度要比我们快，所以我们都不得不尽力赶上马跑的步伐，不一会儿就汗流浃背了。有时候走在最前面的军官会停下来看着车队从自己身边过去，然后就借口检查大家的队列而试图缓口气。当那些军官重新回到队列时，他们总是在所有车的最后面：我从没有看过有一个军官能够跑回到前面去的。我的好朋友霍尔斯正在抓住一匹马的侧面。虽然他比我要结实和高大，但看起来也跑得气喘吁吁了。他的脸藏在他竖起的领子和下压的帽子之间。几乎没有人说话中，我已经学会了像德国人一样的少言寡语。虽然没有交谈，但我和霍尔斯的友谊却是在不言之中的，我们时时给彼此一些鼓励的微笑，好像是在说："坚持住！我们马上就到了！"

我们在黄昏时终于停下来休息。我感觉自己就要虚脱了，瘫软在马车的架子上。霍尔斯也已经一屁股坐在雪地里。

所有车队的人员现在都躺在或是坐在了雪地里。

一个坐在我旁边的士兵问我：“我们今晚不会在这里过夜吧?”我们彼此不安地相互看了一眼。

霍尔斯在一旁嘟囔着说：“我不管别人怎么干，反正我走不动了。”接着他打开了自己的饭盒。

我对他说：“这是因为你现在出汗了。休息一会儿，就会觉得冷了。你如果不活动的话会被冻伤的。”霍尔斯头也不抬地说了一声：“妈的，饭盒里的食物有股臭味。”

我也打开我的饭盒看了看。早上给我们的食物现在已经冻在了饭盒里面。现在其他人也发现了这个问题。霍尔斯抱怨着说：“妈的，但是我不能把它倒掉。”有人问一个军士长：“你看怎么办呢？这些浑蛋一定给了我们变质的肉，或者是一周前的剩饭。这简直难以让人置信。镇子上的东西足够整整一个师的人吃。”

有人说：“这东西吃不了……它闻起来臭烘烘的。我们必须得拿出一些罐头来。”

军士长向我们吼道：“你们不能倒掉，我们还有很长的一段路走，而且我们带的食物也不多。把肉丢了，只吃面条好了。”

从来对食物不挑剔的霍尔斯也在嚼这些东西。两秒钟后，他就把那个东西吐了出来，“呸，那些浑蛋的厨子一定是煮了个布尔什维克在里面。”

虽然现在大家的心情很糟糕，但是我们还是情不自禁地大笑了起来。很少发脾气的霍尔斯终于为了吃的东西而大发雷霆。霍尔斯嘴里一边骂骂咧咧，一边奋力一脚把自己的饭盒踢飞了出去。大家沉默了片刻，然后有几个人笑了起来。

霍尔斯在原地转了个圈，一句话也不说，然后就慢慢地走过去拿回自己的饭盒。我开始大口地吞下自己饭盒里的食物。霍尔斯捡回了已经被他踢扁了的饭盒，饭盒里的东西在雪地里撒得到处都是。几分钟后，我们俩都在吃着自己饭盒里的东西。

军官已经指定了今天晚上负责执勤的哨兵。我们现在的难题是在哪里睡觉。我们不知道哪里可以打开我们的行军毯。有人已经为自己在雪地里挖了一个临时的坑，有人在用马车上的草来搭建一个简易的窝棚，还有人在试图使马伏在地上好靠着马来取暖。我们虽然曾经在野外宿营过，但多少都有一些遮拦。不得不在酷寒的原野上毫无庇护地过夜让我感到有些恐惧。大家都在讨论该怎么办。有人觉得我们必须走到一个小村庄后才能休息，或者至少走到一个有房子的地方，他们认为宁可累死也不能冻死，如果我们在原地休息的话，那恐怕会有一半的人在天亮前就被冻死了。

我们的军官发话了："我们在 3 天内也不会碰到什么村子的，我们必须面对现在的处境。"

有一个人说："要是我们能够生一堆火就好了。"他边说牙齿边打着架，他的声音听起来好像是在哭。面对着这一严酷的现实，我们每个人都必须要作出最大的努力。霍尔斯和我在一辆雪橇的弹药箱中找到了一个可以容纳两个人的空间。虽然这里是一个危险的休息地，但是我们宁可在爆炸中被烧死也不愿被冻死。霍尔斯居然还给我讲了几个黄色笑话，我大笑起来，似乎忘掉了我们现在的处境。由于担心在睡梦中被冻死，我们两个人紧紧地抱在一起，一整夜只能时睡时醒地眯瞪着。

我们像这样一直过了两个星期。这漫长的两个星期对于我们连队的一些人来说是致命的。在第三天，我们有两个人得了肺炎，在接下来的几天里，我们有人的四肢被冻坏了并且得了一种由于寒冷而导致的坏疽病，这种病首先侵害人的面部，然后就是身体的其他部位，尽管这些部位被裹得严严实实的。得了这种病的人必须要涂抹一种黄色的油膏，这种油膏让这些人看起来既滑稽又可怜。有两个士兵由于心情过分沮丧而在一天晚上离开了车队，他们消失在了白茫茫的旷野里。另外一个年纪很小的士兵一直在喊着他的妈妈，不停地哭泣。我们先是尽力安慰他，然后就埋怨他让我们没法休息。一直到一天早上，他终于安静了一会儿，然后我们被一声枪响惊醒了。我们在不远处找到了他，他向自己开了一枪，以求让自己解脱，但子弹没有打到要害部位，所以一直到下午他才咽了气。

我的脚开始时还觉得疼，而后我好像已经感觉不到自己双脚的存在了。后来在医生检查的时候，我看到自己的3个脚趾已经变成了灰色。医生及时地给我打了一针让我的脚趾最后保存了下来。我非常惊讶大家从这种残酷的经历中活了下来，我对自己在这十几天路上能幸存尤其感到惊讶，因为我从来也不是一个体格健壮的人。

现在，我们“终于”来到了前线并即将经历我做梦也想不到的遭遇。

我们在一个临时的德国空军机场的掩蔽所里安了营。那个机场的大部分都已经被德国空军所放弃了，因为飞机大多撤到了西部。一些战斗机仍然在这里，机身上结了一层冰而且看起来很久都没有得到保养了。一个留守的地勤人员正把飞机上的主要部件拆下来放在拖拉机后面的大雪橇上拉走。

我们被允许原地休整几天。但没多久上面就给我们安排了新的任务。对于在这里的作战部队而言，我们的到来意味着一批意外的补充兵源。我们被分配去做各种工作。大约四分之三的人被分配去修筑77毫米高炮阵地甚至是轻机枪阵地。这样的工作意味着要铲除大量的积雪，然后用铁锹和炸药把岩石般坚硬的冻土弄松。

霍尔斯、林森和我现在在一块儿。我们的任务是向在大约15公里外的一个步兵连队运送食物和弹药。分给了我们两个雪橇，每辆雪橇前面都有3匹马拉着。与我们先前那次路程相比，这次的路途实在不算太远，而且我们的装备也不错。我们想这次的行程不会超过一天，我们都认为这次的任务还算轻松。算上军士长的话，我们共有8个人。我在第二辆雪橇上，这辆雪橇上拉的是手榴弹和机枪子弹。我坐在雪橇的后面，这使得我有不少时间可以看看周围萧瑟而空旷的风景。走了很久，我们才看到有几棵纤细的小树从光滑的雪里露出来。这些树看起来与周围的莽莽雪原奋力地搏斗过，而现在它们渐渐取得了缓慢而明显的胜利。除了灰黄色的天空，在这个人迹罕至的原野里没有什么可看的，这里也一定是狼群的聚居地。我们看起来好像是到了世界的尽头一样。

我们在沿着一个看起来像是道路的雪里的低洼地带前进。当我们到达了一片浓密的森林边缘的时候，一个士兵从一堆木头后面跳了出来，我们的雪橇也因此突然停了下来。在和我们的军士长交谈了几句话后，这个士兵闪在了一旁，然后我们就进了这片森林。在这里我们看到了一个由两个士兵把守的机枪阵地，还有一大群士兵和无数个灰色的帐篷。除此之外，还有许多大炮、轻型坦克和反坦克炮。追击炮被放置在雪橇上。一匹被宰杀的马被挂在了树上，一些衣服上粘着血的士兵正在把这匹马切成肉块。我们接着被一群向我们要邮件的士兵们围住了。当我们说没有邮件时，他们就开始咒骂我们。

一个军官查看了我们的文件。那个我们要去的连队还在更东边。这个军官派了一个他的随从护送我们到那里。我们经过了一些树林，在这些树林里面藏着至少三四千我们的士兵。然后我们经过了一些有些荒凉的小山冈，有几条电话线沿着这些山冈通向前沿。那个军官的随从告诉我们："现在我们到了，过了这个山冈你们就在敌人的火力射程范围里了，所以你们必须尽快通过那里。沿着这些电话线走，你们要到的连队大约离这里有两公里远。"

他接着向我们敬了一个礼便转身离开了。大家彼此看了看。我们的军士长说："好嘞，我们出发吧。"军士长显然在这条线上跑了不少时间了。他招手示意我们上前，然后又叫我们停了下来。他说："我们必须很快到达那里。不要怕打你们的马。如果俄国人看到我们，他们会开火的，但一般他们要花些时间才会开枪。如果他们的火力太猛，那我们都得离开那个装着弹药的雪橇，因为如果那个雪橇上的东西炸了的话，周围 30 米的任何人都不可能再见到自己的妈妈了。"

我想起了那次在哈尔科夫附近的游击队的袭击。有人喊道："我们走吧。"军士长跳上了第一辆雪橇并向我们挥手示意跟上来。我们不久后到了小山的山顶。我们的马在这里停了一会儿便快速地冲了下去。军士长喊道："我们得快！我们不能在这里停留！"霍尔斯也向那个赶马车的士兵喊道："用你的鞭子！"我们的雪橇是第一个跑到山下的。我现在看到我们的 3 匹勇敢的小马正像飞奔的小兔子一样穿过雪地，背后掀起了一阵能够暴露我们目标的雪雾。我们3个人坐在车夫的后面并都趴在了弹药箱上，弹药箱上的说明让人感到不安。我们都感到了紧张，以至于连寒冷都忘记了。在颠簸的雪橇上，我透过马车掀起的雪雾模糊地看到了前面有一排木房子。在我们周围是一排排列整齐的弹坑。虽然实际上是在飞奔，但我还是注意到了那些雪地里的弹坑好像一些巨大而美丽的花朵一样，弹坑的中心像是深棕色的花心，然后在弹坑的周围散放着一些像花瓣的线条，先是棕色，然后慢慢变淡，直至变白。那些时间稍长的弹坑有部分地方已经又被雪所覆盖了，这使得弹坑的形状变成了另外一种奇怪的战地"装饰物"。我们安然无恙地到达了坡底。这里有几间被严重毁坏的木屋子，还有几门几乎被大雪完全覆盖的大炮。我们停在了一间屋顶几乎一直延伸到地面的木屋前。离我们最近的那面墙是由木条编成的，我可以看到里面的工兵正在忙着什么。他们看起来正在把这个房子拆掉。有一些人抬着木板从里面出来。接着一个穿着白色外衣胖胖的军士长走到了我们面前。他向我们说："把东西都卸在这里，工兵们正在准备一个隐蔽所，大约需要一个小时完工。"一声巨大的爆炸声让我们所有人都吓了一跳。在右边，我们看到了一片黄色的闪光，然后就飞起一大片泥土和石块，飞起的泥土和石块像一口喷泉一样直冲到了10米左右的空中。军士长向爆炸的地方略略转身说："该死的这些土块，简直比岩石还硬。"我们推断这些炸药是工兵们放的。现在那个胖胖的军士长正在看我们的命令。他边指着一堆罐头边对我们说道："啊，这些东西不是给我们的。但是我们的补给已经晚到了3天了，我们现在正在吃我们的备用粮食。如果这种情况持续下去的话……你们这些司机当然可以不用着急了！这就是为什么我们的士兵被冻死的原因。"他拍拍自己的肚子说："当你在这里没东西时，你知道坚持不了多久的。"

看着他肥胖的腰，我们很难相信他已经饿了很长的时间了。他一定有一个自己秘密的食物储藏地，因为我们清楚地知道，虽然已经尽了最大努力，但整个前线依旧极度缺乏供给。胖军士长指着一条小路对我们说："你们还得去那边，那个地区有一片战壕在顿河的河岸上……如果你还想活着回来的话，必须要趴在地上把东西送到。”

我们顺着那条小路走了下去。小路的边上有一些被雪半埋住的卡车。在一片战壕那边，有些大炮和重型榴弹炮被藏在一大堆雪的背后。当我们经过这个炮兵阵地时，这个阵地便消失在了我们的视野里，它们的伪装实在是太完美了。我们来到了一个宽敞的战壕里，在那里有几匹瘦弱的马正在用蹄子刨着地面。在那里有几袋干草，这几匹可怜的马正在用自己湿湿的鼻子闻着这些干草，但它们看起来对那些草没有什么兴趣。在这些马周围有几匹被冻住的死马尸体。几个穿长外套的士兵正在旁边看着这几匹马。我们接着经过了一排猫耳洞，然后就听到了一个离我们很近的机枪声。“机枪！”我们的车夫说了一句，他的脸上露出怪诞的笑容，“这意味着我们已经到前线了。”在这里我们看到到处都是战壕和猫耳洞，这些工事从各个方向延伸到我们视线看不到的地方。一支巡逻队拦住了我们。巡逻队的上尉对我们说：“我们是第九步兵旅的，这些东西是给我们的吗？”我们回答道：“不，上尉，这些是给××连队的。”

那个军官说：“啊，你们必须要把雪橇留在这里了。你们要送到的地方在河岸的那边，就在那个小岛上。你们必须要贴着战壕走，小心，你们现在在苏军前沿阵地的火力射程里，他们时不时会向这里开火的。”我们的军士长向上尉用颤抖的声音说道：“谢谢你，我的上尉。”上尉喊过来一个和他在一起的士兵，命令道：“你去给他们带路，然后再回来。”那个士兵向他敬了一个礼后就加入了我们。像每个人一样，我抬起了一个沉重的弹药箱，把它放在自己的背上。现在那挺机枪又开始射击了，而且声音变得越来越响了。向导对我们说道：“那是我们的机枪。我不知道他们是在取乐还是在向冰面射击。”我们都是初到前线的人，我们一路上的经历和现在比起来简直就不值一提。射击还在断断续续地进行着。现在我们可以听到一些较远地方的枪声。霍尔斯建议把两个弹药箱放在我们步枪拼起的架子上，我们可以用这种临时的架子来抬这些弹药箱。正当我们要实施这个方法的时候，突然听到了一阵连续的爆炸声。带路的老兵说：“是那些俄国人。”空气里充满着爆炸所产生的震荡。听起来这些炮弹落在离我们左侧大约有三四百米的地方。

向导告诉我们："俄国人进攻时才会开炮，也许他们要进攻了。"随着一排突然的爆炸声和像猫叫的尖厉的呼啸声，我们慌忙丢掉手里的弹药箱，低下身子，焦急地向四周看着。周围的空气仿佛突然间凝固了。我们的向导说："别怕，小伙子们，这是我们藏在那堆东西后面的107毫米大炮，我们现在在向俄国人回敬我们的炮弹。"那个地狱般的声音又再次开始了，虽然我们现在知道了是什么，但是我们依旧非常紧张。军士长告诉我们："戴上你们的钢盔，如果俄国人发现这里的炮兵阵地的话，他们会向这里开炮的。"我们的向导又说道："我们得要赶紧了，在方圆60公里范围内没有一个安静的地方，我们这里和其他阵地没有什么区别。"我们开始弓着腰继续前进。周围的空气再次震动起来，我们可以听到周围都是开炮的声音。德国的炮兵正在不间断地开着炮，在我们前面，那挺机枪的声音也变得越来越近了。我们还碰到了3个正在架设电话线的士兵，电话线刚好拦在我们前面。现在那些俄国炮弹的爆炸声听起来变得有节律了。我们的向导说："俄国人也许要冲上来了，我必须把你们留在这里了，我得回自己的连队了。"我们的军士长看起来有些慌了，他问道："那我们往哪里走呢?"那个带路的士兵回答道："走到右边的反坦克炮那里，会有人告诉你的。但你们可以先吃点儿东西，现在是午饭时间。"接着他就弓着腰往回路跑去了。我们终于明白了战场上士兵是这样走路的！几天以后，我们也习惯了这种走路的姿势。我们打开了自己的饭盒，大家在雪地里缩在一起开始吃起东西来。其实我并不感到肚子特别饿，那些我们大炮的声音现在对我而言要比吃饭更有意思。

还有些惊魂未定的霍尔斯抬起眼睛看着我，他摇着头说："也许我们该继续吃饭，要是有一个军官来的话……"

又是一阵震耳欲聋的大炮齐射打断了我们的交谈，我们本能地缩着头，闭上了自己的眼睛。霍尔斯刚想开口，但一个不同于我们大炮的爆炸声传到了我们这里，紧接着在一个尖厉的呼啸后又是一声爆炸。这次的爆炸把我们从地上掀了起来。一股巨大的气浪冲得我们摇摇晃晃的，接着一阵石头和冰块组成的雨砸到了我们身上。我们都趴在地上，没有人说一句话，枪和饭盒也被丢在了一边。在混乱中一个士兵扑到我的怀里喊道："他们要杀了我！他们要杀了我！"他话音未落，我们后面的德军大炮又开火了。

我们的军士长喊道："我们继续走，我们不能待在这里。"他边说边把自己的钢盔戴上。

我们像发条人一样机械地拿起了弹药箱。这里的战壕宽得可以容下4个人并肩走，但是现在大家呈一字编队紧紧地贴在战壕壁上向前走着。我紧紧跟着霍尔斯，霍尔斯前面是我们的军士长。

军士长对我们说："大家快走！快！俄国人已经发现了我们的炮兵阵地！他们可以看到这个阵地，我们现在就在这个阵地旁边！这个战壕正把我们引向俄国人的大炮火力里。我们必须走那条紧急通道。"

我们每隔一分钟就必须扑到地上。无论我如何努力，手中沉重的弹药箱还是不时滑到地上：我非常惊讶箱子里的手榴弹居然没有在我面前爆炸。

军士长依旧向我们喊道："赶快，到这里来。"

劳斯说："我们在那边的雪橇上的弹药是我们现在手里拿的这些的两倍，我们都得搬过来吗？"军士长回答道："是的，当然……我不知道……赶快，看在上帝的分上！"当俄国炮兵正在装弹时，我们的炮兵又开了两轮炮。过了不久俄国人的炮弹就打在我们后面大约40米的地方，这使得我们的腰又往下弯下一些。突然旁边一声天崩地裂的巨响，我们一旁的战壕有一边被炸塌了下来。这一切发生得如此迅速，以至于我连躲避的时间都没有。我还记得看见有一只乌鸦被炸得四分五裂地落到了我们所在的战壕边上。我们都死死地趴在战壕底下，没有一个人有力气或勇气站起来。军士长再次向我们喊着："快！起来！我们必须要到战壕的那一头去。"军士长的脸因为恐惧而显得有些扭曲，"如果炮弹落到我们这里，这里会马上变成一座火山的。"

我们拉着弹药箱越过了战壕里的瓦砾和一个被炮弹击中身亡的士兵的尸体。我在经过他时很快地扫视了一眼。这是一个令人毛骨悚然的场景，他的钢盔盖在他的脸上，厚重的冬装裹着已经被爆炸彻底扭曲了的身体，他的一条腿，也许是两条腿被炸飞了。另外一具尸体躺在离他不远的乱石堆里。那枚俄国炮弹一定是刚好落在了这两个可怜家伙隐蔽的地方，而他们也许正等待着这轮炮击结束……

我能够清晰地记起在战争中起初遇到的死人。但接下来我所目睹的成百上千的死亡者却不再能在我的记忆里留下什么清晰的印象。我以为在这里我已经经历了人类所能够忍耐的所有的恐怖和不幸，以为我可以是一个在身经百战回家后能够向众人讲述自己英雄事迹的勇敢的战士。从明斯克到哈尔科夫，再从哈尔科夫到顿河沿岸，我已经用了那些令人惊恐的辞藻来描述我的经历。但我本应该将那些辞藻留给即将到来的未来，纵然所有的人类语言来描述那后来所发生的都是不够的。所以在仔细斟酌和思忖之前，我想我们都不应该轻易用那些措辞强烈的词语，因为当我们真的需要它们时，它们又显得是那样的苍白无力。

也许该在这里停下我的讲述了，因为我的表达实在无法诠释我想要讲述的东西。那些没有经历过那场战争的人也许会同情那所发生的一切，就像是他们同情某部小说或是某部戏剧中主人公多舛的命运一样，但他们绝不会理解那场战争的恐怖，就像是一个人无法理解那些不能被头脑所理解的东西一样。我这些词不达意或显得啰啰唆唆的表达也许对于现在的世界而言是难以理喻的。但我依然努力让我的记忆能够尽可能忠实地被传达出来。我把后面的内容献给我的朋友马里乌斯和让－马丽·凯瑟，他们一直尽心地来倾听，因为他们也和我一样经历过那些相似的事件。我试图去发掘和弄懂有关人的本性的根本缘由，而这些险恶的本性原来是我做梦也不曾想到过的。

当我们到达战壕紧急通道的时候，我们的军士长一个箭步就冲了进去，这时炮弹带起的泥土像雨点一般打在战壕里面。我们的到来把两个已经在战壕里穿着白色披风的士兵吓得跳了起来。其中一个人正在用战壕观察镜侦察着前面苏军阵地的情况。另一个人正蹲在猫耳洞里调试着无线电装置。我们的军士长一面喘气一面问他们：“××区在哪里？我们在给他们送给养。”那个正在用战地观察镜的士兵回答说："不太远了，但是你们没法到那里，你们会被炸飞的。带上你们的弹药，不要从那里走，从我们的掩体里走。"

他向我们笑了笑。

我们随即钻进了一个用木板和冻土搭成的像个坟墓一样的建筑里面。碉堡里面黑糊糊的，有 4 个穿着白色披风的战士正在里面，有一个人正准备睡觉，其他人在一只昏黄的蜡烛光下写着信。这个掩体的高度让人无法站起来，里面的所有人都必须要移动我们才能通过。我们对他们而言算是新事物。霍尔斯问道："这个顶结实吗？"他一边说一边用手指头顶了顶。掩体里的一个士兵说："如果有一发炮弹落在旁边的话，它会塌掉的。"另一个人插话说："如果有枚炮弹正好落在上面的话，我们的战友就不用费心掩埋我们了。"他们怎么还能有心思说笑话呢，我有些弄不明白。也许是习惯吧。那个在睡觉的士兵现在被我们吵醒了，他打了个哈欠说："我还以为他们给我们送了些女人来呢。"有人插话说："不……送过来的是一帮孩子。军士长，你是在哪里找到这些孩子的？"我们所有人都大笑了起来。

大地又开始颤抖起来，但这里的响声不像刚才外面的那样激烈。

有人说道："这些小伙子都是一些新兵，他们是押运军列的，刚刚穿越了整个俄罗斯来到这里，这样你们的肚子才不会饿着。"那个刚刚醒来的士兵回答说："那算什么，我们已经在这里拼命战斗了 3 个月了，你们那会儿还在优哉游哉呢。我知道你们在乌克兰有不少的漂亮妞。你们在这里不要待得太久，否则我们会饿死的。"

我鼓起勇气用自己蹩脚的德语说道："小妞？我们从来就没有看到过什么小妞！我们看到的只有雪。"

有人问道："你是阿尔萨斯人？"

霍尔斯开玩笑地说道："不，他是法国人。"

每个人都大笑起来。霍尔斯被大家的笑声弄得有些不知所措。

那个问我是不是阿尔萨斯人的士兵向我伸出手来用法语说：

"谢谢。"

我用法语回答道："我的母亲是德国人。"

大地又开始摇晃起来。天花板上有几块东西掉下来砸到了我的钢盔上。

我们的军士长说："看来这里情况不太妙。"掩体里另一个人说："哦，俄国人只是在逗乐子，3 天前他们被我们好好修理了一下。这些狗娘养的一个月前逼我们退过了顿河。我们往后撤了有 70 公里。自那以后他们试图跨越顿河有 4 次了。最后一次是 5 天前。他们连续进攻了两天，特别是在夜里。那时情况十分危急。你可以看到我现在的样子：我正在补上我的觉呢。我们已经好几天没睡觉了。我们本该反攻的，但结果却什么也没有发生。你用这个观察镜看看，冻起的河面上仍然到处都是俄国人的尸体。这些猪猡现在还没有派人来照顾自己的伤员。我敢打赌现在河上躺着的一些人还在哼哼呢。"

我们该死的军士长焦急地说道："我们现在应该把弹药送到××地区。"

掩体里的人说："你们再往下走一点儿，在河岸上找到他们——这帮不要命的家伙。我想他们现在控制着那个河心小岛。有一天晚上他们差点丢掉，他们不得不和俄国人展开肉搏，结果第二天早上又把小岛夺了回来。那是个危险的地方，我宁肯待在这里。"

我们的大炮沉寂了一会儿，但是俄国人的炮弹却依然缓慢而有规律地落在我们的阵地上。那个用战地观察镜的士兵回来了，他弓着腰，不停地向自己的手指哈气。他对另一个士兵说："到你了，我现在抖得厉害，我担心我的牙齿会被抖下来。"那个被他叫到的士兵抱怨了一声，然后就走出去了。

我们的军士长问道："我们的大炮不开火了，他们被摧毁了吗?"

一个士兵回答道："你的想法有些好玩，我们要是没有他们可就惨了。几天前，要是没有他们的话，这里已经被俄国人攻占了。我衷心希望那些 107 毫米炮的小伙子们都安然无恙。"

我们的军士长已经意识到自己说错了话，所以他赶快附和道："我也这样希望。但他们为什么不开火了呢?"

那个士兵回答说："你应该知道我们的弹药补给非常有限。我们不得不省下每一发子弹，也就是说，我们不能浪费掉一发弹药。不管是步兵还是炮兵都必须要最大限度地节省弹药。但我们绝对不能让苏联人知道这个情况，所以我们还必须时不时教训他们一下……你明白吗?"

军士长说："我懂了。"

"现在外面安静了，你们最好好好利用一下现在。"一个士兵说道。

我们的军士长对我们说："我们走吧，孩子们。"现在他看起来已经重新拾回了一些信心。

孩子……也许他说的是对的。在这些顿河前线的老兵面前，我们看起来的确像孩子。几发炮弹就让我们感到像世界末日来临一样。现在和我们在波兰骄傲和自豪的日子相比是有着多大的不同啊。在顿河河岸的阵地上，我们这群无关紧要的士兵，就像是一堆冷得到处哆嗦的可怜的小动物一样。我们所有人都营养不良和脏得要死，俄国幅员辽阔的疆界像是要把我们吞吃掉。我们这些运输车司机并不起眼，更像是军队里面的"女佣"。我们像其他部队一样在严寒中被冻死，只是我们的处境没有人注意而已。

我们小心翼翼地离开了掩体，大家拿起弹药箱沿着战壕向前面走去。现在一切又安静了下来。我们走在呈"之"字形的战壕里，战壕的尽头就是我们的目的地。战壕里到处都是冻得瑟瑟发抖的士兵，他们正在用便携式取暖器烤着自己。一路上都有人问我们："带来信了吗?"有 3 架梅赛施密特战斗机从我们头顶呼啸而过，阵地上发出一阵欢呼声。步兵们对于德国空军的信心是绝对的，在无数的战斗里，这些我们所熟悉的涂着黑色十字架的飞机重新振作了士兵们的信心并帮助我们击退了俄国人的进攻。

一路上有几次大家不得不靠在战壕壁上让那些躺着伤员的担架过去。我们已经快要走到了德军前线的最前沿。战壕开始变得越来越狭窄。有几次我抬起头瞄了一眼战壕前面的景象，看到大约在前面 60 米的地方是一片长着高高杂草和被冰雪所覆盖的河岸，我们所要去的地方就在那片河岸的附近。

我们走出了战壕，不得不从一个弹坑跳到另一个弹坑。我们爬进了一个大弹坑，在这里看到了一个医务兵正在包扎着两个牙关紧锁的士兵。他告诉我们这里就是我们的目的地。我们没有时间仔细观察这个危险的阵地，在我们放下箱子后，又转身去取雪橇上剩下的弹药了。

在夜幕降临时，我们已经完成了这次对那片前沿阵地的弹药输送工作，自从下午的那次炮击后，阵地上再也没有发生什么。那些在顿河前线的士兵们又要度过一个寒冷的夜晚了。我们正在等候同来的两个士兵，他们正在收着其他士兵写给家里的信件。霍尔斯、我和另一个士兵正坐在一个敌人视线之外的冻土堆上。霍尔斯呆呆地盯着自己的靴子说："我在想我们今晚上睡在哪里？"一个士兵说："我想又是在户外了。我没有看见附近有什么旅馆。"我们一起来的另一个士兵说："你们过来看看，我们在这里可以清楚地看到顿河。"

我们站在一挺用树枝伪装好的机枪后面看着顿河河岸。霍尔斯说："看，冰面上躺着一些尸体。"在已经冻结的河面上躺着一些一动不动的尸体，他们是前几天战斗中的受害者。那个看守反坦克炮士兵对我们说的话并没有夸张，俄国人没有抬走他们的死者。我试图看得更远一些，希望能够看到我们所听说的那个小岛，但天色越来越暗，我们没法看到那里。在远处我只能看见一片被白雪所覆盖的树丛。我们的士兵一定正藏在其中，在暗夜中警惕地观察着敌人。更远处已经被一片渐渐升起的浓雾所遮蔽。在顿河河岸，德军的攻势终于被苏军所扼制住，而现在苏军也正在观察着这里。

我到达了前线，这是一个曾经让我既害怕而又渴望的地方。现在这里安静得出奇。我想我现在看到了从俄国人那边升起的一股股白色烟雾。这时有几个士兵把我推开。那个站在机枪旁的士兵对我说："如果你那么感兴趣的话，我可以把我的位置让给你。我已经受够了这里的寒冷了。"

我们不知道如何回答，那个机枪阵地并不让人羡慕。

一个头戴连衣帽的上尉跳到了我们的掩体里。我们还没有来得及敬礼，他就趴在战壕观察镜上向外观察起来。几秒钟之后，我们听到了后面传来一阵阵隆隆的爆炸声，几乎与此同时，看到了顿河宽阔的冰面上的爆炸掀起的水柱。大炮的声音和炮弹爆炸的声音混成了一片。我们都趴在掩体的地上，大家相互用困惑和焦灼的眼神看了看彼此。

我们这里的两个机枪手还没有立刻开火，而是站在上尉后面，默默地注视着宽阔的顿河。我们的炮弹在顿河的冰面上爆炸着。终于那个曾经要把他的机枪阵地让给我的士兵说道："现在冰面破碎起来更容易了，俄国人不久就必须要游泳才能到我们这里了。"

我们这些运输兵都不知道发生了什么，只好听着他说。

那个士兵继续说："我们必须用体重最轻的士兵在冰上踩踩，如果河上的冰能够承受他的重量的话，我们还必须时时把冰面炸掉才行。"

这时劳斯忍着笑指着一个缩到后面的年轻士兵说："他是这里最轻的。"

那个士兵略显焦虑地问道："我得干什么?"那个机枪手回答他说："现在还不需要。"

炮击停止了。上尉用观察镜又看了看河岸几分钟后就爬上战壕边上消失在了夜色里。我们依旧待在原处，既没有动，也没有交谈。为了打破此时的沉寂，军士长命令我们打开自己的饭盒吃饭，我们还在等那两个收信的家伙回来。

我们咽下了自己饭盒里冷冰冰的食物。我一边嚼着自己的晚饭，一边走到了机枪阵地旁向下面的河面望去。

我看到了刚才德国炮击的成果，有些巨大的冰块看起来有半米多厚，正横七竖八地呈直角立在河水里，这些破碎的冰块正随着底下的水流有节奏地晃动着。我们的炮兵每个晚上都会向河面开炮以使得苏军的侦察兵无法到我们这里。现在周围充满了冰块相互碰撞的声音。

我呆呆地望着河里的境况，渐渐注意到在顿河东岸上出现了几百盏灯光。我从瞭望孔里目不转睛地盯着那些越来越强的灯光。

我向那两个步兵喊道："嘿，有情况。"他们冲过来一把把我推开向外望去。他们中的一个接着说："妈的，你吓着我们了，没有情况，他们每个晚上都这样做。俄国佬想让我们以为他们就要进攻了。这种方法其实不坏。这些灯光实在让人心烦。现在我们要想看清河面的话就困难了，甚至打照明弹也不管用。"

我依旧呆呆地看着河对面的灯光。在对岸辽阔的地平线上，俄国士兵点燃了数百堆篝火。这些篝火不是用来暖和他们自己的，因为他们一定已经远离了这些火堆。这些火堆的唯一目的就是遮蔽我们的视线。实际上，当我们的视线移到顿河的东岸时，我们只看到了这些篝火，而篝火之外的一切东西都陷入了茫茫的黑暗中。这使得我们的敌人现在可以实施一系列的活动，而我们只有在这里无端地猜测了。我们虽然用照明弹可以看到一些河对岸的活动，但照明弹的光芒已经被河对岸的火光至少减少了一半左右。如果我们的军士长没有告诉我们离开的话，我们也许还会在这里再站立和观望一阵的。我们平安地回到了后方。

无论在哪里，士兵们都蜷缩在自己的猫耳洞里。那些已经睡着的人用他们所能找到的一切东西将自己盖上，甚至连自己的鼻子和耳朵都没有漏掉。人们需要习惯这种战场上奇怪的生存方式并学会在这样一大堆厚重的衣物包裹下维持自己的生命和力量。

一些士兵正在自己的掩体里面打牌，另一些人则是借着昏黄的烛光或油灯写着家信。这些了不起的东西——我说"了不起"指的是那些半米多高，能够使用汽油或煤油的油暖灯：人们只需要调节油灯的灯口和进气阀就可以让油暖灯明亮或暗淡起来。那些无论干什么的士兵都可以尽情地享用提供给他们的烈酒。后来一个在军列上的伤员告诉我说："前线的各种烈酒和反坦克炮一样多。伏特加酒是制造英雄的最简单的方法。酒精可以麻痹大脑和恢复体力。"

我们顺利地回到了自己的雪橇上。

霍尔斯说道："我难道是在做梦吗？要么天气已经转暖了？我现在身体一直在流汗。也许我发烧了：这才是我真正需要的。"

我说道："我也一样，我现在衣服都湿透了。"那个在今天下午炮击时喊着"他们会杀了我"的那个士兵向我说道："也许你今天被吓坏了。"霍尔斯接话道："看看是谁在说这话啊，你和你身上的衣服一样没有什么经历，你现在居然来评价我们了。”

雪橇拉着我们和 6 个伤兵。虽然这些雪橇上的东西要比来的时候轻一些，但是雪橇的运动并没有多一些轻快。拉雪橇的小马显然遇上了一些困难：一路上我们下面的雪开始变得越来越软了。风里带来大片大片的半融的雪花，不久这些雪花就变成了雨。在我们所经历的酷寒之后，这些和煦的风让我们感到舒服极了。

我们花了两个小时才到达了后方的小屋。我们径直倒在了小屋里的粗木床上睡了下来。然而尽管整整一天的体力和情绪上的透支之后，我还是不能很快入睡。我一直看着顿河的河岸和倾听着苏军大炮的声音，做梦也没有想到这些炮弹的爆炸声是如此之响。对我而言，我们在波兰训练时那些让我耳朵嗡嗡响的步枪射击实在就像是儿童游戏一样。那些在顿河西岸的德国士兵们不得不战斗和生存下去：这就是他们和我们的区别。我们的上级曾经许诺过我们说我们将会像作战部队一样得到嘉奖。我们把这个运输任务当作我们的一项荣誉，对上级将这样的任务交给我们感到非常自豪。

然而前线的公报依然责备了我们，这些公报几乎将德军从高加索和罗斯托夫的撤退完全归咎于我们了。因为给养的匮乏，这些德国部队不得不从他们付出了巨大牺牲才占领的土地上退了回来，以使得他们自己不会遭到在斯大林格勒类似的命运。在对我们的劝勉中，我们的军官常常要求我们战胜一切困难，付出一切代价，甚至是死亡，来实现我们的目标。我们以为自己作出了应有的贡献，但是尽管我们不懈努力，只取得了计划中一半的目标，也许我们本该把自己的性命也贡献出去的。

德军最高统帅部称之为“绝对的牺牲”。这些话让我的头有些发晕。而我现在只是呆望着周围浓浓的夜色渐渐地进入了梦乡。

第三章

到后方

从顿河到哈尔科夫 第一个春天
第一次撤退 顿涅茨战役

连续三四天，我们都在忙着做同样的事情。积雪在四处融化着，俄罗斯的严寒就像它到来一样飞快地消失着。这里的冬天几乎一步就跨进了炎热的夏天。积雪的融化并没有改善我们的军事处境，而是将一切都变得更糟。现在气温已经从摄氏零下 20 度骤然跃升到了零度以上。这使得俄罗斯大地整整一个冬天的积雪都几乎在瞬间融化了。在原野上处都是大片大片的沼泽和泥坑。对于忍受了 5 个月俄国寒冬的德国陆军而言，气温的回升就像是一个来自天国的喜讯。不管有没有上级的命令，我们都脱掉了自己的脏衣服开始了大清洁。士兵们跳进了那些依旧冰凉的水坑里清洗自己。到处都洋溢着一种宁静的气氛，阳光也温暖地照着所有人。这场难以用言语描述的残酷战争现在看起来也似乎有了一些温情。我认识了一个工兵营的军官，他的连队暂时驻扎在我们的小屋对面。他来自莱茵河岸斯特拉斯堡对面的凯尔。他对于法国的了解甚至超过他对德国的了解。他的法语棒极了。我和他用流畅的法语交谈着，在我不得不用蹩脚的德语很长时间后，我感到了一种难言的惬意。霍尔斯常常加入我们的谈话以提高他的法语，正如我常常加入他们来提高自己的德语一样。恩斯特·纽巴赫——这个我的新朋友——看起来就像是一个天生的工程师。他的技艺是无人可比的：他可以把几块旧木板变成一个结实防水的小屋，他也会用一个拖车的油箱做成一个淋浴器，这个淋浴器下面有一盏油暖灯被用来加热里面的40加仑水。第一个使用这个淋浴器的人被一股带着浓郁汽油味的水浇了个透湿。虽然我们反复冲洗这个淋浴器，但是里面的水依然长时间都有一股汽油味。

在晚上时，淋浴器前常常有着一大群又嚷又叫的人，其中也包括我们的军官。淋浴时间在晚饭结束后开始，一直持续到深夜。淋浴周围的场景就像是一个喧闹的赛马场，那些首先洗到淋浴的人们常常在回到营房的路上又被四溅的泥浆弄得脏兮兮的。在营地里没有宵禁或其他的规定。我们每天的工作一旦做完，就可以随心所欲地一整夜开着玩笑和开怀畅饮。我们有整整一周都是这样度过的。我们目前为止已经往前线运输了3次，每次到那里时都是静得出奇。我们用马或是马车将部队的给养送到前沿阵地上。在那里，战壕的支撑木桩上到处都挂着洗好的衣服。在顿河的那一边，俄国人似乎也在做相同的事。

在那里我们向一个大胡子士兵询问前沿阵地的情况。他笑着说："现在战争一定结束了。希特勒和斯大林和好了。我从来也没有看见过前线有过如此的宁静。俄国佬们现在除了喝酒和唱歌外什么也不做。他们胆子大得出奇——他们会在我们的枪口底下从自己的战壕里走出来。不是吗，沃克?"他边问边转向了一个正站在一摊泥浆里的一个士兵。沃克回答说："没错。我们没法向他们开枪。这可使我们不用担心在探出头时自己的眉心中间会被一颗子弹打中。"

这里现在弥漫着一种欢乐的气氛。战争真的会结束吗?

霍尔斯说："战争也许真的会结束的。我们这些在前线的家伙总是最后知道这个消息的。如果这是真的，我们过几天就会知道的。萨杰，也许我们不久后就可以回家了。我们可得好好庆祝一下。这实在是让人难以置信！”

一个从运输队来的老兵说道：“不要高兴得太早。”他冷静的语气给我们乐观的情绪当头浇了一盆冷水。我们像往常一样沿着满是泥浆的道路走着，在路上停下来和恩斯特聊了一会儿天，他刚让一段到处是淤泥的路面重新恢复了通行能力。恩斯特对我们说：“如果情况一直像这样的话，我们只好划船才能通行了。刚才有两辆卡车从这里通过，结果我们后来发现那些我们刚刚费尽全力盖到泥浆上的碎石块已经完全找不到了。要是待在战壕里该多好啊。”

霍尔斯说：“战壕里也是一团糟，士兵们的士气很低落。如果他们将自己的步枪当柴烧的话，我一点儿也不惊讶。我们的士兵们和对岸的俄国人正在狂欢呢。”恩斯特接着说：“这的确有些不可思议，那边的通讯卡车正在一刻不停地接收电报。通信兵也一刻不停地从那里跑出来。如果通信兵要到司令部的话，他必须从摩托车上下来，穿过这片泥潭到司令部去。”

霍尔斯打趣地说：“也许是总部祝贺你做的淋浴设备的电报呢。”恩斯特说道：“这对我倒是个好消息。但我想如果这些通信兵现在在这里到处跑的话，我们弄不好也马上会向后方跑了。”在我们离开他那里时，霍尔斯向他大声喊道：“失败主义者。”

我们返回营地，一切看起来都没有什么变化。我们大口地吞下刚刚送来的热腾腾的饭菜，正当我们准备到床上聊天的时候，军士长劳斯吹响了集合哨。

我自言自语地说：“天哪，恩斯特是对的。我们又得出发了。”

劳斯对我们说：“我对你们的军容不会提出什么意见，现在只要打好包，我们会在任何时候出发。明白吗？”

有人在一旁抱怨说：“妈的，好景总是不长久。”

有人回答他说：“你想你来这里就是为了呆坐着和放屁吗？战争还在继续。”

“打好包”意味着我们将要准备好迎接检阅。我们现在人人的军服都几乎一尘不染，皮带和弹袋都被擦得锃亮并整齐地牢系在身上。至少这是我们在切米尼兹新兵训练时的成果。当然现在的军纪要比我们受训时松一些。但纪律的严格性完全取决于检阅军官的态度。如果他愿意，他可以检查我们的枪筒里面和我们脚趾的情况，如果有人没有按要求做到，那等待他的就是没完没了的站岗。

我现在还清晰地记得我到了切米尼兹训练时不久后的 4 小时体罚。一个上尉在城堡大院的地上画了一个圈，那个圈完全在灼热的阳光底下。然后我必须背上一个装满沙的背包，那个背包足足有 40 公斤重，而我的体重却只有 65 公斤左右。在那里站了两个小时后，我的钢盔被阳光烤得火热，在这之后，我不得不咬牙支撑着自己，几次几乎要晕倒。这次体罚让我牢牢记住了一个好士兵在军营里走路时不能把自己的手放在裤兜里。

所以现在我们都飞快地将自己的东西打好包，并疯狂地擦拭着自己皱巴巴的军靴，花了几乎整整一个小时才将自己的行李收拾整齐。然后我们被批准休息 24 个小时。不久后，我们这场短暂的休假便成为一场噩梦。

在我们休假的第二天凌晨，我负责午夜到凌晨两点半的岗哨执勤。我站在一个用空弹药箱搭成的台子上，这个台子可以让巡逻的哨兵不至于陷到泥里。在这个台子的旁边有一个被水淹了一半的单兵掩体，那个掩体是为负责守卫汽油库的士兵准备的，现在这个士兵就是我。这个夜晚多少有些温暖。一阵夹杂着雨点的疾风将天空中厚重的白云吹散，一轮又大又圆的月亮不时从云后探出头来。在我的右边是我们的军车和营房。在我的前面是一片融入天际，一望无际的大平原。顿河现在与我们这里的直线距离大约有 8 公里。在我们的营地和顿河之间，成千上万的德国士兵正睡在污浊不堪的工事里。夜风传来汽车引擎轰鸣的声音——现在无论是苏联人还是我们都在借着夜幕的掩护运送部队和给养。有两个巡逻的哨兵经过我这里，我们按照常规打了招呼。其中一个哨兵讲了一个笑话，我正要回答时，从南到北的地平线上突然被一大片升起的照明弹映得如同白昼一样。接着又有第二轮照明弹升起，这时我感到了大地开始颤抖起来，我周围的空气也充满了一种打雷一般的声音。一个巡逻的哨兵喊道："天哪！俄国人进攻了！"

现在我们可以听到营地里到处都是哨声和命令声。一群群的士兵从我身边跑过。炮兵们跑向那个被遗弃的机场旁的炮兵阵地。由于没有人告诉我下一步要怎么做，我只好待在原地不动。如果现在要穿越苏军炮火运送弹药的话，那肯定是一种我们从未经历过的任务。远处交火的声音依然在继续，这里面不时夹杂着我们大炮的声音。前面的火光变得越来越耀眼，那些在我周围奔跑的士兵在火光的映衬下看起来就像是一排排不真实的影像。

就像是一个狂怒的巨人正在摇撼我们周围的世界，炮击的力量足可以轻而易举地将任何人在顷刻间化为乌有。虽然我们离前面激烈的战斗还隔着一段距离，但我还是弓起了腰准备随时扑向面前的一个积满水的坑里。两辆没有开灯的牵引拖车向我驶来，拖车的车轮将淤泥变成了飞溅的泥浆。车上有两个人跳了下来。一个人冲我喊道："哨兵，帮我们一个忙。"他们从头到脚都溅满了泥浆。

炮击已经把天际映得通红，我们正在把油桶滚到他们的拖车上。在稍远一些的地方，我的连队的一些士兵正在牵出一群受惊吓的马，那些马不时地跌倒在淤泥里并嘶鸣着。那两辆牵引卡车来回了几次拉汽油，到了天亮的时候，接替我的哨兵还没有来，而我现在正在思忖这里到底还剩多少值得我守的汽油桶。远方的炮击还是和刚才一样激烈。我感到了一些疲惫和茫然。就在这个时候，一发苏军的远程炮弹落在我身后约 100 米的地方。我们所有人都开始跑了起来。我现在正着急地找着霍尔斯的身影。

更多的苏军炮弹开始落在了我们的营地，营地上火光冲天。我们都趴在了地上，当我们站起来时身上都是泥浆。我们的军士长对我们说："不要那个样子扑到地上，你的动作太慢，现在看着我怎么做。"一个尖厉的呼啸声传到了我们的耳中，我们班的 12 个人都不约而同地扑向了眼前的泥浆中。一声巨大的爆炸声将我们肺中的空气都抽了出去，与此同时一大片飞落的淤泥也盖到了我们的身上。

我们浑身脏兮兮地从泥浆里站了起来，脸上带着庆幸的笑容，就像是一群刚从沉船中幸存下来的乘客一样。这时附近又传来几声爆炸，我们又被迫趴到了泥地里。我们向最近的一个弹药库跑去。那片用帆布盖上的小山一般高的弹药堆让我们的胃感到有些难受。如果这个弹药堆被炮弹命中的话，周围 100 米内的所有人都必死无疑。

军士长说："我的天，这里居然没有人，真是不可思议。"

说完他就爬上了那个巨大的弹药堆检查起了上面的编号，编号代表着这些弹药的下一个目的地。我们在那里呆呆地注视着军士长的一举一动，脑袋里一片空白。有两个士兵从我们后面挤了进来并向弹药堆上跑去。透过隆隆的炮声，军士长向这两个士兵喊叫着："这里该你们守吗?"那两个士兵齐声回答道："是的，军士长先生。"军士长又问道："那你们刚才在哪里?"其中一个士兵回答说："我们上厕所了。"

军士长反问道："你们两个同时上厕所？你们这帮白痴！因为你们的擅自离守已经让我们够麻烦的了。现在告诉我你们的名字和所属部队。"这时军士长依旧站在弹药堆上。

我在心里咒骂着这个吹毛求疵的军士长，他正在写一个情况报告，平静得似乎什么也没有发生一样。近处的爆炸声让我们再次趴到了地上，而军士长依旧站在弹药堆上，无视这一切的危险。军士长对我们说道："俄国人正向我们的后侧进攻，他们的步兵一定都冲上来了。现在挪挪你们的肥屁股上来帮我!"

我们不安地爬到了军士长所站的弹药堆顶上。前方的火光映照着我们苍白的脸庞。不久后我们就开始忙着搬运弹药箱，大家肩上扛着弹药箱，慌不迭地从弹药堆那里跑开。

天色渐渐放亮了，这时前面的火光也渐渐失去了刚才的亮度。远处的地平线上只是笼罩着一层厚厚的烟幕，烟幕中不时升起一股股黑色的烟柱。到中午的时候，我们的大炮开火了。我们还在搬运着弹药箱，此时大家都要快累晕倒了。我还记得那时我们坐在一个大弹坑里休息。弹坑很干燥，我在那里呆呆望着我们的 155 毫米加农炮开火时的情景。霍尔斯与林森也和我在一起。我们都把手捂在自己的耳朵上。霍尔斯一边微笑着，一边随着每一次大炮的开火点着自己的头。

我们已经将近两天没有怎么睡觉了。激烈的战斗依然在进行着，我们正在将一批批伤员送到那些满是积水的掩蔽所里，把伤员放在用树枝搭成的担架上面。医务兵们接着就对伤员开始救治。不久后，这些掩蔽所里就已经人满为患，到处都是从前面撤下来不断痛苦呻吟着的伤员。结果我们不得不把后面来的伤员直接放在满是泥浆的外面。军医在不停地给那些重伤员做着手术。在那里我看到了一个恐怖的场面——一排排身上满是污泥和血迹的士兵尸体。

在战斗开始后的第三天清晨，双方的交火变得越来越激烈了。我们所有人的脸都因为疲劳而变成了青灰色。炮击一直持续到了黄昏，然后在不到一个小时内就突然停了下来。硝烟所形成的云雾笼罩在弹痕累累的前线阵地上。我们感到自己现在可以闻到一股死亡的气息——我的意思不是那种尸体腐烂时产生的气息，而是一种战场上特有的当死亡人数达到某种规模时所产生的特有的气息。每个到过战场的人都知道我讲的是什么。我们营地8间木屋里有两间被炮弹夷为了平地。剩下的6间房子里到处是伤员。大家都快累休克了，我们的军士长劳斯很同情我们的处境，告诉我们可以睡上一两个小时。我们旋即倒在地上沉沉地睡了过去。一个小时后，我们被人摇醒了，这时感到似乎只睡了几分钟时间。

虽然随时都有可能因为疲劳而晕倒，但我们仍然继续搬运着那些从前线运下来的伤员，同时还必须把那些阵亡的士兵一排排摆好，然后把他们的身份牌取下来。他们的身份牌将随着阵亡通知书送给他们的家人。阵亡通知书上将写着："为了德国和元首在荣誉之地上英雄般地倒下。"

虽然我们承受了数以千计的伤亡，德军在顿河的最后一战阻止了苏军的突破。庆功活动在战斗结束后的第二天开始了。人们把那些重伤员的嘴掰开好让他们能够品尝庆功的伏特加酒。在大约70公里长的战线上，苏军统帅朱可夫将军在该死的"西伯利亚"军团（"西伯利亚"军团就是刚刚围歼了我们在斯大林格勒第六集团军的部队）的协助下，试图突破我们在沃罗涅日以南的顿河防线。俄国人拼命的进攻被牢牢地挡在了我们坚固的防线面前。数以千计的苏军为这次失败的进攻付出了生命的代价，但我们自己的损失也是巨大的。

我们运输连大约四分之三的人在这天晚上出发了。卡车上装满了伤员，伤员们几乎堆在一块了。我和霍尔斯、林森分开了，感到有些不太好受。战场上的友谊是何等弥足珍贵，这样的友谊又由于我们共同的命运而变得牢不可破，这是和平年代的人们所无法理解的。我和两个还算是不太乏味的人在一起继续搬运伤员，但我一直没有机会和他们交谈。只要可能，我就会跑到某辆卡车的驾驶座上睡上一会儿以恢复自己的体力。

第二天早上集合哨响了，我睁开眼睛。卡车的驾驶室座位简直是一个完美的床。我感到自己终于补上了一些睡眠。但前几天的疲劳依旧让我的肌肉感到酸痛，我费了好大劲儿才从座位上站起来。当我们在外面列队站好时，我看到了每个人的面容都显露着同样的疲倦与憔悴，甚至是劳斯军士长也不例外。劳斯告诉我们说我们马上就要离开这里开向西面的一个地方。作为这个行动的开始，我们必须要协助工兵们装载设备并销毁那些我们拿不走的辎重。我们排着队走过一口大锅领了自己的早点，在吃过早点后加入了工兵们的工作。

我们配发了毛驴。命令告诉我们说我们必须找到附近所有的武器弹药，以免它们落入到敌人的手里。撤退开始了。浑身泥浆的步兵踩着淤泥向西面出发了。开始我们以为会被其他部队轮换，但后来这事并没有发生。整个顿河西岸的德国部队都被命令后撤。我们无法理解为什么在经历了 3 天英勇奋战之后我们还要撤退。

大多数人那时还不知道在 1943 年 1 月后，东部前线的局势发生了根本的变化。在斯大林格勒失守后，苏军强大的进攻势头如今已经指向了哈尔科夫的外围，苏军已经重新越过了顿涅茨克向罗斯托夫挺进。苏军险些将从高加索地区撤下来的德军包围。我们在高加索的部队已经在付出巨大伤亡的代价下从海路退到了克里米亚半岛。我们的战报告诉我们，现在在哈尔科夫、库班甚至是阿纳帕都爆发了激烈的战斗。

我们从来没有从上面听到过撤退的说法。由于绝大多数士兵根本就不了解俄国的地貌，自然也就不知道现在到底在发生什么。不管怎样，只要简单地看看地图我们就可以知道顿河西岸是我们在俄国的最前线。幸运的是最高统帅部及时地命令我们撤退以避免苏军从北部和南部对我们的合围。如果这样的话，我们将与别尔戈罗德和哈尔科夫这两个重要的德军基地完全地分开。其实顿河早就不是我们的防线了，苏军已经向北和向南渡过了顿河。我们有可能像斯大林格勒的守军一样被苏军包围，这个想法让我的血液几乎都凝固了。

德国步兵已经连续两天在忙于撤离，他们要么步行，要么乘坐卡车。不久后我们的营地里只有一小批装甲部队驻守了。川流不息的各种军车和人员让那个被放弃的德国空军机场变成了一片狼藉的地方，数以千计的坦克、卡车和拖车，还有无数的人员把厚厚的淤泥都带到了这里。我们就在这样的混乱里面忙碌着。我们必须要清点那些不得不放弃的装备。工兵们正在与我们一起忙着给带不走的弹药装上引爆装置。在中午的时候，我们点燃了那些弹药。弹药爆炸时的景象足以让任何城市的庆典礼花相形见绌。所有的雪橇、马车和房屋都必须被炸毁或烧掉。有两门巨大的重型榴弹炮无法被拖车从泥泞中拉出。结果我们只好将炸药放到大炮的炮筒里，然后把炮筒尽可能堵死。这两门大炮被爆炸的威力撕成碎块，把致命的弹片抛射到四面。我们所有人都有些欣喜若狂，这种破坏行动让大家都充满了一种莫名的快乐。在晚上的时候，我们的机枪手们阻挡了几批苏军的侦察分队，显然他们是想知道我们正在这里干什么。在结束工作的最后时刻，我们受到了苏军炮兵轻微的骚扰，接着我们就离开了。

和殿后的装甲部队在一起的步兵告诉我们俄国人已经占领了一些我们所放弃的阵地。一个紧急撤离的命令下达了。我拿起了自己的行李试图寻找一辆车子搭上去。这时我们的一个军官把我安排在一辆缴获的卡车上，那辆卡车正装着我们的伤员。那个军官向我刚登上的那辆卡车叫道："加大油门！我们得走了！"

每个德国士兵都受过车辆驾驶的培训。我在波兰的时候就受过这方面的训练。我遵照命令坐到了这辆俄国卡车的驾驶座上。在我面前的仪表板上的仪表指针都无一例外地向下指着。仪表板上还有几个按键和一些看不懂的俄文。工程兵们将这辆卡车拴在一辆马克 4 型坦克的后面。我们马上就要出发了，但我必须要把这辆卡车发动起来才行。我想过从驾驶室里出来对大家说我不会开这种卡车，但担心会被派去执行更困难的任务，甚至是被留在后面，这些想法让我没有勇气这么去做。

我突然想到，如果我不能把这辆俄国卡车发动起来的话，我会被那些布尔什维克们抓住的。这个念头让我不寒而栗。我疯狂地在仪表板上拨弄着上面的装置。接着我突然看见了恩斯特。他正在找一辆可以搭载的卡车。我突然感到自己得救了。

我向恩斯特喊道："恩斯特！过来，我这里还有位子！"恩斯特高兴地坐了进来。

恩斯特向我说："我都打算坐在坦克后面了，谢谢你。"

我用一种乞求的口气向恩斯特说："恩斯特，你知道这个该死的玩意儿怎么开吗？"

恩斯特对我说："你居然坐在这里却不知道怎么开！"

现在已经没有时间解释了。前面负责拖我们卡车的坦克已经发动起来了。我们手忙脚乱地试图找到发动卡车的装置。一个坦克手从炮塔站出来向我们示意卡车的启动需要和坦克同步进行，以使得卡车后厢里的伤员少受一些颠簸。恩斯特推了一把仪表盘下面的把手，我们立刻感到了卡车发动机的颤动。我踩了踩油门，卡车的引擎发出几声响亮的嘭嘭声。

外面的那个军官向我喊道："轻一些。"我向他笑了笑并点了点头。随着牵引我们卡车的钢缆变得越来越紧，我们也加大了油门。我们到底该开多快？我不知道，但我知道我们不会往后面走了。这辆重型卡车随着前面的坦克猛地离开了原地，卡车后厢里传出了一片呻吟声和叫骂声。

后来在战争结束我回到法国的时候，一个自以为是的家伙指导我如何开一辆雷诺卡车。他当时颐指气使的态度看起来就像是一个远洋货轮的船长似的。我不得不硬着头皮上了一次荒谬的驾驶课，并最终得到了一张宣布我胜任驾驶工作的粉红色卡片。我没有向他解释我在俄国曾经在一条更像是河流而不是道路的地方开过卡车，而且那辆卡车是被拴在一辆巨大的坦克后面一路颠簸着走的，当时我随时都感到我们的卡车会熄火的。

那个家伙是无论如何也不会相信我的。只有胜利者才有权利讲述历史。而我们这些失败者，则无一例外地被认为是懦夫和下等人。失败者的回忆、恐惧和情感是不该被铭记的。

我们第一个夜晚的撤退被随后到来的降雨弄得更加艰难。恩斯特和我不得不使出浑身解数让卡车能够跟在坦克后面。如果没有坦克的话，我们根本不可能从俄罗斯春天泥泞的道路中开出来。我们不时狠狠地踩着卡车的油门，感到卡车随时都有可能散架。坦克的履带已经将道路变成了很深的泥沼，随后到来的雨水又将这些泥沼变成了无处不在的泥潭。卡车的挡风玻璃完全被泥浆所盖住了。恩斯特出去试图把挡风玻璃上的泥浆擦去。

卡车的车灯由于泥浆的遮盖也失去了作用。在夜里我们甚至不能看到前面坦克的位置，尽管坦克离我们只有大约 5 米远。我们的卡车大多数情况都是与前面的坦克呈斜角状态前进的。我们常常被坦克强行拖回到道路上来。每次这种情况发生时，我都会怀疑我们卡车的 4 个轮子是否都还在。在卡车后厢的伤员现在都已经不发出声音了——也许他们都死了?

车队继续向前走，天亮时我们每个人都一样的极度憔悴。在夜里，我们的车队会拉开距离。现在已经没有人关心是否我们能够准时到达目的地了。我们前面的坦克会突然从道路上向右离开，因为前面的道路甚至连坦克都难以通行了。接着坦克会开上一片灌木丛生的路基，将挡在前面的所有灌木都压到地里。

我们卡车的 4 个轮子现在都已经成了 4 个大泥球，尽管卡车引擎还在无力地转动着，但卡车的动力完全需要依靠前面的坦克。然后车队又会突然停了下来。这是我们离开顿河后的第二次中途停车。我们在先前只是在晚上停下来补充燃料。那些坐在坦克后面的倒霉蛋们的屁股一路上都被坦克灼热的引擎“烘烤”着，而他们身上其他的部位则浸透在冰冷的雨水里。一场几乎打起来的争吵在一个工兵指挥官和一个坦克车长之间爆发了，其他几乎每一个人都利用这个机会赶快吃些东西或是去路边拉屎。

这场争执是这样开始的：

一个我们车队军衔最高的工兵军官向大家喊道：“现在大家休息一个小时！好好整理一下自己!”接着我们车队里的坦克车长便破口大骂起来：“去你妈的!”显然这个坦克车长并不买那个在他看来还很嫩的工兵军官的账。坦克车长说道：“我们睡够了才走。”工兵军官用一种坚定的语气说道：“我们今天早上必须要到别尔戈罗德。”显然他非常注重自己的军阶。他一边将自己的手放在步枪上，一边接着说道：“我下命令时我们就出发。这里我的军衔最高，你们必须要服从我的命令。”坦克车长回复他说：“如果愿意你就开枪打死我吧，你自己来开坦克。我已经两天没有合眼了。要走你自己走好了。”工兵军官的脸变成了绛紫色，他没有再说什么。接着他转过头来对我们说：“你们俩！别呆站在那里，去车厢里看看那些伤员需要什么。”但那个坦克车长依旧不依不饶，他又说：“好的，等那些伤员都死了的话，你可以好好地给他们擦擦屁股了。”工兵军官回答道：“你等着，我会向上面汇报的。”现在他的脸已经给气得煞白了。

在车厢里，虽然经过两天几乎不停顿的颠簸，那些伤员并没有死。他们只是不再出声了，我们可以看到有些伤员的绷带上被鲜血所浸透了。除了一个双腿被截肢的伤员外，我们气喘吁吁地把所有的伤员放好位置。他们所有人都向我们要水喝。由于没有经验，我们让他们尽情喝了许多水和白兰地。我们本来不该这样做的，结果有两个人很快就失血过多死了。

我们把他们掩埋在路边的泥里，并在他们的掩埋地上放上木棍和他们的钢盔。然后恩斯特和我回到了卡车的驾驶室里。我们都想睡一下，但我们两个人都全无睡意，只是在驾驶室里这样斜靠着，谈论着和平时的生活。两个小时后，还是那个坦克车长下令出发，正如他所预料的一样。现在已经是早上 9 点钟左右的光景了。天色晴朗，阳光灿烂，大片积在树杈间的雪从树上落了下来。

那个坦克车长说道：“哈！我们的将军在我们睡觉的时候离开我们了。也许他喜欢散散步！”看起来那个工兵军官真的走了。他一定是在我们休息的时候搭乘路过我们这里的另一队卡车走了。坦克车长继续嚷道：“那个狗娘养的家伙现在一定正在写报告呢，如果我再碰到他的话，我一定会开着我的坦克从他身上碾过去，就像对待那些布尔什维克一样。”

我们费了一些气力才从休息的河岸退回到了路上。我们在两个小时以后才到达了一个我已经不记得名字的村庄。这个村子距离别尔戈罗德有大约 8 公里远。村庄里到处都是从各个部队来的人员。村子里弯曲的道路两边是一排排的小木屋，这些小木屋低斜的屋顶让我联想起了就像是没有前额的人脑袋。村子里被一群群的士兵和沾满泥浆的装备堵得水泄不通，许多士兵正在寻找自己的连队，这里的道路状况要好了许多。

我们将自己的卡车和坦克分了开来，坐在坦克上的那几个工兵现在转到了我们的卡车上。我正在寻找着我的连队，两个宪兵告诉我说我的连队已经去了哈尔科夫，但他们又接着说他们也不太确信，并让我去位于一辆拖车上的军事调度办公室问。我走到了那个调度办公室，问询信息的士兵们把调度办公室围得水泄不通，到处都是士兵们问询时的喊声。办公室里只有 3 个心烦意乱的军官负责。我奋力挤到了这几个军官面前，还没有开口就因为加塞被他们训斥了一顿。我想如果他们有时间的话，也许会把我送上军事法庭的。村子里面的混乱让人无法想象，四处游走的德国士兵们一面咒骂着，一面开着玩笑纷纷拥进那些小木屋里。

我们也许应该在这一切混乱安顿下来前找个地方睡一下觉。

这些士兵们现在所需要的就是找一个干燥的角落睡个觉，但是每间小木屋里都挤满了德国士兵，以至于这些木屋的俄国主人们都没有地方落脚了。由于不知道该干什么，我找到了恩斯特，他刚刚碰上了一辆战地医务车。从车上他带回了一个医务兵到我们的卡车上来照顾一下伤员。那个医务兵告诉他说："这些伤员都可以继续留在你们的车上。"恩斯特说："什么？我们刚刚掩埋了他们中的两个人。至少我们需要给他们换上新的绷带。"医务兵回答说："别那么固执和愚蠢，如果我把他们定为'重伤号'，那自然我们会把他们抬下来放在路边上等待进一步的治疗。你们需要尽快到达别尔戈罗德，要不然你们会落入俄国人的包围圈里的。"

恩斯特问道："现在局势很危急吗？"医务兵回答说："是的。"

现在恩斯特和我必须对车上的 20 个伤员完全负责了，其中一些伤员看起来情况不妙。他们已经好几天没有得到应有的照顾了。当其中一个伤员问我们，他是否可以马上到医院了，我们不知道如何回答他。恩斯特皱着眉头说："我们上路吧，也许他是对的。如果我早想到的话，现在也不至于……”

当我把卡车开上路不一会儿，坐在一旁的恩斯特拍着我的肩膀说：“小伙子，停下来。如果你开车还是这样的话，后面躺着的某个人会因此送命的。把方向盘交给我吧。”

我说道：“恩斯特，但是我是驾驶兵啊，我的职责就是驾驶汽车。”

恩斯特接着说：“别把我的话往心里去。还是让我来吧，像这样我们永远也出不去。”

恩斯特说的是对的。尽管我竭尽全力，但卡车还是不停地从泥泞的路上向路边滑去。

我们现在到达了小村的出口，在那里有一列一眼望不到边的军车正等待着加油。许多士兵已经从车上下来在车边来回地踱步。一个宪兵向我们跑过来。

他说：“你们为什么不像别人一样排队？”

我们说道：“宪兵先生，我们必须马上离开。你看我们正拉着伤员，是医务所的人告诉我们的。”

那个宪兵说：“伤员？还是重伤员？”他用一种世界上每个警察所独有的怀疑的语气问道。

恩斯特说：“当然是了。”

宪兵拉开卡车后面的帆布向里面看了看说：“他们看起来并不像你们说得那么严重。”

他的话音未落，车厢里就传出来一片咒骂声。其中一个伤员说：“你这个狗娘养的该被送到前线去。让我们过去，否则我会用我剩下的这只好手掐死你的。”那个愤怒的伤兵用力站起来，他脸色煞白，看起来他就要向那个宪兵扑过来一样。

那个宪兵的脸立刻涨得通红。作为一个要处理一群身经百战前线老兵的军事警察而言，他们的地位比那些在大城市中处理小资阶层交通违章的普通警察的地位相去甚远。他只好用一种满不在乎的口气说：“好吧，你们离开这里吧。”当我们的卡车再次开动时，他向我们狠狠地骂了一句：“赶快滚到别处死吧！”

当我们把定量供应的汽油加到了油箱时，我们向别尔戈罗德方向驶去。通往别尔戈罗德的公路上到处都是泥坑，我们不时被迫要驶离公路以避开路面上的大泥坑。在右侧，我们看到了一列与我们并行的车队。车上的士兵看起来是要开往战场。我们被一批新的宪兵拦了下来，他们查了查我们的身份证和目的地。但当我们提到自己的目的地时，我们必须要向这些宪兵询问方向了。其中一个脖子上挂着记事本的宪兵声音沙哑地告诉我说，我们必须要在前面 100 米的地方开下公路向哈尔科夫方向走。我们上路后随即便后悔了。因为这条新路马上就变成了一个泥泞的沼泽，我们很快就可能耗尽自己的燃料。

我们的车经过了一些因为机械故障或是没有汽油而被遗弃的德军卡车。在沿路不远的地方，我们被大约 50 来个步兵拦了下来。这些步兵看起来脏得一塌糊涂。他们迅速地包围了我们的卡车。他们里面还有一些伤兵。有几个伤兵已经把自己的脏绷带扯掉了好让伤口露在空气里。

他们扶着卡车向我们说："伙计们，给我们腾出一些地方来。"

恩斯特回答他们说："你看我们没有地方了，放手。"

但是我们没法摆脱他们。他们现在已经登上了后门，正踩在我们的伤员身上并和他们挤在一块。我和恩斯特都向他们喊着不要这样，但这一点儿也没有用，他们现在已经把后车厢挤得严严实实的。我们车门外面还有一个可怜的家伙正在用一双血糊糊的手摸着我们的车门向我们说："带上我。"另外一个人还向我们挥舞着一个估计快作废的通行证。但一辆军用吉普和两辆卡车的到来马上恢复了这里的秩序。

一个党卫军少校从吉普车里走了下来。他问道："车上的这一大堆人是怎么回事？难怪你们溃败得那么快！这太不像话了！看起来你们车上至少有 100 个人。"

剩下没有上车的士兵迅速地闪开了路。恩斯特向这个军官敬了礼并说明了情况。少校说道："很好。现在你们带上 5 个人，我们带上 5 个人，其余的人继续步行直到有其他的车队愿意搭你们。我们走吧。"

恩斯特向他说我们的汽油不够了。少校就命令随行的几个士兵给了我们大约 20 升的汽油。几分钟后我们再次上路了。我们不断经过一群群走在泥浆里向我们挥手需要搭车的士兵，但我们没有停车。到了中午的时候，油箱里的汽油快用完了，我们到了某个即将开赴前线部队的集结地。在这里我几乎被编入了这支部队而成为一个步兵。

我们不得不在这个地方等到明天早上才可以走，我们还有大约 15 升的备用汽油。正当我们就要出发时，突然听到了一个出乎意料的响声。在离我们很远的地方，我们听到了大炮的隆隆声。由于我们一直以为现在自己离前线还很远，因此感到非常意外和震惊。我们那时不知道我们所走的道路与刚刚形成的别尔戈罗德——哈尔科夫防线平行。

在放下两个重伤员并又搭载了 3 个轻伤员之后，我们出发了。就在那天的中午，一切又陷入了混乱。

我们的卡车正在一列大约有 10 辆卡车的车队中间。我们刚刚经过了一列巨型的坦克车队，这些坦克看起来就像是刚从一个“泥浆海”里冒出的怪兽一样。这些坦克一定正在准备开赴前线。我们可以听到左面的大炮声。恩斯特和我互相用焦虑的眼神看了看。后来，我们被一群正在架设反坦克炮的士兵拦了下来。

当我们的车减慢速度时，一个军官向我们喊道：“你们下来准备挖战壕，俄国人就要来了。”

这一次终于有人告诉了我们战场的情况。我不明白俄国人为什么会这么快就出现在这个地区。恩斯特加大了油门。后面的两辆卡车也做了同样的事情。突然天空中出现了 5 架飞机。这几架飞机飞得并不很高。我向恩斯特指着这几架飞机。

恩斯特大喊道：“这是雅克式战斗机，赶快隐蔽！”

我们车队周围除了一些低矮的灌木外，几乎没有什么可隐蔽的地方。空中传来一阵机枪射击的声音。我们的车队正在飞快地向前面一片可以提供一些隐蔽的凹地驶去。我把头探了出去。我们的两架福克式战斗机出现在天空上，他们击落了两架俄国人的雅克式战斗机。

一直到战争的最后阶段，俄国空军都不是德国空军的对手。甚至是在普鲁士的防御作战中，只要有一架梅塞施米特 109 战斗机或是福克式战斗机出现，10 多架伊柳辛式装甲攻击机就会落荒而逃。德国空军依旧保持着相当的实力，俄国飞行员的处境并不令人羡慕。

剩下的3架苏军战斗机中的两架正在逃离战场，但我们的飞机已经紧紧咬住了它们。另一架正向我们的车队俯冲下来。我们的一架福克式战斗机紧跟在它的后面。

我们跑到了道路的低洼处隐蔽起来。那架苏联飞机在非常低的高度飞向我们的车队准备扫射。我们前面的车已经停了下来，那些还能走的人都从车里跳了出来跑到泥泞的路边。我也打开了车门跳了下来，整个扑在了泥泞的地上。这时我听到了机枪的扫射声。我双手放在脑袋后面，眼睛也本能地闭上了。我听到有两架飞机从我头顶飞过的巨大轰鸣声，紧接着就是一声巨大的爆炸声。爆炸来自离我们有大约三四百米远的一架雅克飞机的坠毁地，一团巨大的黑色烟柱从那里升了起来。

一个肥胖的士官喊道："这架飞机不会再给我们带来麻烦了！"他听起来对自己能够活下来非常高兴。

又有几个人欢呼着德国空军的胜利。

"有人中弹了吗？我们接着走吧。"一个军官大声向车队叫道。

我向自己的俄制卡车走去，一边走一边用手擦去那些附着在军服上面的泥块。我突然注意到我的车门上有两个圆洞。这两个圆洞周围的漆已经掉了。我紧张地打开了车门。在驾驶室里面看到了一幕我永世也不会忘记的惨状——一个男人依旧如常地坐在驾驶座上，但他的下半部脸已经被打飞了。

我哽咽着喊道："恩斯特！恩斯特！恩斯特！你怎么了？恩斯特，快说话啊！"我慌乱地在这个血糊糊的面孔上寻找着一些熟悉的轮廓。"恩斯特！"我几乎都要哭了。

外面的车队即将要离开了。我后面的两辆卡车正不耐烦地鸣着喇叭催促着。

我向最前面的第一辆卡车跑去，并对他们说："嘿！停车，我这里有一个伤员。"

我后面那辆卡车的门开了，两个士兵探出身来说："年轻人，你到底走还是不走？"

我回答道：“住嘴！我这里有一个伤员。”

那辆卡车上的人回答说：“我们这里有30个伤员，赶快走吧，医院离这里不太远。”

他们的声音和卡车的噪音盖过了我的声音，卡车都从我的身边经过。最后只剩下我一个人留在这辆装满伤员的俄制卡车旁边，还有我快死的朋友恩斯特。

我喊叫着：“你们这些白痴！等等我，不要走！”

我大哭了起来，绝望之中拿起了自己放在卡车里的步枪。我现在眼里都是泪水，几乎看不到什么东西。我用手指找到步枪的扳机，并将步枪瞄向天空。我对天打了5个弹夹的子弹，希望其他卡车上的人会因此停下来帮我。但一辆车也没有停下，一辆辆卡车依旧从我身边驶过，并将泥浆溅到路的两侧。

在极度沮丧中我回到了驾驶室，打开了自己的急救包拿出绷带来。

我对恩斯特说：“恩斯特，我会给你包扎。别哭。”

我那时已经崩溃了，恩斯特没有哭，在哭的是我。他的衣服上满是鲜血。我手里拿着绷带，看着自己的朋友。飞机的子弹一定是打在他的下巴上，他的牙床已经和被打碎的骨头混在了一起，伤口里的肌肉还在不停地抽搐着。

在一种几乎要休克的状态中，我试图将绷带放在他伤口的巨大创面上，但这是根本不可能的。我试图用吗啡针穿过他厚厚的衣裤，但没有成功。我现在哭得像一个小男孩一样。我将我的朋友推到座位的另一侧，将他抱在自己的怀里，现在我身上的衣服已经被他的血浸透了。他眼睛睁开了，里面闪烁着痛苦的神色，他正在呆呆地望着我。

我一边哭一边喊道：“恩斯特！恩斯特！”

他缓缓地抬起自己的手放到了我的前臂上。我哽咽着发动了汽车并尽量不让车开得太抖。

接下来的15分钟里，我沿着前面车辆在淤泥里留下的印迹向前开着。恩斯特捏着我上臂的手时紧时松，仿佛是想表达他痛苦的程度，他已经活不了多久了。

我强忍着自己的眼泪开始祈祷起来。我脑子里一片空白，把一切能够浮现在脑海里的任何东西都说了出来，“上帝，救救他，救救恩斯特。他相信你。救救他吧，向我们显现你自己吧。”

但上帝没有回答我的祈求。在这辆灰色的俄国卡车里，在这片广袤的俄罗斯土地上，一个男人和一个少年正在进行着一场绝望的努力。这个男人正在与死神奋争，而那个年少的我正在与绝望奋争。那个守望一切的上帝却什么也不做。这个濒死的人现在呼吸越来越困难，他可怕的伤口处随着呼吸而产生了夹杂着鲜血和唾液的大气泡。我考虑过所有可能的选择：我可以回头向车厢里的人求救，或者强迫他们来照顾他，甚至是用枪逼他们也在所不惜，或者我还可以杀了恩斯特，使他的痛苦能够短暂些，但我知道我没有能力这样做。我还从来没有被迫杀过任何人。

我的眼泪已经流干了，现在自己脏兮兮的脸上只剩下眼泪留下的痕迹。我不再哭泣了，红红的眼睛呆呆地望着车头正中竖起的排气管，排气管刚好把车前面的地平线分成了两半。恩斯特的手紧紧地抓着我的手臂，每一次他的手用力时，我都会被一种恐慌所包围。我无法看他那张可怕的脸。现在空中有几架德国飞机飞过，我身体的每一个细胞都在向这些飞机上的人祈求着帮助，希望奇迹能够发生。也许那些飞机是俄国人的，但这已经无关紧要。

恩斯特抓住我的手开始抽搐了起来。现在他的手是如此用力地抓住我，以至于我不得不停下车来，以备最坏的情况发生。我转过脸去看着他残缺的面庞，现在他的眼睛好像在定定地看着某些常人看不到的东西。他的眼睛里浮现着一种奇异的神色。我的心剧烈地跳动着，以至胸口都有些疼痛。我不敢相信这即将要到来的事情。

我喊道：“恩斯特！”

我将我的朋友扶起坐在了座位上，我自己则开始祈求上天能够救活他。但是他的身体却陡然靠向了车厢的另一侧。恩斯特死了！他死了！妈妈！帮帮我！

我在惊恐之中靠在了车门上，任凭自己浑身无力地颤抖着。我现在试图说服自己这一切都没有发生，这一切只是一个噩梦而已。当木然地坐着思考时，我还远远没有了解战争无法用人类言语描述的恐怖。我试图忘掉这个噩梦并梦想着生活中种种美好的事物。但现在我的双眼看到的只是我脚上沾满泥浆的靴子。

从后面的车厢里探出两个脑袋来。他们对我说了些什么，但我什么也没有听见。我站起来将自己背向他们，然后又下车走了几步。这个简单的动作又唤起了自己对于生命和希望的一些感觉。我告诉自己这一切都不是太严重，这只是一个我必须忘掉的噩梦而已。现在有两个伤员也从车上下来去小便。我开始幻想整个在俄国的德国士兵都会到我们这里来帮助我们。突然我开始想念起法国人，我们的报纸都报道说法国人马上就要参加我们的战斗了，第一个法军军团已经从法国动身，我还看到了相关的照片。

我突然感到了一股愤怒贯穿了我的全身。我要为恩斯特报仇，这个可怜的家伙甚至连一只苍蝇也没有伤害过，他的一生都用来让那些战壕里瑟瑟发抖的可怜的士兵们如何过得更像个人样。还有他做的了不起的淋浴器。法国人就要来了，我就可以跑上去拥抱他们了。恩斯特也会像对待自己的德国同胞一样对待他们的。

一个伤员问我："发生什么了?"他灰色的绷带几乎遮住了他的眼睛。"我们没有汽油了吗?"

我回答说："不是。我的朋友死了。"他们向驾驶室看了看。

其中一个人说："妈的……这也不算太差，至少他没有受太久的痛苦。我们应该把他埋了。"

我们3个人把已经开始变僵的尸体从驾驶室里抬了下来。我像一个发条人一样走着。我看到了一个人迹罕至的小土堆，我们决定将恩斯特葬在那里。我们没有铲子，所以只好用钢盔、枪托和自己的手来刨开泥土。我把恩斯特的身份牌和证件取了下来。现在其他两个人已经将泥土推到了恩斯特的身上，在我最后看了一眼恩斯特残缺的脸之后，我们便将泥土完全地盖在了他的身上，并用靴子把土踩实。我感到自己生命里有一样东西已经凝固了，没有什么事情能够比现在的情形更糟了。我们把一根木桩立在了恩斯特的坟墓前，木桩上面放着恩斯特的钢盔。我用自己的刺刀尖在木桩上歪歪扭扭地刻下了几个法语字：

“这里安息着我们的朋友：恩斯特·纽巴赫”

为了防止自己再一次的情绪失控，我转身跑回到了卡车上。

一个后面的伤员现在坐到了原来恩斯特的座位上。那个家伙看起来傻呵呵的，一上车就倒头呼呼大睡起来。开了不到 10 分钟，卡车的发动机便开始抖动起来，接着便熄了火。卡车的抖动唤醒了我旁边这个睡着的伤兵，他问道：“出什么事了？”

我回答说：“没有，只是我们没有汽油了。”他说道：“该死，那我们怎么办？”

我回答说：“我们只好走路了。在这个阳光灿烂的日子，出来走走应该不错。轻伤员可以帮助重伤员。”

我朋友的死让我在顷刻间成为一个愤世嫉俗者。我多少为同车的人因为卡车没有油要受些罪而感到有些幸灾乐祸。和我一起的同伴用目光上下看了看我说：“你不是在开玩笑吧，我们走不动路的。我们好多人都还在发着烧。”

他傻呵呵的自信让我感到愤怒。这个人显然是一个不会问事情究竟的“二百五”。在他被派遣到顿河前线后，一发俄国炮弹落在离他不远的地方，几块弹片打到了他的身上。自从那以后，他就一直靠消炎药活着。

我对他说：“那好啊，你可以待在这里等待救援或是俄国佬，我自己得走了。”

我下车跑到后门，用脚踢开了后挡板，向大家解释了情况。车厢里面简直臭不可闻。有些人甚至没有听清楚我在说什么。我为自己粗鲁的行为感到害臊。但是现在除了走路外还有什么可选择的吗？大约七八个人费力地站了起来，这几个人脸上都已经胡子拉碴，可以看出他们在发着烧。我突然心里感到难受，我不愿意再坚持这些人下车步行。当这几个人爬下车后，他们在议论着车厢里剩下的没法走路的几个伤员该怎么办。

他们说：“让车上那几个重伤员站起来是不可能的。我们干脆不要告诉他们，把他们留在这里，也许后面的人会帮助他们的。后面还有部队会赶上来。”

我们上路了，虽然为那些没法站起来走路的伤员感到难过，但我们又能够做什么呢？

我是这里唯一没有受伤的人，也是唯一有枪的人。我把恩斯特的枪给他们，但是没有一个人愿意背。不久后，一个满是泥浆的三轮挎斗摩托车赶上了我们并停了下来，尽管我们没有向他们招手叫停。车上坐着两个装甲部队的士兵，其中一个人慷慨地将自己的座位让了出来，他收拾了自己的行李下了车和我们一块儿步行。那辆摩托车最后竟然装了 3 个伤员开走了。

再一次有一个年轻人和我在一起了。他文雅的举止让人感到他是一个富有同情心的人。我如今已经忘记了他的名字，但是还记得我们一路谈论了许多很深的话题。他告诉我苏军的反攻常常出乎我们的意料，在这片广袤的乌克兰平原上，我们很有可能随时会遇上苏军的装甲部队。我的嗓子开始感到发干，但是我的伙伴看起来对于自己和我们的军队充满了信心。

他说："现在春天到了，我们就要反攻了。我们会把俄国佬们重新丢到顿河里去，然后我们会回到伏尔加河。"

当一个人正处于低谷时，能够遇到这样一个满怀激情和信心的人真是令人惊讶和振奋。我几乎感到是上天把他送到这里让我能够重新振作起来。如果恩斯特还活着的话，我会更高兴的。

一直到了晚上，我们终于看到了一个孤零零的农舍。我们小心翼翼地接近着这间农舍。俄国游击队常常会在这样的地方，和我们一样，他们也需要从农舍中获取休息和食物。

和我一起的那个装甲部队的士兵现在走到了众人的前面，他手里紧握着枪，缓慢而小心地走向那所房子。他在房子背后消失了一会儿，我们所有人都感到一些焦虑。但是他又出现在我们面前并向我们挥手。这个农舍属于一群当地农户，他们细心地照顾我们的伤员们。农舍里的女人们给我们煮了热腾腾的饭食。他们告诉我们，他们痛恨共产主义，他们被从自己在维特布斯克的小农场赶了出来，被迫来到这里的共产主义公社劳动。还告诉我们他们常常把自己的屋子借给德国士兵使用。他们这里还有一部水陆两用的大众牌德国军车，这辆军车是由于机械故障被其他德国部队丢弃掉的。他们告诉我们当地的游击队从来没有骚扰过他们，因为这里常常有德国士兵住着。那个和我一起的装甲部队的士兵多少对于农户家里有一辆军用汽车感到不太舒服。这些俄国人也许在撒谎，也许这部车是他们偷的。我们试着发动了一下这辆汽车，发动机能够发动起来，但是车子的传动系统坏了。

那个装甲部队的士兵说："我们明天修吧，现在该休息了。我来站第一班岗，你可以在午夜时换我。"

"我们要站岗执勤?"我惊讶地问道。

他回答说："我们必须这样。我们不能信任这些人，所有的俄国人都善于撒谎。"

这意味着又是一个晚上要受到焦虑的煎熬了。我走到农舍后面的房间里，那里简直黑得伸手不见五指。那里有一堆麻袋、几捆干的向日葵秆、绳子和木板。我把这些东西拼成了一张粗简的床。当我准备将自己的军靴脱掉时，我们这个同伴阻止了我。

他说："别这样做，明天早上靴子干了时你会没法穿进去的。你必须让这双皮靴在你穿着的时候干掉。"

我正想说这双湿漉漉的军靴会让我的脚没法干……但我终于没有说。我们靴子是湿的或是我的脚是湿的，这有什么区别。这个家伙到底是一个怎样的人?他看起来和我一样脏，但是他却充满了意志和激情，似乎没有什么能够动摇他的信念。

我说道："我太累了。"他听到我的话笑了。

我躺了下来，现在我肩膀和脖子的肌肉酸痛得厉害。我望着屋子里的黑暗，感到了一种难言的害怕。在我头顶上的屋顶横梁已经隐没在了黑暗之中。我睡得很沉但却很少做梦。养尊处优的人们只有在吃得过饱的时候才会做噩梦，但是对于那些生活在噩梦中的人们而言，睡眠只是一个被时间所吞没的无底黑洞，就像是死亡一样。

一阵风让我从沉睡中醒了过来。我缓缓地坐起来。大天亮了，晨光从开着的屋门照了进来。我昨天的同伴正靠着门边的一个衣柜沉沉地睡着，我腾地站了起来，脑子里突然闪过一个念头，他可能已经死了。我已经懂得生命和死亡靠的是如此紧密，以至它们两者间的转换常常是不引人注意的。早上清新的空气中不时传来远处隆隆的爆炸声。

我冲到那个士兵面前奋力地摇晃他，接着他像一个醉汉一样嘴里嘟囔着什么。我喊道："醒醒!"这次他一个猛子站了起来并本能地去伸手拿枪。我几乎被他吓着了。

他问道："什么……发生了什么？妈的，现在已经天亮了。我居然站岗睡着了，真他妈糟糕！"

他看起来是如此恼怒，我尽量控制着自己不笑出声来。他的粗心大意也让我们两个人睡了一晚上的好觉。突然他把枪指向了敞开的门口。在我还没有来得及转身的时候，我听到了一个外国口音，那个昨天晚上接待过我们的一个俄国人正站在门廊里。他向我们重复着说："同志们，今天早上看来情况不妙，爆炸声很近。"

我们走出了小木屋，在我们前面屋子的房顶上，一些农场里的俄国人正在观望着地平线。我们听到了一些连续的爆炸声。

一个乌克兰人对我说："布尔什维克们现在很近了，看来我们要和你们一起离开这里了。"

我的同伴问我说："那些伤员在哪里？"看起来他还在为自己站岗时睡着这件事恼火着。

一个俄国人回答我们说："他们还在你们昨天安置他们的地方，只是有两个人已经死了。"

我们困惑地看了看他，接着我的同伴说："现在你来帮助我们。"

有两个重伤员已经死了，现在还有 4 个伤员也快不行了，其中一个人正在抱着自己的右臂呻吟着。他伤口处的脓已经从绷带里面渗了出来。

我的同伴向那个俄国人命令道："在那里挖两个坟墓，我们必须把他们埋掉。"

那个俄国佬依旧笑着说道："但我们不是士兵啊。"

我的同伴此时已经把自己的步枪指向他命令说："你……挖坟墓……两个坟墓。"

俄国人看着黑洞洞的枪口，眼睛快速地眨了眨。然后他用俄语说了几句话，其他人马上和他一起开始挖坑了。

我们开始更换伤员们的绷带，正在此时，听到门外的院子里响起了摩托车的声音。我们立刻跑了出去。几辆装甲车开到了院子里来。一群德国士兵正在飞快地向饮水槽奔去。他们后面还跟着四五辆马克 4 型坦克。一个军官从吉普车上下来，我们向他跑了过去汇报了情况。

军官对我们说："很好，现在帮我们把伤员抬上车，然后和我们一起出发。"我们试图把那辆大众牌水陆两用军车发动起来，但依然没有成功。我们把车从农舍里推出，然后一个士兵在车的引擎里丢了一颗手榴弹，不一会儿，这辆汽车就被炸成了碎片。现在更多的车辆来到了这里。其他人向我们来的那个方向出发了。我们不明白到底发生了什么，东南方向的爆炸声越来越激烈了。那条穿越农庄的道路上到处都是各个部队的士兵。不管有谁停下来，我们都会问他们自己的部队在哪里。但是没有人知道。看起来我的第 19 运输营现在已经到了远离前线的更西的地区。不一会儿，我和一帮从各个连队抽调而组成的临时部队走在了一起。这个连队后来给我带来了许多的麻烦。我们看来走在一条与前线平行的道路上，正向苏军突击部队的正前方走去。在离我们较远的北方，苏军正在向南进攻，他们企图包围那些仍然在沃罗涅日——库尔斯克——哈尔科夫三角地带的德军。我们连续两天走在满是深深车辙印的道路上，目前我们唯一的麻烦只是车辆的机械故障，这些车辆自从我们 1941 年进入俄国时就一直使用着。德国部队因各种各样的机械故障而被迫抛弃了大量的卡车、牵引车和坦克。

俄国战场上使用最为频繁的就是我们的坦克了。坦克被用在许多连坦克的设计者们也没有想到的地方。坦克是俄国冬天唯一能够开动的车辆，一辆坦克牵引着 5 辆卡车走在积雪覆盖的小路上成为了一个常见的景象。它们同时也被投入到了对付苏军反攻的作战中，但我们许多的坦克，如马克 2 型和马克 3 型，在面对着俄国人的 T-34 坦克时就不再是对手了。直到后来我们的豹式和虎式坦克才挡住了苏军 T-34 和 KW-85 式重型坦克的进攻。

但不幸的是，就像在空中一样，我们在欧洲东西两个战场的作战使得我们的坦克数量大大少于敌人的总合。我们实际上正在俄国 3000 公里长的前线拼命抵挡着苏军在武器和人员数量上的优势。举个例子来说，我们在克拉考市以北的维苏拉地区用 2.8 万德国士兵，36 辆豹式坦克和 20 辆虎式坦克面对由 60 万人组成的苏军两个军，还有 7 个装甲旅，近 1100 辆各式坦克。

我们在第二天中午时到达了离哈尔科夫东北部约 25 公里的一个叫奥切尼的小村庄（我有些记得不太准了）。这个地方到处是浓烟，我们可以听到战斗正在附近进行着。前面指挥官乘坐的吉普车加速向前开去，我们也从卡车上跳了下来。闪烁的火光在离我们南面约两公里的地方，那里就是前线所在的地方。和我一起下车的士兵们正在一排篱笆边撒尿或吃些什么东西。我自己还没有学会在危险面前保持一种冷静和超然的态度，无论如何，我正在竭力掩饰自己的焦虑情绪，也许其他人也在做同样的事。那辆吉普车现在回来了，两个军官登记了一下我们的名字，然后我们就被编成 15 个人为一组的小分队，由一个军士长所指挥。

一个军官站在了吉普车的座位上开始向大家讲话：

“我们顿河军团的后续部队仍在陆续到来，他们会被用来维护已经疏通了的通道，这个通道可以让我们的士兵们不被布尔什维克们包围。现在你们要去那些通知你们去的阵地，你们要在那里等候下一步的命令。祝大家好运！希特勒万岁！”

我正想说我是运输兵，但我突然为这个念头感到害臊。现在弹药箱被打开了，士兵们开始领取弹药。我身上的弹药袋和衣服口袋里已经装满了子弹，我还领了两颗手榴弹，但我还不会用这种手榴弹。我们排成一列走向村子的边缘，经过了一些被苏军燃烧弹烧毁的房子。一些人在废墟里走着，另一些人在照顾伤员。村子里还有一些德军车辆在燃烧。一个上尉命令我和其余四五个士兵跟他走，我们沿着一条还算完整村里的街道向前走着。突然一排炮弹从我们头上掠过，我们马上扑在了地上。炮弹落在了离我们大约有七八百米的村子中间。我们这里也有一些敌人炮弹留下的弹坑，在这条街道上时不时还躺着几具面目全非的尸体。

我们紧贴着村里的建筑物走了大约 15 分钟，然后听到了自动武器开火的声音。在离我们前面大约 100 米的地方，迫击炮弹正像雨点一样落到那里。我们迟疑了片刻，接着就看见了从爆炸烟尘里跑出来的几个人。

我们的上尉喊道：“注意！”

我们马上蹲了下来，有的人甚至趴了下来准备开火，但当我们看到那些人穿着德国军服时，都站了起来。那些士兵跑向了我们，还有一些士兵正在从后面的烟尘里继续跑出来，有几个人还在声嘶力竭地喊着，声音里带着恐惧、愤怒和痛苦。我看到一个士兵手里没有拿枪，而是双手紧紧地捂着自己受伤的右大腿，他跑两步，跌倒了，站起来，又跌倒了。另外两个人在他后面蹒跚地跟着。我听到有人用法语说道："是我！"我正想看看到底是谁在用我的语言时，一排炮弹落向了这批奔跑的士兵，他们赶忙寻找着最近的掩蔽所。

有两个人正在不顾危险跑向我们。他们跑到一扇门面前，将门踢开后就站在门里开始用法语咒骂起来。我惊喜地听到了他们在用法语，于是我竟想也没想，从街道对面向他们的房子跑了过去。我如同一阵旋风似的跑到了他们面前。他们对我的出现丝毫没有在意。我抓着他们一个人的枪带说："嘿，你们是法国人吗？"

他们向我转过来看了我一眼。然后他们的目光转向了外面一间中弹燃烧的房子。一个人说："不，我们是瓦隆师的人。"（瓦隆师由比利时的志愿者组成，属于德国党卫军部队的一部分。译者注）外面又是一排爆炸让我们本能地眨了一下眼睛和缩着脖子。他们接着说："那些狗娘养的对付我们就像是对兔子一样，他们从来不抓俘虏，这些杂种。"

我对他们局促地微笑着说："我是法国人。"

他们中的一个回答我说："那你得小心点儿，俄国人是从来不会让志愿者活着的。"

我回答道："但我不是志愿者！"

我们所在的街上再次被新的一轮迫击炮火命中，现在的炮火要比刚才那次离我们更近。离我们大约 20 米远的地方有一个屋顶坍塌了下来，接着撤退的哨音响了起来。大家开始拼命地向我们来的方向跑去，身后响起了一阵机枪的声音，我们中有两三个人中弹跌倒在地，痛苦地在地上号叫着。我们几乎撞进路上的一个德军机枪阵地，两个在那里的机枪手由于我们挡在他们前面而不能向对面的俄国人开火。

与我们所在的街道成直角的一条街上聚集了几群士兵，他们正散落在街道的废墟中。上尉再次吹响了自己的哨子命令大家集合。突然间有两辆马克 3 型坦克开到了我们这里，上尉正站在街的中央挥手示意坦克往前开。上尉向坦克里的人简单交代了一下，接着坦克就转向了我们刚刚逃过来的那条街道。上尉再次召集了大家，我们动身跟在了坦克的背后，坦克在满是废墟的街道上发出刺耳的金属碰撞声。我从街角跳到了一堆瓦砾上，恐惧地向四周看着，不知道自己的位置到底在哪里，也找不到前面有什么可供射击的目标。

坦克消失在了我们前面的烟尘之中，但不久我们再次看到了它们，它们正向前面射击着。很快我们又回到了刚才开始撤退的那个地方，接着进入到了一个被农舍环绕的池塘边，这里是一片开阔地。我们的坦克正在绕着池塘前进，并把前面一切拦阻的物体都压为平地。在池塘的另一侧，可以看到有人正在向四处奔逃，我们站在池塘边上向那些奔逃的人开枪射击。另一支德国连队到了我们的右侧，他们正向一个藏匿着敌人的木屋里投掷手榴弹。

我们的坦克现在已经在池塘的另一侧，它们正在碾平那些敌人刚刚夺取的阵地。我终于有机会可以向俄国人开枪了。他们从那个我们士兵投进手榴弹的房子里跑了出来。至少有 10 支步枪向那些奔跑的俄国人开火了，最后没有一个俄国人从地上再爬起来。正向前面推进这个事实让我们突然感到现在是我们在控制着局势，这使得大家的士气高涨了起来。我们已经将数量上远远超过我们的敌人赶了出去，这正像以前在俄国所做的一样，我们现在感到似乎我们就要成就一番伟业了。

枪声和伤者的呻吟声让我们愈加奋力地追击着这些俄国士兵。他们曾经给我们带来了如此之多的伤痛。一支进攻的部队要远比一支防守的部队更加勇敢，而且这样的部队更可能创造奇迹，德国军队往往是这方面的典范。现在我们有几个人已经把一门俄国的加农炮转了过来并迅速地瞄准目标开炮了。这门加农炮和我们的坦克默契地配合起来，将自己致命的炮弹准确地打向敌人的目标。

坦克开始返回，我们将负责这里的防守了。

在上尉的指挥下，我们将自己尽可能隐蔽好，随时准备迎接苏军的反击。我们可以听到周围到处都是枪炮声。天开始下起雨来。

一直到黄昏，我们与敌人的交火还没有停下来。俄国人开始变得大胆起来，他们正在试图反攻。随着夜幕的降临，让我们恐怖的时刻开始了。双方的交火几乎停了下来。上尉让人去取一些照明弹来。在我们的西南方，地平线被不时的炮弹爆炸照亮着。我们现在并不知道我们正在参与的是第三次与苏军争夺哈尔科夫的战役。整个前线大约有 300 公里长。由于夜色和降雨，我们这里的战斗现在基本结束了。在我们后面传来一些自动武器射击的声音，我们的车辆正在借着夜色避开俄国人的炮击。我们以为我们会随时可能看到俄国佬向我们的阵地冲过来。一辆大众牌军车熄着灯从我们后面开了上来，司机向我们小组的领导说了些什么。然后给我们小组中的 4 个人发了一些防步兵地雷。

他们 4 个人转身消失在夜色里，他们的任务是去池塘两侧布设地雷。5 分钟后，我们听到了池塘左边传出来一声惨叫，一会儿负责池塘右边埋雷的两个士兵回来了。又过了半个小时，我们推测去池塘左边的两个士兵一定是碰上了苏军的侦察兵。

随着夜色的加深，大家都开始被浓浓的睡意征服，这时我们目睹了一幕让我不寒而栗的悲剧。我们刚刚向一些怀疑是敌人的目标投了大约十几颗手榴弹，这时一个尖厉的喊叫声从我左边的掩体里传了出来。这个声音持续了大约几分钟，似乎是从一个正在奋力搏斗的人口中发出的。然后有人大声喊救命。这让我们所有人都从自己的掩体里站了出来。大约有 10 个人向那个声音传出的地方跑去。夜幕突然被几道子弹的轨迹划破，所幸的是，没有人受伤。

我们跑到了猫耳洞的旁边，在那里有一个俄国兵举着自己的双手，他已经丢掉了自己的左轮手枪。在猫耳洞里，两个人正在奋力地搏斗着，其中一个是俄国兵。他手里拿着一把匕首，他的身下是一个我们的人。我们里面有两个人死死抓住了他拿匕首的手，我们的军士长用自己的战壕铲向那个俄国人的后脖子上砸了下去。那个俄国兵立刻就松了手，他下面的那个德国士兵也侥幸逃脱了喉咙被割断的命运。他现在浑身是血，另一只手拿着那把俄国人的刀，一只手捂着自己流血不止的伤口。

他像疯子一样愤怒地问着："还有一个人在哪里？"

他大步追上了那两个正被押回去的俘虏，转眼之间把那把匕首刺进了一个俄国人的肚子里。他大叫着："现在割喉！"他一边说，一边满眼凶光地准备把剩下的那个俄国人也捅了。

我们不得不用力抱住他，以免他再干出傻事来。

他号叫着："放开我。我要教教这些野蛮人如何使用刀子！"

上尉愤怒地向他吼道："闭嘴！在俄国佬没有向你们扫射之前，现在所有人都滚回到你们的掩体里。"

那个浑身是血的狂人已经被两个士兵拖到后面包扎去了。我也回到了我和另外 4 个人待在一起的掩体里。我非常想睡觉，但是一种紧张之后的疲劳让我难以入睡。白天发生的事情现在慢慢地开始浮现在我的脑海里。

连绵的雨水完全浸透了我们的衣服并让它沉甸甸的。附近的池塘散发出一股腥臭味，我们掩体里有两个人开始打起了呼噜。这个夜晚似乎长得没有尽头。为避免自己的精神出问题，我不停地和几个醒着的同伴聊着天。远处传来了我们撤退卡车的轰鸣声，敌人的进攻在天还没有亮之前又开始了。我们掩体上方照明弹的白光让大家都感到睁不开眼睛。我们彼此在刺目的白光中看着对方，炫目的光亮让我们没有血色的脸愈发的惨白。

到了黎明时，敌人各种口径的炮弹打到了在我们后面大约 300 米的那条街上。从我所在的掩体向外看去，我们的阵地上不时有其他的钢盔从地上冒起来，钢盔下面的面容无一例外地浮现着极度疲惫的神情。我拿出了自己最后的一点儿维生素饼干的残渣，这是我最后的食物了。持续的失眠和疲倦让我们难以对局势作出准确的判断。我们只能是在这里浑身湿透地发抖。如果现在有一小群俄国人向我们冲来的话，我们恐怕也难以挡住他们。

幸运的是俄国人没有进攻。我们只是在此遭到了迫击炮的又一轮轰炸，这次有九个人受了伤。太阳终于升了上来，我们感到了一丝暖意。当太阳升到头顶时，我们依旧待在自己的掩体里。没有人给我们送食物，但是一名第三帝国的士兵应该学会忍受寒冷、酷暑、雨水、饥饿和恐惧的。我们的肚子开始因为饥饿难受起来。到了下午 6 点钟的时候，我们被告知要放弃我们的阵地。但是撤退是需要一些谨慎的步骤的。我们带着自己的武器穿越了很长一段距离，最后面的两个人负责在沿路安放地雷。当我们撤到了村里第一间房屋的废墟时，我们终于可以直起腰了。大家在废墟里找着任何可以吃的东西，我记得我生吞了 3 个生土豆，它们的味道真是好极了。

我们回到了在 24 小时前出发的那个十字路口，那条我们出发时走的道路现在已经变成了一片焦黑的土堆。目所能及的地方到处都是德国陆军的卡车残骸和房屋的残迹。在冒着烟的卡车残骸边上躺着几具沾满泥浆的德国士兵的尸体，这些尸体已被摆放整齐等待掩埋。

一些工兵正在点燃一些作为路障的卡车。我们搀扶着伤员穿过了这一切的混乱。在离我们大约 100 米的地方有一群比我们要多的士兵，他们也在带着自己的武器和其他的装备向后面撤退。我们跟随着上尉到达了新的集结地点，在那里等了两个小时才接到了正式撤退的命令。现在没有一个德国士兵留在这个已经满目疮痍的村子了。一个骑在摩托车上的军士长正一个人等在一栋村里的建筑前面为那些掉队的士兵指引集结的地点。我们的上尉看起来对于部队继续向西撤退的决定感到非常不满。

我们步行了大约 20 公里，苏军的侦察兵不停地在袭击我们。他们常常对即使是孤零零的一个德国士兵也会开火。我们大约卧倒了 30 次以躲避俄国人的炮火。我们抵达了一个被遗弃的德军机场。我们猜想那些机场上的木屋里可能会有一些可以吃的东西，于是用临时拼凑的担架抬起了队列里的四个伤员向木屋走去。当我们到达木屋的时候，大家都有些累得站立不稳了。但我们最后也没有进到木屋里面去，一个极度恐怖的场景让大家停下了脚步。

我们刚刚经过一个建在木屋旁边的掩体，看到掩体的底下有一具尸体，尸体旁边有两只瘦弱的野猫正在啃着这具尸体的手，我感到有些作呕。

和我同行的伙伴喊道：“滚开，你们这些该死的猫!”

每个人都跑过来想看一看发生了什么。我们的上尉也和我一样感到作呕，接着他向掩体里投掷了一颗手榴弹。这两只野猫飞快地从掩体里跃了出来跑到了野外，爆炸把一些人体组织炸到了天上。

我们中间有人说道："如果猫在这里吃死人的话，那么我们大概不会找到什么食物了。"

机场上还有两架机翼上涂着黑色十字架标记的双引擎德国飞机。它们看起来都因为机械故障而不得不孤零零地留在了跑道上。我们听到从天空中传来一阵令人不安的声音。大家都不约而同地把脸转向了声音传来的方向。这时才突然意识到我们现在正站在机场宽阔跑道的中央，周围没有任何的东西可以为我们提供隐蔽。

大家不约而同地向四处散开寻找掩蔽所。这时天空中的 6 个小黑点向我们快速地俯冲下来。我立刻想到了那个野猫待过的掩体，其他 6 个人同样地想到了那里。虽然我已经用尽气力跑到那里，但当我们到达的时候，那里已经有 4 个士兵了，他们脚下正踩着那具残缺不全的尸体。

我焦急地扫视这个拥挤的掩体，真希望这个掩体能够变大一些。也许我们判断错了，也许那些飞机是我们的……但飞机引擎的声音是不会错的。

飞机的声音变得越来越大，我们都已经尽力低下身子。我双手抱着自己的脑袋，闭上双眼，试图借着捂住自己的耳朵来消除爆炸对自己的影响。我感到一阵狂怒的风暴从我们的头顶上掠过，以为这次死定了。我抬起头看到敌人飞机的编队在它们升到更高的空中时分开了，地上的士兵们已经纷纷站起来跑向更好的掩蔽处。现在这几架俄国飞机恢复了紧密的飞行编队向我们这里俯冲下来，我感到了一种不祥的兆头，开始像一个疯子般地狂奔起来。然而身体的疲惫让我没法跑得再快些，我的军靴让我跌跌撞撞地跑不起来。看来我没法及时跑到那边的路沟里了。

在绝望中我扑倒在了一片湿漉漉的草地上，我立刻感到了飞机就在我的头顶上。第一拨的爆炸让我心里充满了恐惧。我拼命地用手指刨着泥土，就像是要把自己埋起来一样。我可以感到大地被炸弹撕裂的声音，还有凄厉的惨叫声。尽管我闭着眼睛，但爆炸炫目的光芒还是打到了我的眼里。我在原地一动不动大约有两三分钟的时间，但我却感到像是永世一样漫长。

当我抬起头向四下望去时，看到了那两架双引擎德国飞机像火把一样烧了起来。那几架俄国飞机在远处又重新编队准备第二次的攻击，但这一次它们向不同的方向俯冲下来。我再一次竭尽全力奔跑起来，这一次的目标是前面的那些木房子，看起来它们是一个挺好的庇护所。只跑了大约三分之一的距离时，俄国飞机开火了，火箭弹射向了那些我准备要去的木屋子。那些木房子转眼之间便像是火柴盒一样被炸得粉碎。那几架俄国飞机终于消失在了远方。每个活着的人也从地上站了起来。没有一个人说话，我们呆呆地看着爆炸后留下的火焰，看着天空，看着那些血肉模糊的尸体。我们的上尉已经失去了他一贯的冷静，虽然他没有受伤，但是他正从一个伤员飞奔到另一个伤员那里。

有人骂道："他妈的，再来一次这样的袭击，我们谁也没法活下来……"

上尉叫道："闭嘴!"他正搀扶着一个伤员。他接着说道："战争从来不是好玩的。"

我们围到了上尉的周围。他拉起了一个身上满是泥土和血迹的可怜的家伙，那个家伙现在居然笑得气都喘不上来。一开始我们以为他因为疼痛而号叫，但后来我们注意到他的确在放声大笑着。有人说道："那个人是我们这里的哲学家。"我从来没有见过这个人，但他的朋友告诉我这个人曾经一直坚信自己会毫发无损地回家的。我们 3 个人试图帮他坐下来，但此时意识到这是不可能的了。他依旧不停地大笑着，他的笑声不时被他的自言自语打断。我至今还清晰地记得他的话语，而这些话语现在依旧在搅扰着我。他的大笑并没有任何疯狂的成分，这更像是一个恶作剧的受害人发出的笑声，而直到戏落幕的时候他才明白自己曾经的愚蠢。没有人质疑这个思考者，但他正通过自嘲和痛苦来试图解释这一切："现在我懂了……现在我懂了……这太简单了……连白痴都明白……"

也许我们可以向他追问这些话的含义，但他的口里猛然流出一股鲜血，他就这样死了。我们掩埋了这场空袭中的死难者，然后就疲惫地躺在了地上，我们的身边到处都是那些被摧毁的木屋烧过后的灰烬。

夜幕降临了，我们被大炮的射击声所惊醒，听起来这些炮声一直在尾随着我们。现在我们所有人都感到饥肠辘辘和干渴难耐。虽然一直在休息，但是大家都觉得没有力气。我们彼此都狐疑地扫视着对方，怀疑是否有人私藏了几块饼干。但显然大家都没有什么吃的了。即使如果有人藏着什么的话，我们也不会责怪他的，因为我们任何一个人都可能会做同样的事。

在黑暗中，在摆脱顿河前线那些尾随着我们的照明弹的光芒之后，我们再一次听到了敌人装甲部队开来的熟悉的声音，所有人的心再一次提到了嗓子眼。夜晚黑得伸手不见五指，天空中正飘落着毛毛细雨，我们紧跟着上尉，上帝知道他要把我们带到哪里。但没有人说话，我们的腿都沉得像铅块一样。

上尉终于开口了："也许俄国人会从这里经过而没有发现我们，这里有谁是反坦克手?"

我们的机枪现在架设起来作为我们的最后一道防线了。过度的疲劳让我的太阳穴在沉重的钢盔下面突突地跳着，我因而幸运地不能清楚地思考我们所面临的严峻局面。我们不再往前走这个事实至少让我孱弱的身体可以得到一些喘息的时间。我知道随着自己呼吸回到正常，我的恐惧也将回来，也会慢慢明白现在所发生的一切。首先进入到我们视线里的一群黑魆魆的东西看起来是一些装甲车，它们都没有开灯。我们睁大眼睛想要看清，但夜色实在太黑了。然后我们听到了坦克履带声，这种声音让人不寒而栗。

随着这些声音的越来越近，我们的恐惧也愈发强烈起来。当我们一些人试图查明这些坦克到底是从哪里来的时，另一些人，其中也包括我，只是把自己的脸尽力伏在地上。有两个巨大的黑影出现在离我们大约 30 米的地方，另一个在离我们大约 10 米的地方，我们身下的大地剧烈地颤抖着，我们的头发也一根根竖了起来。突然有人喊了起来："马尔他十字架[①]，我的上帝……同

① 德军标志。译者注

志！帮帮我们！”

即使对德语很烂的我而言，刚才的喊叫是一个明确无误的救命的信号。我猛然跃起跑了起来。这显然不是一个训练有素的士兵所作的，我的动作被大家当作了一个战斗的信号，现在几乎每个人都站了起来并开始奔跑，只有上尉和几个谨慎的士兵还趴在地上。后来我意识到即使是德国坦克也可能向我们开火，他们也许会把我们当作俄国人。而且，这些坦克也可能是俄国的坦克。

我们终于让坦克里的人认出了我们，我们遇见的装甲部队是古德里安将军所统率的第25装甲师的一部分。这些装甲部队的士兵装备极其精良，他们不是我们这些撤退部队中的一部分。他们让我们坐在了坦克的后面，坦克灼热的引擎把我们的屁股烫得难受。没有人问我们吃过饭了没有，直到几个小时后，我们到了哈尔科夫。在哈尔科夫，我们终于吃上了热腾腾的浓汤，虽然俄国人的炮弹不时落在城里，但这份热腾腾的食物却让我们有了天堂般的感受。

在哈尔科夫市我第一次看到了巨大无比的德国虎式坦克。在几个小时后，我还目睹了俄国有名的喀秋莎火箭弹的弹雨接连几个小时倾泻在正在卡尔科夫郊区行进的德国部队中间，这些威力巨大的火箭弹给我们造成了惊人的伤亡。我们乘坐的坦克把我们一直带到了哈尔科夫市，在这里顿涅茨克战役已经进行了一个星期了。这一次德国陆军再一次夺取了哈尔科夫，德军一直控制着哈尔科夫市，直到这年9月的别尔戈罗德反攻失利后。

黎明来到时我们正躺在城市西北角的一些沙坑里休息。我们这批人已经被一些负责遣送散兵的部门的人细细调查了一番，由于他们不知道我们大多数人的部队在哪里，我们最后的安排就是被编成临时的连队。这种情况是所有人不愿意见到的。由于这样的临时连队不仅削弱了原属部队的作战能力，而且那些临时被拼凑在一起的士兵也缺乏应有的协调和默契。由于这些士兵往往被原属部队列为失踪或阵亡，他们实际上常常被视为是可以被牺牲掉的部队。现在这里一长溜的士兵们，有的坐着，有的躺着，有的不知是在那里睡着还是醒着，大家都在等待着被编入临时部队的命令。

我依然还记得顿涅茨河河谷的风光，河岸有着宽达十多公里的沙滩。前线现在离我们大约有 30 公里远。德军的进攻是从北面和南面开始的。依托着顿涅茨河的天然壁垒，我们的坦克部队现在正在突入苏军炮兵阵地。那些炮兵已经在匆忙的进攻中渡过了顿涅茨河，而现在河上的所有桥梁都被摧毁了，这些大炮没法退回去。实际上，这次苏军犯了一个和我们在斯大林格勒同样的错误，尽管这个错误的规模多少小于斯大林格勒的情况。在他们急于把我们赶出阵地的过程中，补给线过于拉长，而且低估了我们反攻的实力。在哈尔科夫郊外的斯拉维恩斯克——吉利斯科夫地区，大约有 10 万苏军被我们完全包围了，在一周的战斗中，其中有约 5 万人阵亡，其余的人则成为我们的俘虏。

当然，在那时并不知道哈尔科夫战役的情况，我是一直到几个月后才知道的。现在的顿涅茨克战役对我来说和顿河战役没有什么区别——到处是硝烟，四处是恐慌、警报、谣言和无数的爆炸声。

我已经被重新安排了，和一群与我一样脏兮兮又面色憔悴的人一起等待着下一步的命令。这时一个宪兵递给我一张纸。这些宪兵的职能也包括重新组织走散的士兵。看起来我所属的第 19 运输连就在附近，而这里 3 个其他的士兵也是第 19 运输连的。

我们尽快地离开了这里。我们迅速的行动主要是担心被组成一个临时的作战编制。我从没有像现在这样方向感如此之好，而这里是如此的混乱，恐怕即使是候鸟到了这里也会找不到北的。手上的纸条只告诉我们大致的集合地点。而对于我们这些刚到这个陌生城市的人来说，要去找到这个地方的某个街角，这是一个几乎不可能完成的任务。至于原来大街上的那些路牌如今早已经被战火弄得面目全非而难以辨认了。

经过了两天的艰苦寻找，我们终于找到了自己的运输连。与此同时，我被分配到了一个党卫军旅去为他们架设电话线，这个旅随即被送上了战场。我至今还记得那些看起来非常年轻的党卫军士兵冒着俄国人猛烈的机枪火力冲上火车路基的情形。

我们现在躲在炮弹炸开的一个下水道里等待着党卫军控制住这个地区，在付出巨大的伤亡后，他们从俄国人手中夺取了这个地区。在离我们不远的水泥墙那边，迫击炮弹的爆炸声和各种武器的声音此起彼伏。我们又参与了给一个炮兵阵地输送弹药的任务，这个炮兵阵地已经连续几天与顿涅茨河对岸的苏军炮兵展开了殊死的炮战。我们现在正把他们所需的沉重的炮弹运送到阵地上。

我在那里遇上了几个我们运输连的士兵，他们正在修理一个掩蔽所。我认出了其中一个人是奥林海姆。

我大叫道："嘿！是我们！"接着我与另外 3 个和我在一起的我们第 19 连的士兵跑向了他。奥林海姆愣愣地看着我们，似乎他被闪电击中了一样。他喊道："又来了 4 个人！上帝一定与你们同在！劳斯已经在很早前就把你的名字给画掉了。现在我们连还有 30 个人没有回来。我们以为你已经被编入了那些临时部队了。"

我说道："别再提那些倒霉事了，霍尔斯在哪里？"

奥林海姆回答道："那个家伙非常走运，现在他在特拉福达被人照顾着，而我们则在这里挖着该死的土。"

我说道："怎么？他受伤了？"

奥林海姆说："他的脖子上被弹片割了一下，和重伤员放在了一起，他说他一直昏迷了两个小时才苏醒过来。但是这个家伙总是爱吹牛。"

"还有林森呢？"我问道。

奥林海姆说："林森很好，他在那里更换一辆坦克的履带。"

现在劳斯军士长来了，我们条件反射地向他敬了礼。

劳斯和我们几个人边握手边说："小伙子们，很高兴见到你们，真的很高兴。"他那张不苟言笑的脸充满了激动的神情。接着他退后了几步命令我们说："现在每个人向我报名，要像我教你们的那样清楚无误。"

我们遵照劳斯军士长的命令报了名。不一会儿，比我要高大和健壮许多的林森把我从地上激动地抱了起来。虽然我们非常辛苦，但是我们的再次重逢让这一天成了欢乐的时光。

两天后，我到达了离前线大约有 40 公里的特拉福达。有一个家伙让我搭他的车去那里，现在我可以去看霍尔斯了。我在一大群伤员里找到了霍尔斯，所有人都在放声高歌。春天终于来了，那些重伤员被人推着走在两排野梨树中间。霍尔斯无法抑制见到我时的喜悦之情。我被那些甚至是失去了一只手的伤员们从地上抬了起来。我喝完了他们开的酒，结果我没有遵守送我来这里的那个士兵的约定，他在一旁等了一会儿便不耐烦了，他没有和我打招呼便离开了。我在很晚的时候才被另一个士兵开车送了回去。霍尔斯让我答应再来这里看他，但是几天后医生便通知霍尔斯可以返回部队了。

霍尔斯已经非常厌倦了那个脏兮兮的地下室，我们决定申请参加摩托化步兵连队。我们早就厌倦了挖工事和作为其他部队的“女佣”这样的工作了。

这个决定几乎很多次送了我们的命，但如今我并没有后悔自己成了作战部队的一员。我们找到和经历了今生再不可能找到的战友之情，这种深厚的友情是难以用言语描述的，越是经过艰难险阻，这种情感就愈发历久弥坚。

第二部
大德意志师
（1943年春至1943年夏）

第四章

休　假

柏林　葆拉

在一个晴朗的春天的早晨，我们集合起来开往特拉福达，在那里霍尔斯曾经度过了一段令人留念的时光。在一个小山坡上，我们连和另外两个连被集合了起来。小山坡上长着短短而柔嫩的小草，每个小草的草叶仿佛都在为着夺取更多的生存空间而直立着，这里再过一个月就会变成一个大草原。我们大约有 900 人在这里。一群军官正站在一辆报废的汽车上向我们讲话。围绕着汽车的底座周围插着 20 面连队的旌旗和德军的军旗。军官们的话语非常柔和而礼貌。军官们甚至夸奖了我们过去的表现。无论何时我们听到前线的战报，都对这种所谓的表现感到害臊。我们现在专注地注视着站在车上的军官们。他们现在提到，由于我们的良好表现，他们准备奖励任何一个愿意调到参战部队的人。立刻有大约 20 个人站了出来。军官们觉察到了我们的“胆怯”，为了让我们放松些，他们继续和蔼地和我们说着话。他们绘声绘色地描述着那些战场上英雄的事迹，现在又有大约 15 个人站了出来，林森也在他们中间。接下来当军官们提到参加作战部队有两周的休假时，立刻又有 300 个志愿者站了出来。

几个军官从车上走了下来。他们踱着步走过了我们的队列，一边走一边挑选着一些士兵，并命令他们向前 3 步走出队列。这些被挑选的士兵总是队列里最强壮和健康的。突然，一个皮手套包裹着的手指像一支步枪一样指向了我的好朋友霍尔斯，霍尔斯紧接着像是被催眠了一样向前走了 3 步，他立定时皮靴后跟发出一种用力关门时的声音。这个声音对我而言仿佛是一扇将我和霍尔斯分离的命运之门的声响，也许这扇门将会把我唯一的知己和支撑我在困苦中活下去唯一动力永远地从我生命里分割开。

我迟疑了片刻，也决定加入到志愿者的行列。我困惑地看着霍尔斯。霍尔斯的脸上浮现着孩子般快乐的神情。从现在起我的身份变成了：列兵盖伊·萨杰，100/1010 G4，大德意志师第 17 轻步兵营。

到了晚上我们回到了那个我们运输连所在的脏兮兮的掩体里。看起来我们的生活并没有改变，名字被记录在了陆军名册的上面是目前我们生活的唯一变化。我们现在对于下一步该干什么都没有底。运输连的军官们现在几乎不给我们时间考虑问题，他们命令我们忙这忙那，后来又让我们擦拭参战部队的武器装备，清理这些装备让我们花了至少几天的时间。现在一切又开始平静了下来，在哈尔科夫东北方的几处火光是苏军零星反攻的结果。我们现在被派遣去埋葬那些在哈尔科夫战役中阵亡的数以千计的尸体。

我们现在被人称做“葬礼部队”。

天色依旧像夜晚一样漆黑，但劳斯告诉我们那个原来被批准的休假被这个处理尸体的任务取代了。通常俄国战俘被用来从事这样的工作，尽管他们似乎常常偷窃尸体上的戒指、首饰或是其他什么东西，但我认为那些身体羸弱的俄国俘虏们大多是在尸体上寻找食物。我们每天给他们配发的食物少得可怜，大半个饭盒的稀汤就是每天供给 4 个俄国俘虏的所有饭食。有些天他们根本得不到任何吃的。

每个被发现偷窃阵亡德军士兵东西的俄国俘虏都被立即枪决。这样的枪决根本不需要什么行刑队，一个军官就可以当场执行处决，或是被转交给几个部队里面的恶棍处理。有一次我看到这些恶棍们把 3 个俘虏的手绑在一个门栏上，当这些人被绑结实后，恶棍将一颗手榴弹放在一个战俘的口袋里，把保险针拔掉，然后就忙着跑开。那 3 个俄国人被手榴弹炸得内脏横飞，他们直到最后一刻还在拼命地求饶。

尽管我们见过了各种各样的场面，但这样的事情仍然让我们感到极度恶心。我们和这些罪犯之间的激烈争吵终于爆发了。他们对我们总是充满愤怒和满口脏话。他们告诉我们，他们从一个叫陶沃斯的苏军关押德军俘虏的战俘营里逃了出来，在那里苏联人如何随意地屠杀我们的俘虏，那个位于莫斯科以东 100 公里左右的战俘营实际上是一个死亡营。那里的食物供给和这里对俄国俘虏的供给标准是一样的，只有干活的人可以拿到一点点可怜的食物，那些没法干活的人则被苏联人用一种他们所热衷的方式处决掉：他们会用一把铁锤将一个空弹壳敲进那个德国俘虏的颈椎里。

后来目睹了苏军在德国东部对于难民所做的事之后，我自己终于坚信俄国人能够干出这样的暴行来。但无论如何俄国人的暴行不能成为我们使用同样手段的理由。战争总是在那些愚蠢的白痴们复仇的幌子下才变成一个恐怖的渊薮的。

我们花了好几个小时挖一个作为战地医院的长长的隧道。现在那医院已经运转起来，医生们都忙着去照顾重伤员去了，结果那些轻伤员实际上已经被遗弃了。一长排分为高中低三个床位的床架在隧道里延伸了好几百米，每个床位上都躺着一个脏兮兮血糊糊的伤员。不时，某个床位会被腾空，这意味着那个原来床上的伤员现在已经成为尸体被运走了。由于这个黑乎乎的隧道里光线暗淡，我们不得不把手电绑在外套上。手电的光柱照着那些尸体肿胀而可怕的面容，我们不得不用钩子将他们弄下来。

终于在一个阳光灿烂的清晨，一辆沾满泥的卡车开到了我们刚刚新搬到的军营前。在敏捷地转了半个弯后，卡车停在了离第一个营房大约 10 米的地方，现在我正忙于清除营地上的一些碎石块。那辆卡车的后厢门打开了，一个矮胖的军士长从里面跳了下来，在地上跺了跺自己的脚。他没有向大家敬礼便开始从自己右胸衣袋里拿出一个折得四四方方的纸片出来，打开那张纸开始念起一长串的名字。当念名字的时候，他伸出自己的手示意那些被点到名字的人必须站到他的右边。他大约念了 100 个人的名字，这里面包括奥林海姆、林森、霍尔斯和我。我多少感到有一些焦虑，接着就站到了那个军士长的右边。军士长接着告诉我们现在给我们 3 分钟时间收拾好自己的武器和个人物件上车出发。接着他向我们敬了一个礼，然后就一言不发地走开了。

我们跑回营房开始慌乱地收拾起自己的东西，大家谁也没有说话。3 分钟后，我们 100 个气喘吁吁的士兵已经把车厢装得满满的了，现在卡车的两侧挡板已经被士兵的鼓鼓囊囊的背包撑得快散架了。军士长看着一些士兵鼓鼓囊囊、奇形怪状的背包并没有说话。他蹲了下来看了看卡车的车底。

他喊道："只允许 45 个人留在卡车上，我们在 30 秒后出发。"

说完后又开始在卡车旁踱起了步。

大家现在心里都已经很不快了。没有一个人想下车，每个人都有理由待在车上。在车厢最后的两三个人现在已经被挤下了车。由于我是在中间，已经被挤得像罐头里的沙丁鱼一样动弹不得。劳斯现在只好亲自出马来解决这个难题，他命令后半车人下来，留下的人刚好是 45 个。现在那个矮胖的军士长已经坐在了前面的驾驶座上，劳斯军士长在下面向我们微笑着挥了挥手。在他旁边站着从卡车上下来的另一半士兵。

这另外一半士兵在 4 天以后才来到了我们这里。我们当时在那个著名的大德意志师的休息营地，营地离前线大约有 150 公里远。这个叫阿克提卡的营地驻扎着大德意志师的不少人，特别是那些正在康复的伤员们。这个师正守卫在辽阔的库尔斯克——别尔戈罗德前线地区。营地里所有的一切都井井有条，就像是在童子军营地一样，只是这里的排场要豪华得多。

阿克提卡营地让我想起了在沙丘中的一片绿洲。

我们遵照军士长的命令从车上跳了下来并站成两行，有一个少校、一个上尉和一个军士长走了过来，带领我们的那个矮胖的军士长双脚一个立正。这些军官们都穿得非常华丽，那个上尉看起来就像是一个从舞台上走下来的人物，他笔挺的灰绿色军服上镶着作战部队专用的红色胸章，暗绿色胸针，脚下还穿着一双锃亮的骑兵靴。他向我们挥了挥手，然后就向身边的军士长耳语了几句。那个和他一起来的军士长穿得和他一样笔挺，在和上尉简短地交谈了一会儿后，那个军士长向我们走了过来，他向大家大声说道：

“欢迎来到大德意志师！在这里，你们会经历一个真正士兵的生活，这是一个我们大家建立在绝对诚恳之上的密切的关系。现在大家的同志之情将会随时接受战场的考验。任何害群之马或是不适合这样友情的人都不能留在这个师里。在这里，每一个人都必须依靠其他人。每一个人任何微小的失误都将会影响到所有人。我们这里没有自由散漫的闲人，每个人都必须要么准备服从命令，要么下达命令。你们的军官会考虑到你们的需要，你们的职责就是证明你们配得上跟随这些军官。你们现在将要领取新的制服，个人的整洁对于一个健全的头脑是有益的，我们不会姑息任何的邋遢和不修边幅。”他吸了口气又接着说道：“当这些工作完成时，你们将会领到我们答应过你们的 14 天休假的通行证。如果没有紧急事情发生的话，这个休假将会在 5 天后开始，到那时会有开往纳德里戈罗夫的军列从这里出发。现在解散，希特勒万岁！”

今天的天气美丽无比，营地里的所有东西都被安排得井井有条。依据我们刚才所听到的，在这里要绝对服从命令。在经历了了那些前线的倒霉、痛苦和恐慌之后，我们觉得现在的变化是令人欢迎的。现在开始发放我们的休假通行证了！霍尔斯像一只小山羊似的从原地跳了起来，每个人都是兴高采烈的样子。

我们的胖军士长现在命令我们在领到新军服之前把自己的旧衣服洗干净，这些旧军服将被交回军需仓库。我们正光着上身，只穿着短裤在一个长长的水槽面前洗着自己的衣服。大家的内衣裤都脏得要命，已经完全没法洗干净了。我把自己的内裤脱下来踢到了空中，然后又把内衣脱下来撕成了碎片。自从那次撤退以来我就一直穿着我的最后一双袜子，现在这双袜子早就满是破洞，我把这双袜子也扔了出去。现在我们所有人都一丝不挂地穿过草地向军需仓库走去。所有人手上都捧着自己刚刚洗好的旧制服，制服虽然湿漉漉的，但是都被我们折得工工整整。有两个女兵看到我们时笑得腰都弯了。

军士长现在对我们说："你们必须穿那双旧军靴，我们这里没有新靴子。"

我们每个人都拿到了从帽子到急救包几乎全套的新装备，然而却没有领到短裤和袜子，后来由于这些东西的短缺让我遇到了麻烦。但是高昂的情绪让我们并没有对于这点太在意。当我们穿戴整齐后，被带到了一个木制的营房。在营房的门上写着几个提醒大家注意清洁的大字："一个虱子便意味着死亡。"

那个矮胖的军士长向我们挥手要我们进去。我们好奇地四处看了看我们的新房间，这个房间虽然简陋，但是却出奇的干净。

军士长向我们喊道："现在大家请安静！"我们马上就安静了下来。军士长接着说："由于还没有军官管你们，我现在指定一个人负责你们。"

他从我们面前走过，眼睛微微眯着，好像是要给我们一个惊喜。最后他大喊了一声，选定了一个看起来并没有什么特别之处的家伙："你！"

那个被他指着的人站了出来。

军士长问道："你的名字叫什么？"

那人回答道："维德贝克。"

军士长接着说："维德贝克，在下一个命令之前，你负责管理这个房间的秩序。你现在去军需处领取我们师的袖章，每个人都需要把这个袖章缝在自己的左边袖子上。"接着他又向维德贝克交代了一大长串新的命令，每一个命令都令可怜的维德贝克的头垂得更低了。

几分钟后，我们收到了那个大名鼎鼎的大德意志师的标志——一对银色哥特字体绣在黑色的背景上。这个袖章一直留在我的袖子上直到 1945 年。那时有谣传说美国人正在枪杀任何戴有袖标的德国士兵。在那个乱糟糟的时候，那些美国人是有可能打死任何一个无论是大德意志师或是其他什么师的士兵的。但那是离现在还很遥远的两年后了。现在是 1943 年的春天，我们正在一片被征服的土地上。天气晴朗宜人，我们的口袋里装着一张两个星期的休假条。在我们经历过那些可怕的日子后，现在的生活让我们感觉就像是在做梦。

除了例行的早晚点名外，我们被允许自由活动。

阿克提卡是一个挺有意思的地方。

在一排排俄式农舍之间往往长着一大丛的杂草和盛开的野花，这些在夏季便会变得枯黄的野花和野草间还长着许多的野雏菊和各类的香料植物，俄国人往往把这些香料植物收集起来作成食物和饮料的调味品。原本突兀不平带着淡淡绿意的农田很快就会被茂盛的向日葵所遮蔽。那些紧贴在一起的木屋群不是住着一个家族就是朋友们为了来往的方便而故意如此搭建的。

俄国人，尤其是乌克兰人以热情和好客而著称。他们会为任何一个值得庆祝的事情而聚集欢笑。我还记得在这些热情的乌克兰人家里的几次聚会，每个人都有意不提及战争所造成的阴霾。每一个木屋群都有一个主人家族的墓地，那些墓地从来就不是一个伤感的地点，恰恰相反，这些墓地里都往往有着一片美丽的花园，在那里人们会放上木制的桌椅，大家常常在那里聊天和小酌。那些木屋群的边上还会有一个漂亮的路牌，上面常常写着：美丽的阿克提卡，我们的小镇阿克提卡，甜蜜的阿克提卡等这样的字眼。

在我们到这里 4 天之后，我们另一半人也到了这里。看起来他们一路上流了不少汗才到了这里，他们全程几乎是步行走来的。

终于在第五天，我们坐上了期待已久的开往纳德里戈罗夫的军列。我们的通行证直到波兰的波兹南的时候才会生效。波兹南离前线大约有近两千公里的距离。从这里到我父母住的维森堡大约还有 1000 公里左右。所以我需要在路上走好几天的时间。我们开车一路上穿过了一大片平坦的原野，这些平原平得甚至没有任何的小山包存在。我们不时看到军用拖车被用作了农用拖拉机。我们的卡车在工兵们重建的道路上开得很快，路边不时有一些苏军遗留的武器设备残骸，大约开了 200 多公里时突然发现前面地平线上有几个小黑点，小黑点被一些白色的烟雾所笼罩，同时我们听到了爆炸声。

我们前面的两辆卡车放慢了速度并最后停了下来。一个负责此次运输任务的军士长从卡车里跳了下来，然后用随身的望远镜凝视着远方。我们随时准备趴在地上。每个人都一声不吭地望着军士长，只有卡车空转的引擎在发出打破周围沉寂的声音。先前我们脸上的笑容正在被渐渐增长的焦虑所替代。

有几个人开始咒骂自己倒霉的运气。

有人说："我以为我们早就远离麻烦了，真他妈倒霉！"

"你认为是什么人？"

参加过追剿游击队的霍尔斯嘟囔着说："游击队呗。"其他人又提出了几个猜想。

有人说道："管他们是谁，我们不能让这些杂种搅了我们的休假。我们在等什么，为什么不下命令让我们上去开火？"

每个人都已经拿起了自己的步枪。在占领区的每一个德国士兵都必须随时带上自己的步枪。一想到有人阻止我们回家，大家便立刻怒不可遏。我们准备好了向阻止我们向西前进的任何人开火，但命令依旧迟迟没有下达。军士长又钻回了驾驶室，车队又开动起来了。我们彼此困惑地看着。当我们又往前开了500米时，碰到了20来个德国军官，他们手里正握着猎枪，我们非常惊讶自己的判断出了错误，当我们经过他们的时候，像遇见元首一样向他们欢呼着。

我们终于到了纳德里戈罗夫。我们下了卡车，卡车也随后掉头向南开走了。我们下一个目的地是离这里大约有50公里的罗姆尼。在纳德里戈罗夫，从俄国其他地方来到这里转车回国休假的士兵让我们这支休假的队伍立刻膨胀了起来。现在这里准备回国休假的士兵大约有1000多人。而那些运送我们到罗姆尼的卡车却正在忙着一些其他的任务。只有大约20个幸运的士兵搭乘上了到罗姆尼的卡车。我们剩下的人都挤在一间战地厨房旁边，那个厨房的能力只能满足我们这一大群人大约四分之一的需要。虽然我们饥肠辘辘，还是决定步行50公里到罗姆尼去。我们精神饱满地向罗姆尼出发了。除我们之外，还有20来个我们师的老兵和七八个党卫军士兵与我们在一起。那几个党卫军士兵正在放声高唱着，其他人则正在拿着酒瓶豪饮着，这些人看来可能已经喝光了几个酒窖了，他们每个人身边都带着不少酒。

我们本能地组成了三个人为单位的小组，好像现在是在上前线一样，我们加快了脚步。夜晚慢慢降临在了这片翠绿而起伏的原野上。我们的军服像变色龙表皮一样几乎融入了周围的环境。在走了将近20公里后，我们的热情开始减退了一些，这使得我们开始注意起乌克兰广袤的地域来。春天的大地上到处萌动着生命，土壤也散发出一阵阵特有的气息。地平线消失在了夜空无边的黑色之中。夜色在我们的周围悄悄地蔓延着。没有人说话，我们这群被世界所仇恨的士兵们现在被一种难以表达的情感所包围了起来。正如一个人用幽默来掩饰忧伤，我们也开始用歌声来掩饰难抑的思绪，那首党卫军士兵最喜爱的歌被所有人吟唱了起来：

“当原野上的野草变得枯黄之时，到处都是我们打猎的好地方……”

黑暗已经完全包容了我们，许久以来的第一次，我们感到黑暗正在庇护着我们前面的行程，虽然开始感到了一些疲惫，但没有人提议要休息。回家的道路是漫长的，但我们不想耽误掉哪怕是一分钟。对于我而言，如果要回到法国的话，那路程就更加遥远了。尽管我们的休假直到走到波兹南时才开始，但是马上回家的念头让我能够忍受自己的光脚在靴子里被磨痛的感觉。

霍尔斯现在也出现了同样的麻烦。他现在正骂着那个管理阿克提卡军营军需仓库的家伙没有给大家袜子。在走了大约30多公里后，我们被迫放慢了速度。那些和我们一起的老兵们就像是对待小孩子一样把自己的袜子给了我们。我们因而能够再次上路了。但是由于自己的脚已经磨破了，虽然穿上了袜子，我们几个人还是在这剩下的5公里路程上感到脚上疼痛难忍。虽然我们一再请求大家休息一下，但是没有人愿意停下来。结果最后我们决定干脆光着脚走在满是露水的草地上。起初这个决定看起来还不错，但是没过多久脚就又被磨得受不了了。有些人用自己的内衣把脚包裹了起来走，但是前面有可能碰上的检查让他们又举棋不定是否该继续这样做。在这最后几公里的路上，天色开始渐渐变亮了，我们这一路的折磨还没有完全结束。在罗姆尼镇外遇上了一班宪兵，他们命令我们要把靴子穿上，还说不会让一帮流浪汉打扮的士兵进城去。我们大家心里面对他们都恨得咬牙切齿的。接下来遇到了几个当地的吉普赛人，他们用自己的马车把我们中间几个脚磨得最厉害的人拉到了镇上的德军司令部。

医务所和司令部在同一个楼里，我们甚至还和司令员说了话。他非常惊讶连大德意志师的士兵都没有袜子穿。他在愤怒之中马上向阿克提卡军营发出了一份抗议信。那些需要治疗的士兵现在被送到了医务室，那里的医生把我们的脚泡在加了氯的温水里。这种水立刻发挥了神奇的作用，我们的脚几乎感觉不到痛了。然后发给了我们每个人一小盒外用的膏药。我们随后就离开了那里，依旧没有领到袜子。

那些没有到医务所的人现在正在商议着前面的路程该怎么走。从哈尔科夫到基辅的铁路通过罗姆尼镇。每天都有军车从不同的方向经过这里。当我们队伍里的两个军士长宣布我们必须要在这里等上两天时，所有人都感到失望极了。现在所有开往前线的火车都装满了战略物资，那些有休假资格的士兵可以优先乘坐返回的火车。谣言开始在这里的大约500个被批准休假的士兵们中间蔓延开来。有些人打算自己想办法解决交通的问题：要么搭上一列卡车运输队，要么悄悄溜上一列火车，或是偷一匹俄国人的马。有人甚至想步行200多公里走到基辅，这至少需要走上5天。这个主意对于大家而言都是不可能的，我们决定还是待在这里。

一个老兵抱怨着说："我告诉你，我们也许会坐在这里眼睁睁看着自己的休假结束的，必须想办法从这里离开，谁敢保证我们在两天后能够出发？也许在一个星期后还在这里呢，这真他妈的操蛋，我决定自己走了！"

我的脚现在根本就不能再走了，不管现在的局势有多么紧急，霍尔斯和林森与我也是同样的情况，所以不管怎样我们只好在罗姆尼等下去了。我们甚至不知道今晚住在哪里。那些宪兵又出现在我们的后面并要我们继续走，对他们进行任何解释都是在浪费时间，这些狗娘养的家伙根本就不在乎。在乌克兰这个部队休假的天堂，他们重新找到了那些在和平年代所拥有的特权。任何和他们争吵的人都有可能失去自己的休假许可。我们目睹了碰上这种厄运的一个可怜的家伙。几个宪兵正在像踢足球一样把他的背包踢到一边，这个士兵愤怒地说他刚刚在高加索山区打了6个月的仗，为此他觉得至少这些宪兵需要对他尊重一点。

一个宪兵大声喊道："你这个叛徒！那些从俄国佬面前逃跑和丢掉罗斯托夫的人都是叛徒。你们都该被送回前线，你根本就没有资格离开前线的！"

他边说着边把那个人的休假通行证撕了个粉碎。我们都以为那个士兵一定会坐下来放声大哭了，但他向这两个宪兵扑了过去，把他们两个人都打得趴在了地上。在我们还没有反应过来的时候，他已经消失在人群里了。那两个宪兵从地上爬起来，咒骂着说要把那个士兵枪毙掉。由于担心这两个恼羞成怒的宪兵会向我们开枪，我们忙不迭地从他们身边跑开了。

两天后，我们终于坐上了开往基辅的火车。我们被安排在一列满载着牲畜的车厢里。但是我们都对此毫不在意，现在只想到达基辅。此时的基辅依旧是一个美丽的城市，但仅仅几个月后这个城市的美丽便不复存在了。

当我们到达基辅时，感到自己得救了。战争似乎在这里就从来没有发生过，这个鲜花盛开的城市显得格外的漂亮。人们正在安静地忙碌着各自的工作，红白相间的有轨电车穿梭在衣着艳丽的市民中间，到处都有德国士兵和乌克兰女孩儿手挽手走在街上，去年冬天的时候我就喜欢上了这个城市，现在当初的好感再一次被验证了。真希望战争已经结束了。

在基辅，我们轻易地就找到了一列开往波兰的火车，旅途是充满欢笑和多彩的。我们搭乘的是一列拥挤的客车，坐在一大群俄国人中间，我们有机会结交比战争期间任何时候都要多的人。我们的列车行驶在空旷宽阔的普利佩大沼泽地区。车厢里的俄国人一边喝着酒，一边大声地唱着歌，他们把酒也拿给车厢里其他的士兵们。整个路途的喧哗让人难以想象。在火车靠站和上下人员的时候，一些不堪入耳的笑话往往在这个时候被讲了出来，然后就是一阵哄堂大笑，实际上女人要比男人更善于制造噪音。在路上走了两天半后，我们的列车终于到了波兰的卢布林。我们必须要在卢布林转车。在卢布林我们又遇上了宪兵的检查，宪兵们要我们在离开前必须到当地军营里的理发室理发去。然而我们对于由于理发而错过火车这种可能忧心忡忡，因而我们决定冒一冒险。这次我们成功了。霍尔斯、林森和我现在已经从宪兵们的眼皮底下通过。后来我们知道这次冒险是值得的，如果我们去理发的话，我们肯定会错过火车的。

我们在午夜时分到达了波兹南。那里的接收站办事效率极其高，我们在那里领到了餐券和宿舍的床号，并被告知早上到这里来把我们的休假通行证生效。这个办公室从早上 7 点开到 11 点，但我们在早上 6 点不到时就站在那里了，此时一群人已经在门外排起了队。

我们对于这个办公室的办公时间感到不解。实际上那些在上午 11 点 5 分到达的士兵必须要等到第二天才可以把自己的休假通行证生效。我想这个安排主要是出于上面为了管理好即使是休假部队的需要。这种办法可以在休假士兵还在这里等待的时候就可以把临时的紧急通知发到这里。与此形成鲜明对比的是那些接待休假结束士兵的办公室则是 24 小时不停在办公。

我们在分配的宿舍里面躺了几个小时，这里的房间让我想起了在彻米尼兹时的营房。我们 6 点左右到了那个办公室。我们前面大约有 20 个人，他们一定在这里露宿了一晚。到了 7 点的时候，这里已经排了大约 300 个士兵。那些自以为是的负责办公室的军官们此时正坐在座位上慢条斯理地检查者我们的证件，而我们则在一边焦急地等待着。那些站在门边的宪兵们正在准备取消任何一个敢于发脾气的士兵的休假通行证。当我们的通行证被盖上章时，我们被带到了一个大厅里去检查服饰。在这里可以擦拭自己的皮靴和掸掉自己军装上的泥土。也许这里的人以为在俄国是没有泥土的！然后就是一个令人愉快的小细节，年轻的德国女兵们把用纸精心包好的食物分发给了每一个士兵，包装纸的正面印着飞鹰和纳粹党徽。包装纸上还写着：“祝我们英勇的士兵休假愉快。”

真是如此细致和甜蜜的德国风格！

嗜吃如命的霍尔斯现在睁大自己的眼睛说："要是我们在哈尔科夫时有这些东西就好了！"

我们所有人都被这些无微不至的接待而深深地感动着。发给我们的包裹里面有香肠、果酱和香烟。那些在天寒地冻里度过的漫漫寒夜，还有我们从顿河河谷地带淤泥里的行军仿佛都在此时得到了补偿。霍尔斯和我已经带着我们的礼物向柏林出发了。林森则离开我们向自己在普鲁士地区的老家走去。

在柏林，我们再一次感到了战争的存在。

在西里西亚车站，在维森西和潘科夫区，许多的建筑物都已经成为了瓦砾堆。其实这只是这个城市毁灭的刚刚开始。现在柏林城里依旧繁忙热闹，这个大都市的生活依旧正常地运转着。

这是我第一次到柏林。我想起了自己的承诺。我已经答应要去见恩斯特的妻子。她现在和自己的父母住在柏林的南部。我把这个事情告诉了霍尔斯。霍尔斯建议我把这个安排推后一下直到我从父母那里回来。但我知道只要我一回到家，我的父母一定要把我留到最后一天才会放我走。霍尔斯没有浪费一点时间，他现在已经往自己在多特蒙德的家出发了，他还要我有时间到那里去看他。

其实我要是听了霍尔斯的建议就好了。我回家的旅途在第二天时被迫中断了，由于轰炸，我不得不留在柏林了。在这个完全陌生的城市，我不得不尽力来了解它了。

我背着自己沉重的背包和枪开始寻找恩斯特的房子。幸运的是我依然能够从我这个可怜朋友的身份证上认出他的住址。但我该坐公交车还是坐地铁呢？由于我不知道该怎么做，我决定步行到那里。这个决定让我可以仔细地看一看这个城市。现在在这个城市里散步依旧被认为是一件正常的活动。但是我不想因为想看一看这个城市而走得太绕路。我注意到了一块写着柏林南的路牌。我遇到了两个宪兵，他们冷冷地看了看我和我背上那个巨大的背包。我向他们行了礼，按规定，我必须要向这些狗娘养的家伙行礼的。

这个美丽的城市看起来井井有条和庄严肃穆。大规模的轰炸才刚刚来到柏林，但只有靠近柏林火车站附近的地方受到了严重的毁坏。在这个外观富丽堂皇的城市里，许多房子外面都装饰着豪华而细致的雕饰。城市里的一切都体现着一种富有节奏的生活：大街上没有吵闹的人群或把自己小孩子的裤子拉下来帮他们撒尿的父母们。所有的男人、女人、孩子、自行车、汽车和卡车都在一种平静而有条不紊的节奏中走向自己的目的地。所有的这一切似乎都旨在避免不必要的资源浪费。这里的一切和巴黎是那么的不同，在那里到处是忙乱的人群。我的步伐渐渐与这个城市的节奏和上了拍。没有理由地站着似乎与这个城市不协调。这个城市的节奏甚至从走在我前面的一个矮小的老太太身上也能反映出来。我向那个老太太问了问我要去的方向。她已经斑白的头发梳得一丝不苟，就像这个整洁的城市一样。我的声音似乎把她从某个遥远的梦境里唤了回来。

我对她说："劳驾，夫人。"我一边说，一边感到有些难为情，我的声音低得好像是在一个演出已经开始的剧院里面一样，"您可以告诉我到这个地方该怎么走吗？我现在要去这个地方。"我一边说一边拿出自己的那张揉得皱巴巴的纸片，那张纸就好像刚被我从某个废纸篓里取出来一样。

那个老妇人和蔼地向我微笑着说："这个地方很远，年轻人。非常远，你必须要到坦佩尔的公共汽车站坐车才可以到那里，但那个地方真的非常远。"她温和的声音突然让我想到自己小的时候。

由于不知道该如何回答，我对她说："这没有关系的。"

她又说："那个地方非常远的，你需要到汽车站坐车。"

我又再次重复了刚才的话："这没有关系的。"实际上，这是由于我那时想不起来用德语该怎么说更多的话了。这个老妇人和蔼的态度让我受到了某种感动。

我最后微笑着对她说："我不介意走路的，我是一个步兵。"

她的笑容变得更和蔼了，接着说："那你一定习惯步行了。我会和你一起走到威尔海姆国王宫。从那里，我会告诉你怎么走的。"她现在和我走到了一起。

她问我："你从那里来，年轻人？"

我回答说：“从俄国来。”

她接着说道：“俄国是一个很大的国家，你驻扎在哪里?”

我说道：“是的，俄国非常大。我驻扎在南部的哈尔科夫附近。”

她用地道的德国口音重复道：“哈尔科夫！我明白了。那是个很大的地方吗?”

我回答道：“是的，那里很大。”

对于我身边这个和蔼的老妇人而言，哈尔科夫只是一个再普通不过的俄国地名。但对我而言，哈尔科夫早就是一个已经死亡了的城市；它曾经值得骄傲的市容现在只不过是一片冒着烟尘和火光的瓦砾堆而已；那里也是一个到处是伤员哀号的地方，那里也是我们不停地掩埋尸体的地方，当然那里还有 3 个被手榴弹炸得血肉横飞的俄国俘虏。

老妇人又说道：“我的儿子在伯良斯克。”她听起来想要了解一些前线的情况。

我用思考的语气重复道：“伯良斯克，我知道那是在俄国的中部，我从来没有去过那里。”

“他在信里告诉我那里一切都好。他在一个装甲师当上尉。”老妇人说道。

我心里想：“她的儿子是一个上尉！一个军官！”那我这个小兵的见闻听起来一定是可笑的。

她接着问道：“你们那里形势困难吗?”

我微笑着回答说：“前不久相当困难，但是现在好多了。所以我回来休假了。”

“那我真为你们高兴。”她的声音听起来仿佛她正是那么想的。

她又问道：“那你在柏林是看你的家人吗?”

我回答说：“不，我是去看一个朋友的父母。”

现在老妇人问到我为什么要去看恩斯特的父母，我现在感到她已经有些让我心烦意乱了。她说道：“噢，他是一个和你共事的战友。”我现在真想把她推到那些我们旁边的带尖刺的铁栅栏上。

她问我："你的父母从哪里来？"

我说："从阿尔萨斯的维森堡来。"

"阿尔萨斯的维森堡？"她有些惊讶地看着我，"哦，那你是阿尔萨斯人了。我对阿尔萨斯非常了解。"

我几乎要告诉她我对阿尔萨斯并不比她更了解。

但我想得到一些暂时的安宁，我说道："是的，我是阿尔萨斯人。"

接着她对我说了自己到斯特拉斯堡的一次旅行，但是我已经没有在听她说。由于她的提问使我想起了恩斯特，这使得我心里感到恼火。我现在有比听这个老太太的唠叨更重要的事要做，现在外面天气好极了，而我又在休假，我需要看一些让人高兴的事情。这个想法让我开始思忖当我面对恩斯特家人的时候该说些什么。那些人刚刚失去了自己的儿子，现在或许还沉浸在忧伤之中……也许他们还根本不知道自己的儿子已经死了。如果这是真的，那我该怎么向他们说啊？其实我从家里返回的时候再来看他们更好。霍尔斯是对的，我本应该听他的。

我们到了一个大桥旁边的十字路口。我知道塞纳河流过巴黎，但我无法弄清柏林是在易北河上还是在奥德河上。在我们的右手边是巍峨的威尔海姆国王宫。在国王宫对面是一个纪念第一次世界大战英雄的纪念碑，大约有1200顶钢盔被放在纪念碑前的广场上。两个希特勒卫队的卫兵现在正在沿着纪念碑的底座来回地走着，他们缓慢的步伐让人奇怪地联想起人类缓慢的历史进程。他们有规律的步伐甚至会让一个制造钟表的大师所嫉妒。这两个卫兵完美地迈着步伐，并在相互有30米距离的时候同时转过身来面对彼此，再次迈步，交换位置，转身，然后又再次开始。

现在那个老妇人说："我们到了，年轻人。你现在过了这座桥再顺着那条大街走就到了。"

她边说边指着那片宽阔的城区，恩斯特的家就在那里。我其实已经没有听她说什么了，我知道我不会去恩斯特家了，其实我对老太太的解释都是在敷衍，但是我依然紧紧握着老太太的手尽我所能表达了我的感谢。她虽然坚持要送我过去，但最后在我的坚持下只好作罢。当她一消失，我便向我来的方向狂奔而去，我希望能够弥补一些失去的时间，并能够尽快找到开往德国西部列车的车站。

我飞快地沿着河岸跑着。突然，空气中传来了军乐声，一支衣着华丽的军乐队从一个很高的建筑门廊里走了出来，然后他们就走上了街道。我还记得在别里亚斯克时，有人告诉我们需要向军乐队立正致意。我随即向军乐队立正致意。大约一个半小时以后，终于到了那个开往德国西部和法国的火车车站。我在人群里到处寻找着霍尔斯的踪影：他也许就在这里，但是到了我的车发车前的几分钟我也没有找到他，在火车上我的呼吸渐渐恢复了正常。这里的一切都和俄国完全不同，这里连士兵也带着一种和所有西欧国家井井有条的生活节奏相协调的庄重态度，这里与俄国的反差让我都觉得是否在俄国发生的一切是一个噩梦。

夜晚降临了，我们的火车继续向前方奔驰着。火车现在已经走了 3 个小时了，但我却觉得似乎我们从来没有完全离开柏林。沿着铁路线没有乡村，只有连绵不断的房舍。突然我们的火车停了下来，虽然现在我们并没有到达沿路的某个车站。每个人都从窗户向外看去想知道发生了什么。外面一片漆黑，只有远方的天际有着一抹红光。我们能够听到远处某种隆隆的声音里混杂着炮声。一大群飞过我们头顶的飞机的轰鸣声正把车厢的玻璃震得抖起来。

一个挤到我身边的士兵说："这一定是马德堡，现在它被轰炸了。"

我问道："是谁在轰炸？"

他不解地看着我说："当然是那些美国杂种了，这里的局面和前线一样危急。"

我目不转睛地看着马德堡市燃烧的火光，原以为我们已经远离了战争。列车再次开动了起来，但 15 分钟后又再次停了下来。一些士兵跑上了铁轨，他们要求每一个人都下车。有人告诉我们铁路线已经被炸断了，所有的军人，无论他是否在休假，都必须听从当地政府的调遣。我和大约 100 个在休假途中的军人站到了一起。

我们大约走了半个小时便到了火光冲天的马德堡市。我们开始搬走那些躺在废墟上的木头和大石块，周围的那些延时炸弹正在不时地爆炸着。一批批的市民被一些高声喊叫的官员们集合起来清理废墟。每个人都被分配了工作。虽然外面已经漆黑一片，但是被炸坏的煤气管向空中喷射出明亮的火舌，照亮着周围的瓦砾、碎木头、玻璃碎片、家具，还有散布其中的人体残肢。

有人把一些铁锹发给了我们，我们把自己的背包放在了消防车边上便开始用最快速度在瓦砾堆里挖了起来。我们可以听到困在地窖里的人们的呻吟声和求救声。一些哭泣着的女人和儿童则把我们刨开的砖瓦用手推车推走。有人大声地命令着："赶快，来这里！我们需要帮助！赶快！那里的水管已经爆裂了，正在淹没下面的地窖！"当然在任何最危险的地方，人们都会让军人来首先执行这样的任务。

我们顺着通风口到达了那个地窖。在拆毁一堵砖墙时。我的铁锹碰到了一个软软的东西：这也许是一个被压在废墟下面的人的肚子。妈的！我现在正在休假，而这里的任务正在将我的行程向后推延。一声爆炸撼动着我们脚下的大地，一颗美国的延迟引信炸弹又爆炸了。尽管这样，我们的努力终于成功了。随着那堵墙的倒下，一些面色憔悴的人们从灰尘飞扬的废墟里钻了出来。有几个人哭泣着拥抱着我们。其他人则呆滞地站在一旁。他们每个人都受了不同程度的伤。我们现在不得不下到地窖里去救出那些怀里紧紧抱着自己孩子的母亲们。

我拉出了第一个孩子。一个只有5岁左右的孩子牢牢地扯住我的裤子，以至于最后我的裤腿都从靴子里被拽了出来。他在有意拉我到一个地方，这个孩子哭得非常伤心。他拉着我到了一个地方。那里有一个人正躺在我脚边的瓦砾里。那个男孩依然在放声大哭着。我大声向外喊道："赶快拿手电过来！"

一个人拿着手电赶了过来，我们看到一个妇人的尸体被压在了一个金属的酒瓶架子下面，这个架子被至少三四十吨的建筑石块压倒了，在她身边还有一个孩子。我用力拽着那个孩子满是灰尘的衣服，终于把这个孩子拉了出来，孩子僵硬得看起来就像是一块石头似的。也许这个孩子还活着，因为我看到了他的身体微微动了一下。我带着两个孩子走到了地窖的出口处，把那个被我拽出来的孩子交给了外面的救援人员，另外一个孩子依旧哭喊着跟着我走了一段。

空袭警报又响了起来。英国人和美国人总是忠实地遵循他们的轰炸规矩，他们总是在第一次轰炸后紧接着又派出下一拨轰炸机，这使得那些被掩埋的人不能被及时救出来。官员们吹响了哨子命令大家躲避空袭。他们喊着："大家现在隐蔽！"

但去哪里隐蔽呢？在我周围 400 米内都是瓦砾堆。熟悉这个地区的人们向自认为安全的地方跑去。不知所措的孩子们依旧在哭泣着。我们听到了四引擎轰炸机的轰鸣声。我现在也开始跑了起来，我知道要先跑到哪里。那个消防车已经消失了，但是我们的背包还都在那里。士兵们正在背包堆里找着自己的背包，他们一找到就飞快地离开了。我认出了我缝在包上的金属雪绒花，我把包和枪从背包堆里抽了出来。但是我找不到装着食品和香烟的礼品包了，妈的！

我喊道："嗨，你……那是我的礼品包！"

在混乱中有人把一个包丢给了我，现在每个人都在忙着跑开。

我又喊着："嗨，这个不是我的礼品包！等一等！妈的！"

此时炸弹又在城市的另一头落了下来。真该死！

我跑过一片开阔地，在那里险些被一辆轿车撞倒。脚下的道路随着爆炸的冲击波而起伏着，数以千计的轰炸机投下的每颗重达四五吨的炸弹在这里制造了一场强烈的地震。

大街上已经几乎空无一人了。仅有几个像我这样的傻瓜还在忙着寻找掩蔽所。我看到了这条街的尽头有一盏忽明忽亮的灯，在一个建筑物上有一个白底黑字的横幅，上面写着：防空掩体，限 30 个人。就算是那里现在有 100 个人也没有关系。我沿着房子里通往地下室的旋转楼梯向下跑去。某个好心人在墙上挂了一盏昏暗的灯照亮了楼梯的拐角。但在我走了一段之后，发现面前的楼梯被一个巨大的灰色圆形物体挡住了，这个东西比我还高。刚要用力挤过那个物体和楼梯间的空隙，这时仔细看了一眼这个东西，浑身的血液立刻凝固了。我发现自己正在死死挤着一个巨大的炸弹，这个炸弹断裂的尾翼说明它在穿过屋顶后一直掉到了这里。这颗炸弹至少有 4 吨重，而且它随时可能会爆炸。我退了出去，重新又回到了外面的黑暗之中。外面被一片明亮的火光映照着。终于我躺在了广场上的一张长椅上喘息起来，在那里躺了大约 20 分钟后，空袭警报解除了，我又再一次参加了清理废墟的工作，直到早上才干完。然后就接到了一个最令我郁闷的消息。

我准备继续往西前进了，休假时间已经有两天被浪费掉了，我现在可不能再耽误哪怕是一分钟了。我问一个当地的官员到卡塞尔和法兰克福的火车在哪里坐，他向我要了我的休假通行证，反复地看了看，然后就叫我跟着他。他带我到了当地的宪兵队里。当我把自己的证件交给里面的人时，他们一一传阅了这个通行证。我目不转睛地看着他们，看到几个图章又被盖在了我从阿克提卡军营带出的那个通行证上，然后交还给了我。里面的人用一种冷漠和程式化的语调告诉我不能再往西走了。鉴于我的部队所在的位置，我现在已经到了所能到的最西面的位置。

我完全被惊呆了，站在那里看着那些宪兵们。这个令我极度失望的消息让我在那里木然地站了一会儿。

一个宪兵对我说："我们理解你现在非常恼火。你可以住在士兵接待中心，那里会有人好好地照顾你的。"

我一言不发地拿起了自己的休假通行证走出了大门。强忍着自己的泪水，以至嗓子感到都要裂开了。

阳光依旧照在大街上，而我在一种恍惚中往前跌跌撞撞地走着，感觉到周围的人都在盯着我，仿佛我是一个醉鬼似的。我觉得需要找一个地方让自己平静下来。我在前面的一个建筑物的残垣里面找了一个安静的角落坐了下来，紧握着那个戳满图章的休假通行证像个小孩一样大哭了起来。这时我听到了后面有脚步声。有人也许以为我是个小偷，但他看到我来到这里只是为了大哭一场时，便转身走了。现在人们更关心食物的供应，而不是别人的伤心，所以至少我可以独自一个人为这个事情伤心一下。

在那个晚上，我搭上了一列开往柏林的火车，命运决定让我拜访恩斯特家。我不知道我在柏林是否有亲戚。所以我要么住在士兵接待站，要么住在恩斯特家。我现在完全被一种失望的情绪所吞没了，我是如此期待着这个休假！而且这个休假是我奋斗来的，但我所得到的只是一张荒唐的废纸。现在连那个礼物包也没有了，那个包消失在马德堡的那次轰炸里。我拿到的包里只是一些脏衣服。现在只能空着手去见恩斯特的家人了，而我身上也没有足够的钱来购买什么东西。

那天晚上，我在士兵接待中心幸运地得到了一张床。一个老兵听到了我的遭遇，他建议我向登记台那里的军官也讲一讲这件事。那个军官听了我的事情后对我的遭遇表示非常同情。他记下了事情的经过，并告诉我明天他会给我一个解决此事的答复。

第二天一早，我动身前往恩斯特的家。在打听了几个小时后，我终于站在了基勒林大街 112 号门口。这是一栋简朴的三层小楼。在房子的旁边是一个铺满砾石的小径。一个大约和我年纪相仿的女孩正斜靠在门前向街上望去。我迟疑了片刻，然后还是走了过去问了那个女孩。她微笑着回答说："是的，这就是你要找的地方。他们住在二楼，但现在他们上班去了。"

我说道："谢谢你，小姐，你知道他们什么时候回来吗？"

她说："他们一般在下午 7 点后回来。"

我又说了声"谢谢"。现在开始考虑如何度过这个漫长的一天了。当我随手带上门时，我又再次感谢了那个女孩。她微微地笑了笑，然后点了点自己的头。她在等谁呢？当然不是恩斯特家的人了。

我在基勒林大街上走了一段路后，突然想到我可以和那个女孩再聊一会儿的。犹豫片刻之后，我又转了回去。我希望她仍旧在那里。只要她不当着我的面嘲笑我，我已经准备好了迎接一切的揶揄了。我到了那里，果然那个女孩还在那里。

她看着我笑着说："你以为他们回家了？"

我回答道："当然没这么想。我对这里不熟，宁可坐在这里的台阶上等他们，也不愿意过一会儿再去四处问人怎么走到这里了。"

她惊讶地说道："那你要在这里等一天啦？"

"我想是的。"

"那你应该看一看柏林，这是个有趣的地方。"

"我同意你的建议，但是我担心自己会迷路。"

我对自己没有想和她调情的愿望而感到某种失望。

“你现在是休假吗?”

“是的，我有 12 天的休假，但是我不能离开柏林地区。”

“你是从东线来的吗?”

“是的。”

“那里条件一定非常艰苦，我可以从你的脸上看出来。”

我惊讶地抬头看了看她。我想我的确可能看起来像一个殡葬工的助理，但是一个漂亮女孩居然在几分钟之内就看出来了!

接着她讲到了关于住在三楼人的一些事情，但是我已经心不在焉了。如果她觉得我现在的样子的确很糟的话，那看来这场短暂的对话不会带来任何的结果。这个想法让我感到害怕，我本该竭尽全力让这次的相遇不止是一次相遇。

于是我开始努力改变自己的表情，努力让自己的嘴角保持微笑的角度，同时也使自己其他方面更讨人喜爱一些。我笨拙地问她是否熟悉这个城市。她显然没有意识到这个我布下的圈套，回答道:“当然了，我在战前就住在柏林。”

然后她就向我讲述了自己的生活:她一部分时间在学习，此外还要每天作为一个急救员工作 8 个小时。她说自己正准备考教师证。我安静地听着，但我其实并没有完全注意到她所说的内容——她柔和的声音已经让我被一种温柔的情感所包围了，我只想让这种温柔的感觉继续下去。当她停下来说话的时候，我提出早已蓄谋已久的问题来:

“既然你在 5 点前就离开急救站了，你能否带我逛一逛柏林的一些景点呢?我的意思是，如果你有时间的话……”

她的脸红了。

她的眼睛看着地面说道:“我乐意这样做，但是我必须要得到那个太太的批准才行……”(我已经忘记了那个妇人的名字了)

她接着咯咯地笑着说:“哦，但是我们还有不少时间的……整整 12 天……”我心想:“这是个好兆头。”

我们接着又聊了大约一个小时的时间，直到那个好心的妇人回来。我们在交谈里当然没有回避战争，尽管我尽力让所描述的战争美好一些。我讲述了一些其实并没有见到的英雄事迹。没想到那些战场上肮脏的环境是她所愿意听到的，但我还是对于客观地描述这些环境感到迟疑。其实我并不想让她理解那些我们所经受的事情，不想让她知道那些满是鲜血而且散发着恶臭的战场。我害怕心里的恐惧和对战争的厌恶会传染给他，也害怕她会因此而厌恶我所经历的这一切。我对战场英雄事迹的描述完全是来自于好莱坞式的风格，但至少我们可以一起大笑起来，还有我可以继续与她交谈。

女孩所提及的太太回来了。起初她看起来对我们在一起交谈感到不是太高兴，但此时葆拉——女孩已经告诉了我她的名字了——把我介绍给了这个妇人。葆拉介绍我是恩斯特家的一个朋友。

我对那个妇人说道："太太您好，我是恩斯特的朋友，我这次来是想拜访一下他的家人。"

那个妇人说道："我知道，年轻人。请进屋来，到我这里等要更舒服一些。唉，这些可怜的人，他们的勇气真是让人难以置信。他们在10天里失去了自己的两个儿子：这太可怕了！我的上帝，我的儿子也在前线，我真希望这场战争能够尽快结束！"

这样说，恩斯特一家已经知道了这个消息了……他们现在不仅知道恩斯特死了，而且知道他们另一个儿子也战死了。我不知道他们的另一个孩子也阵亡了。

突然之间，恩斯特的死又浮现在了我的眼前：恩斯特，顿河，还有那辆俄制卡车……还有我向恩斯特喊着"恩斯特，我会救你的！别哭！恩斯特！"只有我在看到葆拉的时候，这些可怕的回忆才会从脑海里消失掉。它们必须消失掉，我也想努力忘记掉。

现在那个老妇人对我说："你可以在这里待下去，或是在恩斯特家那里，随便你去哪里都可以。"

她接着问我："恩斯特是怎么死的？"

我低头看着地面说："请原谅我，我不想说。"

但是低头看着地面并不能让我感到好受一些。我的视线落在了自己的皮靴上。这是那双把恩斯特坟墓上的泥土踩实的靴子。除了葆拉的微笑，这里所有的一切都让我想到了恩斯特的死。

那个好心的太太似乎猜到了我沉默后面的想法，她说道："但是你必须要编一些什么啊，这些可怜的人不能够再受折磨了。"

我回答说："你们放心好了，我已经对此练习不少时间了。"

现在老妇人从这个令我非常痛苦的话题上转开了。她拿出了一大碗可可奶，然后对葆拉吩咐了一些话，葆拉在这里帮她做一些衣服。

她说道："葆拉，你现在需要招待好我们的朋友萨杰。你应该带他去看看一些柏林的景点。这个年轻人需要休息，今天你的工作就是这个。"

我简直想亲吻这个老妇人了！

葆拉说道："但是太太，我还有些活没干完呢，而且……"

老妇人说道："好了，你去带他到四处走走吧，没有哪件事比这个更重要了。"

一切的言语都难以描述我对这个老妇人的感激之情。但是葆拉会对这个临时的休息日感到快乐吗？我已经对此不关心了，我已经兴奋得不能考虑这样的问题了。

我和葆拉出发了，我们告诉太太说会回来吃午饭的。我和葆拉走在了一起，心里充满了幸福。她试图和我的步伐一致起来，正在模仿我走路时的军人步伐，我笑了起来。我们经过了一个外面刷成了红颜色的小吃店，里面有一个妇人正在卖烤鱼，我想给葆拉买一些烤鱼吃。她和我一起走进了店里，她的笑容依旧是那么灿烂。那个在柜台后面的妇人正在准备两份烤鱼，她把烤鱼放在两片抹了奶油的面包中间。她向我们要食品定量供应卡。

我向那个妇人微笑着，试图博得她的一些同情。我说道："我没有供应卡，我在这里休假。"

但这样的解释并没有让我们得到烤鱼。葆拉在一旁已经忍俊不禁了。我感到自己的处境有些尴尬。

我只好用法语悻悻地说道："这个害人精。"

当然那个卖烤鱼的妇人听不懂我说的话，她继续把炉子里的炭灰提到外面去。我们最后只好空着手走出了那里。

中午我们和葆拉雇主的午餐让我感到很快乐。虽然受到战时定量供应和食品短缺的影响，那个好心的太太依旧为我们准备了一桌丰盛的食物。她甚至还拿出了一点她自制的白酒。在酒精的作用下，我开始有些忘乎所以了。我正在大声唱着一首我们的行军曲，和我同桌的两个人当然没法和我一起唱。唱完后才感到有些失态，我向她们俩道了歉，但不久后我又开始唱另一首只有自己会的歌了。

那个老妇人现在看起来有些被我逗乐了，但她又有一些担心的神色。葆拉在自己的座位上一直看着我，似乎我是一个怪物一样。我想担心我的醉态会危及她的瓷餐具的安全，老妇人于是建议葆拉带我出去透透风。葆拉顺从地拉着我出去了，但她显然对于和一个喝多了的士兵走在一起感到不悦，而且这个家伙也许会随时做出一些愚蠢的举动。

当我们走下楼梯时，我一贯的胆小突然被一种滑稽的自信所取代，一把搂住了葆拉的腰和她跳起舞来，她皱起了眉头，紧接着猛然把我推开，我几乎因此失去了平衡。

她说道："住手，否则我不和你出去了。"

她的话立刻让我的理智重新掌控了自己。她现在一脸的严肃让我的心里充满了焦虑，仿佛有一些东西把我和葆拉隔开了。我感到自己仿佛又回到了掩体里看着自己年轻时的梦想被炸成了碎片。我感到一种刺骨的凉意。也许因为我刚才的愚蠢的举动，我已经失去葆拉了。

我有些绝望地喊道："葆拉！"

我现在还呆呆地在原地一动也不动，而葆拉已经走到了下面的门廊里，阳光正照在她的身后。

葆拉说："好了，现在你可要老实一点，你想去看些什么？"

虽然还没有从刚才的愕然中缓过神来，但我仍想努力保护好这份危在旦夕的幸福。

我回答道："我不知道，葆拉。你定吧。"

我依旧有些惴惴不安。显然葆拉已经对要和一个喝醉了的士兵出去这件事感到不快了。我真希望自己是一个军官。葆拉正试图让我做一件我无法做到的事情。葆拉现在的声音让我想起了我的军士长让我完成某项不能完成的任务时的语气。我的军士长的声音仿佛在我耳边响起："你，现在上那辆俄制卡车里！好了，你决定了吗？你想做什么？现在把你的脚放在油门上！当心那根铁链！你的制服脏了，你必须要小心点！好了，你决定了吗？"

是的，军士长先生，遵令！——是的，葆拉，当然了。

突然葆拉拉住我的袖子，这让我从自己的思绪中回到了现实里来。我望着她，她也一定看到我的眼睛里此时充满了忧愁，并且看起来对此有些惊讶。

她说道："那我们去广场吧，到那里我们再决定去什么地方。"

她拉着我的手走在了前面。我知道如果我遇上一个军官或是宪兵之类的人的话，我的休假就会马上结束的。我也许会被关禁闭的，士兵在大街上和一个女孩拉手是被明文禁止的。我把自己的担心向葆拉说了，葆拉只是笑了笑说："别担心，我没有喝醉，我看到那些人的时候会有办法的。"

后来在我没什么话说的时候，葆拉主动地说起话来。她带我去了几个景点，但我其实都看得心不在焉。我不可抑制地认为葆拉是在完成某项工作，而她并没有因为和我在一起而感到高兴——我真希望她能够喜欢和我在一起，就像是我喜欢和她在一起一样。但是这是不可能的。现在她没有任何理由可以这样认为，我也没有任何理由在这些整洁干净的街道上跌跌撞撞地走着。没有人愿意对一个可怜而又头脑不清醒的士兵表示耐心的，即使这个士兵在俄国的冰雪和恐怖中奋战了几个月。在和平中住惯了的人是不会理解那些战场上士兵们在面对欢乐时忘乎所以的表现的。我正试图让自己能够习惯那种周围安静的气氛而不至于吓着别人，我也在试图学会给别人一个恰到好处的微笑。

葆拉在下午 5 点时和我分了手，她在回家之前反复叮嘱我如何找回到基勒林大街。她在和我说话的时候轻轻地握着我的手，微笑着有些怜悯地看着我，我故作高兴地也向她微笑了一下。

葆拉说："我今天晚上会到恩斯特家里去一下，但是我们明天还会再见面的。晚安。"

我回答道："晚安，葆拉。"

那个晚上我见到了恩斯特的家人。我可以非常容易地在恩斯特母亲的容貌里找到我朋友恩斯特的样子。这些可怜的人却并没有被那接踵而至的噩耗所击倒。现在，那些未来新欧洲的设想对于他们而言不再有太大的意义了，因为那些本该看到这个设想实现的人已经不在了。恩斯特的父母竟然还作出了一些欢迎我到来的表示。那个楼上的好心的老妇人也下来加入了我们之中，葆拉在大约 11 点钟左右也进来了。当我们的目光相遇时，葆拉不失时机地开了我一个玩笑。

她说道："我今天下午给他开了一个关于礼仪的讲座，而他却一直不停地在大街的中央又跳又唱。"

我拘谨地看了看周围人的表情。他们听了会责备我吗，或者他们会因此而笑起来？幸运的是，大家听了葆拉的描述之后都大笑了起来，我也笑了起来。

那个住在恩斯特家楼上的慈祥的老妇人开口说道："葆拉，你这就不好了，你必须要请他原谅你。"

葆拉的脸红了，但她依旧在微笑着。她一边笑着，一边走了过来在我的额头上吻了一下。她温软的嘴唇触在我的额头上时让我感到就像是被电击了一样，我呆呆地坐在那里，满脸已经羞得通红。每个人都注意到了我的表情，他们不约而同地说道："现在葆拉被原谅了！"

葆拉现在向我快乐地挥了挥手，接着她向大家道别后就离开了。

葆拉！葆拉！我其实是喜欢你吻我的……但我不知道该如何做啊。我坐在那里一动也不动，木然地听着其他人交谈着。

他们问了问我父母的情况，我参军前干什么……感谢上帝，他们没有提到战争。我简短地回答了他们的问题。现在葆拉在我额上留下的吻像一个灼热的弹壳一样让我感到火辣辣的。我真愿意一整天和她一起巡逻，而不是和一帮士兵们……该死！

夜已经深了，我本想找个借口回去了，但是我还是耐心地在这里又坐了一个小时。恩斯特的母亲要我今晚住在恩斯特的房间里。我感谢了他们，但我向他们解释说部队上有规定必须回士兵接待中心的。实际上，我是不能够承受睡在恩斯特床上的那种感受的。而且，我也想在街上走走。我兴许会碰见葆拉的。

恩斯特一家理解部队的规定，于是并没有挽留。在大街上，我突然被一种快乐的感觉所充斥，开始吹起了口哨。我问了几个人接待中心的位置，没有费太大劲就回到了那里。但是我没有碰见葆拉。我经过了接待中心的前台，那里有两个平民打扮的人正和两个军人打牌，其中一个军人就是昨天问我的那个军士长。

他向我喊道："嗨，你！"

我条件反射地转过身来向他行了礼。

他问道："你是列兵萨杰吗？"

我回答道："是的，军士长先生。"

他又接着说："好的，我这里有一个好消息给你。你的一个亲戚就要在最近两天来看你了。我帮你搞到了一张你家人的特别通行证。"

我回答说："我正不知道该如何感谢你，军士长先生。我对此非常感激。"

军士长说："我知道，孩子。你现在可以慢慢地返回前线了。"

我高兴得在原地转了一个圈，他们四个人开始开起了我的玩笑。

"一定刚才到了范塔西饭店去了吧？"

他们一定是在指妓院。

我回到房间的床上，脑海里开始无法控制地思念起葆拉来。

又过了两天，我心里充满了快乐。我总是和葆拉在一起。我们总是在雇用葆拉的那个好心太太家里吃午餐，晚上又和恩斯特一家一起吃晚饭。葆拉的雇主现在看出来我和葆拉之间日益加深的感情，她被吓着了。她试图让我知道战争现在还没有结束，现在恋爱是愚蠢的。在战争结束后，我们再公开这份情谊也不迟，现在谈这个问题为时尚早。但对于我而言，战争也无法阻挡我对葆拉的爱情，现在唯一的障碍就是我有限的假期，我对于一点点缩短的假期无能为力。

我的一个家人就要来看我了，所以不能离开接待中心太远，我每天晚上都回到这里。这个限制让我感到恼火，因为失去了本该和葆拉一起度过的时间。在预期那个家人到达的日子，我不得不从外面反复跑回来了五六趟。终于，在那天下午，那个好心的军士长在我还没有开口问时便说道："有人在你的宿舍等你，萨杰。"我"啊"了一声，似乎这是一件我最不愿意发生的事。我说道："谢谢你，军士长先生。"

我一路小跑地上了楼，推开房门，看见床上坐着一个穿着蓝灰色外套的男人——我的父亲。

我说道："你好，爸爸。"

他看着我说："你现在已经是大人了。"他的语气里总是带着他惯有的那种小心翼翼的特点。他接着说："你现在还好吗，我们很少听到你的消息，你妈妈非常担心你。"我就像从前一样听着我父亲说话。我感到他对于来到德国的心脏地区这件事感到不太习惯，还有这里的纪律也让他有些惴惴不安。

我于是提议说："我们出去散散步吧，爸爸。"

他说道："啊，这次来我还带了一个小包裹给你。你的母亲和我费了不少劲才搞到这些东西。那些德国人把这个包裹存在了楼下。"当他说"德国人"的时候，压低了自己的声音，似乎他在谈论一帮野蛮人一样。

虽然他娶了一个德国女人，但我的父亲从来没有对德国有特别的好感。他从未从第一次世界大战时的仇恨中摆脱出来，虽然那时他被德军俘虏并受到了良好的待遇。现在由于他的一个儿子在德国军队中服役，他在偷听英国广播公司的节目时不再会有一个轻松的心情了。

在楼下，我向军士长拿回了自己的包裹。他一面把包裹交给我，一面和我的父亲用流利的法语交流着。

军士长对我父亲说："非常对不起，先生，宿舍里是不允许带进食物的。这是您的包裹。"

我父亲腼腆地回答道："谢谢你，先生。"

当我们沿着街走着的时候，我看了看包裹里装的东西。包裹里有巧克力，一些饼干，天哪，还有一双袜子！这双袜子是我奶奶织的。

我说道："这些都是我最需要的。"

父亲说："我以为你最喜欢香烟或是巧克力，但是我们知道你什么也不缺。"

我的父亲坚信我们在部队里每天都过着大鱼大肉的生活。他因此接着说道："我们法国老家那里就不一样了，德国人拿走了所有最好的东西。"

我已经学会了如何避开不愉快的话题，于是我说道："其实我们士兵还是过得不错的。"但话一说出口，我就后悔了。

父亲说："是啊，你们过得还可以，但对于我们法国人来说就不同了。你妈妈现在正为家里如何有足够吃的发愁。我们那里日子挺不容易的。"我不知道该如何回答父亲，我现在考虑要把这个包裹还给父亲。

父亲说："好了，让我们都希望这场战争赶快结束吧。现在局势变得对德国人越来越不利了。我从英国人的广播里听说美国人到了这里，美国人到了那里……还有意大利人……盟军……"

父亲说的这些对我来说可都是新闻。这时有一帮水兵从我们身边唱着歌走过，我向他们敬了礼。父亲有些阴郁地看着我，法国现在的情况一片混乱，谈到那里的情况让父亲感到心里难受。

后来父亲又告诉我，在法国人们的生活非常艰难，他向我解释这一切的缘由时，仿佛我是一个英国人或加拿大人一样。他的话让我处于一个非常尴尬的境地，我不知道如何回答他才好。我尽力控制住自己，只是说着"是的，爸爸。没错，爸爸"诸如此类的话。我其实希望能够谈一谈其他的话题，而不去谈论战争，我也想告诉他关于葆拉的事。但我想他是不会理解的，甚至会生气的。

第二天我送父亲到了火车站。火车开出站的时候我居然傻乎乎地向他立了个正，父亲肯定不会喜欢我这样的。我看着他充满忧虑的面容随着火车消失在了这个炎热六月的晚上。在接下来的两年里，我再也没有能见到他，这两年对我来说就好像一个世纪一样漫长。

我的父亲一走，我就立刻跑到了恩斯特家。我向他们解释了由于我父亲来的时间太短，因此没有把自己的父亲介绍给他们。大家看来都非常理解我。当我着急地想知道葆拉的下落时，恩斯特的母亲告诉我葆拉的消息。我异常沮丧地知道葆拉要到第二天下午才会回到这里来。这真是让我难以忍受，我们已经失去了整整两天的时间，而现在我的休假只有七八天了。和恩斯特的家人一起吃着饭，我郁郁寡欢地保持着沉默，恩斯特的父母对我的举动表示理解和尊重。吃完饭后我离开他们到街上散了散步，希望在这里能够碰见葆拉。我沿着街走了大约一个小时，这时空袭警报响了起来，现在是晚上 11 点了。拖得很长的警报声充满了整个城市，不多的几盏灯已经熄灭了。我们的战斗机已经升空迎敌去了。战斗机的引擎声从房子的顶上掠过，飞机发动机发出的火花在黑暗中留下了几丝粉红色的痕迹。负责防空的人员现在开着挎斗摩托车通知路上的行人去躲避空袭，此时我们头上布满了敌人的轰炸机群。

我知道当第一枚炸弹落下来的时候，那些救护队的成员们就会首先出现在城市里，也许那时我能够遇见葆拉。我躲进了运河边一个低矮建筑物的门廊里，可以看到城市的西北方笼罩在了一片令人不可思议的火海之中。这次的轰炸目标可能是那里的重机枪工厂。那里到处都飞溅着一些像礼花的火光。柏林城里无数的防空火力开始向空中猛烈地射击起来，一些高射炮被安放在建筑物的顶上。在夜空中每一个突然出现的向地面坠落的耀眼火球是被击中而坠毁的敌人飞机。这时一声巨大的爆炸摇晃着我所依靠的门廊，明亮的高炮炮弹的弹道与漆黑的夜空形成了鲜明的对比。我周围玻璃的破碎声是因为在离我们大约两公里的地方遭到了地毯式的轰炸，爆炸所引起的狂风把旁边运河平静的水面吹起了一片片诡异的波浪。

我现在可以听到数以千计的炸弹在我周围地区爆炸的声音。虽然我依旧有继续待在外面的强烈愿望，但是一股难以抗拒的恐惧感还是让我向防空洞跑去，我脚下的路面就像是一辆开着的卡车的引擎盖一般富有弹性。我现在已经和一帮绝望和焦虑的人群待在了防空洞的里面。防空洞里面的空气让人窒息。巨大的爆炸声让这个防空洞上下抖动着，顶上的石灰不停地落了下来。那些孩子们稚气地问着自己母亲：“是什么东西那么响，妈妈?”而那些母亲们只是用自己颤抖的手指抚摸着自己孩子的小脑袋。现在爆炸声越来越大了，爆炸的冲击波让我们的肺感到了周围气压的变化。这里到处都是痛苦的哭喊声，每一次的爆炸声就好像是

1000 个火车头鸣叫的声音一样。让人撕心裂肺的号叫声像地狱里的嘶喊一样充满了黑夜。整个防空洞里面都充满了灰尘，灰尘是从外面进来的。我们这时听见有人喊道：“关上门!”

防空洞的门被关上了，我们都感觉到好像是被关在了坟墓里一样。有几个女人因为紧张而大哭了起来，她们一边哭还一边在空中挥舞着自己的手。我们感到这里的地面剧烈地晃动了五六次，我们都被吓坏了，大家现在都蜷缩在了一起。一个小时后，轰炸渐渐停了下来，我们离开了防空掩体，此时外面的景象只有但丁的《神曲》才可以描述。

运河黑色的水面倒映着沿岸燃起的无数火焰，两岸现在都已是一片废墟。废墟里升起的一股股烟雾里夹裹着点点的火星，人们正向四处跑着，就像在马德堡一样，我旋即开始了清理和救援的活动。

经过了一个让人筋疲力尽的夜晚和几乎一个早晨，我终于找到了葆拉，此时她看起来和我一样疲倦。当她告诉我昨晚上轰炸的时候她一直担心着我时，我心里的幸福感立刻把昨晚一切悲惨的场景完全抹去了。

我对她说：“我也在想着你，葆拉。我整个晚上都在找你。”

她问道：“真的?”她的语气告诉我她的感情现在和我的一样强烈。

我的脑袋里现在充满了一种奇妙的眩晕感，我呆呆地看着我眼前的这个女孩，我想把她一把拉到我的怀里，我的脸红了。还是葆拉打破了这个沉寂，她说：“我现在感到有些头重脚轻，为什么我们不到郊外走走呢?我们可以去飞机场附近，那里也许会让我们感到好受些。”

我说道：“那是个好主意，葆拉，我们走吧。”

我和我爱的人搭上了一辆小小的出租摩托车开往郊外的坦珀霍夫军民两用机场。

我们离开了公路，爬到了一座长满柔软细草的小山包上躺了下来，我们现在都感到筋疲力尽了。天气好得出奇，离我们大约两公里的地方是机场交错纵横的跑道。葆拉闭着眼睛躺在我的身边，她看起来似乎睡着了。我拄着自己的肘凝望着她，现在全世界都已经从我的眼前消失掉了。

我的脑袋里充满了各种含情脉脉的话语想说给葆拉听，但是我的口却怎么也打不开。我感到应该并且必须马上对她说，必须要借着现在让她知道……也许葆拉现在是故意保持沉默好让我能够有机会说话。时间正在一分一秒地流逝着。

葆拉这时喃喃地说："太阳真热啊。"

我结结巴巴地不知说什么才好。终于我鼓起勇气把自己的手伸向了她的手。当我们的手指碰到一块时，我停留了一会儿好让这一种美妙的感觉能够延长一些。然后我把葆拉的手完全地抓在了我的手里，现在我的呼吸几乎都要停止了。我紧紧地抓着她的手，而她并没有抽回自己的手。

羞怯已经在这件事情上给我造成了很大的麻烦，我继续躺在那里并渐渐恢复了一些力气。我看着天空，心里充满了幸福的感觉，全世界似乎都被这种幸福的感觉所融化了。

葆拉把自己的脸转向了我，她的双眼依旧闭着，她的手拉着我的手。我感到了自己就要晕过去了。

我告诉她我爱她，接着我试图让自己清醒一些。我不知道是否真的说了这句话，葆拉还是一动不动。我现在是在做梦吗？

突然我们周围的空气被凄厉的空袭警报声所充满。我们抬起了头相互看了看，感到有些震惊。

"这可能是又一次空袭吗？"

看起来不太可能。在那个时候，白天空袭柏林还是非常罕见的事情。然而此时的警报是确切无误的。我们很快看到战斗机云集在机场的跑道上开始加速。

"葆拉，战斗机开始起飞了！这次真的是空袭！"

"葆拉，我们该到防空洞去。"

"但是我们在这里才是最安全的。他们是去轰炸柏林的。"

"我想你是对的，我们在这里就像在任何一个不透风的防空洞里一样安全。"

德国的战斗机从我们头上呼啸而过。

"10……12……13……14"，葆拉一边喊叫着一边向着那些从我们头顶上呼啸而过的飞机挥着手，"祝我们的飞行员们好运！

向你们欢呼！”

我被她的热情所感染了，我也喊道：“加油啊，小伙子们！”

葆拉重复着我的话：“加油啊！”

“现在不是晚上，那些飞行员能够看到我们的。22，23，24，飞机真多啊！”

现在已经有30架战斗机从机场上腾空而起，呼啸着飞向了高空。他们的战术就是飞得越高越好，然后就可以从上面向轰炸机俯冲下来，再在他们的后面狠狠叮上一口。现在德国空军已经改造了福克190和195式战斗机的爬升速度，它们的用途就是拦截敌人的轰炸机。我们可以听到远方高射炮的射击声。

葆拉说：“如果我们能够在那么远的地方拦住它们，那么这些轰炸机就绝对到不了柏林。”

“我也希望如此，葆拉。”

我现在已经忘掉了这个讨厌的空袭。因为这次空袭，我不得不放开了葆拉的手，我现在准备向葆拉发动第二次“进攻”了。我走到了离葆拉非常近的地方，此时敌人轰炸机的声音离我们越来越近了。

“看那，盖尔，”葆拉说道，她总是把我的名字读错，“它们从那里飞来了！”

她纤细的手指着天空中那一大片缓缓飞来的黑点。

她说道：“它们飞得多高啊，看，还有一些飞机飞在它们上面。”

我看着这些飞机正飞向我们的城市并飞向我们俩。

“我的天哪，它们太多了！它们一定有好几百架呢。”

葆拉说道：“我们根本没法数过来，它们还离我们很远。”

我现在开始感到害怕，也为葆拉感到害怕，还为我们的幸福。

“我们必须从这里离开了，葆拉。这里现在变得很危险。”

葆拉无所谓地说道：“不，我们这里什么也不会发生的。”

“我们可能会被扫射的，葆拉，我们去找一个防空洞吧。”

我现在试图把她拽走。

她说道：“看，那些飞机现在径直向我们飞来了。你看一看它们后面拖着的白色尾迹，看起来挺怪的！”葆拉被这个越来越近威胁的庞大阵势给吸引住了。

我们的高炮开火了，在我们的周围，上千门高炮把致命的“铁雨”向轰炸机群倾射而去。

我对葆拉说：“快走，我们必须到防空洞里去了。”我边说边拉起她的手来。

飞机场那边的防空洞离我们实在太远了。我于是将葆拉拽到了一棵大树旁的凹地里。

葆拉上气不接下气地问我：“我们的战斗机在哪里？”

我回答道：“也许他们已经逃跑了——现在敌人的飞机实在太多了。”

葆拉有些气愤地说：“你不能这样说！德国士兵是不会逃跑的！”

我又说道：“但是他们能够做什么呢？现在天上至少有 1000 架敌人的轰炸机。”

葆拉说道：“你不能这样说我们英勇的飞行员们！”

我只好说：“原谅我，葆拉，你是对的，如果那些飞行员逃跑的话，我会非常惊讶的。”

柏林的市区内再次响起了巨大的爆炸声。德国士兵从来不会临阵脱逃的。而我已经从顿河跑到了哈尔科夫。我非常了解德国士兵坚韧不拔的精神。德国士兵在俄国常常面对着力量悬殊的战斗——有时候敌人对我们的比例达到了 30∶1，即使如此，我们也能够坚持战斗。

从那个我和葆拉藏身的低凹处向外望去，我们看到机场大约有三分之一已经被炸弹摧毁了。白天的轰炸远远要比晚上的轰炸更为猛烈。在一天之内往往会有多达 1100 架英国和美国的轰炸机到达柏林，而我们只有大约 60 架战斗机升空迎敌。被击落的美国轰炸机主要是我们高炮部队的战果，而我们所有的战斗机都没有逃跑，它们在拦击任务完成之后都已是伤痕累累了。

我们在这里可以清楚地看到轰炸机投下的炸弹群雨点一样地落在机场和火车站附近的地区，我们身下的大地在强烈的轰击之下发出阵阵的颤抖。我可以看到远处的大地被撕得粉碎，房屋被命中起火，在机场附近的储油罐也被击中起火了，火焰一直冲到几百米的高空……我还看见了一片居住着15万人的地区转眼之间就被炸弹夷为了平地。我的眼睛睁得大大的，看着远处的树木被炸得一片片地连根拔起，飞到了空中。我也看到那些被击中坠落的飞机在空中翻着跟斗，接着便爆炸成了一堆坠落的碎片。我也注意到了葆拉眼里的恐惧，此刻她紧紧地依偎着我。爆炸的碎片已经开始在我们周围飞舞，我们尽量地把身体贴在地面上，我感觉到葆拉的脸靠在了我的肩膀上，感到她在瑟瑟地发抖。

我们像两个孩子一样紧紧地抱在了一起，无助地望着周围发生的一切。当那些轰炸机已经飞走了以后，它们所投下的延时引信炸弹依旧在附近爆炸着。后来我知道轰炸夺走了柏林两万人的生命。柏林城里的所有救护人员都投入了营救工作。街道上到处都是轰炸留下来的瓦砾，重机枪工厂依旧在燃烧，城市的西南方，延时引信炸弹在接下来的15个小时里不断地爆炸着。

当我们从自己躲藏的地方跌跌撞撞地向外走时，葆拉紧紧拉着我的手臂不停地发抖。她说："盖尔，我感到害怕，你看，我真是脏死了。"她看起来已经失去了对自己理智的控制，她把自己的头靠在了我的肩膀上。我不假思索地吻了吻她的额头，她没有对此表示反对。

我已经不再像开始我们出来的时候那样思前顾后了。我已经没有顾虑地亲吻着我爱的人，我们看来已经过了那种所谓的调情阶段了。我就像安慰着一个受伤的小孩一样亲吻着葆拉的头发。葆拉依旧在不停地啜泣着。我想到了恩斯特，还有那些战争里一切的眼泪和痛苦。我试图对葆拉的伤心表示一些同情。我现在幸福与深深的痛苦同时地缠绕在了一起，对此简直无法接受，想忘掉所有这一切的痛苦。我对葆拉的爱在这个纷乱的世界里看起来是那么的不可能有任何的结果，只要还有那些孩子在废墟上哭泣，我就绝不可能会和葆拉生活在一起。没有什么是永恒的，也许在这个春末晴朗的天空下没有什么能够在这场战争中幸存下来，除了我对葆拉的爱以外。

天空几乎已经被无数的大火所制造的烟雾给遮蔽了。我抚摸着葆拉的金发，看着这个被战火蹂躏的城市。

我们再一次倒在了草地上。我不知道如何去安慰她。当恢复了一些体力后，我们向公共汽车站走去。在那里，一辆辆坐满了营救人员的卡车正在向火车站驶去。这时一辆卡车停在了我们的旁边，车上的人说道："年轻人，赶快上来，那里的人需要你们的帮助。"

我和葆拉彼此看了看。

我说："好的，我们这就来，葆拉，我帮你爬上去。"

这些卡车正在拉上任何一个所能够碰见的人。现在只有牺牲某一片被轰炸的城区来救助另外一片被炸的城区了。我们又连续几个小时把伤员从废墟中拉出来。一些从被摧毁的旅社里爬出来的希特勒青年师的士兵现在也参与到了我们的救援行动中，许多希特勒青年师士兵也在这次轰炸里被夺去了生命。

我们在当天晚上找到了一片临时的休息所，这是一栋已经被摧毁了四分之三左右的公寓楼。我们头晕眼花地躺在楼里的床上，大家现在都已经累得话都说不出了。我呆呆地望着眼前的黑暗，眼前仿佛有无数明亮的蝴蝶在飞舞，这是因为救援现场里一片片刺目的火光所造成的。葆拉的一只手现在正握着我满是灰尘制服上的一颗纽子。

葆拉问我："你觉得我们今晚应该睡在这里吗？"

我回答道："我不知道，但是……"

葆拉又说："如果有人找到我们的话，我们会因此有麻烦的。但我不在意，我现在太累了。"

葆拉的话是什么意思？她正在吸吮着自己磨破的一根手指，没有说话。我把自己的手放在了她头的下面，她的手抚摸着我的头发。我已经决定，无论承担怎样的后果，我现在只想把葆拉拉过来尽情地亲吻她。我们只想把今天下午损失的一切在现在补偿回来。但是没多久我们都在一天疲劳的重压下沉沉地睡了过去。

第二天我们再次投入到了清理瓦砾的工作。人们花了整整一个星期才勉强恢复了这里的秩序。晚上的时候，我们被新的一批志愿人员替换了下来，被允许回到自己原来的岗位了。我幸运地没有再被分派任何新的任务。

在以后的两天里我和葆拉再也没有分开过。每天早上我都会从我父亲带给我的包裹里拿出一些巧克力和香烟与葆拉共享。柏林的人们正在包扎好自己的伤者和掩埋好那些在轰炸中死去的人。大街上到处都是送葬的人群，现在这个城市又慢慢恢复了它以往的节奏。

我的休假只剩下 5 天时间了，我对自己即将要离开葆拉的事实感到痛苦。葆拉现在也对这个现实感到害怕，她正在用其他的一些话题让我不去想这件事。幸运的是，这几天里再也没有空袭了。恩斯特家的窗户都被震碎了，现在他们正在修理自己的屋顶。有 3 枚炸弹落在了离房子大约 150 米的广场上，这里看起来就像是明斯克。

我已经见过葆拉的妈妈了。她开始觉察到自己的女儿从没有离开过我这个事实——我和葆拉每个白天和晚上都见面。但她对我们的交往并没有表示反对。葆拉手上的钱比我要宽裕，所以有一天晚上她带我去看了一场电影。

我们就这样一直生活到了我出发的那天。我将在那天下午 7 点钟从西里西亚火车站回到俄国。恩斯特的家人已经和我道别，我也向他们道了别。他们理解我现在需要和我的女孩在一起，他们也认为那个女孩是我的未婚妻了。恩斯特的母亲坚持要送给我一件恩斯特的毛衣。她的丈夫给了我一些雪茄、肥皂和两盒罐头，然后拥抱了我并要我答应下次回来的时候来看他们。我答应他们我一定会的，而且我会给他们写信的。我要他们照顾好葆拉。

恩斯特的母亲轻声地问我："你很爱她，是吗？"

虽然我试图用一种平静的语气回答她，但是我的声音依旧充满了感情，"是的，太太。"

我吻了他们以后就离开了。在士兵接待中心，那个军士长批准了葆拉到我的房间里帮我收拾背包。

我感到自己的喉咙被忧伤所堵塞了。我不知道以后还能不能见到葆拉。我们都向对方倾诉着自己无尽的爱意。我们开始平静了下来。我在三五个月后应该还会有一次休假，到时候葆拉当然会等待着我的，然后我们就结婚。她发誓说她会每天给我写信，而且我们很快就会永远再也不分开了。她温润的嘴唇在我们亲吻时无数遍地说着这些话。战争应该马上就结束……生活不能再这样继续下去。我们不能再度过一个像去年那样的冬天了。每个士兵都忍受了他们原所不能忍受的事情，战斗该结束了，我们当时都确信会这样的。

我们来到了西里西亚火车站。因为轰炸的破坏，现在出发的站台大约离原来的站台有约一公里远。葆拉和我走在一起，依旧保持着她一如既往的微笑。她带着一个她说要在最后一刻给我的包裹。站台上飘满了欢送回俄国前线士兵的旗帜。我们在开往波兹南列车的第一节车厢里停了下来。我把自己的背包扔到了车厢里，回头看到了葆拉脸上难以掩饰的悲伤神情。

我对她说："别难过，亲爱的，我爱你。"

我在那里站了很长的时间，拉着她的手，感到自己的喉咙被什么东西堵住了。我真想把她紧紧地抱在自己的怀里，但是我们的纪律禁止在公共场合这么做。人们不断从我们周围走过并交谈着。站台上到处都是那种我们军靴底与地面碰撞的金属响声。我的眼睛凝视着葆拉，已经完全忘记了周围的一切。

"葆拉……"

现在站台上的工作人员举起了手里的写着列车目的地的牌子。

"葆拉，没有我你要照顾好自己。"

葆拉满眼泪痕地望着我说道："再见，我亲爱的。"

"葆拉，别哭……我求你了……你知道我会很快回来的。"

"我知道，我亲爱的，再见了。"

在对面站台上的一支部队唱起了《艾丽卡，我们爱你》这首歌：

"艾丽卡，我们爱你，艾丽卡，我们爱你，这就是为何我们还要回来，这就是为何我们还要回来。"

我对葆拉说："葆拉，你听……甚至连歌里也是这样说的……"

我已经几乎要哽咽了。我宁愿只为葆拉而回到这里……正如那首歌里所唱的。

尖厉的出发哨音把我从自己的幸福中带回到了现实，我一把把葆拉拉到了自己的怀里，紧紧地和她拥抱在一起。

我们的耳边传来了登车的命令："请大家上车，赶快！赶快！注意了，乘客们，请大家上车！注意了！注意了……"

我对葆拉说："我爱你，葆拉。我们还会再见面的。别伤心，你看看今天天气多好啊，我们本该高兴的。"

葆拉现在已经哭成了一个泪人，我感到自己的眼泪也要夺眶而出了。我最后一次吻了她。车厢连接部分传来了吱吱咯咯的响声，火车就要出发了。我跳到了车厢门的踏板上。葆拉紧紧地拉着我的手。火车开始慢慢地加速，许多站在站台上的人都在哭泣着，许多士兵从车窗里探出半个身子，下面的人还拉着他们的手，有的人还在亲吻自己的孩子。

葆拉随列车跑到了站台的最边上时才不得不停了下来。

我说道："我们会再见面的，亲爱的。"

那天的天气真是好得出奇。火车开离了车站后很长一段时间，我还呆呆地站在车厢的踏板上，看着自己爱的人身影在站台上变得越来越小，最后终于从我的视线里消失了。

葆拉，我会回来的。但是我后来却再也没有能够回来。我也再没有能够见到葆拉，或是柏林，或是基勒林大街，还有恩斯特的一家。葆拉，我们会结婚的，我起誓。但是残酷的战争让我们永远都不能够兑现这个承诺了。所以，葆拉，请你原谅我，这都是我的错。你知道战争带给了我们痛苦、混乱和悲惨。我用自己的整个心来祈愿——你能够在这场战争的苦难里好好活下来，至少我们的相遇让我们都学会了铭记。战争摧毁了柏林，摧毁了德国，也摧毁了基勒林大街，还有恩斯特的家。但是葆拉，我无法想象如果你被战争夺走对我意味着什么……这个念头太可怕了。我至今还记得我们之间的一切。无论何时我闭上双眼，我们的一切仿佛又重新回到了我的梦里，仿佛又听到了你温柔的声音，嗅到了你肌肤上的芬芳，我仿佛又能感到你的手依旧还在我的手里……

第五章

精锐师里的训练

齐步走！向前进！

我站在这列拥挤列车的过道里，打开了我们分别时葆拉给我的包裹。包裹里面放着两盒香烟，这两盒烟是我父亲给我的，但我后来转给了葆拉。我父亲不会吸烟，他一定是花了很长时间才把这两包香烟凑够的。葆拉在里面还放了一张便条和一张她的照片。在便条里，她说这些香烟能够帮助我度过一些前面艰难的日子。我至少 10 次反复地读了她写给我的话语，然后才把这个纸条和照片放到我的通行证里面。

火车开始加速了。每个人都陷入了一种忧郁的氛围之中，我试图找一个能够给葆拉写信的地方，但是一些浑蛋总是在这个时候来打搅我。

我旁边有一个家伙对我说道："嘿，现在休假结束了。总是太短，不是吗？我现在也休完假了，该上前线了！"

我看了看他，并没有和他搭话。他真烦人。

“这里天气这么好，这意味着俄国那里的情况就不太妙了。我还记得去年夏天的时候，有一天……”

我打断他说：“对不起，同志，我在写信。”

他说道：“啊，给一个女孩吧。算了，其实你没必要把她放在心上的。”

我现在真想把自己的刺刀捅到他的肚子里去。

他接着说：“其实到处都有漂亮女孩！记得有一次我在奥地利的时候……”

我愤怒地把自己的背转向了他，然后又试图接着写自己的信。但是车厢里的喧闹实在是太厉害了，我后来不得不放弃了写信的念头。我很长时间地将自己的额头贴在窗户上，心不在焉地看着车窗外的田野飞驰而过，车厢里到处是嘈杂和喧闹的谈话声与大笑声。虽然我们的列车是一趟军列，但在沿线停靠的每个车站都有平民上下车。我们在晚上的时候到达了波兹南车站，我马上就向士兵报到处跑去。我的通行证在午夜来到之前必须在那里盖上章，然后就可以到分配的宿舍里去睡上一觉来打发时间。我们把报到处围得水泄不通，但那里的手续办理速度非常迅速。排成长长两列的士兵不一会儿就办理完了手续。在不到 10 分钟的时间，我的手续就办好了并被告知我要乘坐的列车是开往克罗斯滕的第 50 号军车。

我对此感到有些惊讶，问道：“那火车什么时候走呢？”

“大约一个半小时后，你还有时间。”

这也就是说我们今天晚上又要上路了。我和另一群士兵沿着车站的木房子走向了那列 50 号军车——现在那列车上已经坐满了士兵。

我穿过了车厢，走到了一个相对舒适的角落坐了下来开始写我的信。我父亲在柏林时建议我说要坐在车厢的最后几节，因为如果列车倾覆的话，最后几节总是最安全的。于是我开始考虑在列车尾部的一节地板上铺着稻草的车厢里坐下来。我用力挤了进去。一个已经在里面的步兵对我说道：“欢迎上车，年轻人，准备好到乐园去了吗？”

又有人说道：“嘿，年轻人，你要和我们一起打俄国人吗？”

我回答道：“你的意思是用枪向俄国人开火。”

有人喊道：“去你的，我第一次向俄国人开火的时候，你那时还戴着尿布呢。”

我们顿时大笑了起来。我突然在车厢里的士兵中看到了林森。

我向他喊道：“嘿，林森！来这里！”

林森看到了我，他说了一声“我的天！”便穿过人群走了过来。

他说道：“你还没有当逃兵！”

我也向他说道：“你不也没有嘛！”

林森接着说道：“我可不一样，我是一个普鲁士人。我可和你们那些柏林的黑头发浑蛋们没有什么共同语言。”

林森一边说，一边笑着。他又说道：“那边还有一个我们的同伙。”

我问：“在哪里？”

“就在那边，就是那个自以为很壮的家伙——霍尔斯！”

我从自己的车厢上跳了下去，有人在我后面说：“你回来的时候就没地方喽。”

我跑向了霍尔斯并向他喊道：“嘿，霍尔斯！”此时霍尔斯也看到了我。

霍尔斯说道：“萨杰，我正在纳闷你在哪里呢？”我说：“林森看见了你。”

霍尔斯问道：“他也在这里？”

返回了火车，有人说：“小伙子们，你们来晚了，现在已经满座了。”

霍尔斯喊道：“这是你想的！”他边说边把一个拦着他上车的家伙从车厢上拉了下来，那个人一屁股就坐到了站台上，大家都笑了起来。我们纵身一跃跳到了车厢里。

那个被霍尔斯拽下车的家伙正站着揉着自己的屁股说：“如果大家都像你们的话，那我们都要成罐头了，这里已经没有地方可以躺下睡觉了。”

霍尔斯说道：“所以只好让你下车了，浑蛋。”霍尔斯盯着我说："你这个浑蛋，我在多特蒙德等了你整整两个星期。"

我支支吾吾地说："我非常抱歉……但是我会告诉你所发生的事情的……"

霍尔斯说："你失约了，你搞得我最后没法向自己的父母交代。"

我接着向我的朋友讲述了自己休假时的遭遇。

霍尔斯听完气愤地说道："妈的，他们把你的休假给搅了，不是吗？如果你当初听我的话，我们也许可以一起到多特蒙德的。那里也有许多空袭警报，但是那些飞机只是从我们那里路过，你那里真倒霉。"

我用一种揶揄的口气说："其实生活就是这样的。"

实际上，我的这次休假并没有留下任何的遗憾，如果我径直和霍尔斯回家的话，那就不会遇见葆拉了。

葆拉具有那种能够把所有落在柏林的炸弹威力都从我的记忆里面涂抹掉的神奇力量。

霍尔斯同情地说："难怪你现在脸色不好。"

但是我不想说话，霍尔斯很快意识到了这点。我们躺在稻草上准备睡觉。每一次车轮的震动都让我感到自己和葆拉的距离越来越远了。我们现在正在穿越一片片村庄和森林。车窗外面已经漆黑一片，那些周围的景物现在已经和地平线成为一体。天亮的时候，我们的火车依旧疾驰在波兰的原野上。3 个小时后，我们到达了波兰南部的腹地，正在穿越平斯克沼泽地区，和铁轨平行的是一些不时布满弹坑的土路。这里的天空看起来异常广阔。我已经睡着了几次了，每一次醒来的时候都只听到车轮发出单调的"咔啦，咔啦"的声响。

终于列车缓缓地停了下来，要在车站上补充煤和水。我们都从车厢里跳了下来活动一下自己的手脚。这趟车上没有给我们提供食物。我们被通知要一直到克罗斯滕才会有吃的。幸运的是，几乎每一个人都从自己家里带了吃的东西——这其实也是上面不给我们提供食物的原因。

火车再次向东开去。霍尔斯几次想和我聊聊天，但是他试了几次都没有成功。我本想把葆拉的事告诉他，但是又担心他会把这当作一个笑话。我们在晚上抵达了克罗斯滕，被命令下车，并在一辆炊事车旁站好队，炊事车里面的麦片粥散发出一种难闻的味道。当我们吃完饭后，我们都走到机车头的储水箱那里，用里面的水把自己的饭盒洗干净并喝了些水。

然后我们登上了一列开往俄国的火车。这列火车的条件和我们刚才坐的没什么区别。我们再次开始了向东的旅程。火车昼夜兼程地开往前线，不到三天的时间，我们几乎开到前线了。现在在俄国南部的前线已经从克莱门楚移到别处，但是我们在哈尔科夫的情况还没有太大变化。终于到了罗姆尼，我们从火车上被带到了食堂，在那里领到了食物和饮料。紧接着我们被宪兵按照部队编制喊了出来。外面天气非常炎热，我们都希望能够睡上一觉。许多闲散的俄国人正在看着我们，好像我们这里在上演马戏一样。当叫到我们的部队编制时，被命令去跟上一辆挎斗摩托。我们被带到了这个镇子的边缘。那个骑摩托的浑蛋命令我们跑步走。我们背着沉重的背包，在灼热的太阳下跑了起来，跑到目的地时，都快喘不上气了。

那个上校从他的摩托上下来，喊了其他几个军官，把我们的行军命令分发给了这几个军官，然后我们就分成了几个组向新营地出发了。因为带领我们的军官也刚刚休假回来，所以没有人急着回到前线。我们在到达大德意志师营地之前休息了许多次。营地的位置位于离罗姆尼大约 30 公里的地方，离别尔戈罗德大约有 160 公里。

在这个精锐师的训练营里（只有精锐师才可以有自己的名称），每个人都必须要流血和流汗才可以完成训练。3 个星期的残酷训练之后，你要么因为崩溃而住院，要么就被编入师里开赴前线。

我们在森林中砍出的一条路上行进着，整齐地迈着步伐，大声唱着那首《第十重天》的歌，我们可以看到营地入口上方的那几个白底黑体的大字：我们生下来就是为了迎接死亡。

我想任何人经过这个门的时候都会感到一种恐惧。走下去一会儿我们又看到另一块标记，上面写着：服务是我的职责。

我们的长官们带领着我们迈着完美的步伐走向院落的右边，

然后他们命令我们停下来。一个高大的少校走向我们，他旁边还跟着两个军士长。

我们的领队大声喊着："立正！"

那个高大的军官向我们缓缓地，但是非常坚毅地敬了一个礼。然后他在我们面前来回走了几遍，看着我们每一个人。他的个头比我们每个人都至少高出一个脑袋，甚至连霍尔斯在他面前也显得矮小。当他已经用自己的目光让大家都感到惧怕的时候，才和那两个军士长站到了一起。

他用一种掷地有声的声音向我们说道："早上好，先生们。我可以从你们的眼睛看出你们对于这次休假非常满意，我也很高兴看到这点。"

他的声音甚至能让飞鸟都停下来。

"但是，到了明天，你们就必须思考你们所要努力完成的工作了。"

此时一个浑身灰土的连队行军到了营地门口，为了不打搅少校的讲话，他们停了下来。

少校提高了声音接着说道："明天开始的训练是专门为你们准备的，这个训练将把你们变成世界上最优秀的士兵。军士长，明天早上日出的时候让大家集合。"

军士长回答道："明白，少校先生。"

少校说："晚安，先生们。"

他说完就转身准备走，但又改变了主意。他用一个手指示意那些站在门口的士兵进来。这些士兵光着上身，满身灰土，看起来和我们差不多一样脏。少校用一个微微的手势拦住了他们，又接着说："这是我们的一些新朋友，现在请你们彼此敬礼。"

那个300人的连队，虽然他们的面容显露着疲倦，但还是向右转了一半向我们敬礼，并大声喊道："谢谢你们加入我们的队伍，同志们！"

我们也举起右手向他们致敬。现在少校已经走开，他看起来对自己的指挥很满意。当他一离开，那两个军士长便像疯子一样把我们赶到了营房里。他们喊道："现在你们有4分钟放好自己的东西并立正站好。"

我们现在已经双脚并拢站在了高低床的旁边。带领我们的军官看起来也有一些害怕，他开始在这两个军士长的目光下点起名来。那两个军士长后来还要求我们要保持干净和纪律。他们建议我们睡觉，说尽管现在睡觉还有些早，但是我们明天的训练需要我们使出所有的气力。我知道在德国军队的术语中，这意味着明天的训练是异常严格的体能考验。训练中所提及的“疲劳”一词与在战场上的“疲劳”的含义相去甚远。这里的疲劳是指能够让一个壮硕的人在几天的训练中减掉 5 公斤重量的疲劳。当两个军士长离开时，他们把门重重地关上，我们大家都困惑地看着彼此。

“看来这里的生活不会轻松。”睡在我下铺的霍尔斯说道。

有人说：“天哪！你看到那个少校没有？他是我看到过的最高的人，我担心他哪天会一脚踩在我的背上。”

我们看到刚才那支部队正穿着迷彩服离开营地，也许他们是去进行夜间训练。

我对霍尔斯说：“劳驾，霍尔斯，我现在需要写一封信，我想趁现在天还亮的时候写完。”

刚才军士长已经告诉我们不能在熄灯后使用蜡烛，除非是紧急情况。

霍尔斯说：“你写吧，我不会打搅你的。”

我于是匆匆拿出一张纸来，写道：“我最亲爱的……”

我在信中描述了我们一路的行程和最终到达的营地。

我又写道：“我现在很好，葆拉，我只是在不停地想你，这里一切都很安静。我想念着和你在一起的每一分钟，我是多么想回到你那里啊。深深爱你的。”

当天刚刚亮时，我们的宿舍门便被一脚踢开了。一个军士长正用力吹着哨子，尖利的哨音几乎让大家从床上跳起来。

他吼道：“现在每个人有 30 秒时间跑到水槽那里，然后每个人脱掉上衣到营房外面准备体能训练。”

我们 150 个人脱得赤条条的跑向了营房另一边的水槽。离我们不远的地方，借着半明的天色看到了另一批士兵正在另一个军士长的率领下上下跳跃着。

我们迅速地洗漱完毕并列队站到了营房的前面。幸运地在七月的时候来到这里训练，这样我们就不会挨冻了。军士长选了一个我们里面的人负责让大家开始热身训练直到他回来。我们必须要向各个方向伸伸自己的手臂，用手指去触摸自己的脚尖，然后又向左向右地用力扭腰，然后又再做一遍。

军士长离开时说："现在继续，别停下来。"

我们像这样不停做了 15 分钟。当军士长回来命令我们停下来的时候，我们的头都有些眩晕了。

军士长喊道："你们现在有 45 秒钟以战斗队列站好。现在开始！"

在 45 秒钟之后，我们 150 个人顶着钢盔跑了回来站在了军旗的下面，所有人的脉搏都跳到了最快的速度。就是在此时我们知道了芬克少校和他的可怕的训练方法。他现在戴着自己的勋带，手臂间夹着一根鞭子。

军士长命令道："立正！"

少校停在了一个恰当的距离，他缓缓地转过身子向军旗敬了礼，我们也跟着他敬了礼。

他用一种平静的声音说道："稍息。"然后就走向了我们。

他说："军士长，今天你将陪同我们。为了表示对这批新来部队的敬意，我将亲自负责训练他们。"

他看了看地面，现在太阳已经升了上来了。然后他突然抬起了自己的脑袋说："立正！"

我们迅速地立正。

他用一种温和的口吻说道："很好。"然后走向了站在第一排的人。他开口说道："先生们，我感到你们来到陆军似乎太仓促了一些。你们也许没有意识到像我们这样的专业部队和你们以前所在的后勤部队相比是非常不一样的。你们这里没有一个人能够胜任我们部队所要从事的任务。我希望我是错的，你们可以在训练中证明给我看，最好不要到送你们去纪律营（惩罚犯错误军人的连队，译者注）的时候才知道自己的错误。"

我们全神贯注地听着芬克少校讲，头脑里一片空白。

他接着说道："你们所要从事的训练会需要你们尽最大的努

力，仅仅是保持高昂的士气和知道如何使用武器是远远不够的。你们必须要具备超人的勇敢和毅力。我们大德意志师在帝国的战报上常常有自己的位置，这个荣誉是得之不易的。为了配得上这个荣誉，我们需要真正的男子汉，而不是你们现在这个可怜样。我必须要警告你们，在这里，一些的训练都是异常艰苦的，这里没有怜悯，每个人都需要有迅捷的反应。”

我们不知道要如何去理解少校的这番话。

他喊道：“立正！现在都趴在地上，全身！”我们都立刻趴在了沙土上。然后少校走了上来，他像一个走在沙滩上的人一样踩在我们身上，一边这样走，一边对我们说着话。他的体重至少有100公斤。他的皮靴踩着我们的身体，有时踩在某个人的背上或是手上和屁股上。

他说道：“今天，我们将会带你们去野外走一走，到那里我会评判你们的能力的。”

他把我们分成了两组：一组100人，另一组50人。

他对50人的组说道：“今天，先生们，你们享有了成为假想受伤士兵的特权。明天会轮到你们照顾自己的战友。现在伤员组躺在地上！”

然后他转向我们说：“两人一组，过来抬起伤员！”

霍尔斯和我抬起了一个故意龇牙咧嘴的家伙，他至少有80公斤。芬克少校带着我们走向了训练营的门口。我们一直走到了一个离营地大约有一公里的小山包那里。我们感到自己的手在重压之下快断了，而我们抬着的那个家伙则已经适应了这个局面。当我们抬着他走上小山顶的时候，又不得不艰难地从小山的另一边走下去。我们用力蹬着山坡，这时天气已经变热了，我们已是汗流浃背。经常有士兵不得不松开自己的手，他们所抬的那个人随即滑落到了地上。只要这种情况发生，芬克少校马上就解散这组人，然后他们每个人必须要背上一个人。

我向霍尔斯说道：“霍尔斯，我的手腕再也撑不住了，我必须要松手了。”

霍尔斯说：“你疯了。你不能这样，你愿意一个人拖着这个家伙吗？”

我回答说："我知道，霍尔斯。但是我真的没办法了。"

这时少校喊着："大家加油，快！快！"

我们现在可以听到我们后面士兵粗重的喘息声。军士长正在用一连串暴虐的言语催促着他们。远比我强壮的霍尔斯现在紧咬着牙关，扭曲的脸上满是汗水。

那个我们抬着的家伙开口说道："抱歉，小伙子们。我其实很愿意走这段路，如果他们允许我的话。"

我们趔趄地走到了下一个小山包那里，使出了吃奶的气力才爬了上去。有些士兵已经远远地落在了我们后面。少校一直盯着我们。我们每走一步都希望听到停下来的命令，但是我们还是没有听到。我的手已经由于血液循环受阻而完全失去血色了。

我说道："霍尔斯，我受不了了，松手吧。"

霍尔斯依旧咬紧牙关，一言不发。我的手早已又酸又疼。在我们周围到处都是跌跌撞撞背着"伤员"的士兵们，芬克少校已经把这些松了手的人重新组织成一个两两一组的小组，接着就轮到了我们。

我已经松开了，正在摇着自己酸胀无力的手，并长长地叹了一口气。少校高大的身影出现在了我的面前。我被命令背起一个比我还要重的家伙。但是姿势的转变让我觉得好受了一些。虽然我的脑袋已经晕乎乎的，但是依旧能够前进。

这个折磨延续了将近一个小时，到结束的时候，我们所有人都快累得失去知觉了。终于，芬克少校决定让我们进入到下面一个训练内容。

芬克少校说道："既然大家看起来都很累了，我要布置给你们一个匍匐的训练内容。现在想象一下在那边的山上有一个布尔什维克的抵抗据点。"

他边说边指着800米以外的一个小山包。

他接着说道："还有，现在想象你们必须要夺取这座山，但是你们无法站着走到那里，那些布尔什维克们的任务就是将你们打倒在地上。所以，你们必须要紧紧地贴在地面上，并向你们的目标爬过去。我现在要走在你们前面，并向你们开火，明白了吗？"

我们愕然地望着他。但是他已经拿起步枪转身离开了我们。他走向小山的几分钟里，我们大家都抓住这个机会喘息了一会儿——这是我们这 3 周训练里唯一的一次喘息机会。我们死死地盯着远处的少校的身影。他现在已经走到了自己的位置，我们都屏住呼吸想听清他的命令。

随着军士长的命令，我们扑倒在地上，并开始匍匐前进。我们一点点地接近了那个石头小山。霍尔斯在我的左边。我们匍匐前进了大约五分之四的路程后，看到少校的身影出现在了小山顶上。他立刻向我们这边开枪了。我们迟疑了片刻，不知道发生了什么，但是军士长的哨音正在命令我们继续往前行。

少校的子弹不停地从我们头顶飞过，一直到我们到达了目的地。但是这样的训练并不是没有危险的。在 3 周的训练里，我们掩埋了四个自己的战友，他们都是在训练中意外牺牲的。还有大约 20 个人受了伤，有的人是由于爬过铁丝网阵时被划出了一个大口子，有些人则被子弹或是弹片打中，还有的人则是被训练用的坦克压断了手或脚。我们在进行穿越河面训练的过程中还救出了两个几乎淹死的战友，他们失足从狭窄的铁路枕木做的独木桥上掉了下来。

此后我们又被命令进行没完没了的行军。一天，当我们在一片沼泽地带边缘走了几个小时后，在沼泽另一边的另一支部队突然向我们开起枪来，我们所有人都立刻死死地贴到了地上。我们还在一片精心设计的训练场进行了手榴弹的训练。我们也进行了刺刀的练习。忍耐力的训练内容是最多的，例如，有一次训练是在一个废旧的狭窄管道里进行的。这个管道由两节成直角的煤气管组成，那些爬在中间的家伙必须要经受恐惧的考验。除这些以外，我们还有数不过来的其他训练课目，其中还包括了那个臭名昭著的“换岗”训练。这项课目几乎在整个训练中就没有停过，我们都必须连续接受 36 个小时的训练，训练期间只能休息 3 次，每次半个小时。在这些休息期间我们可以吃饭。这个训练段结束后，我们还必须要整齐地列好队才可以回营房休息 8 个小时。接着又是一个 36 个小时。在我们睡觉的时有时候会有紧急集合，我们必须在外面迅速地全副武装站好。这个训练开始时的前几天，所有人都疲惫得不愿和别人说话。有时候某个家伙会突然因为休克而倒下，而我们其他人则必须帮他重新站起来，不管你是打他耳光或是用凉水浇醒他。

有时候我们队里有人由于体力透支而在回到营房的路上必须被两个人架着才行。原则上我们训练完后在离营房500米的地方集合，然后唱着歌回到营房，似乎我们刚刚愉快地郊游回来一样。但有些晚上，大家都已经筋疲力尽，虽然知道也许会面临进入纪律营或是其他的惩罚措施，但是我们已经无力完成这项任务了。军士长只好看着大家像梦游者一样走过旗杆，回到了营房。我们大家就这样全副武装地倒在床上睡了过去。但是我们在F训练营的计划没有受到一丝影响。芬克少校完全不管大家已经筋疲力尽，依旧按照自己的训练计划进行着，任何恳求怜悯的努力都是徒劳的。

现在正值俄国炎热的夏季，然后冬天就会随着夏天的结束接踵而至，这里几乎感觉不到春天或是秋天的存在。天上时不时会下起倾盆大雨，我们的肩膀常常由于穿着透湿的军服而被武装带磨破，而且经常被军官们拳打脚踢和用鞭打。饭盒里装的常常是一些淡涩无味的稀糊糊。我们都担心可能因为自己的失误而被送到纪律营或是最后死在训练里面。我们现在的头脑里已是一片木然。我收到了葆拉寄给我的两封来信，但是我沉重酸涩的眼睛此刻已经无法弄明白信的意思了。

在离我们3000公里外的欧洲西部，人们常常抱怨在巴黎的某个小酒馆里无法找到可以喝的东西。这些“苦难的”抱怨至今还让我感到想笑。

在整个战争中，德国所犯的最大错误之一就是对待自己的士兵连囚犯都不如。

现在开始了反坦克的防御训练，我们被命令在最短的时间内挖出一个单兵掩体。我们毫不困难地挖了一个半米宽，1米深，长达150米的战壕。我们按照命令成密集队列站到战壕里面，并被告知无论发生什么都不可以从战壕里离开。接着四五辆马克3型坦克向我们冲了过来。这些庞然大物开到了我们的战壕顶上，它们的履带离我们的头顶只有几厘米距离，几乎所有人都大声地喊叫起来。直到今天，当我看到一辆推土机时，它的履带总是让我联想到这些让我们战栗的训练。我们也被训练使用反坦克火箭筒，还有就是如何使用磁性地雷来消灭坦克。反坦克手必须要在一个预先挖好的洞里面藏好，一直等到坦克离你很近的时候，反坦克手就迅速地跃出，将磁性地雷放在坦克的车身和炮塔的连接部位。我们只能在坦克离我们只有 5 米的时候才可以从洞里跃出，必须飞速跑向坦克，抓住坦克后面的牵引钩，用力使自己跳上引擎盖，然后把地雷放在炮塔和车体的结合部，再从坦克的右后侧跳下，顺势在地上打一个滚。谢天谢地，从来没有坦克从我的正面开来。林森现在已经从二等兵提升到了军士长，部分原因是他在这个训练中表现勇敢。他敏捷的动作让一切电影里的特技相形见绌，但是他的自信也部分地导致了一年半后他的悲惨结局。

我们的营地院子里面有一个特别的小木屋。这个木屋是为那些在训练中无组织无纪律的人准备的。在那个小屋的屋顶下有一些被当作板凳的空木箱。我们把这间小木屋称作“狗窝”。我从来没有看到过有谁在里面，但是我听说了许多关于这个小屋的故事。在我们的 F 营地，被关到这个小屋的士兵必须要在里面待 36 个小时——和大家的连续训练时间一样。但是他们在这个小屋里是被锁链锁起来的，手被锁在一个粗大的木桩上。8 小时休息时间也必须以这个姿势度过。然后有人用一个大汤盘装着一些汤放到他们面前，由于他们的手被牢牢绑在后面，所以他们在短暂的吃饭时间里必须要像狗一样舔着汤盘。往往一个倒霉的家伙在这个地方待上两个训练时间段后（即 72 个小时），他就会因为无法好好休息而休克过去，这样反倒让他解脱了。他最后往往会被送往医院。我听到了一个让人毛骨悚然的故事：有个名叫纳塔克的士兵被关在这里 6 次，无论军官们如何殴打和威胁他，他都拒绝参加规定的训练，结果有一天，他们拖着这个奄奄一息的家伙到了一棵大树下开枪打死了他。

每个人都说：“那个小屋里的人的结局就是这样，你们可别到那儿去哦。”

所以大家无论如何痛苦，每个人都咬牙坚持训练。

让我惊讶的是：尽管我们大家都认为自己一无是处、极度差劲，难以成为一个优秀士兵。我们依旧拼命地努力着能够在训练中干得越来越出色。但是芬克少校有自己对于“出色”的定义——那就是献出你自己的生命。

到了7月中旬，我们离别尔戈罗德战役开始只有几天时间了，训练营的司令官芬克少校现在召集大家举行了宣誓加入德国陆军的露天仪式。我们要在一个插满旌旗的台子前宣誓将自己献给元首的事业，台子上坐着训练营的军官们。我们每一个人都必须单独走到台前立正，然后用一个响亮的声音宣誓道：“我宣誓效忠德意志和元首，直至胜利或死亡。”

然后我们就加入到那些已经完成了这个仪式的其他士兵的行列，胸中充满了激情，准备像那些中世纪耶路撒冷的十字军战士一样来和这些信奉无神论的布尔什维克们战斗。

对于只有一半德国血统的我而言，这个仪式有着更为特别的意义。虽然我们经历了种种的艰难困苦，但是我现在很高兴地感到自己已经被接受成为了一个德国人，我已经成为一个配得上佩戴德国陆军最精锐部队标志的士兵了。

接着一个不可能发生的事情发生了，芬克少校为我们每个人都倒上了一杯上好的葡萄酒，他举起自己的酒杯和大家一同说道：“胜利万岁！”然后他走到我们的队列中来和大家一一握手，向每个人表示感谢并表示他对我们的训练表现非常满意。他向我们说他非常高兴将我们这一批优秀的士兵送到大德意志师里。此时我真的不知道是否我们能够算作是优秀的士兵，但毫无疑问的是我们都经历了极其艰苦的训练。我们每个人体重都掉了好几公斤，深陷的眼窝和消瘦的面颊就是无声的证明。但是这些也是我们预料中的事情。在离开营地之前，我们被批准好好休息了两天。在离开营地的时候，几乎没有人喜欢芬克少校。但是我们每个人都梦想着有一天能够像芬克少校那样威风凛凛地成为一个士兵们所仰视的军官。

第六章

别尔戈罗德[①]

在1943年夏天一个炎热的夜晚，我们再次被部署到了前线。

---

① 别尔戈罗德是库尔斯克会战中的主战场之一，库尔斯克会战是苏军和德军主力之间的命运大决战，双方投入总兵力达400多万人，其中德军150万人，苏军兵力近300万人，双方投入坦克达1万多辆，因而在会战中还爆发了战争史上最大规模的坦克战。1943年8月，苏军装甲部队突破德军防线纵深达200公里，并牢牢地控制了别尔戈罗德。德军决定在别尔戈罗德地区投入6万步兵和装甲部队从后翼截断和围歼苏军先头部队，德军和苏军为争夺别尔戈罗德开始了殊死的血拼，别尔戈罗德战役拉开了序幕。

在别尔戈罗德20多公里长的狭窄战线上，苏军投入了3000多门大炮对企图包围苏军先头部队的德军进行了饱和炮击，苏军统帅部同时投入了数十万士兵对德军阵地进行了血肉强攻。苏军强大的攻势和占绝对数量优势的兵力终于将德军赶出了别尔戈罗德市，取得了战役的完全胜利。在10天的残酷厮杀中，别尔戈罗德战役中德军单是阵亡人数就达2万人，占该战役参战部队人数的三分之一，苏军官方数字显示在该战役中苏军也有5万多人阵亡。本章就是作者萨杰对于这次惨烈的别尔戈罗德战役的回忆。译者注别尔戈罗德刚刚被俄国人夺回，俄国人的前沿阵地甚至延伸进了我们的阵地。从别尔戈罗德到哈尔科夫和库尔斯克的前线目前总的来说还算安静。自从我们从库尔斯克撤退后，与苏军的作战就从来没有停止过一刻，血腥的战斗让双方的士兵都已经筋疲力尽了。在 9 月的战役打响之前，俄国人现在正在休整、喘息并掩埋着自己难以计数的阵亡士兵。在斯拉文斯克的浴血厮杀后，哈尔科夫现在牢牢地控制在我们的手上，苏军在南线的突破已经被我们阻止在了克莱门楚（Kremenchug）。

俄国人已经恢复了一定的元气，他们迫使德军和罗马尼亚部队撤出了高加索地区和卡尔马科平原。苏军也迫使我们从顿涅茨地区撤出。但是局势也并非完全在他们掌控之中，我们的反攻常常击溃他们疯狂的进攻。别尔戈罗德、哈尔科夫和斯大林诺都是我们反攻胜利的见证。在即将到来的夺回别尔戈罗德的战役中，将有 6 万名德军士兵被投入进攻，我就是他们其中的一员。

由 1 万 8000 名士兵组成的党卫军希特勒青年师刚从位于德国西里西亚的训练营来到这里接受这场敌众我寡的战火的“洗礼”，在后来的别尔戈罗德战役中，该师三分之一的士兵在战斗中阵亡。我至今还清楚地记得他们排着整齐的队列，士气高昂地开赴前线的情景。青年师的一些连队扛着绣着金色大字的军旗，军旗上写着：“年轻的雄狮”或者“世界属于我们”。陆续到达的部队包括机枪排、步兵旅和满载重装备的摩托化旅。别尔戈罗德附近广袤的平原上布满了德国士兵，在接下来的三四天中，还会有更多的部队加入我们之中。

现在一切都安静了下来，我们的每个连队都被带到了准确的集合地点。我们再一次谈到了即将要到来的苏军进攻。实际上，我们每天的训练就是如何防御苏军的进攻。像过去一样，除了训练外还被分派了不少的杂事。天气变得越来越干热了，乌克兰大平原上那些小丘上的土已经不能被枯黄杂草所固定住，从这些小丘上不时刮来一阵阵的尘土。

到了晚上，大家坐在篝火边上唱歌和聊天。前线离我们这里有 20 多公里远，所以在这里允许生火。现在终于有足够的时间给我的葆拉写信了，我无时不在思念着她。

一天下午，我们被命令集合去领取弹药。

每个人都拿了 120 发子弹和 4 颗手榴弹。我们每 10 个人组成一个战斗小组：9 个士兵，一个军士长。霍尔斯是我们这个小组里两个机枪手中的一个。每挺机枪都有两个人负责，其中一人负责装弹。小组里面只有 3 个人拿步枪，我就是其中的一个。小组里还有两个掷弹手，他们都带着冲锋枪并背着一大包的手榴弹，最后还有我们的军士长。我们在一片肃静之中被带到了一个紧贴着前线的防御阵地里。一支属于大德意志师的装甲部队就在我们的旁边停着。我看到装甲部队里有着巨大的虎式坦克和被拖车拖着的榴弹炮，榴弹炮上插满了人工或是天然的树叶。我们经过放在建筑物前面的一张桌子，桌子后面坐着一个胖胖的部队秘书，他写下了我们的身份号。在不远处的另一张桌子前，一个装甲部队的上尉正在与几个坦克车长和其他的军官研究一张地图。突然在森林的边上我看到了一大片通向前线的通讯壕。我们都冒出了同一个念头，现在终于轮到我们了。在我们周围，其他的部队已经就位了。

我们现在是 5 连的一部分。我们连沿着战壕一直走到了树林的边上。那些工兵一定为砍断这些巨大的树根费了不少气力。在每一个地方，士兵们都在继续加固和加深自己的掩体。现在已经到了下午 6 点了，炎热开始慢慢退却了。

我们沿着战壕走到了树林外面，穿过了一片长着树木的小山丘，那里一个正在看地图的军官为我们指了路。我们沿着右边的战壕走去。士兵们在战壕里拥挤着寻找着自己的阵地。我们终于到了一个到处是希特勒青年师士兵的掩体里。

我们的军官向我们喊道：“停下来！你们现在就在这里，然后军士长会告诉你们各自的位置在哪里的。”

他向我们敬了礼就离开了。我们现在和一群希特勒青年师的士兵待在了一起。他们正坐在战壕里快乐地交谈着。我走向霍尔斯，他正在把自己的机枪放下来，并擦了擦脸上的汗水。

他说：“妈的，要是我扛步枪就好了。这个该死的东西简直有一吨重。”

我说：“我和你在一起，霍尔斯。看起来我们是一个组的。”

我们接着把自己的左手伸了出来。我们俩的左手上都盖着 5K. 8. 的字样。

奥林海姆问道："这是什么意思？"

霍尔斯说："这是我们的编队号码，如果你的数字不是 8 的话，我们可就不认识你了。"

奥林海姆此时焦急地看了看自己的手，他说："妈的，我的号码是 11。你知道这是什么意思？"

霍尔斯说："我可不知道，你得去问林森军士长了，他也许会有答案。"

林森笑着说道："我们看来是要去野餐了。"其实他对于上面为什么没有告诉他这些编号的含义感到有些不满。

这时，一个希特勒青年师的士兵向我们走了过来，他看起来就像是一个漂亮秀气的女孩。

他问道："那些苏联人在打仗的时候团结吗？"他的语气就像是在足球比赛时询问对手的情况。

霍尔斯像一个茶馆的老板娘一样回答道："非常团结。"

那个秀气的士兵又说道："我这样问你是因为你看起来比我们要老练一些，其实我们的年纪都差不多的。"

林森插话说："年轻人，让我给你一个建议。"显然林森已经觉得小小的提职可以让自己用这种语气说话了。他接着说道："你必须要向任何属于俄国人的东西开火，那些俄国佬是这个世界上最糟糕的浑蛋。"

奥林海姆现在脸色有些发白。他问道："俄国人真的要发起进攻吗？"

那个漂亮的年轻人说："我们肯定会首先发起进攻的。"他长得像圣母玛丽亚的脸庞上看不到一丝愤怒的表情。他说完后又回到那群男孩们中间了。

林森大声说道："你们知道有人会告诉我们下一步该干什么吗？"

一个正躺在地上的老兵说："闭嘴，你们马上就会知道他们要你们做什么的。"

一个希特勒青年师的士兵说："嘿，是哪个浑蛋用这种口气说话？”

那个看起来有30多岁的老兵接着说道：“你们都给我闭嘴，你们这帮傻瓜。我们已经受够了你们这些没有打过仗的家伙。”

一个青年师的士兵走向了他。那个士兵平静地用一种学生的口吻说：“先生，你可以为大家解释一下你的这种失败主义的腔调吗？你的态度正在影响到这里的士气。”

老兵接着说：“我爱怎么说就怎么说。”

那个年轻的士兵又说道：“我想我们还是希望你能够回答我们的问题。”

老兵回答道：“我说你们是一帮傻瓜，你们只有在自己的小脑袋被人敲碎的时候才会懂得思考的。”

另一个青年师士兵猛地站了起来。他的面容看起来冷静刚毅。他铁灰色的眼睛里充满一种不可动摇的决心。我想他大概马上要冲向那个老兵了，而那个老兵现在依旧谁也不看。

那个站起来的士兵用一种与他面容一样的冷静的声音问道：“你认为我们还是那些拴在妈妈围裙上的小孩子吗？我们也经过了几个月的艰苦训练，现在和你一样结实。我们都在训练营待过。”他边说边向他身边的一个朋友说：“拉莫，你现在朝我的脸上打。”

拉莫跳了起来，他用自己那个肌肉发达的拳头用力向自己朋友的脸砸去。那个士兵在重击下摇晃了一会儿，然后走向了那个老兵。此时那个老兵终于把自己的头抬了起来。这时两股鲜血从那个青年师士兵口中流出并顺着他的下巴流到了地上。

那个青年师的士兵说道：“我们这样的傻瓜也能像你这种小资废物一样耐打。”

老兵说道：“好了，你们都是英雄。”大概老兵不想在进攻来临之际和这几个士兵干上一架。

他转过自己的身子开始吹起了口哨。

我们的军士长说道：“大家给家里人写写信怎么样，而不是在这里吵架。马上就会有人过来收信了。”

霍尔斯说：“这是一个好主意，我打算给我的父母写封信。”

我口袋里正有一封写给葆拉的信，已经带在身上好几天了，但还没有机会写完。我在信上加了几句情意绵绵的结束语，然后就把信封了起来，接着开始给家里人写信。当一个人害怕的时候，他会想起自己的家人，特别是自己的妈妈。当进攻的时刻越来越近时，我心中的恐惧也在增加。我想在信里给自己的母亲透露一些自己的心情。我总是觉得在父母面前很难吐露自己的心情，我也因此常常埋怨他们。现在，我可以在信里告诉他们这一切了。

亲爱的爸爸妈妈，特别是妈妈：

我知道你们一定对我现在才给你们写信感到生气了。我已经告诉过爸爸我们这里的生活几乎让我没有时间给你们写信。（其实我已经给葆拉写了至少20封信了，而给家里只写了1封。）

最后，我想请求你们的原谅并谈一谈我在这里的生活。我本来可以用德语给您写的，妈妈，因为我现在的德语水平有了很大的提高。我这里一切都好。我已经结束了自己的训练，现在是一个真正的士兵了。我真希望你们能够来俄国看一看。你们无法想象这里有多么大。那些巴黎郊区的麦田比起这里来简直就像是一些微不足道的小花园。今天，我们已经被派往前线。这里现在一切都很安静，看起来我们来到这里的目的是要帮助我们在这里作战的战友们。霍尔斯依旧是我最好的朋友，我们在一起的时间非常快乐。如果战争不提前结束的话，我想在我下一个休假的时候你们会见到他和喜欢上他的。每个人都认为战争就要结束了，我们不能再在这里熬上一个冬天了。我希望我的兄弟姐妹们都好，还有就是我的小弟弟不要向别人随便乱说我在部队上的事情。我期待着再见到你们。爸爸告诉过我现在家里面日子不好过，我希望现在能够变得容易一些。你不用再为家里面的人吃什么发愁。请不要再为我弄什么包裹了——我这里都好。亲爱的妈妈，马上我就会告诉你我在柏林所遇到的一件美妙的事了。现在，我把一切美好的祝愿都献给你们。

我封上信，和那封给葆拉的信一同递给了邮差。霍尔斯、奥林海姆、克劳斯和林森他们也都把自己的信递给了邮差……

在1943年夏天的这个下午，这里一切都非常平静。天快黑时，我们的巡逻队与苏军的巡逻队发生了几次零星的交火，但这还算不上是战争。

一些人被召集起来给大家发送晚饭。军士长招手让我们过去。我们马上就在他面前仔细地听着他的吩咐。他告诉我们今晚要占领的地点，并要求我们一定要小心。我们的任务是掩护进攻的部队，他们正在从我们身边经过。我们现在被告知休息，因为直到午夜的时候我们才可能被叫醒。

大家站在那里相互看了很长时间，明白我们将是一场全面进攻的一部分。大家心里都感到不安，都知道很快我们中的一些人将会死去。正如元首所说的："甚至是一支常胜的军队也不能避免伤亡。"实际上，我们每个人都没有想到自己会死。我们都清楚一些人肯定不会再活着回来，但是我们总是想象着自己是那个负责埋葬别人的人。在大敌当前的时候，没有一个人会想到自己身负重伤地躺在战场上。无论有多么不安，每个人都死死抓住这个想法。甚至是那些多年受到牺牲主义教育的希特勒青年师的士兵，也很难想到在接下来的几个小时后，他们中许多人都将永远留在这片战场上。

夜晚终于降临了，这是个温柔的仲夏夜。微风从辽阔的原野上带来一阵阵凉爽。那些没有战争的地方，人们一定会在他们房前的草地上躺着，和他们的朋友享受这个美好的时节。小时候，我有时会在上床睡觉前和父母在外面走一走。我的父亲相信一个人应该好好享受这些美好的夏夜，他们会在我的眼皮开始打架的时候才带我回去。

霍尔斯拉了拉我，我从自己的回忆中回到了战壕里。

霍尔斯说："我亲爱的萨杰，在我们出发的时候可要当心自己。在战争结束之前被打死是不明智的。"

我附和着说道："是啊，那是不明智的。"

我们大家现在复杂的心情让所有人都陷入了沉默。我们每个人都在想着这样一个问题："我怎么才能完成这次行动?"

我们掩体的深处，一个青年师的士兵正在平静地吹着自己的口琴，他的战友和着口琴声也在轻轻地哼唱着。接着响起的枪炮声让我们大家都跳了起来。

我们都想着："我们该出发了。"

但是一切又很快恢复了平静。林森现在向我们走了过来。

他说道："苏军的防线现在离我们只有400米的距离，军士长让我告诉大家。"

那个老兵说："这不算太坏，至少我们可以睡个安稳觉。在斯摩尔林斯克的时候，我们的掩体和俄国佬的掩体只有不到一颗手榴弹投掷的距离。"

没有人回答他。

林森说："我指挥第六组，我们要爬到俄国人的鼻子底下，阻止他们活动，直到我们的进攻部队发起冲锋为止。"

那个率领我们的军士长说："我们的任务其实也是一样，依据我得到的命令，我们也要和他们一起行动。"

我们仔细地听着，心里希望自己的任务不要太过于危险。

林德伯格喊道："但是俄国佬的侦察兵会看到我们的，这简直疯了！"

"这将是这次行动最艰巨的一部分，希望今天晚上的夜色够黑。还有我们在到达指定位置之前不能开枪，一切行动都要绝对安静。"

那个老兵说了一句："别忘了还有地雷。"他实际上也没有睡觉。

"那些纪律营的士兵已经尽可能反复检查了那里地雷的情况。"一个军官反驳道。

老兵轻蔑地说："尽可能？我喜欢这个用词！无论如何，当你们看到面前有线的时候还是要当心，别扯了这些线。"

林森现在用一种威胁的口气说："如果你再这样胡说下去，我就要让你直到进攻的时候才醒得过来。"他把自己胖胖的拳头在老兵眼前晃了晃。老兵只是笑了笑，并没有再说什么。

掷弹兵克劳斯问道："如果我们撞见俄国佬怎么办？我可以向他们开枪，不是么？"

一个军官说："那是最后的解决办法，从原则上说，我们应该打他们一个出其不意，并无声无息地干掉他们。"

"无声无息"，他是指什么意思？

霍尔斯焦急地问道："是用我们的枪托还是铲子。"

军官回答道："铲子，刺刀，还有任何东西。我们必须不引起敌人注意地干掉他们。"

林德伯格小声问道："我们可以抓俘虏吗？"

那个军官回答说："你是不是疯了？进攻部队在进攻的时候是不可以抓俘虏的。我们要俘虏干什么？"

霍尔斯说道："该死，你的意思是我们必须要把他们做成烤肉串？"

林森问道："你害怕了？"

霍尔斯为了显示自己的男子汉气说道："哪里！"但是他的脸色已经变得煞白。

我看了看那个别在我这个高大朋友腰上的战壕铲。我们现在都站了起来给一个少校和他的部队让路。

年轻的林德伯格问道："我们现在在哪里？"

老兵回答道："当然在俄国了。"

没有人对老兵的这个笑话有什么反应。军官告诉了我们大概的位置，我们在离别尔戈罗德大约5公里的地方。

霍尔斯支吾着说："我要试着睡会儿觉。"他显然已经被这一切的准备活动搞得有些心烦。我们一个个地躺在了地上。从战壕里可以看到霍尔斯的那把机枪枪身上发出一种淡淡的反光。谁也睡不着，不是因为身上的装备，而是因为大家都在为即将开始的进攻焦虑着。

掷弹兵克劳斯大声地说着："去他的，如果我死了我会有许多时间睡觉的。"他站了起来正对着战壕小便。

我一直醒着，我想想这个，又想想那个……终于，我还是睡着了。在3个小时后，一个远处的摩托声把我给惊醒过来。我的醒来也惊醒了霍尔斯和另一个掷弹兵格朗帕斯。格朗帕斯现在正靠着我的肩膀睡着。

他睡眼惺忪地问道："发生什么事了？"

我说道："不知道，我想也许他们会喊我们的。"

霍尔斯问道："现在几点了？"

我看了看自己的手表说："凌晨两点半了。"

林德伯格问道："黎明在什么时候开始？"他显然一点都没有

睡着。

有人回答道："在早些时候就开始了。"

那些发动机的声音依旧响着。

有人骂道："如果这些操蛋的司机还这么做的话，那每一个俄国佬都要被他们吵醒了。"

我们又想睡觉，但已经不可能了。大约在半个小时后，我们听到从旁边掩体里发出了一种细微的响声。在黑暗中，我们想这一定是一些士兵收拾起自己装备时的声音。我们都向那些声音的方向看去。一个穿着迷彩服的军士长出现在了我们面前，他低声问道："第 8 组和第 9 组呢?"那两个组的组长回答道："在这里。"

军士长说："你们在 5 分钟后从 C 口出发，你们的目标是指定位置。祝你们好运!"

他用手指着黑暗中的一个小路牌，我们模糊看到上面写着字母"C"。现在所有人的思考都戛然而止，我们的大脑里一片空白，就好像被麻醉了一样。每个人都拿着自己的枪并检查着自己的装束是否牢靠。我们特别检查了自己钢盔的系带，这是训练中芬克少校特别交代的。霍尔斯扛起了自己沉重的机枪，林德伯格是他的填弹手。他瘦瘦的身影站在霍尔斯的边上。只有那个老兵——我们组里面的第二个机枪手——还没有什么反应，似乎他已经忘了这一切准备的目的是什么了，和我们这些人迅速的动作形成鲜明的对比，他正缓慢地准备着。他非常了解这些程序，已经把他的那挺机枪斜靠在自己的腿上准备好出发了。

老兵狡黠地对着自己的机枪说："希望你这次状态好些。"

军士长现在叫道："第 8 组！跟我来，大家保持安静!"

我们从 C 口一个紧跟着一个地沿着战壕向目的地走去，军士长走在队列的最前面。紧跟着的是我们组的掷弹兵格朗帕斯，他看起来有 22 岁左右；接着就是霍尔斯，他刚刚过了自己的 18 岁生日；接下来是林德伯格，还不满 17 岁；林德伯格后面是一个名字特别难念的捷克人，我们叫他苏台德人，今年 19 岁；苏台德人后面是我；紧跟在我后面的是那个老兵和他的副手——另一个被吓坏了的男孩；最后是掷弹兵克劳斯，他看起来已经快 30 岁了。我们按着顺序出发了，就如在 F 训练营所做的那样。

那种不知道是什么的声音传到了我们的耳里，这些声音不知道是我们这边还是俄国人那边发出的。一路上经过了几个挤满了士兵的战壕，那些士兵还在这个夏夜里浅浅地睡着。我们正在爬出林子里的战壕。年轻的林德伯格浑身上下都是弹药，他在战壕的边上滑了一下，浑身的机枪弹带碰到了一起。我们的军士长一把拉住他的武装带帮他爬上了战壕。大家都爬了出来后，军士长愤怒地瞪了林德伯格一眼，然后在他的小腿上踢了一脚。我们呈一字形走在树林的边上。突然走在前面的军官停住了，我们后面跟着的人几乎撞成了一堆。

老兵小声地在我耳边说："这里比地狱还黑。"

我们的军士长示意我们停下来，他一个人向前继续走了。我们都弯着腰等在原地。尽管我们都尽了最大努力保持安静，但我们身上的武器还是时不时地碰到了一起。

军士长回来了，我们再次出发了。走了一小段路便到了林子边上的一个单兵掩体旁，在那里我们的侦察兵们在安静地等着我们。我们都趴到了地上。

我前面的苏台德人小声对我说："尽可能贴在地面上，把这句话传下去。"

我们一个接一个离开了德军最后的阵地，向那片无人的开阔地爬去。我的眼睛死死地盯着前面苏台德人钉了掌的军靴底。我前面的视线不时被一个士兵在爬过障碍时高起的身影所挡住。有时前面的那双靴底突然在我面前停住，让我的鼻尖几乎碰在了靴底上。我现在被一种严重的焦虑感所困扰——也许苏台德人已经和前面的那些人失去联络了。不一会儿，他又开始向前爬了起来。

在这种时候，甚至是那些具有哲学头脑的人也突然会感到了自己的大脑已经成了一片空白。现在除了那些身下时不时摩擦着你腹部的凹凸不平的地面外，没有什么是重要的。如果你身下碰到某种尖锐东西的话，你的心跳会即刻猛然地加速起来。

我们在这片该死的俄国土地上向前一点一点地匍匐前进着。我们的身下是一片浅浅的沙地。压住了一片荆棘，我们以为是俄国人的铁丝网。然后我们到达了一片覆盖着苔藓的凹地上停了一会儿。我们的军官有着很好的方向感，他正在确定我们是否按照计划的路线前进。我们所在的这片凹地里散发着一种腐烂的气息。当再次前进时，我惊讶地看见在大约两米的地方躺着两个一动不动的物体。我碰了碰老兵，并指了指那两个物体。老兵看着那两个东西捏了捏自己的鼻子。我终于在震惊中明白了这两个东西是两具正在腐烂的尸体。

我们此时感到似乎已经爬到了中国。在出发后的半个小时，我们到达了俄国人的第一道铁丝网。当前面的人用钳子剪断那些铁丝网时，我们的心剧烈地跳动着。每一次听到了钳子剪断铁丝的声音，我们都在等待着地雷突然在面前爆炸并掀起一股冲天的泥土。我们的脸现在都黑得像食堂的锅底，汗水从每个人的脸上滚落下来。我们是如此的紧张，以至于在穿过苏军铁丝网的这段时间里，都一下老了好几岁。我们缓慢地在铁丝网里面爬行，当我们都顺利通过这道铁丝网时，停留了一会儿。大家都并排爬着，每个人都在发抖，已经可以听见俄国人战壕里的声音了。我们互相看了看对方，从所有人的眼神里我可以看到大家现在的心情都是一样的。我们又往前爬行了 20 米到了一片高高的草丛里。在这里，我们可以听到俄国人说话的声音，毫无疑问，我们已经抵达了俄国人的第一道防线了。

突然我们看到一个难以置信的东西出现在正前方，一个苏联侦察兵正蹲在一个肯定藏着他的同志的散兵坑旁边。我们几乎停下了自己的呼吸，慢慢地举起了枪，看着自己的领导。而此刻他脸上的表情也已经凝固了。那个俄国人正缓缓地走向我们。然后他又转身回去了。我们的军官从自己的皮带上拔出了一把匕首，匕首的刀锋在夜色中闪着一股寒光。他缓缓地把匕首戳在了掷弹兵格朗帕斯面前的土里，并用手指着前面的那个俄国人。

格朗帕斯的眼睛睁得大大的，他恐惧地将视线从那个俄国人移到匕首上，又从匕首移到我们军士长的身上。我们的领导示意格朗帕斯向前。格朗帕斯用自己颤抖的手抓住匕首的把。这个掷弹兵向前爬去。看着格朗帕斯向前爬，我们在焦虑中死死地咬紧自己的牙齿，似乎怕自己叫出声来。接着格朗帕斯消失在了黑暗之中。

那个俄国人还在和他的朋友们交谈着，似乎战争对于他来说还很遥远。他又走了几步。我们可以听到远处更多的声音。过了许久，我们每个人都似乎忘记了这个俄国人的存在。这个俄国人一定正走向格朗帕斯躲藏的地方。当他转身的时候，一个身影从他的背后一跃而起。格朗帕斯正大步扑向他的猎物。这时那个俄国人突然转过身来。接着我们听到了一声号叫和扭打的声音。接着我们可以看到格朗帕斯的身影在地上翻滚着，我们还听到他的喊声："帮帮我，同志们！"

那个俄国人此时已经跳到了一旁。他冲锋枪的声音划破了夜晚的寂静。我左边的一挺机关枪开火了，子弹追着那个俄国人，一直到他跳进掩体为止。

从那个掩体里传出俄国人的喊声："德国人！德国人！"

老兵此时突然向前跃起，他把一颗手榴弹向那个掩体里投去，手榴弹在夜色里消失了两三秒钟，紧接着那个掩体被手榴弹爆炸时的白光照亮了，我们可以听到几个大喊着的声音，接着就是一片沉寂。

我们沿着铁丝网飞快地开始撤退。在我们身后，可以听到一片炸开锅的响声。我们不顾可能踩上地雷或是被子弹打中跑向了一个小山丘，一面喘着粗气，一面试图在那里的灌木丛组织起一个临时的防御阵地。

我们的军士长愤怒地说道："这帮白痴！"他指的是克劳斯和那个老兵。"我没有下命令开火，我们现在逃不出去了。"他和我们所有人一样害怕。

克劳斯回答道："但是格朗帕斯正在呼救，他遇上大麻烦了。"

一排照明弹把我们周围映得如同白昼一般。俄国人向四处开火。他们正在随意地投着手榴弹，就像我们碰到类似情况一样。林德伯格哀号着说："我们完了。"

苏台德人喊道："赶快，拿出铲子来，我们必须挖工事，否则大家都活不了。"

老兵现在威严地命令道："谁都不许动！"在我们的恐惧中，我们遵从了老兵的命令。他此时的声音听起来远比军士长自信。

我们趴在那里一动也不动，甚至我们连眨眼的次数也减少了。一颗照明弹照亮了我们的四周，我清楚地看到了我们周围的每一个细节。在我们前面躺着格朗帕斯和那个俄国人的尸体。在V字形的俄国人战壕前面是五六个散兵坑。照明弹照亮了我们出发时的那片树林。幸运的是，那些离我们最近的俄国人没有注意到我们这批躲在小山包后的人。但是那些稍微远些的战壕里的俄国人可以借着照明弹清楚地看到我们。他们也开始扔手榴弹了。他们用的是一种俄国造的相当有威力的掷弹器。

老兵说道："上帝，如果他们有这种东西的话，那我们可躲不了了。"

林德伯格带着哭腔说："我们必须要挖掩体。"

老兵说："闭嘴。用你的肚皮挖吧。你不要动就行了，如果我们装死，也许他们会认为我们真的死了。"

有东西落在了另一侧的山丘上，山顶上的土被炸得四处飞溅，一些土落在了我们的身上。照明弹不再升起来了，那些还亮着的照明弹也渐渐地熄灭了。那些俄国人正在叫骂着。有一颗手榴弹滚落到了我们小组的左边，我们在爆炸中可以听到弹片飞到周围的声音。在老兵旁边的一个人痛苦地哼了一声。

老兵小声地说："闭嘴，忍住！如果他们听到这里有声音的话，那一切都完了。"

他在和自己的填弹手说话。那个男孩的脸因为痛苦而扭曲着。他的手也在颤抖着。

老兵还是说："别出声，坚强点。"他把自己的手放在了那个男孩的额头上。

手榴弹依旧在我们周围爆炸着。那个男孩捏紧了自己的拳头，他的眼睛里早已满是泪水。他吸了一下鼻子。

老兵说："安静。"

现在所有照明弹都熄灭了，我们周围的一切又陷入了完全的黑暗中。俄国人此时一定发现了我们另外一组人，现在是轮到他们遭受到俄国人的攻击了。然后我们就听到了前面传来了响声，我们睁大了自己的眼睛。我们看到有几个俄国人正在与我们的位置平行的地方匍匐前进着。冷汗顺着我们的背流了下来。老兵此时紧紧拿着一颗手榴弹。手榴弹离我的鼻子只有几厘米远。那些俄国人现在已经爬到了铁丝网那里，然后他们又折了回去。

我们又可以呼吸了。那个受伤的男孩现在把自己的脸埋在了土里以防止自己喊出声来。

老兵说："那些俄国人和我们一样害怕。有人命令他们出来查一查发生了什么，所以他们只是走了几步就退回去了，他们回去后会说他们什么也没有看到。"

我们的军士长说："现在快天亮了，我想我们可以待在这里。看起来这里还算是一个好位置。"

老兵说道："我不这样认为，我想我们还是从这里离开吧。"

军士长说："也许你是对的。"他指着劳斯说，"你，那边 20 米远的地方有一个坑与铁丝网齐平，你们到那里去。"

霍尔斯和林德伯格像蛇一样悄无声息地离开了这里。

老兵摸着那个受伤男孩的肩膀说："你伤在哪里了？"

那个士兵抬起了自己的脑袋，他的脸上到处是眼泪沾湿了的泥土。"我动不了了，这里疼得厉害。"他摸着自己的屁股说。

老兵说："是一块弹片，别动，我们会派人来帮你的。"那个男孩回答道："好的。"接着又把自己的脸埋到了土里。

军士长看着自己的手表说："如果一切顺利的话，我们的进攻部队将在 10 到 15 分钟后来到这里。"地平线已经开始出现了粉红色，太阳马上就要升起来了，我们都在焦急地等待着。

克劳斯问道："我们的炮兵会开火吗？"老兵说道："如果不开火我们就走运了。如果开炮的话，我们这里会和俄国人那里一样被炸飞的。"

军士长说："这次进攻没有炮击，我们的第一拨进攻要打敌人一个措手不及。我们负责消灭掉敌人阵地上的火力点。"

有人说："但是我们的人会把我们当作俄国人的。"

老兵一边笑一边回答道："的确如此。"

现在俄国人的声音变得越来越清楚了，听起来就像我们和他们在一条战壕里一样。

老兵似乎自言自语地说："担心又有什么用？我们在一个小时后反正已经死了。"

天色越来越亮了。虽然周围的东西依旧是灰色的，但是我们可以看到俄国人的阵地就在老兵的机枪口下。在我们左边靠下面的地方是霍尔斯、林德伯格，还有他们的机枪。

老兵指着我说：“年轻人，你顶替我的填弹手，你到我的左边来。”

我回答道：“好的。”我向老兵那里缓缓地爬了过去。不到一分钟，我的鼻子就已经贴着那挺机枪的弹夹了。

我们现在可以清晰地看到我们前面100米处的苏军阵地上的情况。从我们的小山看下去，我们看到了战壕里那些俄国人苍白的脸。我有些惊讶俄国人居然没有占领这片小山。但不管怎样，我们周围实在有不少这样的小山包，俄国人不可能把它们都占据。我们正在往前看时，军士长用手指着我们的左后方说道：“你们看!”

我们顺着他的手看了过去。我们看到在下面的地上有蠕动的人体，他们有些已经通过了苏军的铁丝网防线。在我们视线能及的地方到处都是趴在地面上移动的士兵。

老兵说道：“他们都是我们的人!”一丝笑意从老兵的脸上闪过。

我们的军士长现在命令老兵说：“如果俄国人有行动的话，我们就立刻开火。”

我突然开始无法控制地抖了起来，这不是因为害怕，而是因为在那个时候，我们的任务就要完成了。我积聚的所有紧张和焦虑都在这一刻爆发了。我试图活动了一下身子，打开了机枪的子弹盒，并把第一条子弹带试着放到了机枪里面。为了不发出响声来，老兵用手帮我把弹舱门掰开了一半，我把子弹带塞到了机枪里面。

在我们的左边，一场大剧即将上演了，这场能够给圣桑（法国作曲家，译者注）带来灵感的舞剧将延续好几天。过了不久，在匍匐前进的德国部队中有人碰响了苏军的地雷。接着我们的周围被一连串的巨大爆炸声所震动着，我以为小山下趴在地面上的士兵们已经被炸成碎片了。但现在那些青年师的士兵们已经站了起来并试图穿过那些铁丝网障碍。霍尔斯已经开火了，老兵也把机枪顶在了自己肩窝上。

我们的军士长喊道："现在开火，把他们都消灭掉!"

俄国人飞跑着回到他们的阵地里。我手中的 7.7 毫米子弹带从我指间飞速地滑过，机枪的声音把我的耳鼓震得生疼。

我很难看到现在在发生着什么。老兵手上的机枪正在射击中跳动着。透过烟雾和机枪的抖动，我们可以看到眼前的俄国人战壕里躺满了一动不动的尸体。天空的光线越来越亮了，德国的大炮现在正轰击着苏军的第二道防线。完全被打得措手不及的苏军此时正在试图组织起最后的防守。那些青年师的士兵们也从四处冲向了苏军的阵地。

在右边的前方，我们正在轰击一个规模很大的城镇，烈火和浓烟已经笼罩了那个地方。我正在把第二个弹带放到机枪里面，老兵依旧向那些在战壕里还没有死掉的俄国人扫射着。

透过这些声音，我们听到了坦克的轰鸣声。

苏台德人大笑着叫道："我们的坦克!"

霍尔斯已经离开了自己原来的位置向我们跑来，他在半路上摔了一跤，我们以为他被打中了。他和林德伯格非常及时地离开了那个地方。几秒钟后，一辆巨大的坦克就碾过了他们刚才射击的位置，坦克把那些铁丝网都轧扁到了自己的履带下面。地面上不时有地雷被触响，一辆装甲车被炸得动弹不了了，或是一个步兵被地雷的爆炸威力抛到了 10 多米外。有一辆坦克在离我很近的地方经过，它后面有两辆坦克跟着，它们越过了我们刚刚用机枪扫射过的战壕。我们看到坦克的履带上粘着人体的器官和组织，我们的军士长看到这些后失声叫了出来。

现在那些刚刚从训练营出来的新兵们第一次面对着战争恐怖的现实。德军的进攻继续着。更多的坦克从我们身后的树丛中冲了出来，他们向前面的那些德国步兵驶去，步兵们慌忙让开这些坦克，要是有谁已经不幸受伤并无法移动的话，那就该他倒霉了。

第一个阶段的进攻如同闪电一般开始了。一批步兵加入了进攻，正当我们谈话的时候，一辆坦克径直向我们冲了过来，每个人都闪到了一边。一个年轻的士兵试图挥手让坦克停下来，但是坦克像一个瞎眼怪物一样丝毫也没有理会他。这辆坦克擦着我们的小山包开了过去，在慌乱中我的脚绊住了那挺老兵的机枪，我一头摔到了地上，我从地上看到坦克的履带就从离我头不远的地方轧了过去。

接下来会发生什么？刚才的那些混乱似乎并没有在我的记忆里留下太明晰的印象，除了一些像幽灵一般的残酷的场景模模糊糊地在我脑海中游荡着。在这样的时候，我的大脑已经失去了思辨的能力，那个在钢盔下的脑袋现在所充满的只有一种动物在面对威胁的时候所产生的原始本能。我们四周充满了爆炸声，还有像疯子一般的号叫声。到处都是一些悲惨而难以置信的场面——在掩体废墟里四处飞溅的人的内脏和肠子，被爆炸撕得像裂开的奶牛肚子一般的装甲车，被炸得粉碎的粗粗的大树，还有远处那些喷吐着浓烟的房舍……

军官们正在这一片惨相中重新召集着自己的士兵。在前面坦克掀起的滚滚灰尘后面，我们再次向前推进了，这次我们的目标是别尔戈罗德市的北郊。所有苏军的反抗已经被摧毁，这里一切运动着的车辆或士兵都是德国的。无数的苏军已经退回到了他们身后那片无垠的原野里。

我们抓了几千个苏军俘虏，其中包括一些苏军中的亲德分子，他们中许多人马上就要被立即处决掉。在我们前面的一个苏军停车场的车辆中躲藏着大约两三千的苏联士兵，他们看起来是要延缓我们前进的速度。我们小组的两挺机枪和第 10 小组的一挺机枪正在不停地向那个停车场扫射着。第 10 小组已经有人在这次进攻中阵亡了，他们被重组了起来。他们正疯狂地向停车场里射出复仇的子弹。我们也把反坦克炮集中起来向停车场里射出致命的弹雨。停车场里到处是俄国人的惨叫声，他们既不敢动一动，也不敢投降或是进攻。我们的喷火兵用火焰喷射器向停车场里射击着，很快整个停车场就变成了一片火海，热浪让我们不得不退后。

中午的时候，俄国人的大炮开始向我们进攻的士兵射击了。那些前面的希特勒青年师的士兵们在雨点一般的炮弹爆炸中继续前进着。第二天晚上，这些青年师的士兵夺取了已成一片废墟的别尔戈罗德市。

我们在一种疯狂的状态下一刻不停地扩大我们刚刚在苏军阵地上打出的开口，根据我们的情报，我们已经在苏军驻扎有 15 万人的中部防线突了进去。实际上，整个战线 40 至 50 万的苏军已经在我们只有 6 万人部队的迅猛攻势下被迫后撤了。在连续 3 天不间断的战斗中，所有人只休息了大约半个小时，我们都被一种疯狂的战斗亢奋所控制了。我们班损失了捷克人和军士长，他们现在要么已经阵亡或是受伤倒在某个废墟中，刚有两个失去与自己连队联系的掷弹兵加入了我们的队伍。我们这组现在共有三个班：奥林海姆所在的 11 班，还有刚刚加入的 17 班，这 3 个班都由一个上尉指挥。我们被命令清除在德普特罗卡郊区废墟里的苏军火力点。尽管他们的大部队已经撤离，但是这些孤立无援的俄国人仍旧顽强地抵抗着。

所有人的脸上满是灰尘和汗垢。我们一面前进，一面看着别尔戈罗德城里到处末世景象般的断壁残垣。我们现在更愿意找个安静的角落睡一觉，而不是去清除什么俄国散兵。前方德军先头部队那里发出的巨大爆炸声撼动着我们周围的空气。没有人说话，除了军官不时发出“停下”或“当心”这样的命令。这些命令让我们马上都趴到了地上。所有人都如此筋疲力尽，以至只有用我们的火力完全消灭了苏军的火力点后，才会爬起来。有时，有几个苏军士兵从他们的掩体中举起双手爬出来，但每一次我们都有人立刻开枪打死了他们。克劳斯在上尉的命令下打死了 4 个苏军俘虏；苏台德人打死了两个；17 班打死了 9 个；年轻的林德伯格自从战役打响以来就一直处于慌乱不安的状态，他不是害怕得哭泣就是突然满怀希望地放声大笑，这次他从克劳斯手中一把拿过机枪，然后把两个俄国俘虏一脚踢到了一个弹坑里。两个可怜的家伙看起来比林德伯格的年纪大许多，他们不停地哀求不要杀了他们。我们可以听到这两个俘虏一直哀求着不要杀了他们的叫喊声，但已经处于疯狂愤怒中的林德伯格还是扣动了扳机，直到他们两个人在坑里不再动弹才停住了手。

在一个我们称为面包房的地方，之所以这样叫那个地方是因为我们在那里进行了无情的屠杀，在那之后我们在那个房间里发现了一些饼干和面包。我们狼吞虎咽地吃下了那些东西，多少把它们当作是这场战争带给我们各种恐怖后的一些补偿。由于不停的交火和几天没有睡觉，神经已经绷到了极限，这反而倒使我们对于各种威胁麻木了。我们按命令在进攻途中不允许抓俘虏，只有在回来的路上才可以，我们知道俄国人也下达了同样的命令。我们都想睡觉，但只要有布尔什维克在我们刚刚占领的地区，都不能合眼。别尔戈罗德的战斗成为一场绝对的你死我活的争夺。这也是霍尔斯和我在看到一些俄国人挥舞着白旗的时候，向他们所在的面包房投出手榴弹的原因。

把俄国人的火力点全部清除掉后，我们大家都瘫倒在了一个大弹坑里，我们彼此无声地呆呆地望着，没有人愿意说话。我们的军服都敞开了，到处是破洞，而且已经被灰土弄成了地面的样子。空气仍然不时震动着并弥漫着一股焦煳的味道。在清除火力点的交火中，我们中又有 4 个人阵亡了，剩下的士兵搀扶着五六个受伤的人，其中一个受伤的就是奥林海姆。我们 20 个人躺在一个大弹坑底部，每个人都试图使自己的头脑冷静下来。但我们呆滞的目光仍旧漫无目的地观望着城市的断壁残垣，我们的大脑里一片空白。

电台的广播告诉我们别尔戈罗德的战斗取得了辉煌的胜利，这标志着我们又要向东前进了。

在战斗开始后的第四或第五个晚上，我们完全占领了别尔戈罗德市。我们的突击部队正在休整和喘息，在弹痕累累的广袤平原上到处都是躺倒睡着的德国士兵。我们不久后被赶上了一辆卡车并被送到了新的阵地。我们不理解为什么我们要守卫的那个小村子具有战略意义，但我们猜测这个小村子会是下一次进攻的部队集结地之一。小木屋前面地势低缓的果园，两侧栽满柳树的溪流和灌溉水渠让我想到了法国的诺曼底地区。现在小村子周围已经聚集了大量挖着掩体的士兵和正在集合的进攻部队。

我们开始在小村子里挖筑自己的阵地。首先要做的就是清除掉大约 30 具散落在村中废墟里的苏军士兵的尸体，我们把这些尸体放在一个刚被浇灌过的花园里。天气非常潮湿和闷热，白茫茫的太阳让我们每个人都有了眩晕感，我们每个人无神的面容在阳光的照耀下显得更加憔悴。阳光也照在那些死去的俄国士兵的脸上，他们中的一些人眼睛还大大地睁着，看看他们，再想想我们自己，我们的胃感到开始有些难受。

苏台德人在一旁说：“一个人死了后他的胡子会长多快，这个问题一点也不好笑？看看这个家伙。”他边说边把一具尸体用脚翻了过来。这个俄国人的军装上面有七八个血淋淋的洞。苏台德人继续又说：“在他死之前也许刚刚刮过胡子。看看他现在的胡子，只用了一小会儿便长到了至少要一星期才能长成的长度。”另一个人笑着说：“你们来看看这个家伙。”他正从一间被重型迫击炮弹击中的屋里拽出一具俄国人的尸体，尸体的头已经被炮弹完全炸飞了。他又继续说：“你们最好都刮刮胡子，如果明天谁变成这个样子，你还可以被别人辨认出来。”

老兵坐在一堆瓦砾上打开了自己的饭盒。

我们发现了村中的一个地窖。地窖简直是一个完美的防御工事。我们在地窖里安放了两挺机枪。我们接着在地窖顶凿了两个通气孔。从通气孔往上看，我们看到了一队斯图卡式俯冲轰炸机正越过我们的头顶，在离我们不远的地方，我们的炸弹再一次倾泻在了俄国人头上。霍尔斯在地窖高过地面的石壁上凿了一个机枪眼，并正在调试着射击的角度。林德伯格正为找到了一个理想的掩体而欣喜若狂，一切有利于我们的消息都让他兴奋不已，这与刚刚在别尔戈罗德的战斗中他在无助的恐惧中被吓得尿了裤子的光景形成了鲜明的对比。在离他们约 3 米的地方，我和老兵正在加固地窖的顶部以提高通风的效果。但我们的努力并没有收到太好的效果，我们每次活动时，钢盔都碰在地窖的顶上。在我们后面，克劳斯和两个掷弹兵正在清理着地板上的碎石。

正如我前面提到过的，我们已经失去了自己的军官，实际是老兵（他其实是一个一等列兵）在指挥着我们班。但是我们 3 个班现在归一个肥胖的军士长指挥，他在随后第 3 天的战斗中被打死。那个狗娘养的军士长像一个高级军官一样傲慢地巡视着我们的工作，逼我们检查这个或那个鸡毛蒜皮的小事。他做梦也想不到他的生命只有 48 个小时了。我们一整天都在原地等待并看着一个连又一个连汗流满面的士兵从我们身边经过，我们的前面持续传来一片此起彼伏的爆炸声和其他震耳欲聋的声响。也就是在这个时刻我们刚刚经历过的一切变得令人揪心的痛楚。我们慢慢在恢复元气，也慢慢明白了所发生的一切。军士长、格朗帕斯、捷克人和那个受伤的男孩都已经永远离开了我们，这个冷酷的现实实在太难以让我们接受。我们想忘掉那个暴露在我们机枪下的苏军战壕的惨状，那些履带上沾满了人体器官和组织的德军坦克群，德普特罗卡郊区成堆的苏军尸体，还有在别尔戈罗德狭窄街区上四散躲避俄国炮火的希特勒青年师士兵。我们突然感到被一种恐怖所包围，不禁对自己刚刚经历的一切感到毛骨悚然。至于我，记忆现在带给我的是一种正常心理情感的缺失和麻木，我几乎觉得我的人格已经一分为二了。我知道我无法描述这一切的经历——我是一个普通的年轻人，我今天明白了这一切不应该发生在像我这个年龄的任何年轻人身上。

3个掷弹兵站在地窖的楼梯旁谈论着什么，而老兵则一个人坐在通气孔边上，明媚的阳光从这个气孔里倾泻到了地窖里来。老兵正在翻着自己的口袋，并将口袋里装的那些皱巴巴脏兮兮的东西铺在一块石块上。霍尔斯蜷缩在一个粗木长凳上一言不发，而林德伯格和苏台德人则一动不动地通过墙上的枪眼向外张望着。我走到霍尔斯那里在他旁边躺下，我们望了彼此一眼，谁也没说一句话。霍尔斯终于开口了："我们到底在这干什么？"自从比亚里斯托克战役后他的脸色就变得凝重起来。

我假装没听见。霍尔斯又说："我想睡觉，但是睡不着。这里太热了，我们到外面走一走吧。"

我和霍尔斯走到了外面，明亮的阳光几乎要把我们的眼睛给晃瞎了。

我指着果园里的那条窄窄的小溪对霍尔斯说道："也许那里有些凉水。"

霍尔斯的回答让我有些意外，"我现在既不渴也不饿。"而往日我印象中的霍尔斯总是胃口很大的。

我问他："你病了吗？"

他回答说："没有，我只是觉得想吐。我太累了，而那些在那儿的家伙让我感到更难受。"他边说边抬头指向那些在小花园里僵直的苏军尸体。

我回答说："战争就是这样的，那些家伙再也不会给我们添麻烦了。"我回答的口气把我自己也吓了一跳。

"我们自己人的尸体在我们到达前就被运走了。"霍尔斯接着说，"在村子里有一些新翻起的土地，我不知道那里埋了多少战死的人。你知道我们打死了多少俄国人吗？"

我们都陷入了沉默。

我说道："也许我们很快就会休整的，霍尔斯。"

霍尔斯回答道："没错，我希望如此。把面包房里投降的俄国佬杀了让我感到我们真是一帮浑蛋。"

霍尔斯和我一样被面包房发生的事极大地困扰着。

我对他说道："面包房的情况我们也没有办法。"

我现在仍然可以感到机枪弹带从我手中滑过的感觉，我仍旧能在看到子弹进入到机枪里，枪管里冒着蓝烟和每次射击时飞迸的火花，滚烫的火星溅到我的脸上让我感到阵阵的刺痛，还有就是子弹射入房子后的地狱般的金属碰撞声和俄国人大喊着"救命，救命"的声音。有一个邪恶的东西进入到了我们的灵魂里，它将在我们里面永远地折磨我们。

现在仍旧是大白天的样子，但我们不知道已经几点了。仍然是早上吗？或是下午？但这其实并不重要，每个人都在尽可能的吃喝和睡觉，当他脱掉钢盔时便开始考虑问题。说也奇怪，钢盔竟然能够夺去人的思考能力……

敌人的第一轮炮火打到我们这里时天还大亮着。俄国人的炮弹在果园里和前进的部队中爆炸起来。我们赶忙钻到了地窖里的掩体，呆呆看着随着每次炮弹爆炸而像雨点般掉落沙灰的天花板。

老兵说："我们必须要加固地窖顶，如果有炮弹打到附近，所有东西都会落到我们头上来。"

苏军的炮击延续了两个小时。有几发炮弹就落在我们阵地旁边，但很明显炮击的目标是我们的进攻部队。我们的大炮也开火了，所有声音都被炮声所取代。榴弹炮的炮弹径直越过小村的上空飞向俄国人的阵地，我们大炮的声音和俄国人的炮弹爆炸声一同加剧了我们地窖顶坍塌的危险。

在炮击中，我们都被一种让人极度筋疲力尽的紧张感所抓住。我们有人试图预测炮弹落下的位置，但几乎每次都预计错误。老兵紧张地抽着烟，他一直求我们不要说话。克劳斯躲在一边的角落嘟囔着什么，也许是在祈祷。

到了晚上，一支德军突击部队来到了我们这里，并在我们的地窖附近安放了一门反坦克炮。一个上校进来试了试我们支撑地窖顶的梁柱的稳固性。在检查之后，上校说道："很不错。"然后给每个人都发了一支烟，接着他就返回了自己的部队。天色黯淡下来，火光冲天的地平线使得果园里残留下来的果树的侧影清晰可见。战斗仍旧继续，这一切带给大家的紧张感几乎让人窒息。我们晚上轮流站岗，没有一个人能够睡踏实。在黎明到来之前我们被集合了起来并被迫放弃了我们精心布置的地窖掩体向东走去。路上穿越了一片可怕的遍布希特勒青年师士兵残肢断臂的地区，这是一天前的苏军炮击造成的。每走一步都会让我们意识到我们同样会遭遇类似的命运。

霍尔斯抱怨着说："应该派人来埋掉这些碎肉，我们就不会看到了。"大家都笑了起来，似乎他在说一个笑话似的。

我们穿越了一片布满弹坑的地方，我们不能想象在这样的炮击下，还有人能够活下来。在掩体后面的一个露天战地医院里传出一阵阵撕心裂肺的惨叫声，听起来像是一个杀猪场似的。我们差一点被所看到的景象吓得昏了过去。林德伯格吓得哭了起来。大家经过医院时都把目光尽量转向了天空，好像是在一个噩梦里，年轻的小伙子们有的手臂被炸碎，有的肚子上有个大开的洞，肠子和纱布一同涌流了出来……

在离医院不远的地方，我们必须要徒步穿越过一条运河。一下就没到了我们腰部的冰凉的运河水让我们感觉很舒服。在运河对岸的草地上到处是俄国士兵的尸体。一辆被击毁烧黑了的苏联坦克停在一门大炮和几个被炸得支离破碎的炮兵尸体旁边。在我们东北方，战斗正在空前激烈地进行。我们突然听到了一个俄国炮兵的呻吟声，有人跑过去找到了一个满脸是血的俄国人，正斜靠在大炮的炮架上喘息。我们有人打开了自己的行军水壶，他把那个俄国士兵的头抬起来试图让他喝水。那个俄国士兵瞪大的眼睛里充满了恐怖和震惊。他大叫了一声，头向后重重地碰在大炮的金属轮子上，死了。

继续前行，经过了一些树木葱郁的小山丘，我们的前线部队正在重新聚集在那里并在树下小憩。许多士兵都包着绷带，白色的绷带在他们满是灰土的脸上显得特别刺眼。我们被迅速集合和安排到各个阵地。刚刚加入我们队伍的两个掷弹兵不知道被派到何处，又有两个被打散的士兵加入到了我们班里。军士长被正式任命为我们的指挥官，我们被迅速地安排到了一个装甲部队里，坦克运载着我们向一望无际的俄罗斯大平原深处驶去……

我们从坦克上跳下来加入了一群士兵平卧的一条狭窄战壕。几发从苏军阵地发射的50毫米炮弹落在我们附近，让我们清醒地认识到已经在战斗的最前线。坦克随即掉头消失在离我们约50米的树林里。

我们迅速跃进那些士兵所在的战壕里，他们看起来并不太高兴。俄国人的炮火一直尾随着我们的坦克，直到他们消失在树丛中为止。我们白痴般的军士长已经对战壕里的士兵感到了不耐烦，他正在和一个非常年轻的上尉讨论着什么。然后这个年轻的军官向自己的人挥挥手，他们便半弓着腰向树林奔去。俄国人发现了他们，向他们点射了五六发子弹，有几发打到离我们非常近的地方。我们9个人再一次孤独地面对着苏军的防线，太阳正照在我们的头顶上。

“接着挖那个洞。”军士长用一种阅兵时的口吻命令我们说。

我们开始用战壕铲将乌克兰的泥土翻了起来，几乎没有时间说话。太阳毒辣辣地烤着我们，越发觉得浑身乏力了。霍尔斯说道：“在我们中弹之前，也许会先死于体力透支的，我不干了。”

但是浑蛋军士长坚持要我们干下去。他时不时焦急地望着前面草木稀少一望无际的平原。我们刚刚架好两挺机枪，就听见后面灌木丛里坦克的巨大轰鸣声。

在那个晴好的下午，我们的坦克群再次开出了树阴向东驶去。在坦克群后面是整旅整旅的士兵半弓着身体从我们的掩体前经过，进攻开始了。前进的士兵们很快就被坦克带起的灰尘所淹没而从我们的视线中消失了。但仅仅过了5分钟，俄国人的大炮就排山倒海般地将弹药倾泻在进攻的德军部队身上。俄国人的炮击前所未有的猛烈，以至连太阳也从我们的视线中消失了。我们周围的一切都掩盖在炮弹爆炸后带起的厚重的灰尘中。只有当落下的炮弹在距我们80米到100米的地方爆炸时，我们才可以借着炮弹爆炸的红光隐约看到周围的灌木和树丛。大地剧烈地摇晃着，掩体边上的灌木丛也被爆炸引燃了。我们都极度恐惧却又无力喊叫出来。世界似乎已经被撕碎了，四周都是纷飞的土块和金属弹片。克劳斯和一个新兵被震塌了的泥土结结实实地埋了起来。我则尽量地向我们掩体里挖的最深的一个角落藏下去，眼睛茫然地盯着顺着掩体边上如洪水一般倾泻下来的土流。我开始像疯子一般号叫起来。霍尔斯将他脏兮兮的脑袋顶着我的脑袋，我们头上的钢盔碰到了一起并发出像两个行军饭盒碰撞在一起的声音。霍尔斯的脸上充满了恐惧。

霍尔斯断断续续费力地说："我们快完了"。

突然间，一个人影跳进了我们的掩体。我们都因为绝望和恐惧而颤抖起来。紧接着又有一个人跳了进来。我们睁圆了双眼才看清了他们是我们的人。其中一个人一面喘息一面近乎疯狂地喊道，"我们全连都完了！这太可怕了！"他接着小心地从掩体的边缘探出头向外望去，这时一排俄国人的炮弹打在我们的掩体附近，飞舞的弹片转瞬间将他的钢盔连同头颅的一部分炸得无影无踪，他向后倒去，发出一声可怕的哀号。他破碎的头颅恰好倒在了霍尔斯的手中，我们身上溅满了他的鲜血和碎肉块。霍尔斯慌不迭地将手中的尸体推到了地上，并发疯般将尸体的脸用土盖上。

俄国人的炮火是如此密集和猛烈，以至我们觉得身下的大地都开始移动起来。在藏身掩体之外，似乎听到一个失去控制引擎的声音，接着就是一声巨大的爆炸，我们可以看到一束巨大的火光映红了战壕的边缘。战壕上架好的两挺重机枪也随着浮土滑下跌落到我们的身上。那些战壕里神志还有些清醒的人像疯子一样大叫起来：

"我们完了！"

“妈妈，是我！”

“天哪，不……”

“我们快被活埋了！”

“救命！”

但无论我们如何喊叫，这一切地狱般的处境似乎还是一直这样没完没了地延续下去……

大约又有30名的士兵从外面跳了进来和我们缩在了一起。我们被这些新来的人无情地推来踹去，每个人都在用吃奶的气力挤到战壕的最深处。无论谁在最上面都必死无疑。周围的大地上布满了数以千计的新弹坑。活下来的德国士兵纷纷逃到这些弹坑里，但随后新的一轮炮击又将一些已经躲入弹坑的士兵炸死了。

天空中传来飞机引擎的声音，地面上幸存下来的德国士兵向着天空中的德国轰炸机发出雷鸣般的欢呼。俄国人的炮击又持续了几秒钟，紧接着便急剧地减弱了下来。

还活着的军官们开始吹哨命令士兵们撤退。在我们战壕里的许多人像被猎狗追逐的兔子一样蜂拥地跑出了战壕。我们正准备随大家一起撤下去，这时连队的一个活下来的军官大声吼叫道：“你们留下来，我们必须要留下阻止俄国人的反击。把你们的枪准备好。”在我们的战壕中躺着6具希特勒青年师士兵的尸体，每一具尸体都已经无法辨认了。战壕的左边已经完全坍塌了，克劳斯的军靴露在土堆外面，另外一名掷弹兵已经被完全埋住了。

老兵的脸上汩汩地流着鲜血，在他的帮助下我们把机枪重新架好。我们眼前原本广袤的平原已经早已面目全非，到处都布满了巨大的弹坑和掀起的土堆，就好像一群巨大的鼹鼠刚刚打完洞一样。无论你看到哪里，到处都是升起的烟雾和火苗，还有一动不动的尸体。在远处螺旋状升起的烟尘中，我们可以看见德国的梅赛施密特110轰炸机向俄国人炮兵阵地上投弹后燃起的冲天大火，看起来我们的轰炸机炸中了他们的弹药库。俄国人阵地上震耳欲聋的爆炸声和刺目的火光让我们也感到有些晕眩。

我们的军士长喊叫着，“这些狗娘养的，现在让他们也尝尝这个滋味！”

我们的梅赛施密特110轰炸机在投完自己的炸弹后向西返回，

这时俄国人的大炮又打响了，这次他们的目标是正在撤退中的德国坦克部队，至少一半的德国坦克已经被摧毁了。

尽管我的左臂在那帮逃避炮击的士兵跳入我们掩体时几乎被压断了，在那时我却并没有感到什么。现在我的左臂发出揪心的疼痛，但实在是太忙了，以至无法去注意到这些。俄国人的炮击又从北至南的顺序开始了，炮弹再一次越过我们的头顶。我们这群目瞪口呆的士兵现在连呼吸都觉得困难了，就像在大病之后勉强爬起的人一样，完全失去了自己的力量和意识。我们都无力说话了，在几个小时连续的疯狂炮击下，我们所有人都失去了描述这一切的能力和意志。任何经历过这些的人都只会留下一个永远的噩梦，甚至今天在我试图将这一切用文字写下的时候，我也无法找到恰当的言语表达这些经历。

在我们所信奉的上帝抛弃我们后，我们只好趴在战壕的地上——在我们这个半正式的坟墓里不知所措。

我们中不时有人探头向东面的平原望去，以等待着俄国人随时的进攻。我们就像一群失魂落魄的孤魂野鬼，忘掉了自己活着是为什么，也忘掉了除了愤恨，还有什么其他人类正常的情感，更忘掉了土地除了埋葬死人，还有什么其他的作用。

我们已经成了一群疯子。我们的动作和活动都不再受自己掌控，手脚在连续几个小时躲避炮击的相互拥挤中已经变得麻木了，每一个人都挤着活人或是死人，军士长命令我们要保持好站位，但每次俄国人开始一轮新的炮击，我们都会猛地再一次扑向战壕底。

黑夜慢慢降临了，俄国人再次开始了令人疯狂的持续炮击。林德伯格由于神经过于紧张已经陷入了某种呆滞状态，苏台德人也好不到哪去，他已经开始像中了风一样颤抖，并无法控制地呕吐起来。疯狂正在吞噬着我们，情况变得越来越糟。

在半癫狂的状态中，我看到一个大个子（后来我知道是霍尔斯）一把拿起机枪向天空扫射起来。从天倾泻下来的俄国炮弹没有一点减少的迹象。我看到军士长正在攥紧拳头奋力击打着地面，然后他又故意转向幸存下来的那个掷弹兵，狠狠地打起他来。那个看起来还算正常的掷弹兵，只是一直木然地盯着军士长，然后就哭了起来。

成千上万发的苏联炮弹不停地向我们的阵地上落下来，我感到我快要休克了，头脑里完全一片空白，竟然忘记了我的处境而从战壕里站了起来，向天空尽情地喊出各样的诅咒和脏话。其他所有人也和我一样处于完全崩溃的边缘，我们现在不过是一群活死人而已。我心中的愤怒像野火一样燃烧着，我的最后一丝力气也被这种愤怒而耗尽了，头开始晕眩起来，终于倒在了战壕的边上。我大张着嘴，嘴里面都是泥，开始呕吐起来。我知道只有把胃里的所有东西都吐出来才能停下来。我趔趔趄趄地走在自己的呕吐物上面，伸出颤抖的双手试图抓住战壕壁上的固定木桩让自己站住。这时一道白色的亮光仿佛是某个噩梦里的陪衬，撕去了笼罩在我们周围的黑暗，刺眼的白光暂时让我清醒了一些。我慢慢地抬起眼睛，目光随着战壕上方俄国人的照明弹一直缓缓落到地面。在这一刹那，忽然觉得我好像回到了家里，周围的一切都消融了，那颗照明弹仿佛就像是一颗坠落的流星。

呆呆站了很长一段时间，尽管这时苏军的炮弹一刻不停地落在我们周围。战壕里一些人已经保持站立的姿势很长时间了，以至他们竟然站着睁着眼睡着了。终于，到了午夜时候，苏军的炮击结束了。周围的一切又恢复了死一般的寂静。然而，战壕里却没有一个人动一下——我们已经如此虚弱，甚至连动一动手脚都已经是一件不可能的事了。还是老兵唤醒了大家的注意力，“小伙子们，别睡着了，俄国佬总是挑这个时候进攻。”

军士长斜靠在战壕壁上，恼怒地瞪着老兵，但只过了几分钟，他的头就垂下来，睡着了。

老兵仍旧不停地提醒着我们，但是我们剩下的 6 个人对于他劝告的反应就像战壕里躺着的 8 具尸体一样。无法控制的睡意正在压垮我们——连俄国大炮也没有能做到这点。如果俄国人选择现在进攻的话，他们无疑将挽救无数他们自己士兵的生命，因为现在所有的德军前沿阵地都由睡着的人或死去的人把守。接下来的几个小时里，我们都沉沉地进入了梦乡。

军士长是我们战壕里最先醒过来的人。当我们睁开双眼的时候，我们发现他正靠在苏台德人身上，而苏台德人还在一旁沉沉地睡着。苏台德人在梦里喊了一声吵醒了军士长。我们所有人都浑身无力，以至于身体动一下都会觉得疼得钻心。天色渐渐亮起来，已经可以看到平原上狼藉一片。一切是如此安静，甚至听不到一点声音。我们伸出头向一望无际的平原望去，黎明的地平线除了北面和南面被零星的灌木丛挡住外，在我们周围几乎是一个完美的圆弧。我们拿出一些罐头，相互交谈着并努力吃点什么。

军士长开玩笑说，“这就对了，你们应该攒点力气。但如果这样的宁静持续下去的话，我会大吃一惊的。”军士长完全不知道他的生命马上就要走到尽头了。

战壕里另一个人说：“也许会一直这样的，昨天的好戏已经害苦了不少人了，或许我们真的会有两三天的安宁日子过。”

军士长接着说：“我不太相信。元首已经命令我们继续向东前进，没有什么可以挡住我们的部队。进攻将会在日出后开始。”

林德伯格有些乐观和兴奋地问军士长说：“你真的这么想？我们的部队会弄掉那些俄国人的大炮吗？”

一旁的霍尔斯嘟囔着说：“如果这一切再来一遍的话，我会发疯的。”

我接着他的话说：“或者被炸死。我们不可能会再有昨天的运气了。”

霍尔斯一边看着我，一边嚼着自己的食物。军士长、林德伯格和幸存的掷弹兵仍旧交谈着。我和霍尔斯接着交换了我们对将来的悲观预测。只有老兵一个人在一旁默默地吃着罐头，他因为缺乏睡眠而充满血丝的双眼盯着东方地平线上的启明星。

军士长指着霍尔斯和我说：“你们俩负责站岗，我们再睡一会儿。但在这之前，我们必须要清理掉战壕里的这些死尸。”他指着战壕里那8具已经爬满绿头苍蝇、面目全非的尸体。我们看着其他人把尸体上的身份牌取下，这一次我们由于负责站岗，幸运地逃过了搬运尸体的工作。剩下的人一边搬运着自己阵亡同志的尸体，一边骂骂咧咧：

“妈的，这个家伙至少有一吨重。”

“我的天，如果俄国人马上打死他的话，他不会成现在这个样子。”

然后我们就听见身份牌被取掉的声音。

“呸……他简直是躺在粪堆里。”

我们冷漠地把头转到一边，死亡早已经失去了对我们的威慑力，我们已经习惯了这一切。当其他人在忙着抬尸体的时候，我和霍尔斯继续讨论着我们活下来的可能性。

“手和脚受伤时比其他地方更疼，但这其实也没有那么糟糕。”

“我在想奥林海姆（作者战友之一）现在怎么样了？”

“听说他的手臂断了。”

“你的手臂怎么样？”

“我的肩膀现在痛死了。”

在我们身后，其他人正在掩埋着尸体。

“海因茨，1925 年生……唉，可怜的家伙。”

霍尔斯说：“让我看看你的肩膀，也许你伤得很严重。”

我回答说：“我想只是撞青了一块。”

我边说边想解开我的军服，当我把衣服从肩膀上褪下的时候，一阵雷鸣般的响声从苏军阵地上传来。紧接着一排炮弹落到了我们的阵地周围，我们再一次万分恐惧地趴在战壕底上。

有人喊道：“我的上帝，又开始了！”

在一阵阵落下的土块中，霍尔斯爬近了我。他刚刚要开口说些什么，一阵剧烈的爆炸声淹没了他的话音。

霍尔斯大声说道：“我们肯定坚持不了，我们必须得离开这儿。”

有一发炮弹落到离我们非常近的地方，这发炮弹爆炸的火焰把我们的战壕映得通红。我们随即被厚重的浓烟所包围，大量的土块飞落到了我们掩蔽的地方。我们可以听见惊恐的叫声，接着听到了军士长的声音：“有人受伤吗？”

老兵费力地咳着说：“我的上帝，我们的炮兵在哪里？”林德伯格又一次开始颤抖起来。接着俄国人的炮击停止了。老兵小心翼翼地探出头张望着，我们剩下 7 个人也把自己的头从战壕边上探了出去，望着仍旧飘着尘土的一望无际的平原，在远处不知什么地方的树丛里，有人正在歇斯底里地号叫着。

军士长狡黠地笑着说："他们一定是快没有炮弹了。否则他们不会那么快停下来。"

老兵依然用那惯有的无所谓的表情看着军士长。

老兵说："军士长，我其实在想这个问题——为什么我们的炮兵不开炮呢？"

军士长回答说："我们正在准备反攻，所以我们的阵地很安静。不过马上我们就会看到自己的坦克了……"

老兵的眼睛死死地盯着地平线。军士长接着说："我们的反攻会随时开始……"

我们这时注意到了老兵的表情，他的眼睛正变得越来越大，接着嘴巴也张大了，看起来好像要吼叫一样。军士长也终于闭上了自己的嘴，我们都顺着老兵的视线看去。

在离我们很远的地方，有一条横跨地平线似乎望不到边的细黑线像海浪一样朝我们涌来。我们又仔细看了一会儿，这条线变得厚重起来，并显得有些不真实。我们被老兵突然的一声大叫吓得哆嗦起来，"是西伯利亚人，他们来到这里了，看起来他们至少有 100 万人！"

老兵摆好了自己的机枪，他的嘴里发出一阵疯狂的大笑。在我们阵地的远方，成千上万俄国士兵的吼叫声听起来像是咆哮的风暴。

军士长大声地命令说："每个人各就各位！"军士长像被催眠一样目不转睛地望着苏军势不可挡的进攻人潮。

大家像木偶一样拿起了自己的枪，把自己的肘紧紧地靠在战壕边上。霍尔斯浑身抖个不停，而为他装弹的林德伯格看起来已经吓得无法拿起 7.7 毫米口径机枪的弹带了。霍尔斯大声向林德伯格喊道："靠我近些，再近些，不然我杀了你！"

林德伯格的脸抽搐着，好像快要哭了一样。老兵不再喊叫了，把机枪牢牢顶在肩膀上，手指放在扳机上，他紧咬的牙像是要碎了一样。苏军的喊声已经变得越来越大而且更清楚了。巨大的声浪让我们无法听清喊的是什么。

我们都被这即将到来的进攻规模给惊得目瞪口呆，我们感到自己就像是几只在巨蛇面前被吓瘫了的老鼠一样。林德伯格崩溃了。他开始抽泣和喊叫起来，最后竟倒在了战壕的地上。

林德伯格大叫着：“他们会杀了我们！他们会杀了我们！我们都死定了！”

军士长对林德伯格说：“起来，回到你的位置！否则我枪毙了你！”

军士长强行将林德伯格拽起来，但他却浑身软得像块破布一样，此时他的脸上都是眼泪。

霍尔斯向林德伯格叫道：“你这个杂种！自己去死吧，我一个人来照顾这挺机枪。”

这时，我们可以清楚地听到俄国人的喊声——一个无比洪大和连续的“乌——拉——”

我心里对自己说着：“妈妈，妈妈。”

我旁边的老兵嘟囔着：“乌拉，乌拉，再靠近一点。”

苏军巨大的进攻人浪离我们只有约400米时，我们听到了飞机引擎的声音。我们抬头看到在耀眼的晴空上有3架飞机。

苏台德人喊道：“飞机！”我们其实早都注意到了。

我们将自己焦虑的眼睛暂时离开了俄国人片刻。飞机开始向下俯冲，而飞机的引擎也开始嘶叫起来。军士长兴奋地喊道：“梅赛施密特轰炸机！他们可真有种！”

3架德国飞机在苏军巨大人浪的最前方分散开，然后就向下扫射起来。这看起来是告诉我们的迫击炮开火的命令。迫击炮都藏在灌木丛中，所有的炮位都延长了射距。当我们的飞机再次俯冲扫射的时候，我们的机枪开火了，我能感到机枪的弹夹飞快地从我的手中滑过，一排子弹很快打光了，我们又装上一排。德国炮兵也开火了，进攻的苏军遭受了无情的屠戮。

然而，苏军的人浪丝毫不减地继续向我们涌来，这让我们所有人毛骨悚然。尽管死亡不再能够恐吓我们，但我们钢盔下的头发还是不由自主地竖了起来。我的眼睛死死盯着老兵手上冒着青烟的机枪，抖动的子弹带疯狂地向前运动将子弹送到枪膛里。

军士长一边用自己的手枪还击，一边大喊道：“准备手榴弹！”老兵用更大的声音回答道：“这是白费力气，我们没有足够的弹药阻挡他们，军士长，趁我们还有时间，下命令撤退吧。”

这时，俄国人“乌——拉——”的喊声已经越来越近了。冲在前面的俄国士兵边冲边向我们开火，四周到处是子弹与空气摩擦的声音。军士长对老兵回答说：“你简直疯了，没有人能被允许从这里离开，我们的援军马上会到的，为了上帝，继续射击。”老兵这时已经换上了最后一个机枪弹夹。老兵接着说：“你才疯了呢，现在说什么‘马上’已经太迟了。但是如果你非要留在这里等死，那只好请便了。”军士长大叫着：“不行，不行。”这时老兵已经跳上了掩体向树林奔去，他还向大家示意跟上，我们随后也慌不迭地拿起自己的枪准备离开战壕。苏台德人喊了一声：“跑！”我们大家都跟上了他。我们向掩体后的树林狂奔，心中充满了恐惧和疯狂，俄国人的子弹不停从我们身边飞过。令人惊讶的是，我们战壕里的 7 个人居然都还在。军士长终于也跟了上来，他一面跑，一面大声抗议着：“你们这些懦夫！停下来还击！你们都活不了！马上战斗！”但是我们依旧向树林狂奔而去。

军士长在后面喊道：“停下来，你们这帮懦夫！”

我们刚刚赶上老兵，他正在一棵残树桩后面。我在他的正后方。

军士长嚷道：“你这个浑蛋！我要向上级报告！”

老兵一边喘气一边几乎是笑着回答说：“我知道，但我会用俄国人的刺刀杀掉行刑队员的。”

我们接着又开始跑起来，爬上了一座到处是弹坑的小山坡。打在山坡上的俄国人的子弹在我们周围发出噗噗的闷响。老兵向后面正在爬坡的军士长喊道：“军士长，赶快！赶快！你看，我们能够在第二道防线挡住俄国人。”老兵话音未落，只见军士长突然大叫了一声，站直了自己的身体，双手滑稽地挥舞在空中。然后他就沿着山坡滚落了下去，脸朝下一动不动地趴在了地上。

老兵说：“该死的军士长，我早告诉他赶快的。”我们这是第二次失去领导了，我们继续在树丛中穿行，身上带的武器变得越来越沉重了。我向大家说：“我们停一会儿吧，我喘不过气来了。”

霍尔斯也跌坐在了地上喘着粗气。在我们身后，我们听到了密集的枪声和时不时我方向俄国人发射的炮弹爆炸声。老兵讽刺地说：“这样的炮火是挡不住苏联人的，小伙子们，我们继续走。

现在还不是休息的时候。”霍尔斯对老兵说：“感谢上帝，你在这里，否则我们早死了。”老兵回答说：“没错，现在我们跑吧。”尽管已经筋疲力尽，我们还是趔趔趄趄地向前跑着。

又有3个其他连队的步兵加入我们之中，他们中有一个人说：“你们吓死我们了，我们还以为你们是布尔什维克呢。”我们跑到了一片空地，但空地看起来不是一个天然的开阔地，而是一天前俄国人的炮弹击中我们在这里的一个弹药库形成的。我们找到了一门反坦克炮的残骸，除此外，周围的一切都化为了灰烬。一具烧得漆黑的尸体挂在一棵被炸倒的大树树枝间，尸体离地有一米左右。突然我们被一整连的德国士兵围住，一个身材高大的上尉跑上来问道：“你们的军士长在哪里？”

老兵回答说：“死了。”上尉听到后说：“真是糟透了。你们从哪里来？你们是哪个连的？”

我们回答说：“大德意志师5连8班，上尉先生。”

另外3个和我们一起的步兵回答道：“3连21班，我们是3连唯一活着的人。”

军官看着我们，一句话也没有说。远处传来一阵隆隆的炮声和俄国人的喊叫声。上尉问道：“敌人在哪里？”

“就在你的前方，到处都是。他们刚刚从平原冲上来，肯定有几十万人。”

上尉说：“继续往后走，我们不是大德意志师。找到你们队伍的时候归队。”

他话音未落我们便再一次走入了树丛，而上尉则转向他的部队开始下达着命令。一路上，我们经过了许多预备部队，最终来到了原先曾经待过的小村庄。有一个我们师的连队正驻扎在这里，我们停了下来问他们听说过五连的一些情况没有，但一无所获。在那里无论是军官或士兵都在向我们问一大堆的问题，我们最后被批准待在一座坍塌的房子里休息，有人给我们送来一些喝的东西。到处都是正在加固和伪装掩体的士兵。到中午的时候，我们可以听到战斗离我们越来越近了。一排俄国人的炮弹让大家都忙着寻找隐蔽处，我们向木屋的地窖跑去，在那里我们碰到了我们师一个肥胖的老兵，他正在忙着跳舞和唱歌，而外面巨大的爆炸声正此起彼伏地响起。他的同伴们谁也没有注意他。

霍尔斯说："他一定是疯了。"

旁边有人解释道："在我们来的时候他就是这个样子。"

很快我们也不再注意到那个胖疯子了，而他正在试图跳一曲法国康康舞。

霍尔斯嘟囔着说："他也太过分了。"

但那个疯子仍旧继续舞动着他的手臂。

下午的时候，有五六辆坦克向前方开去阻截俄国人，坦克后面跟着一些掷弹兵。在远方，我们可以听到战斗持续了大约一个小时。然后我们就看到掷弹兵们返回了，和他们一起下来的是一大群突围出来的步兵。在果园那边的树林已经是火光冲天。零星的炮弹落在那些刚撤下来正喘着粗气的士兵周围，他们中许多人还拖着负伤的战友。

我们意识到这里很快就要成为前线了，战斗正在一步步逼近我们。随着巨大爆炸声的临近，我们再一次被那种前线特有的焦虑牢牢抓住。那些投入反攻连队的阵地已经被不可阻挡的苏军洪流所吞没，我们对苏军造成的巨大伤亡似乎对于苏军来说不足挂齿。

我们的小村庄现在已经成为了一个重要的战略要地。村子里到处是机枪、迫击炮，甚至还有一门反坦克炮——在接下来的 36 个小时里，正是这些东西让我们再次经历了地狱般的日子。在离我们 60 米远的地方有两个散兵坑，散兵坑被仔细伪装起来以作为机枪阵地。在我们木屋右边，有一门巨大的榴弹炮正隐蔽在那里的房屋断壁后面。在自行火炮附近还有大概 50 多个机枪手、步兵和掷弹兵。他们都隐藏在其他木屋的废墟里和倾倒的篱笆后面。在离他们稍远的地方，一些从前面逃下来的士兵正在被重新集合起来挖掘新的战壕。在我们的左后方，一门 50 毫米的反坦克炮被放在精心挖好的土堆后面，炮口正对着果园的方向，整个炮位看起来就像一个碉堡。在炮位的后面一点是一辆无线电通信车，我们到达小村庄休息的时候恰好看到这辆车到达。

从我们小村庄的地窖里，一系列的命令正在被发送出来。军官们正在召集所有被打散的士兵，重新将他们组建成应急分队，并将他们补充到小村庄前面的掩体里面。看起来我们小村庄地窖里的通信部一定有一位军衔很高的军官在直接指挥。

不时飞来的流弹让一些人赶忙趴在地上。但比起我们昨天所经受的，这些“场面”一点也不让我们感到紧张。在大约距我们前面两公里的地方，我们撤退部队和俄国人的交火仍旧在激烈地进行着。老兵一面听着周围的嘈杂声一面点着头。他回过头问随军牧师说：“外面正在建造另一条齐格菲防线，他们那些人真的认为能够挡住俄国人的进攻吗？牧师，向你仁慈的上帝祈求，好让他能用闪电帮助我们，因为反正我们没有什么炮兵，我们正好用得上那玩意儿。”在场的所有人都笑了，连牧师也笑了。牧师对于这些上帝所造之物间的毫无悔意的自相残杀现在多少也有些困惑。

有一个军官往掩体里看了一眼问道：“你们这群人在这里做什么？”老兵指着我们6个人报告说：“5连8班向你报告，长官。其他人是自己来到这里的。”军官说：“好的，你们留在这里，其他人都出去，外面还有许多阵地需要人把守。”老兵又向军官说：“长官，请给我们留下几个人在这里，万一我们有人阵亡的话，他们可以补上。我们必须要有足够人手守住这个地方。”

军官回答说：“好的。”就在军官准备点人留下的时候，那个刚才在跳舞的胖疯子毛遂自荐地说：“长官，我在莫斯科战役时是一名机枪手，我的表现非常出色。”军官说道：“好的，你留下来，还有那边那个家伙，其他人跟我来。”我们班由于这个胖子的加入，体积扩大了许多。我们私下叫他“法国康康”。

“法国康康”对我们说：“非常抱歉，我希望你们能够原谅我的体积给你们造成的麻烦。但你们必须要理解，挖一个给我用的散兵坑需要非常辛苦的工作。”接着他又喋喋不休地讲下去，一切到他脑海中的事情他都不会放过。只有外面的爆炸声能够让他闭上自己的嘴并不时地眨眨自己的小猪眼睛。但只要危险一过去，他又开始了自己的长篇大论。老兵面无表情地对他说：“你可以放心躺在我们为你挖的坑里，我们会在你的啤酒肚上放几块石头，就这样。”“法国康康”不解地说：“我不怎么喝啤酒。”霍尔斯打断了他的话。霍尔斯说：“情况看来不妙，你们看，我们有两辆坦克回来了。”

老兵说：“这根本不是我们的坦克，这是俄国人的 T-34 坦克，但愿我们的反坦克小组能够注意到它们。”

我们眼睁睁地看着这两辆坦克向我们的村庄隆隆驶来。

霍尔斯说道：“上帝帮助我们，我们绝不可能用这些豌豆枪挡住它们。”他接着开始用重机枪向坦克射击，不一会儿，坦克上火星四溅，我们看到子弹也打到了坦克的炮塔上，但坦克看起来毫发无损，仍旧继续向前驶来。一发俄国人的炮弹呼啸着落在我们小村庄的背后，气浪将我们推到了地面上。俄国坦克开始减速，第二辆已经在往后退。正在这时，我们的榴弹炮向坦克开火了，坦克开始向后方斜着后退。一发俄国炮弹打在了我们小屋的左侧墙边，我们所在的小屋地窖剧烈地晃动起来。外面又有几声爆炸声，但我们都不敢探头出去看。紧接着外面一阵欢呼声让我们的胆子壮了一些，我们看到第一辆俄国坦克已经被我们的反坦克炮打得歪在一边，正歪歪斜斜地靠一个履带向后退着，并碰上了后面的另一辆坦克。后面这辆坦克被迫转向，刚好把自己的侧面暴露在我们的榴弹炮的炮口面前。几分钟后，这辆坦克已经被浓烟所包围，它和前面这辆坦克一同转向并向后退去，其中一辆坦克开始喷出黑色的浓烟，看起来它肯定走不远了。我们可以听到所有德国士兵的欢呼声。

老兵兴奋地大叫着：“小伙子们，你们看，这就是让俄国佬逃跑的方法!”

我们大家都紧张地笑了起来，只有那个消瘦和肤色黝黑的小伙子没笑。霍尔斯问他：“为什么你看起来不太高兴?”那人回答说：“我病了。”

苏台德人说：“你的意思是你感到害怕。其实我们心里都一样害怕。”

那人接着说：“我的确害怕，但我也真的病了。每次我去上厕所，鲜血就会从我的肛门里喷出来。”

老兵说：“你应该住院。”

那人回答说：“我试了，但上校不相信我的话，我的病他也看不到。我想只有一个人少一只手或是身上有一个洞时，他才会被批准住院。”

炊事车刚刚开到了我们的木屋门口，任何有胆量出去的人都可以把自己的饭盒装满。仅仅是知道我们有补给这件小事就让我们的信心恢复了一些，觉得我们并没有和外界失去联络。但是随着夜幕的降临，我们的麻烦开始了。激烈的战斗再一次爆发了，前面的德军还没有完全撤下来，俄国人就已经在我们的阵地前面了。在我们前面被炮弹撕碎的果园里到处是冲向我们的俄国士兵，但是我们阵地上的火力淹没了他们的喊声，一场可怕的屠杀开始了。

地窖已经充满了我们两挺机枪射击后呛人的硝烟，旁边的反坦克炮炮管已经打得通红。反坦克炮的后坐力让屋子的天花板上出现了许多裂缝，天花板上的沙土像雨点般砸在我们的钢盔上。老兵向霍尔斯喊着：“让我们轮流射击，否则我们的机枪会熔化的。”林德伯格的脸已经和他军装的颜色一样了，他把一些土塞到了自己的耳朵里让自己听不到外界的声音。第五条机枪子弹带从我磨破的手中滑到了已经滚烫的机枪里，老兵在不停地射击着。

在我们前面的两个机枪阵地已经有一个被苏军用手榴弹摧毁了，另外一个仍旧在射击着，子弹将一片片的苏军士兵扫倒在地上，在我们阵地前面形成了一个巨大而可怕的尸体堆。俄国人竭尽全力要撕开我们的阵地，一波又一波的人浪倒在我们的迫击炮和机枪的火力之下。我们不知道在我们看不见的地方发生了什么，但在我们这里，俄国人遭受了沉重的打击。

一发炮弹爆炸后的弹片穿墙打进了我们的小屋，竟然奇迹般地没有人受伤。接着我们听到了沉重的轰鸣声，阵地上的德国士兵赶紧把头低了下来。在我们前面，几百发照明弹映红了夜空。我们心里突然充满了恐惧，但紧接着有人喊道：“这是我们的炮兵！”老兵说：“谢天谢地，我本来已经不指望他们了，小伙子们，我们能撑下去了——也就是说俄国佬没法通过我们的防线了。”

德国陆军的炮兵终于重新集结了，现在正将致命的弹雨向苏军倾泻而去。在夜色中烟雾缭绕的掩体里，我们的脸上有了释然的神情。“法国康康”叫道：“看看我们怎么去揍这些俄国佬的！

事情本来就该这样，太棒了!”

在我们前面的地方，我们可以看到飞舞到天上的泥土。林德伯格现在早已经激动得要跳起来了，他正在用尽气力喊着：“胜利万岁!”显然俄国人无法抵御我们的大炮，就像昨天我们不能抵御他们的人浪进攻一样。德国的大炮延长了射程，把俄国人赶出了果园。现在，俄国人的“乌拉”声已经被成千上万的死伤者可怕的呻吟声和号叫声所替代了，我们以为自己的阵地保住了。

老兵提议说：“我们喝一杯吧，我们应该庆祝。自从来到俄国后，我还从来没有见过这样残酷的战斗。我们应该可以喘口气了。”他接着把林德伯格从角落里拽了出来，“你，给我们找点喝的东西，别坐在这里哭鼻子。”

林德伯格已经高兴得发疯了，他一会儿哭，一会儿又大笑起来。霍尔斯已经对他受够了，霍尔斯对林德伯格说：“去给我们找些喝的东西来。”接着他踢了林德伯格的屁股一脚。林德伯格问他：“我去哪儿找酒给你们?”霍尔斯回答说：“这是你的工作。开无线电卡车的那些家伙通常会藏着一些好东西，或者任何别的什么地方，只是不要空手回来就行。”

在外面，其他的士兵也在庆祝击退了俄国人。在我们的地窖里，乐观的情绪又洋溢了起来。“法国康康”又开始跳舞了，我们也和他一起跳了起来。

屋里其他人说：“我已经认为我们就要完了，感谢上帝我们有炮兵。”

和我们在一起的掷弹兵笑着说道：“感谢上帝是对的。”

欢乐和释然的眼泪从我们通红的眼睛中流出，顺着我们污黑的脸淌了下来。老兵正在唱歌和嚷着要喝酒，我们信任他，那天早上是他救了我们。如果他高兴起来的话，我们也应该高兴的。他了解俄国人的打法而且已经参加过许多和俄国人的战斗。他告诉我们可以休息一阵了，但是这次他错了。

俄国军队人数和实力已经变得异常强大，他们已经不再是被我们轻易从波兰赶出去并在俄罗斯土地上被驱赶了上千公里的乌合之众了。局势已经发生了巨大的变化。在我们的地窖外，在我们阵地战壕前数以千计的苏军尸体后面，俄国人正在集结更多的军队准备向我们发起不停歇的冲锋，他们的士兵正踩着自己人和我们士兵的尸体向我们冲过来。他们现在用成百上千密集摆放的大炮向我们猛烈轰击，很快，他们胜利的欢呼声就要淹没我们的笑声。

我们地窖里的 5 个人瞪着恐惧的双眼看着果园里战斗之后留下的熊熊燃烧的上千束火光。德军的防线已经顶住了苏军的 3 次人浪冲锋。在苏军冲锋的间隙，他们的大炮向我们的阵地和炮兵疯狂射击。这样的局面已经持续了 5 个小时，我们的笑声停了下来。苏军的喀秋莎火箭弹雨点一般落到我们的阵地上，我们许多阵地被夷为平地，大批士兵被炸死了。剩下的人要么被苏军下一轮的炮轰炸死，要么承受不了这一切而精神崩溃了。只有一部分像我们这样有着坚固阵地的连队幸存了下来。我们小屋的房顶终于塌了下来，我们房顶上的大洞起到了烟囱的作用。那个黑瘦的男孩接替了霍尔斯的机枪手的职位，霍尔斯的前额被一块弹片或子弹划伤了，他正在和抬到我们地窖里的 3 个快死的伤兵躺在一起。

霍尔斯的那挺机枪卡壳了，现在只有老兵的那挺机枪还能射击。老兵已经筋疲力尽了，“法国康康”、苏台德人和我轮流在老兵旁边帮他更换弹药。当俄国人的喀秋莎火箭弹打到我们迫击炮阵地上时，我们每个人都感到了一种不寒而栗的绝望。我们的榴弹炮已经被拆卸了，反坦克炮也被炸毁了。现在这里只有几挺轻机枪和小口径步兵炮可以暂时阻止潮水一般汹涌而至的俄国士兵夺取我们的阵地。我们这里有被攻占或被包围的危险。

老兵对我们说：“我想我们的死期到了。对我们大家来说这个结局太糟了，但我看不到第二个可能的选择。”借着有时升起的照明弹的光芒，我们可以看到前面阵地上的两名机枪手还在英勇地射击着。

天刚蒙蒙亮，俄国人便加强了他们的进攻。他们的坦克向我们发起了进攻，一发炮弹摧毁了我们小屋最后一点的防护，我们被气浪掀到了地窖的地板上。我们痛苦的呻吟声伴随着外面两个德国机枪手的惨叫。复仇的俄国人把坦克开到了机枪手的掩体上，坦克用履带反复地碾轧机枪手藏身的掩体，直到将他们轧成肉泥。我们中只有霍尔斯看到了这一切。他告诉我们俄国坦克在机枪手藏身的掩体上碾轧了很久，俄国坦克车手不停地叫着："去死吧，德国佬！去死吧！"

我们在俄国步兵到达前10分钟左右离开了掩体。情况很清楚，其他的部队已经抛弃了我们。天知道我们是如何从尸体堆和刺眼的照明弹中穿过的，我的脑袋里被连续的爆炸弄得嗡嗡作响。霍尔斯走在我的后面，他的手上沾满了从他脖子伤口中流出的鲜血。林德伯格在我们后面蹒跚地走着，老兵走在更后一些，边走边咒骂着这场战争，咒骂着我们的炮兵和俄国人。那个胖疯子和我走在一起，仍旧继续他喋喋不休而又听不清楚的话语。当战斗的声音变得激烈，天色也变得更亮时，我们不得不跑起来。

霍尔斯叫道："我们完了，萨杰，我们逃不出去的。"我开始颤抖并因为害怕而哭泣起来。我的头痛得让我受不了，持续的爆炸声和枪炮声已经让我头痛欲裂了。我们不断卧倒，又站起来，接着又跑起来，就像是个上了发条的人一样。突然，"法国康康"大叫了一声。我回头一望，看到"法国康康"正哀求着说："别把我留在这里。"他的手正紧紧捂住自己的肚子，肠子从他的手里流了下来，看起来就像是肉铺里的杂碎一样。我冷漠地说道："像你这样怎么能走呢？"我其实都没有意识到自己说了什么。突然间他又开始喊叫起来，已经跪倒在地上了。我旁边的苏台德人像一个醉汉似的对我说："快走吧，我们帮不了他。"

我们像梦游一般继续跌跌撞撞地走着。我们突然听见了后面有引擎开动的声音，我们赶紧回头张望这个可能的威胁。一个黑糊糊的影子正快速朝我们驶过来。我们大家用尽全力打算散开。转眼之间一辆半履带式装甲车就开到了我们的面前，装甲车身上反射着周围炮火爆炸时的亮光。装甲车里有一个声音传出来："上来，朋友们。"我们这时才发现这辆装甲车正是牵引我们阵地上榴弹炮的那辆。原来曾和我们一起在地窖待过的3个士兵找到了这辆装甲车，并开动了它。我们费力地爬上了装甲车，车里已经被拆卸下来的榴弹炮零件放满了。装甲车再次被发动起来，我们穿过了一片挖有很深沟渠的地方，看起来这里曾是我们的炮兵阵地。一些站在空弹药箱边的士兵向我们挥着手，他们的脸上布满了疲倦的神情。我们的司机向那些士兵喊着："回撤吧，俄国人马上就要到了。"我们旁边一辆大炮牵引拖车正在燃烧，也许是因为拖车明亮的火焰让我们的司机没有看清前面的道路，我们的装甲车一头栽进了一个巨大的弹坑里，车上的每一个人都被抛了出去。我从车的前窗穿了出去，感到自己原本已经酸痛难忍的肩膀发出一阵钻心的刺痛，接着发现我已经斜靠在装甲车的一个前轮上。

有人说道："妈的，看看你对我们做了什么?"

装甲车驾驶员大叫着说："闭嘴！我的膝盖摔断了。"我站了起来，捏着自己的肩膀。我的左臂看起来已经无法动弹了。

苏台德人一面看着我，一面对我说："你的脸上都是血。"

我回答说："我只感到肩膀受伤了。"

我看到霍尔斯躺在地上，他之前已经负伤了，这次被摔出去好几米，现在恐怕他已经是昏过去或是已经死了。我上去摇晃着并叫他的名字，他抬起手来放到自己的脖子上，谢天谢地还活着。有人试图将我们的装甲车从弹坑里开出去，但车子的轮子已经陷在地里，轮子只能在原地打着转。我们继续走向下一个炮兵阵地，在那里炮兵们正在拆卸固定炮的桩子。炮兵们将我们和其他东西一同放在炮车上，我们随即往后方驶去。

在远处，地平线开始变得红了起来。

有一个炮兵问老兵说："你们从那个地狱里来?"老兵已经沉沉地睡过去了，并没有回答他的问题。不到几分钟，车厢里几乎所有的人都睡了过去，虽然车子颠簸得非常厉害。只有霍尔斯和我还半醒着。我的肩膀让我无法活动，而且给我带来一阵阵的剧痛。

有人正站在我的旁边，我的脸上满是凝血。破碎的挡风玻璃片在我脸上划了好多口子，所以看起来我脸上的血是从很深的伤口里流出的。那个站在我旁边的人说道："这个家伙一定快死了。"我大声向他吼着说："我没死!"

过了一会儿，我们都被抬了下来。每动一下，我的肩膀都疼得让我几乎要晕过去。我感到恶心，接着便无法控制地吐了起来。有两个士兵搀着我走到了伤兵休息的房子。霍尔斯捂着自己血糊糊的脖子，还有我们的驾驶员也单腿跳着跟了进来。

霍尔斯问我：“你伤得重吗？萨杰，你不会死的。”

他的话穿过了房间嘈杂的嗡嗡声传到了我的耳里。

我对他说：“我想回家。”接着我就感到胃里有作呕的感觉。

霍尔斯说：“我也想回家。”接着他仰面躺下睡着了。

没过多久，我们被防疫人员叫醒了。他们在查对阵亡和负伤的人员。我感到我的眼皮被一双冰凉的手指翻开，接着有人在查看我的眼睛。

那人说道：“小伙子，你没事的。你哪里受伤了？”我告诉他说：“我的肩膀，我一点也不能动它。”

医务兵接着解开了我的军装，这让我因为疼痛而号叫起来。

“没有明显的外伤，上校先生。”医务兵说。

“他的头呢？”

医务兵回答说：“他的脸上有血，但头没有问题。他的肩膀有些问题。”

医务兵将我的左臂左右来回转动，我大叫了起来。上校点了点头，接着医务兵将一个白纸片别在我的衣服上。他也给霍尔斯和装甲车驾驶员做了同样的事，然后他们将驾驶员送上了一辆几乎已经坐满了人的救护车。在中午前后，又有两个医务兵回来照顾我们，他们试图帮我站起来。我对他们说：“我走路没问题，但是我的肩膀受伤了。”接着他们让所有能够站起的人列好队，带我们到了食堂。

在食堂里面，一个军官命令我们：“所有人把衣服脱掉！”

我试图脱去外衣的努力几乎让我晕了过去。有两个人过来帮我脱掉了外衣，我肿胀和流血的肩膀露了出来。每个人都在大腿上打了一针，然后医务兵用乙醚清洗了我们的伤口，将石膏板上给那些需要的人。在食堂门口，他们正在给一个家伙缝背上的大口子，每次缝的时候，他都会大叫起来。有两个医务兵过来一把抓住我的肩膀，我大声地叫着和咒骂着，他们看起来毫不在意我的反应。他们将我脱臼的手臂咔啦一把推回了位，一阵剧痛从头顶迅速传到了我的脚趾。接着他们又去照顾下一个人。

我发现霍尔斯在外面，他们刚刚用一块纱布绷带缠住他的脖子。我的朋友这次的伤离他第一次在哈尔科夫挂彩地方刚好只有三厘米的地方。霍尔斯说：“下一次，他们会打在我的头上。”

在不远处，我们发现了老兵、苏台德人、林德伯格和掷弹兵，他们都已经倒在草地上沉沉地睡过去了。我们躺在他们旁边也很快地睡着了。

别尔戈罗德战役结束了。德国“反攻”的结果是失去了所有曾经夺到的土地。三分之一的参战士兵阵亡，其中包括许多才十六七岁的希特勒青年师士兵。

那个年轻漂亮、长有一张圣母马利亚脸庞的小伙子的命运怎么样了？还有那个有着清澈单纯眼睛的士兵在哪里？还有那个能言会辩的学生呢？

也许他们都已经永远地留在了俄罗斯饱受战火蹂躏的土地里了，就像是吹着忧郁口琴乐曲的那个士兵一样，他们都曾梦想回到自己青山翠谷的家园，但一切对他们而言都已经结束了。

在俄罗斯阵亡的德国士兵都没有自己的坟墓。有一天会有某个俄国农民将他们的尸骨挖出，然后将他们犁碎在自己的肥料下面，再在上面种上向日葵的种子。

第三部
撤　退
（1943年秋）

第七章

新的前线

在 9 月的时候，俄国人再次夺取了哈尔科夫。

德军在整个南部和中部的防线都受到了严重的威胁。俄国人用他们的坦克在我们的防线上打开了几个大口子，这样的局面已经威胁到了整个防线的安全。我们开始了全面的撤退，在这个过程中，俄国人常常将我们整个师整个师的士兵包围。我们大德意志师现在已经配备了新的装备和武器，还有一些快速行动的车辆以便随时侦察是否整个德军防线的后翼出现了苏军部队的渗透。我们的行动常常受到上面的表彰。无论大德意志师出现在哪里，哪里部队的士气就会为之一振——至少看上去是如此。

当然，在那些表彰公报里，我们战局的恶化和在泥泞与绝望中，被迫放弃自己装备，而忙于突围的德军部队是不会被提及的，不会被提到的还有那些已经投降但又被我们解围的德军部队的惨相，还有在这一切中我们这些“成年孩子”战士头脑里那些绝望和无助的感受，还有我们即将要面对的另一个俄国的冬天，还有那些与总部失去联系而孤军奋战的部队，连续数周的惨烈厮杀，还有无数人被严寒冻裂的双手，以及那些被迫选择自杀的伤兵。我们的将军们在战争结束后写了不少回忆录，他们当然也提到了那些惨烈的战斗中普通士兵的命运，但他们只是用一句话或是几行字草草带过。在我看来，他们从来也没有关注过那些执行他们命令的士兵所面临的悲惨际遇；他们从来也没有表示出对于那些普通士兵在这一切中的同情或安慰；他们在自己的回忆录里也只字不提那些普通的士兵也像他们一样有着自己的喜怒哀乐。

我们的少校魏斯雷德有一次和我们说道："这就是你们战斗的原因，即使是在你们选择进攻的时候，你们都不过是一些只想保住自己性命的野兽。所以你们要勇敢，因为人生就是战斗，战斗即是人生。真正的自由是不存在的。"

魏斯雷德少校常常帮助我们度过那些最为艰难的时候。他总是和自己的手下打成一片。他从来不像那些高高在上的军官们。那些军官们不过是把我们这些普通的小兵当作是自己赌桌上毫无价值而可以随时丢弃的小牌而已。魏斯雷德少校常常在枯燥的站岗时和我们在一起，他也常常到掩体里和大家一起聊天，由于他的存在，我们似乎忘掉了战壕外面那呼啸的暴风雪。我至今还记得他和我们坐在一起时被摇曳的油灯照亮的面容。

他告诉我们说："德国是一个伟大的国家。但现在，我们面临着巨大的困难。那个我们多少相信的制度至少在口号里是美好的。即使我们不能总是认同我们所作的，我们还是要为了德国，为了我们的战友和亲人与另外半个也同样宣称着为真理和正义而战的世界战斗。你们现在应该知道这些。我去过不少地方，到过南美，甚至是新西兰。从西班牙内战以来，我在波兰和法国打过仗，现在又在俄国打仗——我可以告诉你们的是：无论是哪里的战争，虚伪和谎言的伎俩都是一样的。我父亲教给我许多生活的原则——最重要的是我们必须在生活中找到诚实和忠诚。我在艰难中依旧忠实于我的这个信念。过去的一些失败和错误，我本该明智地选择用手中的剑了结掉自己，但是我只是笑笑，简单地责备自己，我想从我一存在就注定了生活里是无法逃避掉这些东西的。”

“当在西班牙第一次尝到战争的苦涩时，我思考过人类为什么要自杀，虽然这看起来是可悲的。然后我看到了敌人同样也坚信着他们所认为的事业的正义，并为这个事业主动地将自己交给死亡，死亡对他们而言不过是某种纯洁自己信念的仪式。总体而言，人都是不愿意接受那些自己不习惯的事物的。新东西让他们害怕和难受，所以他们会用战斗来保卫那些他们原来并不喜欢的东西。一个狡猾的思想家会善于挑唆起一帮头脑简单的暴民来支持自己的理念，这种理念例如有：‘人人平等’——其实人与人之间的差异就像是奶牛与公鸡的差异那么大。然后被这种理念搅得鸡犬不宁的社会开始向世界吹嘘自己刚刚发现的那些‘信念’，并随之成为对和平和世界的威胁。其实让社会里所有的人都衣食无忧才是最根本的智慧。”

“这些所谓的信念正是我们的敌人所信奉的。如果有人要我们来审视自己的话，我们至少能够有足够的勇气去这样做。我们的环境并不尽如人意，但我们至少能够去关注那些好的方面并抓住机会改善那些欠缺的东西。我们现在所从事的是一项危险的事业，没有人能够保证成功。我们所提倡的那些思想其实既不丰富也不容易理解，但是大多数的德国民众接受了它们，并用一种集体的努力来维护它们。”

“这就是我们为之冒险的一切之所在。我们在试图遵照这个社会的观点来改变世界的面貌，希望能够振兴那些我们祖先所遗留下来的过去的光辉美德。我们并不指望从这些努力中得到什么。我们到处都遭到别人的仇恨，如果我们明天失败的话，那些经历过无数苦难的德国人民就将被推上缺乏公正的审判席。我们也将被指控犯下了各种滔天的战争罪行，似乎有人类以来，战争里人们从来没有这样做一样。那些审判我们的人也将把我们所信奉的理念尽情地嘲弄。那些审判的人绝对不会放过任何施加惩罚的机会。我们那些阵亡英雄的坟墓也会被压平，只有一些没有明显罪过的将士的墓穴会被放过。随着我们的死亡，我们所有一切英勇的表现、共同的信念、恐惧和希望都会化为乌有，这段历史将无人提起。我们的后人将会认为我们的付出和牺牲都是一种白痴般的表现。无论喜欢与否，你们现在从事的事业就是这样一个有着巨大风险的事业。”

“如果你们选择放弃这个事业，那你们是不会被德国人民饶恕的。你们要么会被当作是一只劫后余生的稀有动物被保护起来，或是被众人所唾弃。对于那些我们的敌人而言，你们和他们只是一种猫与狗的关系，他们绝对不会把你当作朋友。”

“有人愿意面对这样一个结局吗?”

“那些想走却迫于压力不能走的人可以告诉我，我愿意付出所有的时间来让你放心。我再次重复，那些希望离开这里的人应该离开，我们不能去依靠那些在这里是多余的人。请相信我理解你们经历的所有痛苦，我和你们一样经历了寒冷和恐惧，我也和你们一样向敌人射击，因为我觉得作为一个军官，至少要履行和你们一样的义务。我希望最后能够活下来，但我也希望我的部队和手下能够团结一致地战斗。只要战斗打响，我决不容忍一点点的怀疑和失败主义。我们现在的苦难是为了最后的胜利，也是为了抵挡那些一心要消灭我们的敌人所需要承受的。请你们相信我，我一定不会把你们暴露在任何没有必要的危险里的。”

“如果需要的话，我会放火烧毁整个村庄为的是不让我们哪怕是一个士兵饿着肚子。在这片广袤的原野，我们更需要团结一心。周围到处都是仇恨和死亡，我们只有用自己完全一致的行动才能够战胜敌人。我们所有人必须要成为一个人，信奉一个信念。如果你努力这样去做并保持下去，即使我们死去，我们也是一个凯旋的士兵。”

魏斯雷德少校的话给我们每个人都留下了深刻的印象。他充满激情的诚恳感动了甚至是那些最消沉的人。他的话要远比那些让我们感到茫然和滑稽的牺牲主义的宣传要有用得多。他让大家提出问题，然后他用一种清晰和智慧的言语作出解答。只要他有空，就会和我们在一起。我们敬爱他并把他当作一个真正的领袖，同时他也是一个我们可以信赖的朋友。每一次我们出发的时候，他所乘坐的吉普车总是开在最前面。

老兵对少校很有好感。还是在别尔戈罗德战役结束后的第二天，他就指着我们的新少校说道：“你们看看我们的少校，他看起来很有头脑和智慧。”

我们在那年秋初横渡第聂伯河之前与苏军两次交手。这之前，我们连有些人在别尔戈罗德战役中失去了自己的一些装备。那些丢掉自己武器的士兵受到了上级最严厉的批评。

林德伯格、苏台德人和霍尔斯被正式定为伤员，虽然他们都丢了武器和其他装备。在一个人逃命的时候，他丢掉手中的武器是自然的。但是在俄国，我们的士兵被告知绝不能丢掉手中的武器，他们只能与武器共存亡。我自己出于本能把枪带了回来，老兵也把自己的机枪扛了回来，不管是出于习惯或是纪律。但是我丢掉了自己的钢盔、行军毯和从来没有用过的防毒面具，还有老兵没用完的机枪子弹。

我们也看到了林森，他也活了下来。他丢掉了自己大部分装备，正在无比悔恨地扯着自己的头发，担心会因为这个错误而丢掉自己军士长的官衔。

老兵建议林森下一次可以考虑被追认为军官，老兵的话让我们看着林森焦虑的神情大笑了起来。有人在地窖里发现了一些俄国人自己酿制的白酒，于是我们所有人都喝得酩酊大醉。

我们几乎可以肯定这一次多亏了魏斯雷德少校，我们这些丢了装备的家伙才逃过了军事法庭的审判。我们对这个可能的审判就像对苏军的喀秋莎火箭弹一样害怕。我们在后方的一个小村子里整整休息了 3 个星期。幸运的是，这段时间天气都非常好。我利用这一段时间给我的葆拉写了信，我没有告诉她我们在别尔戈罗德所经受的恐怖。霍尔斯现在认识了一个俄国女孩，他和那个女孩之间建立了一种互惠的关系。但是后来发现他不是唯一一个享受那个女孩温柔的男人。一天晚上他在女孩那里发现了另一个家伙——那个肌肉发达的男人是我们的天主教牧师。在经历了别尔戈罗德战役地狱般的恐怖后，牧师在自己的理智恢复后现在也开始沉溺于一些肉体的小罪恶之中了。从那件事之后，他每次带我们吟唱圣歌的时候，我们下面都会爆发出一阵大笑，而他总是羞得满脸通红，接着也和我们大家一起大笑起来。

一直到 9 月底，我们这里的情况总体是平静的，然后远方的炮声让我们想起了我们到俄国并不是来旅游的。实际上，俄国人已经突破了我们在别尔戈罗德以西所构筑的防线，德军全线崩溃的局面开始了。

我们的将军们相信我们的部队能够在苏军进攻时至少守住阵地，但是他们在稍晚时意识到我们的部队在苏军绝对的数量优势面前被一点点消耗殆尽，此时苏军正在拼命进攻我们整个中部的防线。

在计划继续向东推进之前，现实已经迫使我们作出相反的决定。此时，向第聂伯河西岸撤退的命令已下发并通知了大家，但是这个命令已经来得太迟了。第聂伯河防线以基辅为中心，切卡西在防线南端，车尔尼戈夫在北端。我们现在被一支远比我们更机械化的苏军主力部队追赶着，随时都有被苏军赶上的危险，这使得我们每一个人心里都充满了恐惧和混乱。原先我们在别尔戈罗德的撤退局面现在已经完全不可能了：苏军一刻不停地在后面追赶着我们。德国陆军现在只能边打边撤，由于撤退命令下达得太迟，许多走在最后的部队不得不被卷入阻击苏军前进的血腥战斗里。许多士兵在这些战斗中死去了。

那个秋天的撤退中，我们成千上万的人战死在了乌克兰辽阔的平原上。

那些与苏军先头部队战斗的士兵们都意识到了这场战役的结局。甚至那些最为狂热的战士也意识到无论他今天杀死了上百的苏联人，也无论他如何英勇战斗，到了第二天，他的面前还是会出现数以百计的俄国人向他冲过来。战斗每一天都是这样。就算是最蠢的人也能够看出俄国士兵被一种盲目的英雄主义和勇敢所充斥，哪怕他们同志的尸体是整整一座山也不能挡住他们的前进。

我们知道现在的战斗方式只会让胜利的天平倒向数量占优势的一方。

谁能够有理由责备我们吗？

我们知道自己在这次撤退中活下来的可能性很小，我们正通过战斗来使大部分部队能够渡过第聂伯河。我们知道自己的牺牲能够为其他部队撤退赢得更多时间。我们像疯子一样无情地射击着。我们不想死，只是想在自己不可避免的结局到来之前能够消灭掉更多的敌人。如果我们死了，也是带着愤怒的遗憾而死，因为我们没有能更长时间地阻止住敌人。如果我们活了下来，那我们也是一个不能再适应和平生活的疯子了。有时，我们也想逃跑，但是那些措辞严厉的命令让我们如同打了吗啡一般安静下来。

我们被告知："到了第聂伯河那里，一切都会变好的。俄国佬不能再用大炮轰击我们了。如果你们想让所有人都渡过河的话，鼓起勇气，尽你们所能拖住俄国人。俄国人的反攻将被粉碎在第聂伯河，然后我们又将向东部挺进。"

在这样的混乱和沮丧中，命令变成了一种职责。我们的敌人对这些普通德国士兵的勇气感到惊讶。我们每打一次，就往后退100米，尽最大可能阻止苏军向第聂伯河推进，我也看到无数的战友倒在了战斗中。在几百公里的撤退道路上，我们的战斗一直延续了好多天。当我们终于到达了第聂伯河岸的时候，我们看到的是无数士兵在岸边挤作一堆。整个军整个军的士兵等候在第聂伯河的东岸准备过河。河上只有几座小桥可供士兵通过。俄国人正在我们的身后，我们在河岸的阵地正以惊人的速度缩小。德国空军的飞机在我们的头顶上，这让我们的日子稍微好过了一些，但这些德国战机马上和空中更多的苏军米格或雅克式战斗机纠缠在了一起。我们为数不多的战斗机现在必须面对数量远远超过它们的俄国战斗机。那些还没有过河的士兵常常被投入到众寡悬殊的反攻战斗中。这些战斗的敌我兵力往往是大约100∶1，那些士兵体现了超人的勇敢和机智。现在天气仍然还算不错，我们也取得了不少战斗的胜利。但是这些胜利是不能够庆祝的。

一支在为自己的生存而战的军队是没有资格庆祝胜利的。

但无论如何，这些战斗我们取得了胜利，但我们的伤亡率也非常高。我们在第聂伯河岸的战斗不再是为了夺取这个或那个城镇，而是为了避免一场灾难的来临。每个人都知道和明白这一点。我们有时会连续几个小时甚者连续几天没有和苏军交火，但是心里的焦虑和不安依旧随着时间的推移而几乎到了要爆炸的程度。我们奋力投入到了阻止苏军吞没掉我们的努力之中。我们终于避免了一场灾难的降临，中央集团军群现在已经渡过了第聂伯河。那些依旧在战斗的部队被命令撤离，到了晚上，我们被命令烧掉那些无法带走的装备和物资，只有自己的武器能够带到渡船上来。

在黎明的时候，我们这帮筋疲力尽的士兵抵达了第聂伯河，河面上罩着一层秋天的晨雾。士兵们大声呼喊着还没有过河的友军，但是只招来了俄国人的机枪扫射。在许多地方，俄国人已经先于我们到达了，他们把渡船炸沉，并枪杀了船夫。我们剩下的人只好自己跳到了河里，试图游到对岸。那些俄国人像打鸽子一样向水上时沉时浮的人头开着枪。也许有些德国士兵抵达了河的西岸。在我们这里，许多士兵在人满为患的渡船上遭到了来自地面和空中的火力打击。其他被包围的人则只好与冲到河边的苏联人展开激战，他们绝大多数都死了，进攻中的苏军是没有心情抓俘虏的。

我们在第聂伯河西岸建立了新的防线。我们开始修筑工事准备和苏军在这里长期对峙。这一次，俄国人看来不能通过这里了。现在已经开始飘起雪花了，我们也开始加固掩体，恢复和修整自己。那些参谋部的军官们正在把有关局势严重恶化的相关消息尽可能不让我们知道。但现实是无情的，这个现实让所有的士兵都感到了一阵不寒而栗。

苏联红军现在已经在东边的切卡西和西面的第聂伯河向我们迅速推进，在北面的德斯纳，苏军也渡过了第聂伯河。一大批我们的部队现在已经被包围在德斯纳和第聂伯河之间。冬天到了，天上飘起的雪花让我们所有人都感到深深的沮丧。我们现在都已经疲惫不堪，而且看起来也没有时间修整。我们去哪里修整呢？我们还要退多久？退到普利佩还是布格？

老兵揶揄地回答道："奥德河[①]。"这是最不可能的事了，我想。

从我上述的描述，读者只可大致地了解到我们当时的情况。我并没有试图勾勒出一个苏德战争精确的历史来，而只是把我们当时面对的那些几乎是无法想象的困难呈现出来。我只有一个对

---

① 奥德河位于德国首都柏林的郊区。译者注

于我们整个撤退行动的大致了解，我也没有能力写出这场撤退里每一个重要的事件，第聂伯河沿岸那时已成为了一个各支部队被打散的官兵会合的地方。

我知道我们所称的“勇气”意味着什么——那是指在极度绝望中看不到尽头的挣扎，还有对于那些远超出常人所能面对的恐惧的接受，即便是我们的大脑在这一切中已经失去了正常的思考能力。我知道这种“勇气”的含义，这样的“勇气”也让我想起了在酷寒的冬日里必须要趴在冻得硬邦邦的地上长久地一动不动，任凭刺骨的寒气浸透你的全身；当然还有去习惯你旁边掩体里受伤的陌生人所发出的垂死的呼救声。我知道在这些时候，就算是一个不相信上帝的人也会向苍天祈求怜悯。这就是我所要写下这一切的原因，虽然这些回忆让我再一次回到了那些噩梦一般的无数个夜晚。我想我的使命就是用我所有的生命来讲述这些经历，讲述那些从这个屠宰场里传出的遥远的哀号声。

太多的人对于战争的兴趣仅仅是他们安逸生活中的一些调料。他们一边坐在一个舒服的躺椅上，双脚靠着暖暖的壁炉，一边轻松地读着凡尔登战役或斯大林格勒战役的回忆录，然后准备在第二天继续正常上班。一个愿意尽可能体验那段历史的读者应该在一种尽可能压抑和不舒服的状态下阅读这些作品，应该在自己最失意的时候去阅读战争，这样你就会记住那些和平年代里的忧虑和烦恼是何等的微不足道。因为在和平的岁月里，没有什么是真正值得你所忧虑的。对于经历过战争的人而言，那些为自己能赚多少钱而常常忧虑的人不过是一些可怜的白痴。人们应该在困倦难当的深夜里去读战争的历史，正如现在我已经写到了天将破晓的时分，而我关节炎的疼痛也消退了几分。甚至是到了今天，在我无眠的劳顿困里，我还是感到和平的岁月是何等的温柔并让人惬意。

那些读了凡尔登和斯大林格勒的人，他们在读完之后便一边喝着咖啡，一边向自己的朋友阐述自己对战争的见解，这样的人其实根本就没有能力去读懂战争。只有这样一些人读懂了这些书——他们在读这些历史的时候能会心地微笑，当他们上班去的时候还会微笑，他们为自己正常地活着而感到庆幸。

我现在要再一次开始我自己的故事，并要讲述我们是如何振作起来的，虽然远处隆隆的炮声依旧向我们这里传来。

苏台德人小声说道："能活到最后真好。"我们此时正在看着一长列的军车在过去的 24 个小时里从我们身边经过并向后方开去。

现在那个小村庄里的每一间房子都变成了一个临时的指挥部，那些军官们正在作出关乎他们手下士兵们命运的决定。士兵们正在自己的武器边上等待着这些命令。村内和村外到处都是黑压压的部队。我们刚刚被军官从一个小屋子里赶了出来，现在我们正在村边的一棵大树下等待。我们整个连都在那里整齐地坐着，我们的武器放在了一些民用车辆上。一阵狂风从原野上吹来，卷起了一阵遮天蔽日的尘土。

老兵对一个正在喝酒的士兵说："我们被俄国人打败了。"

那个叫乌滕贝克的喝着酒的士兵回答道："但是我们只给他们留下了空酒瓶。"

他们向那些刚刚到达的部队挥着手，那些部队把我们从小屋里挤了出来。

乌滕贝克说道："我把萨曼红克酒都留在那辆小汽车的座位底下了。"

一个瘦瘦的军士长喊道："你真有办法，乌滕贝克。"

乌滕贝克又醉醺醺地说道："萨曼红克酒是给我们这样的精锐部队的，其他部队只能喝水槽里的水。"

我和一个年龄与我相仿的士兵交上了朋友。霍伦·格罗尔曾经于 1941 年在法国留过学，他的法语非常流利。后来参了军，部队说他以后能够继续自己的学业，而且部队上认为他对于部队的工作非常重要。和我类似，他在 16 岁的时候就参了军。然后他参加了对波兰和俄国的战役。我们现在正靠着战壕的沙袋，思索着世界和这场战争。

像我一样，他曾经梦想过成为一个战功赫赫的驾驶着容克-87 俯冲轰炸机的飞行员。但是他也像我一样最后只能在梦里想象着从蓝天呼啸而下的感觉。由于我们不愿意谈到战前的那些平静的日子，这个已经破碎了的飞行员之梦让我们更加意识到现在处境的艰难。

霍尔斯这几天似乎消失掉了，他和那个俄国女孩已经如胶似漆，那个俄国女孩让霍尔斯暂时忘掉了战争的存在。他现在和另一个与他分享了俄国女孩的士兵出现在了我们面前。霍尔斯的眉头紧皱着，两眼之间充满了忧虑。他向我和格罗尔说道："如果魏斯雷德少校不让我们带上这个俄国女孩的话，她会被苏联红军杀掉的。我们不能让这种结局出现。"

我对霍尔斯说："我理解你现在的心情。"

乌滕贝克和老兵被我们天真的对话逗乐了，他们都笑得喘不过气来了。

他们说道："如果连里每个人都带上一个和他睡过觉的女孩，那我们师恐怕没有足够多的卡车来装她们。"

霍尔斯怒气冲冲地说："但是我不能不管她，你们这些杂种。"

老兵他们接着又说："不要为此难过，你还有许多时间在其他地方做同样的事情。"

霍尔斯回答道："你们这些冷血的家伙不懂得我在说什么。"

霍尔斯对于大家为此事所开的玩笑感到很愤怒。

我问霍尔斯："你爱上她了吗？"我因为葆拉而懂得了"爱上一个人"意味着什么。

霍尔斯看起来依然很烦躁，他嘟囔着说："爱上一个婊子也是有可能的。"

格罗尔说道："当然了，为什么不可能呢？"他的语气听起来好像对此挺在行的。

霍尔斯现在显得平静了一些。他拍着我和格罗尔的肩膀说："我们走一会儿吧，至少和你们俩我还可以谈谈话。"

当我们谈了话后，霍尔斯似乎释然了许多。他现在爱上了那个俄国女孩而且感到他已经无法再爱上另一个人了。从这一点看来，他现在的心情已经不受理智的控制了。而我虽然原先不打算跟任何人说关于葆拉的事，但现在我对霍尔斯和格罗尔讲述了关于葆拉的一切。

霍尔斯说道："这就是你在火车上闷闷不乐的原因了。为什么你不对我讲讲呢？我会理解的，你知道。”

我们谈到了自己的爱情生活，霍尔斯认为我是一个幸运的人。

霍尔斯现在一边打开自己的饭盒一边说：“至少你还能够再见到她。”我们一起坐着，用自己满含激情的眼睛看着满天繁星的夜空。

我们连在黎明前向西出发了。在白天我们目睹了一场触动着我和格罗尔空军梦想的空战。我们占有优势的梅赛施密特 109 式战斗机把七八架苏军的雅克式战斗机从空中击落，那些被击落的俄国飞机像燃烧的焰火一样坠落到了地面。

我们在中午的时候到达了我们师的一个基地。我们和其他 30 个连组成了一个庞大的摩托化部队。

我们第一次发放了一种两面都可以穿的军服。军服的一面是白色，另一面是普通的迷彩。我们在这里还做了体检，这个我们可没有想到。我们还拿到了许多的物资补给。一个装甲部队的上校指挥我们，我们现在被称为“机械化部队”。

我们对那些供给我们的军需品的数量感到惊讶。坦克车手和机师们现在正在为坦克进行最后的检查，他们马上就要发动这些巨大的机器了。

那些由保时捷公司制造的虎式坦克开始发动起了自己的引擎。如果只听声音，我们还以为自己在一个喧闹的赛车场呢。我们等了两个小时才得到了出发的命令。

霍尔斯、格罗尔、我，还有几个朋友现在上了一辆崭新的卡车。这辆卡车前面是轮子，后面是履带。我们一直开到了机场附近的树林那里停了下来。现在我们这里一切似乎都无可挑剔，除了一路上掀起的尘土。这些卡车都加装了特别的过滤器来解决路上的灰尘问题。这些安装在引擎上的巨大而沉重的金属过滤器使得机师的维护工作变得更加辛苦。

我们已经下车，开始在树阴下掸掉自己衣服上厚厚的灰尘。虽然只开了一小段距离，但是每个人身上都落满了灰土。

一个人抱怨道：“这个该死的国家，甚至连秋天也没法过。”

另一个和我们规模相当的部队加入到了我们队伍之中。我们的部队把这里好几公顷的地方占得满满的。离我们不远的地方是魏斯雷德少校。他和一群军官在一辆完全被迷彩网遮盖住的通讯车里开着会。这些迷彩伪装完全融入了周围的环境，微风吹来，那些迷彩网上的碎布也像树林里的叶子一样摇曳着。

我们现在是一支强大而纪律严明的部队了。我们大约有六七千人，大约 100 辆坦克，相同数量的重机枪，还有几辆维修车。除此之外，我们还有 3 个摩托连，他们都配备了挎斗摩托车，他们的任务是及时发现敌人并为我们指出敌人的方向。在这个时候，这些装备的到位对于我们而言至关重要。现在补给主要提供给摩托化部队，而他们同时也要担负支持那些装备较差的步兵部队。这些刚刚发放给我们的崭新的装备无疑极大地提升了我们的士气，我们自从别尔戈罗德战役以来就一直士气低落，士兵们现在踌躇满志地感到一切又恢复正常了。只有霍尔斯依旧情绪低落，因为他已经被迫把自己的女孩留在了那里。他现在几乎有些悲痛欲绝了。

乌滕贝克小声地对我说：“他们应该在战争期间把士兵们的睾丸割掉，这会使像霍尔斯这样的士兵好受一些。”

有人说道：“你听说过太监打仗的吗？”

我们的天主教牧师此时说道：“其实阉马和其他的马一样强壮的。”

幸好我们的牧师已经证明了他和我们都有一样的爱好，否则的话，我们会反驳他的。

天黑后，我们庞大的机械化编队出发了。当我看到行进中的坦克编队时，我感到我们现在就像是战争刚刚开始时的情形。坦克的排气管不时地喷出火焰，然后加速超过了重型卡车。我们都被眼前的情景所振奋了。

我们在漆黑的夜里前进着。车队发出可怕而巨大的响声，那些就算在很远的人都一定可以听见。和以往一样，我们这些普通的士兵对于整个战场的局势依旧一无所知。对我们而言，现在看起来局势似乎对我们开始有利起来。

作为一个整体，我们现在感觉到非常强大。但我们不知道的是我们整个中部防线已经开始了全面撤退，许多部队的士兵现在不得不徒步撤退，在撤退的同时还要和那些人数多得难以置信的俄国军队战斗。我们的许多部队连拉炮车的马都没有，因为大多数马匹都在去年冬天里冻死或饿死了。我们还出现了燃料短缺。到处都有一队队完好无损的车辆因为没有汽油而被迫烧掉，以免落入苏联人的手里。无数的步兵现在正穿着破烂的靴子向西撤退着。俄国人已经了解到了我们的混乱，他们正在昼夜不停地试图打败我们的中部军团。

我们现在所有的资源都集中配备给了一些部队，这些部队被重组并准备来投入到那些特别艰难的地方。我们师就是这些部队中的一支。最大的困难就是后勤问题，而我们也因此常常晚于预定时间到达规定地点。

在天亮的时候，部队停了下来，现在所有的士兵和车辆身上都满是灰尘。我们按计划到达了一片广袤的森林，森林一直向东延伸到目所能及的地平线。我们被告知可以休息两个小时，我们迅速地躺了下来。但是还没有睡踏实的时候就被叫醒了。天气非常好，温柔的秋风轻轻地摇动着四处的红叶，现在似乎一切都开始好起来了。我们再一次跳上了卡车，大家脸上都洋溢着微笑。中午时分，走在我们前面很远的侦察车辆回来了。接着一个简短的命令下来了，我们一大批人转向一个村庄。很快就听到了自动武器的声音，在还不知道发生了什么的时候，我们的 15 辆虎式坦克向村子里的一小片房子开火了。

此时我们的拖车也拖着两辆 16 管火箭炮车上来了。我们被告知准备战斗，每个人都趴在了地上，大家都为这样美好的一天就这样被破坏掉感到恼火。

看起来我们帮不上什么忙了。我们的坦克和迫击炮部队已经将这个村子变成了一片火海。一些俄国人的大炮向我们这里开了几炮，我们迅速派出了几组人去对付这些炮兵，他们在 20 分钟后带着大约两三百个俘虏回来了。然后我们的坦克开到村子里轧平了一切还立着的东西，整个行动只花了大约 45 分钟。集合哨吹响了，我们再次上车出发了。那个下午，我们还踏平了两个苏军的前沿阵地。那些俄国人看到我们非常惊讶，他们没有做什么抵抗就投降了。

我们在第二天到达了科诺托普，那里有许多寻找交通工具的士兵。

我们继续向西南前进，我们将和一支强大的苏军相遇。我们的车队在科诺托普城里补充了给养，在那里被俘的苏军军官们用恐惧的眼睛看着我们的车队经过。20分钟后，我们和苏军先头部队遭遇了，我们对此感到有些意外。在这里，我们的许多士兵正在忙着干一些零工，例如修理自己的自行车。我们的坦克和俄国人短暂地交火，接着我们就接到了撤离的命令。

我们又继续开到了下一个补给点。我们在工兵们炸掉补给仓库的前几分钟到达了那里。那里有一个巨大的地下仓库，仓库里堆满了各种各样的罐头、饮料和食品。我们每个人都把自己所有的衣兜装得满满的，卡车上也装满了一切能够拿走的东西，但是仓库里还是剩下了足够整个师消耗好几天的各种储备。现在这些东西被工兵们用火点着了。这些珍贵的物资本可以在其他一些地方发挥巨大作用的。

霍尔斯满眼泪水地望着渐渐被烈火烧塌的地下仓库，他正把尽可能多的食物吞到自己的肚子里。我们整个连的人都无比心痛地看着这个场景，大家都拿出了自己省下来的雪茄抽了起来。我们在开始下一个行动之前可以休息6个小时，就在这时，苏联红军进入了科诺托普，德国部队正在艰苦地边打边撤。

我们的部队已经迅猛地插入了俄国人攻势的南翼，我们的坦克再一次在苏军中打开了一个口子，他们的部队在我们的坦克面前四散奔逃。但是到了晚上，俄国人从科诺托普集中了自己的部队向我们发起了进攻。我们的坦克击毁了6辆苏军的坦克。我们所有的大炮也随时准备开火，我还是第一次看到我们的火箭弹发射器向苏军开火。

在魏斯雷德少校的指挥下，我们连和另外两个连负责装甲部队左翼的安全。我们一些士兵挤上了一辆榴弹炮车，其他人则紧跟在这辆炮车的后面。非常奇怪，当斗志旺盛的时候，我们能够无畏地面对那些远远比我们强大的敌人。坦克不可阻挡的攻势让我们在这两天的战斗都几乎没有遇到多大困难。我们3个连正在一片稀疏的灌木丛地带行走着，周围的坦克引擎声让我们感到一种安全和安慰。我们也希望坦克的声音也给那些准备拦截我们的苏军一些警告。不时听到枪声，这些枪声是我们向灌木丛里那些苏军侦察队射击的声音。又这样走了大约 3 公里左右，突然看到了周围升起了许多的照明弹，我们这支部队的 800 个士兵几乎在同一秒钟内扑到了地上，钢盔上反射着照明弹明亮的光芒。我们的坦克迅速地开向了树丛里，坦克的炮塔正搜寻着可疑的目标。我们准备好迎接俄国人的火箭弹，大家的心都提到了嗓子眼里。

天空里升起了两颗紫色的信号弹，这是继续前进的信号。在刚才的惊吓和停顿后，我们开始向前小心翼翼地匍匐前进，有些人已经站了起来，弓着腰前进着。那些俄国人的喀秋莎火箭弹大多数已经落到了别的什么地方了。我们马上快速向前推进起来，走到了一片边上长满灌木的开阔地里。不一会儿，我的两个战友走了上来，他们正在急促而紧张地呼吸着。没有什么事是比在夜里穿过一片漆黑的灌木林更可怕的了，似乎每一片灌木后面都会突然射出一串耀眼的白光，随着这道白光而来的子弹往往意味着你生命的终结。我们没有办法让自己的行动没有声响，对于一个准备好射击的俄国人而言，这是一个极好的时机。

一切依旧还算安静。敌人虽然已经离我们很近，还是选择了隐藏起来，这让我们不得不延长了自己的紧张状态。我们继续小心翼翼地前进。我的太阳穴突突地跳着，身体也变得有些僵硬，随时准备扑倒在地上。

左边听到了一些声音，我们 3 个人立刻趴到地上的干草里，有一阵我们以为自己完了。我把自己的步枪顶在了肩窝里准备好射击，但是，依旧什么也没有发生，原来刚刚有两个俄国士兵向我们投降了。在不远的地方，相同的事也发生了。我们不懂这些被明令阻击我们的俄国人在想什么，也许他们以为自己已经和大部队分割而害怕向我们投降了。在那个时候，复仇成了双方交战的唯一准则，俄国人害怕我们就像我们害怕他们一样。我们那时甚至以为自己已经掉入了一个俄国人设下的圈套里。

又过了一个小时，我们被命令重新集结。这时我们的坦克与苏军遭遇了，而我们则悄悄地撤了下来，坦克开火时的明亮火焰把我们的脸照得红红的。我们爬上了自己的卡车又上路了，显然还是向同一个方向前进着。那些侦察车辆不时在我们周围跑来跑去。在两公里远的地方，我们的坦克击退了一些试图进攻的敌人。到了天亮的时候，我们发现自己离开了车队有大约半公里远了。

那个夜里，我们的先头部队不停地开火，透过早上的薄雾，我们看到了一个镇子，这个镇子的名字我已经记不清了。大德意志师的装甲部队正在沿着这个镇子的街道一边开火一边前进。我们的卡车缓慢地行驶着，士兵们走在卡车的两边，手里拿着枪，准备应付各种突发的情况。我们到了一个小广场，那里停着一些车辆，其中有两辆救护车。大约有 30 个俄国平民正在卫兵的看守下站在一座房子边上。我们继续往前走，在镇子的边上我们遇到了几个坦克车手，他们正在修补自己坦克上一些受损的部位。周围的房子都在燃烧着，我们看了看这些用木头和稻草建成的房子，这里就像无数俄罗斯的小镇一样像个大谷仓。那些在这片大平原深处的村庄反而更让人喜欢，木屋都错落有致地背向北方。我所见过的许多俄国城镇都让人感到混乱和沮丧，除了基辅以外。

我们停了下来洗脸和喝水。我们知道只有一点点的时间来做这个。一些士兵脱下自己的衣服在树上抽打着灰尘；其他人则用水槽里的水把自己浇了个透湿，虽然天气已经变凉，而且湿漉漉的身上被凉风刮着不是一件好事。但不管怎样，我们都渴坏了。德军的水壶都比较小，所以我们现在用上了所有能够装水的东西装满了水。老兵爬上了一堵果园旁边的矮墙，果园里的树上结着一些还没有成熟的梨子，虽然这些梨子又酸又涩，但是它们还是进了我们干涩的口里。当我们正在忙着摘梨的时候，一个俄国人鼓起勇气走出房子，手里还拿着一筐梨子。他向老兵嘟囔了几句话，老兵已经走到了他那里。那个俄国人苍白的脸上挤出了一丝僵硬的笑容，正看着老兵身上挎着的机枪。

老兵用俄语说道："谢谢。"他伸出了手。那个俄国人把自己的筐子提了起来，老兵从里面拿了一个梨。他随手把那个梨扔在了一旁，接着他又拿起一个，他把那个梨也扔了。这样的举动老兵重复了五六次。然后老兵开始向那个俄国人吼了些什么，那个俄国佬随即紧张地后退了几步。

老兵向我们喊道："这些梨都烂了。"

那个俄国佬为了拯救他的果园，向我们提供准备给他的猪吃的烂梨。当我们明白这些后，我们便开始使劲摇他的梨树，直到地上掉的梨必须用一顶帐篷那么大的布才可以包走为止。那个俄国佬一直躲在自己的房子里面。

我们听到了西北方传来的枪声，先头部队一定和敌人接上了火，我们按命令出发。在半个小时后，我们从自己卡车上爬了下来。军士长的哨音告诉我们做好战斗准备。战斗在离我们大约不到一公里的一个镇子进行着。

魏斯雷德迅速告诉我们现在必须要消灭一大群占据那里的敌人。两个连被安排执行这个任务，其余的部队继续向前走。

我们挎着枪向那个镇子走去，拖车拉着火箭弹发射器和反坦克炮进入了射击的位置。那些从战壕里看到我们的俄国人几乎立刻用炮弹向我们打来，如果他们瞄得再精准一点的话，我们这些人都死定了。这些炮弹让我们都忙着找隐蔽的地方。我们这两个连已经散开包围了这个地方，然后我们在原地等了 10 分钟，此时一位上校正在一堆石头背后和下属军官们讨论着进攻的方案。

军官们回来告诉我们各自所要到达的位置。在他们说话的时候，我们用直觉扫视了周围的环境。周围看起来有不少地方可以当我们进攻时的隐蔽处。周围一切都安静极了，那些命令看起来也容易得很。我们的装甲车辆开动的震耳欲聋的声音打破这短暂的宁静。俄国人那里依然没有什么动静，不少人以为他们已经被我们消灭了。突然出现的大部队让我们感到了些许的安慰，看起来即将到来的战斗绝不是一场小规模的冲突而已。

我们被命令出击了，士兵们从掩蔽处爬了出来，弓着腰向镇子走去。不时听到周围有人在笑，我不知道是否这些笑声是某种故作勇敢的表现。

我们走到了第一排房子。俄国人依旧保持着安静和隐蔽。霍尔斯和我在同一个组里，我的这个好朋友常常帮我从沮丧和失落中解脱出来。他在人群里向我笑了笑，我也向他笑了笑。我们交换了一下眼神，这对我们的含义远超过万语千言。

由于我们头上的德国空军，战争现在对于我们似乎不一样了。那些顿河和别尔戈罗德的可怕回忆已经属于过去，那些糟糕的日子一去不复返了。当然，我们知道战争还没有结束，但是从上星期起，我们再一次让敌人望风而逃了。

我们看着另一组大约30个士兵正在从一个砖窑的废墟中跳过。五六个掷弹兵沿着村里的主要建筑旁飞快地跑着，他们中的一个向一扇开着的窗子里投了一颗手榴弹。不一会儿，我们周围的空气就被手榴弹的爆炸声摇动了起来，我们立刻听到了那种大家都非常熟悉的撕心裂肺的惨叫声。现在没有什么能够让我们从要完成的任务中分心。我们突然看到了一个穿着白衣的女人从刚才的窗口里爬了出来，她摔在了士兵们的面前。这是一个俄国平民，她刚刚在自己的窗户边蜷缩着，也许她正向那些天上的使者祷告着。尽管她摔倒了，但是看起来并没有受伤，她尖叫着跑向我们。一个士兵抬起了自己的枪，我们以为就要听到枪响了，但是什么也没有发生。那个穿着白衬衣的俄国妇女尖叫着从目瞪口呆的士兵们中间跑了过去。

没有人说话，在刚才的半分钟里，战争似乎停滞了。我们的掷弹兵现在已经踢开了门进到了房子里，另外3个平民也从房子里跑了出来，两个男人和一个小孩，他们也从我们惊愕的士兵中间跑了过去。

那些俄国士兵并没有让镇子里的平民撤走，我们必须考虑这些平民的存在。魏斯雷德少校在一辆半履带式卡车上安装了一个高音喇叭，卡车在那些挂着小白旗的农舍周围行驶着，高音喇叭里传出一些鼻音很重的俄语单词，车上的四个士兵紧张地看着我们。

高音喇叭一定是在告诉平民撤离并让苏军士兵放下武器。但是那辆卡车还没有走上100米，一个无法挽回的悲剧发生了。在突如其来的一连串震耳欲聋的爆炸中，卡车几乎向上飞了起来，旁边的五六个木屋子被炸得七零八落。卡车轧上地雷了。

一股厚重的烟尘将这个村庄从我们的眼前遮蔽了起来。我们看见燃烧的卡车上有两个身影正在挣扎着，并听到了他们的惨叫声。

有人喊道：“当心地雷！”

但他的声音马上被迫击炮和反坦克炮声淹没了。每一发炮弹都打到离我们不足 150 米的地方，我们脚下的大地抖动着，爆炸的气浪挤压着我们的呼吸。虽然有地雷的威胁，进攻哨还是吹响了。每个人都向前面可以当阵地的地方跑去。我们的迫击炮弹落在我们前面大约 30 米的地方以试图引爆一些地雷。那些俄国人正在用架在卡车上的多管机枪向我们射击着。

只是在一刻钟之前一切还那么轻松，但是现在没有一个人敢掉以轻心了。我们 5 个人在一堆砖头后面躲着，我们随着外面每一声爆炸把自己的脸死死地贴在地上。另外一堆砖头里一个军官用尽气力命令我们向一切看到的东西开火。我们有时探出头去想看看，但是炮弹剧烈的爆炸声让即使是最勇敢的战士也会乖乖地缩下头来。

我们的迫击炮和火箭炮继续向敌人射击着。在远处，我们的反坦克炮试图打掉镇子里一个工厂的瞭望塔，几发炮弹已经将那个瞭望塔打了个对穿了。我们再次向前推进了，有些人大叫着为自己壮胆，另外一些人，也包括我，紧咬牙关，用汗津津的手死死地抓住自己的枪，与其说是激动，不如说是像一个濒临淹死的人牢牢地抓住救命的绳子一样。

在离我们左边大约 30 米的地方，有 5 个躲在一间矮小的铁匠铺后面的俄国士兵，他们一个接一个地倒在了地上，剩下两个人试图逃跑，但是他们最后只有眼睁睁地看着他们前面的德国士兵将他们撂倒，最后他们都躺在了同伴的尸体旁，身上汩汩地冒出了鲜血，身下的泥土也被血染红了。

突然，我们左面的一片房屋被浓烟和烈火包围了，火舌飞速地吞噬了那片房屋，大股的浓烟从那里喷涌而出，我们甚至在这里也能感到强烈的热浪。

我们的士兵迅速从那个地方退了回来。那些房屋的金属屋顶在高温下变软而坍塌了。那些靠近这片房子的小木屋也着了起来。从那些房舍里跑出来一大群俄国人，他们中既有军人，也有平民。我们的士兵们像射野兔一般将他们打倒在地上。一发炮弹一定打中了一个汽油库，燃起的大火让我们的敌人从那里跑了出来，在这片房子里竟然藏了这么多的人。他们在一片混乱中挥舞着双手向其他俄国人的阵地跑去。

我们的反坦克炮现在集中火力轰击镇子里的那个工厂，处理那些从汽油库那里跑出来的人的任务交给了我们。我的步枪准星常常瞄不准那些奔跑中的俄国人。我轻轻扣下扳机，步枪口一阵轻烟过后，我立刻寻找起了下一个目标。我会被饶恕吗？我是否要对此负责呢？那个年轻的俄国人已经被打中几枪了，周围巨大的爆炸声让他也让我感到晕头转向。我看着他的脸变成了灰白色，他在咽气之前死死抓住自己的胸口，然后就面朝下一头倒在了地上——我会被宽恕吗？我能够忘记这一切吗？

但是那种在恐惧后产生的如同醉酒一般的癫狂使得敌我双方的年轻人展开了一场不可想象的屠杀。突然在眼前烟尘中奔跑的一切物体都让我们感到刻骨的仇恨，我们被一种毁灭他们的欲望所吞噬了。这种冲动让许多追逐着俄国人的德国士兵们倒在了俄国人的枪口下。

我们的大炮正轰击着镇子的另一头，那里是俄国人的炮兵阵地。我们飞快地越过那些可能埋着地雷的土地；没有什么可以阻止我们，也没有什么可以阻止我的朋友霍尔斯越过一个马圈的栏杆打死了几个正在拼命修理他们卡壳火炮的俄国人。没有什么能够阻止我们光荣的第 8 和第 14 连。正如战报中所描述的："凭着势不可挡的攻势，我们英勇的部队今天早上夺取了 X 镇……"没有什么可以阻止我们疯狂的进攻，甚至二等兵乌滕贝克凄厉的惨叫声也不能，就在那个早上，他用颤抖的双手死死抓住一个铁栅栏，而此时他的肠子已经完全流了出来，他靠着那个铁栅栏，死了。

一些士兵在抵达工厂前就被俄国人打死了。我们的反坦克炮为了不误伤我们而停止了向工厂的射击。工厂里的俄国士兵顽强地守卫着他们的阵地。

我不再记得那时发生的所有细节。那时我们组加入了老兵他们那组，我们在工厂外面的水泥搅拌池里面喘息了片刻，都已经喝光了自己水壶里的水，但是我们依然口渴难耐，每个人身上都覆盖着一层厚厚的灰。一个通信兵正在我们旁边和指挥官魏斯雷德通过电话谈着一些什么。战斗已经渐渐停息下来，德国部队正在重新集结准备最后的进攻。老兵的那个组里有一门迫击炮和两挺机枪，我们组由拿着冲锋枪的掷弹兵和步兵组成。我们的军士长和我们趴在搅拌池的底上，他向我们交代了进攻时所需要达到的地点。我们在自己的恐惧变得难以控制之前向军士长表示了自己对任务的理解。进攻前的等待往往是最为难熬的时刻。

一群俄国人从工厂里突然走了出来，他们穿过工厂前一些已被拆卸的脚手架堆，举着白旗向我们走了过来，至少有 60 个人，都是平民，也许他们是工厂的工人，或许是游击队，由于担心被处决而主动投降。他们走到了老兵的那组人面前，然后向他们投降了，我们看到那些人的脸上都充满了焦虑和不安。

老兵用流利的俄语和他们谈了一会儿。我们组里的 4 个人把这些俘虏带到了后面。我们周围奇怪地安静，甚至看起来我们有希望和那些楼里面的敌人达成某种协议，而我们也可以随即回去放松和休息了。

但是这个充满疯狂的世界让这种天真的想法最终只变成了一个泡影。

每个人都被这样的疯狂所驱使着，大多数人甚至想都没想刚才这些人向我们投降的意义——我们也许能够让楼里的其他人也投降的。但是我们已经麻木的理智还是让我们选择了向工厂大楼进攻。那些比人更具备知觉能力的动物都知道要躲避一团燃烧的烈火，但是我们，万物之灵，却只会像飞蛾一般扑向那团烈火。这就是我们所称呼的勇气——我知道自己缺乏这种特质。现在恐惧似乎要锁住我的喉咙，我感到自己就像是一只被拖到了屠宰厂门口的羊。

我确信我并不是这里唯一感到这样的人。那个在我身边满脸汗污的士兵看着我说道："要是这些狗娘养的能够投降该多好啊！"但是我们的感受无关紧要。电话铃声响了起来，我们接到了发动进攻的命令："所有人一、二、三报数，数到三的为第一批进攻的士兵。"

一、二、三……一、二、三……像是从天而来的福分，我轮到了"一"，我现在可以待在这个结实的水泥坑里了。我感到这里就像宫殿一般美丽。这是一个我愿意怀着感恩的心一动不动待上好几天的地方，只要死神的脚步行走在外面的任何地方。我偷偷地微笑了一下，因为担心如果军士长看到我的这丝微笑，也许会把我送上第一拨的进攻部队。我在内心里感谢着上帝、安拉、佛祖、天堂、大地、流水、火焰、大树、任何我能够想到的事物，虽然我正躺在这个污秽不堪的水泥坑里。

那个在我旁边报数到“三”的士兵用一种呆滞和绝望的眼神看了我一眼，但是我故意把自己的头转到前面，好让他看不到我的欢乐和释然，我只是注视着那个工厂，似乎我是那个即将要从这里跳出的士兵。那个报数到“三”的士兵马上就要冲入大楼了。军士长做出了致命的进攻手势，这名勇敢的德国士兵现在和另外 100 名战士从我身边向前跃去。

我们立刻听到了苏联人冲锋枪的声音。缩回到自己的水泥掩体之前，我看到雨点般的子弹打到刚才那名士兵所要前进的道路上。外面的枪声和手榴弹爆炸声震耳欲聋，我们甚至听不到那些进攻途中被打中的士兵们的惨叫声。

军士长现在说道：“注意，报数到‘二’的士兵现在出发！”

老兵拿着自己的机枪冲了出去。

现在轮到我了。大楼外面依旧枪声和爆炸声响成一片。通常是那些报数到“一”的人首先被选为第一拨的进攻部队，为什么这次是“三”呢？但是我回答不了这个问题。

军士长喊道：“数到‘一’的士兵快跟我来！”

在片刻的犹豫后，我像一根弹簧从自己的掩体里疯了一样跳出来。外面的一切都笼罩在令人窒息的灰尘之中，透过灰尘我看到了射击和爆炸的闪光。我大步跨过一个倒塌小屋的地基，在那里一名德国士兵的尸体依旧在他的机枪边保持着射击时的动作。一个人的死去常常是这样无声无息，这让人真是感到不可思议。两年前，我在家乡曾经目睹一个妇女被一辆送牛奶的卡车轧了过去，我当时看到她扭曲的尸体时几乎晕过去。而两年后在俄国，死亡对于我而言已经失去了意义，那些我曾经着迷的侦探小说里的谋杀场面现在看起来既无病呻吟，又轻浮得可笑。

我一边揉着自己因为沙尘而流泪的眼睛，一边在烟尘里寻找着敌人。离我 25 米左右，一些卡车一辆接一辆地剧烈爆炸起来，四五个奔跑着的士兵被爆炸吞没了。那些人是德国人还是俄国人？我无法判断。

我和两个同伴在一个用原木和土石构成的掩体里，俄国士兵曾用这个掩体作为机枪阵地。我们正坐在 4 名被我们的手榴弹炸死的俄国机枪手的身上。

我们师一个肌肉结实的年轻人喊道："我用了一颗手榴弹便解决了这帮家伙。"突然一阵迫击炮弹让我们立刻趴在了这几具尸体上面。一发迫击炮弹打在了我们掩体的边上，一阵雨点般的土石和木块砸在我们的头上。那个躲在俄国人尸体和我之间的士兵被弹片击中了。当他的身体在痛苦中挣扎的时候，我立刻站起来飞快地离开了这个掩体。又是一发炮弹打在了掩体上，掩体转瞬被炸得四分五裂，有一些掩体的碎片打中了我的腿，我被爆炸的冲击力结结实实地甩在了掩体对面的墙上。我大叫着救命，确信我的腿已经断了，不敢站起来。我的裤子后面被爆炸撕得稀烂，但是我大腿青紫的皮肤并没有破裂。我又躲在了那堆苏军士兵的尸体中，不巧刚好压在了那个刚刚被炮弹打中的战友身上，他大叫起来。我们现在并排趴在地上，身边的爆炸所掀起的土石不停地落在我们身上。

他痛苦地呻吟："我受伤了。我的背上火辣辣的，帮我喊一喊担架员。"

我看了看他，然后就大喊："担架员！"

我的呼救声被在我身旁响起的两挺机枪声所湮没了。军士长现在大声命令我们继续前进。他喊道："伙计们，加油！我们有些士兵已经到了水塔那里了。"

我看着身边这个受伤的人，他正用一种绝望和祈求的眼神望着我，牢牢地抓着我的衣袖。我不知道该怎么告诉他我现在无法帮他。我们的军士长现在已经跳出了自己的掩体，我也猛地把自己的衣袖从那个伤兵的手里扯了出来。那个伤兵再次呼唤着我，但是我已经从掩体里跳了出去，像狂人一般跟随着军士长向前冲去，军士长现在已经在我前面至少 15 米远了。

我加入了一个正在架设起两门迫击炮的小组，帮他们将迫击炮管安装到位。我们的迫击炮现在几乎是炮管垂直向上开炮了。一名满脸鲜血的步兵告诉我们那些俄国士兵已经撤退到工厂中央的铁塔里了。

我刚刚发现老兵也在这里，老兵用一种号叫的声音喊道："杀了他们!"

当他喊叫的时候，一道白光划过他的脸庞，他的脸上被一层厚厚的泥灰所包住。

一片烈焰吞没了工厂中央的铁塔。俄国人的防线终于彻底崩溃了。我们的进攻部队冲了进去并清除里面的残敌。一名德国士兵在冲锋中倒下了，他痛苦地抱着自己的脸，然后一切都结束了，只有周围不时响起的稀稀疏疏的枪声。

我和战友们跑到了那片已经被完全炸毁的废墟里。我们再一次获胜了，但是这次胜利并没有给我们带来任何的喜悦。我们跌跌撞撞地走在被炸塌而扭曲的金属房顶之间。一个满脸疲倦的士兵在废墟里拾起了一个镀釉的牌子，上面好像用花体字写了一个指示厕所方向的字。

这个镇子落入了我们的手里。我们抓了大约 300 名俘虏，这还没加上 200 来个被打死和受伤的俄国人。军官让我们重新集合，并把我们从这个到处冒着浓烟的镇子带了出来。魏斯雷德少校查看了我们这两个连，并点了名，大约 60 人没有在队列中。我们把那些受伤的人抬出来，3 名医务兵正在为他们包扎。伤员大约有 15 名，其中包括霍伦·格罗尔，他的右眼被炸瞎了。

现在要找到水非常困难，村里的水槽也被毁掉了。我们不得不把自己的水壶放到那个被灰烬覆盖的水井里。井里的水已经被灰烬染黑了。那些受伤的士兵们正在大声惨叫着，他们中不少人已经快死了。

这里还有大约 75 名苏军伤员，如何处置他们成了我们面前的一个难题。原则上，我们应该帮助他们，但是我们接到命令要尽快与师里其他部队会合，所以只好把那些苏军伤员留在原地，把自己的伤员放在车上。我们都感到既疲劳，又有些想呕吐。

现在还有如何运送俘虏的问题。已经爆满的车上根本没有留给这些俘虏的地方。最后，一辆架着机枪的挎斗摩托押着大约 50

名俘虏走着。由于我们发现他们并不是士兵，两天后把他们放了。

作为一支机动部队，我们的补给相当困难。从理论上而言，那些拉着汽油和弹药的车辆应该被用来装载俘虏，但是我们师现在已经有大约1100名俘虏，我们不知道如何处置他们。结果每次出发，大群大群的自己人和俄国俘虏都奋力想找到任何可以搭载的车辆。

我们回头看着那个镇子，那里依旧是浓烟滚滚，浓烟甚至把地平线都给遮住了。灰暗阴沉的天空似乎告诉我们暴雨的到来。我们掩埋了在这次进攻中阵亡的40名德国士兵，继续开始了下一个行动，但是我们行动的目的不是占领什么地方，而只是帮助撤退中的部队能够顺利地到达第聂伯河的西岸。

这里没有人笑得起来。我们非常清楚这次胜利不会对战争的最终结果产生一丝影响，只希望这次行动能够从战略上有些价值。战斗给大家带来的总是更多的恐惧，还有像格罗尔那样的无法复原的伤残。

一名坐在我们卡车驾驶座旁边的金发士兵拿出自己的口琴吹了起来。口琴悠扬的旋律传到了我们的耳中，旋律对应的歌词是："……因为你，丽丽玛莲，因为你，丽丽玛莲。"

口琴旋律里的思乡之情深深沁入了我们早已劳顿的心。霍尔斯专注地听着，嘴巴微微地张着，眼睛失神地不知在看着什么。

第八章

科诺托普的突围

我们往前开了一个小时，大约走了 50 公里，天开始黑下来。

我们都急着停下来休息，把身上的厚厚的尘土抖掉。我们累得快散架了，大家都想尽快睡觉。温暖营房里的一张床对我们而言简直就是一种奢侈品，我们只想能够在任何地方躺下好好地睡上一觉。我们知道只要一停下休息，都会马上沉睡过去。

天空中那些铅色的乌云边上出现了闪电。大滴大滴的雨点开始落到了我们的身上。我们所一直讨厌的雨水现在对我们而言简直就是上天的恩赐，雨水洗净了我们脏污的面容。雨越下越大，顺着我们的领子和身体流下，大家都露出了惬意的笑容。雨水让我们的军服贴在了湿漉漉的身子上，此时军服已经成了原来的灰绿色，而俄国人的军服也变成了原来的红棕色。我们和那些俄国战俘们此时互相咧嘴微笑着，仿佛是两支刚刚交手完毕的球队队员在一起冲凉一样都没有了不久前的那种仇恨，只有一种幸存后的筋疲力尽的感觉。雨越下越大了，我们不得不搭建起临时的挡雨棚，用自己的行军毯遮住了头和肩膀。虽然我们和那些俄国战俘之间语言不通，但我们都相互笑着，并拿出自己的香烟与对方交换——德国的汉诺威牌香烟和俄国鞑靼平原烟草做成的香烟。我们一起抽着烟并没有缘故地高兴着——但这种“没有缘故”的快乐是我所知道的最大的快乐了。那些在一条行军毯下面的香烟交换和彼此没有顾忌的笑声使得这里成了一个在这一片悲剧海洋里的快乐小岛。当我们麻木的知觉渐渐恢复正常后，我们此时忘记了那些刚才隔开了我们的仇恨。我正在开心地大笑着，一个突兀的念头让我顿时起了一身鸡皮疙瘩。雨点依旧打在我的行军毯上。这些俄国俘虏都会在明天被处决掉吗？这看起来不太可能，但是现在的这种欢乐要延续下去看来也不可能。

我们刚刚赶上了一个停在原野里的德国摩托化旅。雨水冲刷着那些士兵们的脸，停在大树下的那些挎斗摩托上的黯淡的涂层在雨水里明亮了些许。那些开着挎斗摩托的家伙身上都穿着雨衣，这让他们身上多少还是干的。但是，他们所有宿营的装备都放在了师里的补给车队里，所以他们不得不在雨水里踩着地上的小水坑来回地踱着步。

有两名士兵正在给大家分发食物，每名德国士兵都分到了一根香肠和几片面包。俘虏们什么也没有得到，他们的食物理论上由师里管理。我们想走远一些吃这些东西，但是必须要从一个公用餐盘里拿取食物。那些一无所有的俄国战俘们眼睛直勾勾地盯着这些食物。终于，我们用已经磨破和脏兮兮的手掰下了一些面包递给了那些仅仅是在几个小时之前还拼命想要杀死我们的人。

在吃完了最后一点食物后，我们依旧饥肠辘辘。每个人都渴得厉害，水壶里的水在战斗以后就被喝空了。我们被批准可以下车去方便，但每个人都只想喝水。在一片没有人烟的原野中间，既没有水井，也没有水槽。好在瓢泼的大雨还在继续着，我们把卡车背后流下的雨水收集起来，还有树叶上的雨水，甚至用防水布来接雨水。我们喝够了这些从天而降的甘露之后，就又出发了。

雨终于停了，大家感到透心的寒冷。我们后面和头顶上的灰色天空依然不时被闪电划破，前面也出现了亮光，但是这些亮光与这场雷雨毫无关联，那些亮光是俄国人向我们被困在科诺托普的部队发射的喀秋莎火箭弹。当我们靠近时，从地平线上到处燃起的火光中可以判断出这是一场规模不小的战斗。不久就听到了隆隆的大炮声。

本来打算找一个可以过夜的地方，但是现在又面对着另一个地狱般的煎熬，还有对于自己这次能否活下来的思考。我的太阳穴再次突突地跳了起来。那名刚才吹着口琴的金发士兵已经靠着身边的人睡着了。因为疲倦，或是因为想忘掉刚才发生的一切？在短短的几个小时里，他似乎一下老了 20 岁。

我们进到了已经漆黑一片、空无一人的城里。从城边上传来的火光告诉我们，战斗正在西边的某个地方激烈地进行着。雷鸣般的爆炸声充满了耳朵。所有的房子在爆炸声中摇晃着。

天空又开始下起了雨，这次的雨点小了许多。我们被命令下车，像一些梦游症患者一样从车上跳了下来。地面随着附近爆炸的颤抖立刻传遍了我们麻木的四肢。我们跟着军官向前走着，卡车此时开到了附近的一个街道里。我感到自己的眼皮沉沉地坠了下来，睡意让我在一种半清醒的状态中跌跌撞撞地跟着前面那个士兵的脚步，此时我并不知道即将被再次投入到战斗里。

那天晚上在科诺托普发生了什么？我只知道那天晚上这里到处是烈火、爆炸和轰然倒下的房屋。我感到自己的脚在那双越来越沉重的军靴里变得越来越小，太阳穴像火一样烫人，我开始发烧了。湿漉漉的衣服，装满弹药的口袋，还有极度的疲劳正在压垮我并不强壮的身体。

到了早上，终于可以睡一会儿了，我马上就失去知觉睡了过去。我在一个建筑物入口的棚子下躺了下来，这里几乎不会被雨淋了，只是风特别大。睡了几个小时，然后被叫醒了，看到了 100 多张像我一样苍白憔悴的脸庞。我的父母恐怕此时见到我也需要花些时间才可能认出来。我扫视着周围的情况。

我们躺着休息的大门口前面是一栋几层楼的建筑物。建筑物灰色的墙壁上被常年顺着房间窗口流下的雨水侵蚀得有些斑驳。这个建筑物的旁边是一排破烂的小房子，现在那里只有几只晃荡着的野猫和一些躲雨的士兵们。这里的街道已经被昨天下午俄国人炮击中炸塌的房屋瓦砾完全掩埋了。

我试着寻找一些能够带来某些快乐的景致，同时也想使我能够暂时不太注意自己那些控制不住的颤抖。身后有个声音让我转过了头。我看到老兵正拿着两盒热腾腾的汤向我走来，天知道他从哪里找到了这些东西。我无神地看着他拿着这些东西跳过一个个水坑向我走来。他的军装脏兮兮的，那在钢盔下面的消瘦的面容与周围的环境倒是还算合拍。在我们的头上，到处都是一片片飘向天际的灰色雨云。

老兵放下了手里的汤盒说："那些想吃饭的人可以睁开眼睛了。"我听到赶快摇了摇霍尔斯，他总是睡得死死的。当他条件反射似的跳了起来，但是弄明白这不是炮击或是进攻时，又安静了下来，嘴里一边嘟囔着一些含糊的话语，一边用手揉着自己酸胀的身体。

他用一种委靡而厌烦的口气说："上帝，我受够这一切了。我们现在在哪里？我们到底在这里干什么？"

老兵说："快过来吃东西。"

我们在一片沉默中咽下了老兵拿来的小米粥，粥开始凉了。有些士兵现在更希望多睡一会儿。然后我们被命令出发了，我们沿着科诺托普被严重毁坏的街区缓慢地走着，当我们被告知要注意炮弹或是飞机时，大家都迅速地趴到地上，然后又从地上站了起来……我显然是生病了，头和背都痛得厉害，由于发烧而不停地发抖，对此没有任何解决办法。如果我的病加重的话，我会去医院的，但是如果要得到住院资格的话，必须要晕倒才可以。

我们到了一片被战火严重破坏了的城市的一角，在废墟中，有一辆巨大的虎式坦克。这辆坦克在废墟中轧出了一条深深的沟壑，但是一颗反坦克地雷炸断了坦克的右边履带。虽然如此，坦克依旧在向那些附近的敌人发射着炮弹。

在废墟里隐蔽着的士兵们看来是在等待俄国人攻上来，那些俄国人的阵地离他们非常近。我和霍尔斯在一片有一个凹坑的瓦砾堆里坐了下来，前面的大约 800 米的区域和后面 500 米左右的区域，都是一片瓦砾。我们喘着粗气把所能拿动的瓦片和石块放到坑底，坑底是一汪黑糊糊的积水。我们在茫然的沉默中看着对方，已经说完了一切在这种场合下所能说的话，生命在此时成了一种等待。我们所经历的那些事情足够让我们疯狂了。

霍尔斯看着我说道："你看起来真脏。"

我说："我病了。"

霍尔斯回答道："我们都病了。"他的眼睛一动不动地看着我们周围这个被摧毁的世界。我们的眼睛相视了一会儿，我注意到了霍尔斯的面容里有一种深深的倦意和消沉。

我也难以遏制地考虑着我们和死亡的关系。看起来能够活下来的时间绝不会太长，我们已经在这种状态里生活了一年多。现在就是那些最可怜的吉卜赛人也远比我们活得体面。过去的一年里，我们一直在看着周围的战友不断地死去。突然，回忆如潮水一般涌了上来——顿河、"高速公路"、一群群掉队的士兵、恩斯特、坦珀霍夫、柏林、马德堡、别尔戈罗德的恐怖、撤退，还有昨天被子弹把腹部打得如同蜂窝一般的乌滕贝克。到底是什么样的命运让我能够从那些惊天动地的爆炸中活下来？如此之多的生命在我恐惧的双眼面前已经永远地消失了，我不知道我看到的这些是否真的发生过。是什么样的奇迹让霍尔斯、林森、老兵和我们倒霉的部队中的其他人活了下来？虽然我们的运气好得让人难以置信，但是这种运气几乎注定要结束了。明天，也许是老兵，或是霍尔斯，或者是我，将会被别人掩埋掉。我突然感到害怕极了。也许很快就要轮到我了，我会被打死，甚至根本不会有人注意到我的死。我们都对此习以为常了，我的死也许会被别人记住一小会儿，但是很快当那个记得我的人也死去的时候，我难以摆脱的这一切悲惨的回忆就像是从来没有存在过一般。我的恐慌变得强烈起来，我的手开始颤抖了起来。我知道当人被打死的时候，他的样子是何等的可怕。我看到过许多的人扑倒在泥泞里死去了，他们就那样浑身泥泞地躺在了那里，永远满身泥泞地死了。这个想法让我浑身感到冰凉和恐惧。还有我的父母，我真的想再看他们一眼，我不能像那样死去。还有葆拉？我的眼睛此时已经噙满了泪水……霍尔斯现在呆呆地看着我，他的眼神就像是周围这片被夷为瓦砾的城市那般荒凉，无论是痛苦，或是死亡都不能将其改变。我们对此无能为力——无论是恐惧的嘶喊，还是垂死的呻吟，还有像红色的河流一样浇灌在地里的鲜血，都不能改变这一切，战争按着自己的步伐无情地前进着，无数人所能做的只是在苦难中哭泣和哀号。留给我们的只有等待和希望。但是希望什么呢？去逃避那种扑倒在泥泞里的死亡？还是去逃避战争本身？所有这一切都只需要一个领袖的命令，这一切无边的苦难都会旋即结束。这一切究竟是为了什么？毕竟，我们都是人……我不停地抽泣着，用哽咽的声音向霍尔斯含糊不清地说着这些。

我说道："霍尔斯，我们必须从这里离开。我害怕。"

霍尔斯看着我，又看了一眼地平线说道："离开？去哪儿？睡觉吧，你病了。"

我突然带着一种仇恨的眼光看着霍尔斯，连他也成了这一切冷漠的一部分了。

我们旁边的虎式坦克开了一炮，对面的俄国人随即回敬了五六发炮弹。炮弹将一些瓦砾炸得四处飞溅。也许这些炮弹已经打倒了几个我们的战友，或许会是老兵。突然这一切让我再也不能忍受了，我陷入了完全的沮丧中。我的哭泣声引起了霍尔斯的注意，他有些恼怒地看着我。

他说道："现在看在上帝的分上，睡觉吧。你不能一直像这样。"

我说："我睡觉还是死去有什么区别？我才不在乎呢，因为没人在乎。这里的人什么也不在乎。当你被打死的时候，没有人会在乎这件事的。"

霍尔斯回答说："没错，那又怎样？"

我说道："那又怎样？我们必须得做些什么，为了上帝的爱，而不是死气沉沉地坐在这里，就像你现在一样。"

霍尔斯无神的目光依旧没有什么变化。他内心的感受也许和我一样强烈，只是此时他的倦怠淹没了愤怒。

霍尔斯又说道："现在你需要睡觉，我告诉你，你病了。"

我向他吼道："不，我宁可被打死和结束这一切也不愿像这样，就是现在。"

我跳了起来，离开了我们的这个凹坑。还没有走出两步，霍尔斯就抓住我的皮带把我拽了回来。

我更大声地喊道："霍尔斯，你放手。你听到了没有，放手。"

霍尔斯叫道："你给我闭嘴，看在上帝的分上！安静下来！越快越好！"

霍尔斯紧咬着自己的牙齿，用他的两手攥着我的脖子。

我向霍尔斯喊道："你和我都清楚我们迟早都逃不掉的，所以就先在我这里发生吧。这关你什么事？这有什么区别？"

霍尔斯说道："区别就是我需要常常看见你，就如同我需要看见老兵，还有林德伯格那个浑蛋一样。你听到了吗？如果你再这样，我会打烂你的头让你安静下来。"

我说道："让俄国佬打死我吧，我反正都是要死的，你也不能做什么。"

霍尔斯说："如果那种事情真的发生了，我会哭，就像是我的小弟弟路德维希死的时候那样。但他是因为得病死了，他并不是故意那样做的。如果俄国佬真的打中了你，那也不是你故意这样做的。"

一阵强烈的战栗传遍了我的全身，泪水止不住地从脸上滑落下来，我真想亲一下我这个可怜朋友那张脏兮兮的脸。他已经松开了自己的手，然后就放开了我。一阵激烈的枪声让他立刻趴在了地上，他看了看我，我们都笑了。

那天到了晚上，我们的第三次进攻还是和前几次一样没有成功。这个时候，那些城里原本还站立着的房屋都几乎夷为平地了，只有一些房子的烟囱还孤零零地立在地上。

黑夜再一次被枪弹划过时的白色光亮给撕破了，我们又开始了另一个充满恐惧的夜晚。站在这个积着水的凹坑里，无法睡觉所导致的疲劳让一个人甚至开始憧憬死亡。这是一个并没有什么不同的夜晚——或许什么也不会发生，或许什么都有可能发生。

那些身边的火光，爆炸和长长短短的曳光弹划过的痕迹让我们的睡意消失得无影无踪。我们也听着一些受伤战友不停的惨叫声，还有一阵阵喀秋莎火箭弹落到后面的巨大的爆炸声。无数过去的回忆现在一一浮现在了脑海里——法国，我的小时候，它们是如此靠近，却又是如此遥远——童年的淘气，一个玩具，一次被大人的训斥，这些回忆现在看起来是如此的温柔，我的母亲，还有我现在生命的中心——葆拉……

那个夜晚，我和霍尔斯几乎没有说话，但是我知道应该努力去为自己的朋友活下去……

天亮之前，我又开始剧烈地发起抖来。在昏黄的晨光里，霍尔斯帮我把毯子裹紧。他说道："拿着这个。"他递给我一个还剩一半的罐头，"吃了它，你会感到好些的。"我沮丧地看着罐头里夹杂着灰尘和碎屑的果酱似的东西。

我问道："这是什么?"

霍尔斯说："吃吧，味道挺好的。"

我用自己的两个手指挖了一些里面的东西吃了。但是还没有咽下去一半时，无法控制地感到了恶心，我呕吐了起来。

霍尔斯说道："妈的，你比我想象的要病得厉害。现在你需要睡一会儿。"

我在高烧中发着抖，我躺到坑底，在那里睡了过去。

那天早上，一些后续部队来到了我们这里增援。霍尔斯搀扶我到了另一个后面稍远的坑里。在那里，有两个战友把我放在了一个用梯子拼凑的临时担架上。另外两个家伙躺在放在坑里碎石堆中的木板上。

战斗还在外面继续着。我躺在那里，在高烧的颤抖中听着周围没完没了的爆炸声。我们想从科诺托普向西撤退，但是发现敌人已经在我们的后翼把退路给截断了。向西突围的几次努力均告失败，我们师现在已经被从北面、西面和南面蜂拥而至的苏军团团围住了，而且这个包围圈还在一点点缩小。

当我依旧在那个临时担架上抖个不停的时候，我们的处境变得越来越糟。军官正在努力向我们辟谣，说我们没有被包围。

第二天晚上，我被命令从这个担架上转移到一个较为安全一些的地窖里。我拖着沉重的步伐自己走到了那个地窖，那里已经躺着50来个伤病员。我几乎被从那个临时的医务所里赶了出来，但是由于我的脸色很难看，一个医务兵把一支体温计放到了我的口里。我现在的体温接近40摄氏度。我被告知在一个角落里坐下来，在那里等待着早晨的来到和有人来治疗。

外面，整个科诺托普正遭到从地面和空中的狂轰滥炸。医务兵不停地把流血不止的伤员抬到这里。我的战友们回到了阵地上准备迎接敌人不断猛烈的进攻。到了中午，医务兵为我打了一针奎宁，然后他们让我把自己的地方让给一名浑身流血、无法站立的士兵。

我眼冒金星地从昏暗的地下室蹒跚地走到了外面明亮的阳光里。还有几分暖意的初秋的太阳正照耀着这个遍布废墟的城市。一股股从废墟中升起的浓烟萦绕在我们的上空。一群群轻伤员看着周围谈论着什么，他们的脸上明显地浮现着绝望和恐惧，其中有一个人告诉我，我们已经被苏军完全包围了。

这个可怕的消息对我们而言像是炮击一样具有致命的杀伤力，人人自危的情绪迅速地蔓延开来，军官正在尽力阻止士兵从这里溃逃。

又过了一天，我开始渐渐地恢复了。但是我的头依旧是晕乎乎的。我尽可能长地躲在一个角落里面，从那里又陆续听到了从其他人口里传出的消息。

被包围了……局势万分紧急……俄国人已经到达了……我们被围住了……德国空军正在飞往这里……但是，我们现在只听到了俄国人雅克战斗机的声音，随即雨点一般的炸弹落到了这个城市的四处。

到底现在发生了什么？几乎没有人能够弄清楚。我还记得那些军官走到了临时医务所里点名，除非你失去了一只脚，所有的伤员都被命令回到阵地准备战斗。我和几个裹着绷带的伤员被安排到了前线附近的阵地上。

在那个遍布没有屋顶房子的城市边缘，我们的小组被重组起来，我在那里的几个军官中认出了魏斯雷德少校。苏联的喀秋莎火箭弹正落在我们东北边不远的地方，在那里，雷鸣般的爆炸声制造了一种难以抑制的恐慌感。我依旧感到十分虚弱，嘴里苦苦的，自己的身体似乎只是被军服和军靴支撑着。

魏斯雷德少校开始向我们讲话，他提高了自己的声音以使我们能够在枪炮声中听到他的话。虽然他希望能够给我们一个详细的解释，但是隆隆的爆炸声，不断逝去的时间，还有随时可能呼啸而至的俄国飞机都让少校对我们说的话必须简短。

少校大声说道："同志们！我们被包围了……我们整个师……都被包围了！"

我们其实都已经知道了，但是当我们正式听到这个消息时，都害怕了。这个已经被指挥人员确认的局势一定是非常严重和紧急的。在不远的地方，我们又听到了俄国火箭弹不停的发射声，脚下的大地和四周的空气里被巨大的爆炸不停地晃动着。

魏斯雷德少校继续对我们大声说："但是我们还有一线希望。我们必须要集中所有的部队向一个狭窄的地点发起冲锋，这是我们撕开包围圈的唯一办法。这个地点必须要在西面，我们将投入所有的士兵。这次突围的成功取决于每一名士兵的勇气。我们只有一次机会，而且必须要成功。在俄国人包围圈后面已经有一些我们的部队在协助我们此次的突围。我相信，如果每一个人都忠于自己职守的话，我们能够从俄国人套在我们脖子上的绞索中跳出来。我相信这里的每一名德国士兵都能够完成自己的使命。"

魏斯雷德向我们敬了礼，然后就让我们准备集合突围。

我们的连队此时都走向了那个我们将发起突围进攻的地点。许多伤员也加入了突围的队伍，他们中的许多人虚弱得连走路都困难。大家都用自己疲惫的眼睛注视着前方。我们这些勇敢的德国士兵现在看起来更像是一批即将被拉上屠宰场的筋疲力尽的牲口。

但是我们只能选择进攻，或者是死亡。在那个时候，被苏军活着俘虏是完全不可能的。越发危险的处境反而增加了士兵们更加紧密的关系。在这种处境下，士兵们拿出了自己最后的几支香烟和大家分享，或者是私藏了许久的巧克力，现在都被掰成了碎块分给别人。

我现在又感到自己的胃翻涌起来，感到一种刺骨的寒意。我试图寻找霍尔斯或是其他一些熟悉的面孔，但是没有找到。他们现在一定被安排到了其他的出发位置。对我而言，他们就像是我的亲人一般。我在这群伤员里面感到十分的孤独，想找到一些可以让我多少有些希望的理由。我现在开始像老兵一样想象着一张有着丝绸面的温暖而软软的床。在战争前，老兵的生活也不太好，但是他懂得如何去用梦来安慰自己。有些时候，他消瘦的身体躺在坚硬的地上，却满脸灿烂地笑着，至少在那些时候，他看起来并不在乎那些艰苦的处境，他的梦想要远比现实强大。我在这种能力上并没有受过训练，我的梦想不能够让自己此时突突跳着的滚烫的太阳穴安静下来。

我们的西面，烟尘几乎把天空都遮蔽了，远处的地平线到处都是火光。我在想，到底是什么东西能够点燃如此广阔的土地？

一些满身烟尘的士兵此时从西面退了回来，他们和俄国人的第一次交手看来并不顺利。这些撤下来的士兵们还带下了一批伤员，但是现在已经没有人照顾这些伤员了。我们的医务兵收拾了东西准备和我们一起突围。这些伤员就这样躺在了街道上，试图自己止住不断流出的鲜血。每个人都试图去帮助这些伤员，却只能用自己笨拙的动作包扎着他们。一个不可思议的场景出现在我的眼前，当我们还在止住一名昏厥过去的伤员身上的血时，一名肥胖的士兵也过来帮我们，他解释说他刚刚扔掉了一名膝盖被打断的士兵。

他说："那个家伙的声音实在太大了，我没法忍受下去。你们给我一名晕过去的伤员好了。"

我们所在的街道目前还没有遭到炮击。战斗正在前面激烈地进行着。在城市的北面，苏军的炮火像一把巨大的耙子一样梳理着废墟。当一些撤下来的人正坐在我们旁边喘息时，苏军的炮火转向了我们这里。我们军官的命令声被人群的尖叫声所吞没了，到处是寻找掩体的士兵们奔跑的声音。

这些喊叫声很快被炮弹的爆炸声给淹没了。每个还能够站起来的人都从街道上跑开了。任何一个凸起的残垣都是一个活下来的希望。炮弹猛烈地砸在我们这个已经聚集了两千多士兵的集合点。那些被抛弃在街上的伤员们只能痛苦地挣扎着。在爆炸声中，我们可以听到人体被炮弹命中而被撕得四分五裂掉在地上的声音。就像是在别尔戈罗德一样，我们周围的大地剧烈地摇晃着，周围的一切也都黯淡下来，周围的一切景物都在我们眼前晃动着。那些受伤而垂死的人正用自己的手指死死地在地上画出了自己生命最后的一道痕迹，那些以为自己已经见过了一切可怖场景的老兵们也被一种绝望的恐慌所控制了。就在我们后面不远的一堆瓦砾里，一发俄国炮弹直接命中了 11 名士兵所躲藏的角落，这些士兵正瑟瑟发抖地像一群躲避突如其来的大雨的小孩一般蜷缩在一起。这发炮弹直接打在了这堆士兵的中间，他们原来所在的那堆瓦砾里到处是被炸成碎片的骨头和血肉。

命运再次垂青了我，我和 3 名士兵躲到了一栋没有屋顶的房子的地下室楼梯上。在这次炮击中，这栋房子的四面都落下了炮弹。地下室里面到处落下了破碎的梁木和瓦砾。我们坚固的钢盔保全了我们的脑袋在雨点般落下的瓦砾中没有受伤。当炮击结束时，我们又听到了外面新的伤员的号叫声。我们探头看了出去，外面恐怖的场景让我们立刻缩回头来，几个人瘫倒地坐在楼梯上。有人喊道："上帝啊，外面到处都是血。"另一个人也近乎疯狂地喊道："我们必须从这里离开。"

那个人接着跑到了外面，我们跟上了他。空气里到处充满了各种惨叫声。每个在炮击中活下来的人都向西边跑去。对我们来说，西面总是安全的代名词，那里也是我们要突破的地方。现在任何能够站起来的人都向西边奋力地走着。那些躺在地上的伤员绝望地伸出手试图拉住那些从他们身边跑过的士兵们。在我前面有两个面色憔悴的士兵正扶着一个快要死的战友走着。像这样能够扶着他走多远呢？还有多远他们才会不得不把他放下？

我已经不记得在废墟里的奔跑延续了多久。俄国人用 50 毫米口径的步兵炮近距离疯狂射击着我们这支突围的部队。我们尽可能带上伤员一道突围。

我们在一片混乱中到了一个到处散布着火车残骸和苏军尸体的铁轨旁边。我们用靴子狠狠地踩在那些尸体上，似乎想借此发泄那些刚才雨点一般落到我们那里的炮火给我们造成的满腔愤恨。我们又继续向前跑去，又经过了第二条像刚才那样的铁轨。我们的一些车辆停在那里，车辆周围是一群士兵和几个坦克车长。我们径直跑向了他们中的几个军官，魏斯雷德少校也在里面。我们此时被批准原地休息几分钟。在西南面，巨大的交火声响个不停。

大家又遭到了一个新的打击。魏斯雷德和他的两个助手走在一群疲惫不堪的士兵中间。

少校说："起来！我们必须继续前进！我们师已经撕开了敌人的阵地。如果你们不赶快的话，我们都会被关在这个包围圈里的，所以必须赶快！我们是最后突围的一批部队了！"

那些已经精疲力竭的士兵再次从地上站了起来。军官们拍着那些体格较为强壮并且还拉着伤员的士兵的肩膀。

军官们说道："不要带上那些已经走不动路的伤员。你们在前面的突围中需要用上全部的力气。你们每个人只可能保全自己。"

我们被迫放下了一大批伤员，这些伤员所面临的可怕结局是可想而知的。一些几乎快死的重伤员都在挣扎着站起来，并尽力掩饰住自己的痛苦好让他们能和那些未受伤的士兵一道突围。在这次突围道路上战友们所体现的英勇、悲壮和意志已经远远超出了我的描述能力。那些曾经的胆小鬼在这条布满鲜血的道路上突然变成了无畏的英雄，但许多人还没有走完一半的路程就倒下了。

我们在地狱一般的弹雨中杀出了包围圈，在接下来的 9 个小时里，从一个弹坑跳到另一个弹坑，沿着著名的基辅到科诺托普的铁路向前厮杀着，铁路两边到处都是燃烧的坦克和一堆堆狰狞的尸体。我们师几乎一半的人倒在了突围的路上。

你或许会在德军 1943 年秋天的战报上看到有几行字提到了那些被包围在科诺托普的德国部队成功从苏军的包围圈中突围出来，这的确是真的，但是这次突围所付出的代价一个字也没有在战报里提到。

第九章

跨过第聂伯河

天空中的雨水伴着狂风落在了广袤的乌克兰平原上。

辽阔的天空里不时划过一道明亮的闪电，预示着另外一场暴雨的来临。雨已经连续这样下了两天，虽然雨水给我们的前进带来不便，但是我们却希望这样的天气能够多持续两天。我们现在每天的行军速度是 50 公里。再走两天，如果幸运的话，我们就能够到达第聂伯河了。

在这种绵绵秋雨的日子里，没有飞机会出现在我们头顶的，所以现在我们头顶上没有俄国的雅克式机——那些没有雅克式飞机的日子让我们都长长地舒了一口气。德国陆军曾经引以为自豪的机动性在这一片原野里不复存在了，德国中央集团军现在正在艰难地走向第聂伯河。原野上到处是一望无际的队列，行军的速度大约是每小时 5 公里。我们后面苏军难以置信的人数优势使得我们这次撤退异常艰难。除此之外，苏军的装备已在不断改进，我们已经发现自己正在和一些高度机械化的俄国军队交手。那些在科诺托普围困我们的苏军现在可以抽出手来追击我们了。

在早上的时候，虽然雨还没有停，5 架俄国雅克飞机依旧出现在了我们头顶上。所有士兵都本能地一边举起手中的武器，一边在这片开阔的原野上寻找着可以躲避的地方。但是如同被困住的野兽一般，我们知道在这片原野里没有可供躲藏的地方。那些在飞机必经道路上的士兵已经单膝跪地站成了一条直线以准备向俯冲扫射的飞机开火。这些部队随即遭到了雅克飞机的俯冲扫射，我看到几名士兵被飞机的大口径子弹旋即撕成了碎片。但是士兵们顽强的抵抗让其中的一架雅克飞机中弹起火。不幸的是，这架低空飞行的飞机一个跟斗栽到了我们的车队里，并撞到一辆满载伤员的卡车里，飞机坠落的地方出现了一个七八米宽的大坑，坑里到处都是尸体碎块。周围没有人哭泣。实际上，连看一看的人都没有。我们只是拿起自己的背包继续往前走。

所有人都累得对一切的刺激失去了反应，似乎没有什么能够让我们的情感重新苏醒过来。我们已经看到太多太多的刺激了。我头痛欲裂像一个木偶般往前走着。当然，友谊对于我的生活依旧重要——例如霍尔斯和葆拉。想到这里的时候那个雅克飞机坠地时的大坑出现在了自己的脑海里——那是一个遍布人体内脏的大坑，坑里被染成了殷红色和黄褐色的一片，那里散发出恶心的臭味。在那里，生命瞬间消失了，但是那些各种各样破碎的人体器官依旧躺在那里，并永远地烙在了我的记忆中。

我们一刻不停地往前走着。此时前面一眼望不见边的队列变成了一个半圆形，看起来他们站住了。我们依旧没有看到第聂伯河。原计划 5 天到达，但是今天已经是第 6 天了。我们在雨后泥泞的土地上以每小时不超过 4 公里的速度前进着，我有生以来也没有看到过如此广袤和空旷的原野。那些还有汽油的卡车和其他车辆早就驶到我们前面去了。那些拉着物资的老马早就被饥饿的士兵们吃掉了。不时有人从一辆坐得满满的吉普车上下来步行，而那辆吉普车被两匹马在前面拉着。我们被命令不许丢弃自己的装备。我们应该得到一些燃料才能继续前进，但天知道燃料从哪里来，也许真的从天上来吧。实际上，那天我们真的从天上得到了一些“给养”。两架容克-52式轰炸机给我们投了8大包绳子。这些绳子是用来让我们把车辆拴在坦克后面用的，而我们的坦克大多在科诺托普突围时被摧毁了。那些瘦弱的马匹正在稀泥里拖着由于缺油而无法再前进的车辆。大约有30个旅的士兵现在走在我们的前面。吉普车正被两匹马拖着，这两匹马是我们一年前从农户那里征用的，我的背包都放在了吉普车里面。这两匹马里有一匹身上长满了脓疮。两天后，在第聂伯河河岸，我们这匹勇敢的马收到了自己辛勤劳动的“犒劳”。一个装甲部队的军官将它和其余10匹马都用枪打死了。在渡河的木筏上几乎不可能带上马匹，现在装人都还不够。那些留在后面的一切带不走的东西都不能给俄国人用，所以，我们的“焦土政策”开始了。

病倒的人在不断增加。虽然我们的领袖反复提倡“在健康的身体里还要有一颗健康的心灵”。但是在这次的撤退中，大多数人看起来两者都失去了。

幸运的是，天气依然很糟糕。但这种天气对于那些发着高烧、营养不良而且伤口感染化脓的伤员们特别艰难。但是任何能够产生大风、暴雨、乌云的天气都让大家感到高兴。要是晴朗的日子来到，那也就意味着空中即将传来敌机的轰鸣声。那些飞机就像是一群无情地吞噬着地上动物腐尸的乌鸦。

我们在行军路上的每一天都会两三次组织起部队狙击敌人。那些追击我们的部队正迈着悠闲的步子跟在我们后面。那些被选下来殿后的士兵们在地上挖了一个浅浅的小坑来做自己的掩体，这些小坑只有他们身高的四分之一，然后，他们就在那里等待着苏军势不可当的战争机器吞没他们。

我们知道再也不可能见到那些被抽中担任阻击任务的士兵了。在其他的一些地区，整个整个旅的德军士兵被快速推进的俄国装甲部队赶上，结果都被消灭掉了。撤退的代价是高昂的，这样的代价在第聂伯河畔达到了顶点。在那里，宽阔的河岸边，到处挤满了士兵和装备，如果有一颗俄国火箭弹掉落在这里，那爆炸的杀伤人数将会创造世界纪录。一个有着健康心灵的健康的身体是没有理由来到这种地方的。

我们从科诺托普突围后的第8天，在翻过一个宽阔而低矮的小山后，终于到达了第聂伯河岸边。

我们这些已经难以对什么东西感到触动的眼睛此时惊讶地看着河边这一片难以置信的场面。河岸边无数的人群里浮动着一种恐慌，人们发现只有踩着其他人，或是把其他人从船上推落水中，才可以挤上那些数量少得可怜的破烂的渡船，有些船在到达对岸之前就因为超载而倾覆了。

我们在这一片的混乱中听到了引擎的声音。引擎的声音意味着附近有汽油供应，这个发现让我们多少感到了一些莫名的安慰。我们知道在这个辽阔无边的乌克兰平原里，摩托化部队的作用是不可以小觑的。然而，即使是有了摩托化装备，在乌克兰秋天泥泞的道路上行进的速度依旧是缓慢的。不管怎样，只要我们听到引擎声，这多是意味着部队重新集结的开始。在拥挤的人群里面，我看到了一些硬是被马匹拖到了河边的车辆，这些车辆正在河边高高的野草里停放着。实际上，我们所听到的引擎声并不是来自岸上的车辆，而是来自河里。工兵们正在用这些摩托艇尽可能多地运送着岸上的士兵和装备。物资的运送有优先权。往原本是用来装马车的木筏上放卡车和轻型坦克并不是一件容易的事。但幸运的是，我们有许多人力可以替代本应该有的吊车。现在我们这边的岸上至少站着 10 万名等待过河的德军士兵。我看到那些工兵走到没过他们脖子的水里支撑着那个修建中的货物装卸台，一旦有人没有撑好的话，那个正在搭建的装卸台部件便坠入水中。那些工兵们坚韧不拔地和时间赛跑着。直到我们到这里的两天以后，装卸台才修建好。我们现在还有大约 10 艘小船，每艘小船可以装载 20 个人，还有 4 艘没有燃料的渡船，每艘渡船前面都有两艘装着发动机的小艇拉着。最后还有 4 艘登陆艇，每艘可以乘坐 150 人。

我们现在所在的河岸位于基辅南面，这里的第聂伯河河面大约有 800 米宽。如果我们选择一片位于基辅北面人口稠密的河岸的话，就可以找到许多可供渡河用的船。还有，那里的河岸还不到 100 米宽。基辅市本身也有一些横跨第聂伯河的大桥，有些桥可能已经被毁坏掉了，但是也许还会有没有被毁坏的……在我们抵达第聂伯河岸后的第 3 天，至少有 1 万名士兵渡过了第聂伯河。

首先过河的是那些伤病员，我看到了许多轻伤员或病号把自己的位置让出来给那些重伤员。虽然天上下着瓢泼大雨，肚子里刚刚吃下去的生马肉依旧让我们感到难受，但还是借着这些机会尽可能地休整。

我们在河边的第三个和第四个夜晚，再一次听到了那种地狱般的声音。随着雨停了下来，我们听到了远处模糊的引擎声，引擎声越来越清楚，接着清晰地听到了坦克履带在泥里开进的声音。

光是那些隆隆的坦克履带声就可以让我们这些还留在第聂伯河东岸的85000名士兵感到不寒而栗。在到处趴着筋疲力尽的士兵的小土坡上，数以千计的人正在探出自己的脑袋向声音发出的方向看着。

我们试图在浓浓的夜色里看到什么东西，接着，那些黑魆魆的怪兽在我们前面出现了，这些苏军的坦克在飞快地行驶着。

有人喊道："坦克!"

每个人都拿起自己的背包向那个坦克不可跨越的第聂伯河岸跑去。我们希望那些渡船依旧在运送着士兵，而且这些渡船可以奇迹般地突然把我们所有人都一次运过河去。

一大群人现在在河边的一块干地上站着，远处坦克沉重的履带声和我们的喊叫声混成了一片，有些人跳到了河里向对岸疯狂地游去；有些士兵在大声地向对岸喊着；有些士兵走到水里，一直等他们在水里再也站不住为止。现在那些恳求和呼救的声音是如此强烈，以至那些准备靠近东岸的渡船都不敢靠岸，唯恐蜂拥而至的士兵会把船弄翻。疯狂像烈火一般在士兵们中蔓延着。我和五六个士兵坐在一堆被遗弃的背包堆边，我们看着那些疯狂的士兵从身边跑过。到处都看到像我们这样坐着一动不动的士兵，他们只是在其他奔跑的士兵碰到他们的时候才挪一挪自己的位置。

军官们此时试图组织一些仍旧清醒的士兵来阻止现在的混乱，这些依旧清醒的人们像牧羊人一样试图控制住一群受惊的羊。终于士兵们被组织起来，他们被安排在几个山坡那里以阻截那些可能开到这里的苏军坦克。我们这一大群士兵尽可能分散地趴在河岸上，以使可能的伤亡率降到最低。幸运的是，这些坦克的数量不算多，它们的真正目的地是基辅，在那里激烈的战斗正在进行着。

我还是在原地那堆背包堆上靠着。听说有一个用轮胎做成的筏子能够载不少人划到对岸。我们沿岸跑了几百米，在那里碰上了一大群站在水边泥地里的士兵，看到有十几个士兵正在把轮胎的内胎取出来，然后把这些内胎绑在一起做成一个筏子。我们的到来并不受大家的欢迎，最后有一名大个子对我们说："你们看，这个轮胎做的筏子不够装我们这里一半的人，你们往前看看吧，会找到想要的东西的。"

他一定和比我们早来的一些士兵说了相同的话，但是那些士兵大多数还是留了下来。他们都希望能够坐到这个筏子上，就算是用一些暴力也在所不惜。考虑到我没有个子或体力能在这场登船的搏斗中取胜，因而我和两个炮兵沿着河边继续往前走了。

我们在一片渐渐升起的雾气中沿着河岸前进着，经过了一群群在慌乱和惊恐中不停地在河堤上走着的士兵。雾气越来越浓了，到最后我们连前面的原野也一点看不见了，我们现在就像是白布前面的中国木偶一般，也不知道该往哪里走，担心自己走错了方向。幸运的是，总有人时不时喊着："唉，河水在这里！"

我们没有多想地继续往前走着，不知道所走的方向将把我们最终带到基辅，在那里战斗正在极为激烈地进行着。但是现在没有人还能理智地思考一件事情，除了想尽可能地去躲开俄国坦克。

照明弹不时在我们周围升起，还有大炮射击的声音。有一群人从我们不远的地方经过，虽然看不见他们，但我们从他们的谈话中听出了他们是俄国人。

有人喊道："当心！俄国佬！当心！"

我看着旁边的这两个炮兵，他们一动不动地看着前面。我们以为俄国人在右边，在那片山后面，但是开火的声音却是来自左边。

我们等着俄国人向我们开枪，接着开始跑了起来，想找一个可以躲避的凹处或一个坑什么的地方藏起来。在一个浅浅的池塘里趴下来后，我们开始分析局势。一个军官认为俄国人一定在用他们的巡逻艇把那些他们碰到的德国人都打死。从不远处爆炸的火光来看，一定有几艘俄国人的巡逻艇。

现在炮弹从河的西岸而来，炮弹落在靠我们东边一点的小山上。这让大家都多少受到了些安慰。那些炮弹落在东边的小山那里，目标是俄国人，所以一定是我们的大炮在开火。那个在我身边的炮兵高兴地说："这些大炮一定是我们的，我听它们的声音可以知道。"

一名刚刚来到这里的士兵说："我从来没有想到过我们会得到炮兵的帮助。"

但到了最后，炮击只是持续了10分钟。由于是随意的射击，所以这次炮击也许不会给俄国人带来太大的影响。由于雾太大，我们无法看清德军77毫米炮弹的弹着点。随着雾气浓重起来，气温也开始降下来，我们每次的呼吸都感到寒气刺激着肺部。

有人说："我的上帝，现在可真冷。"

池塘里面的水淹到了我的靴子的中间，我感到水的温度接近了冰点。虽然我们的军靴防水性能很好，但是寒气还是透过靴子的皮面渗了进来。

那个炮兵说道："我们不能再待在这里了，必须从这里离开，否则我们会死的。再有，为什么我们要怕自己的炮弹呢？"

我的靴子现在好像有一吨重，长久泡在水里使靴子的重量主要由水组成。

疲劳加剧了自己的恐惧，而恐惧又反过来加剧了疲劳。我们已经习惯了在黑夜里像猫一样保持警觉，但是现在奶油浓汤一般的大雾让我们无法看到任何东西。由于自己的鼻子不通，我只好靠嘴来呼吸，每一次呼吸似乎都刺激着自己的喉管，并一直传到空空的胃里。

我想起了老兵的建议，但是我不能想到任何可以安慰我的温暖或干燥的东西，虽然我有意识地回想起那些很久以前经历过的愉快的事情，但是这几乎是不可能的，我的头脑里现在只有那些苦涩的回忆。前面弓着腰的那个士兵不可能在我的脑海里变成在冬天的一个晚上在家里忙碌着的自己母亲的背影，或者是我弟弟的背影，或者是任何我在战前认识的人的背影。我所看到的只是一个战争的身影，一个我这样的年轻人无法抹去的身影。战争可以把这些刻骨的记忆烙在一个男人的生命里。那个男人也许可以忘记女人，可以忘记金钱，但他绝不会忘记战争，因为正是这场战争才毁掉了他的一切生活，甚至是那些感知正常快乐的能力。那些经历过战争的人们在大笑时总是带着一些造作和勉强，对他们说“要学会利用自己过去的经验”诸如此类的话是丝毫无益的，他们的感觉已经过度磨损并失去了原有的平衡。对他们而言，泪水远比欢笑更有价值。

远处的炮声越来越响了，听起来就像一列迎面呼啸而来的列车，机枪射击的声音也加入了进来，虽然我们依旧什么也看不见。在这一切中，我们也听到了四处响起的人的嘶喊声。我们在原地停了下来，白色的水汽从每个人半张的嘴里冒了出来。我试图在其他人的脸上找到某个能够解释现在局面的答案，但是他们脸上的表情和我一样迷茫。在战争年代任何的意外情况都可能是致命的，我们立刻开始在附近找一个隐蔽的地方。但是，能够找到的只有光溜溜的河岸。我爬下了河堤，直到我的大腿完全浸没在河水里，和外面冰冷的空气比起来，河水居然显得有一些暖意。

我正死死地盯着黑夜里的一切动静，前面的夜色就像是一个剧院的大幕一样。这时坦克的轰鸣声越来越响了，我身下的河水也开始颤抖起来。

当这些威胁终于出现在我们眼前时，我感到了一种完全的解脱和放松。至少我知道了那些让我们恐惧的东西是什么了。如果这种危险是不可抗拒的，那至少面对危险的人可以知道一切将很快结束。但是，如果一个危险没完没了地延续着，那就会让人受不了了。在那种时候，号啕大哭也不会让人释然的。就如同那些在别尔戈罗德的连续几天没完没了的炮击一样，一个人在那种情况下最终只会崩溃和疯狂，恐慌和哭泣只是这种崩溃的开始。最后，那个人会不可遏制地呕吐并倒下，整个人的身心都被撕碎并呆滞地等待着死亡。

现在我心里非常平静。虽然河流挡住了我们的逃生路线，但是河流也给我们带来了安全和希望。雾气遮蔽了宽得让人害怕的河面，我心想，如果出现了最坏的情形，我还可以向河对岸游过去。我对此感到挺有信心。我们眼前突然出现了灯光，听到了像手榴弹的爆炸声，还有噼里啪啦的枪声。有五六个士兵跳到了我身边的水里。

他们有人说道："就是那些对岸的狗娘养的炮兵把俄国佬引到了这里。"

坦克的引擎声几乎被疯狂的惨叫声淹没了，那些惨叫声是如此凄厉和可怕，我的血液似乎凝固了，我突然感到脚边的河水凉得吓人。

有人在我旁边小声说道："我的天哪！"

我们听到机枪和爆炸的声音越来越近了，外面的尖叫声也越发凄厉起来，一些人因此突然脱掉自己的棉外套像幽灵一样潜到了漆黑的水下，从他们在水里的声音判断，他们是在试图游泳。我们剩下的人都吓得一动也不敢动。一片可怕的坦克轰鸣声从前面不远的地方经过，身边的土地和河水在剧烈地抖动着，还看到有一道强烈的车灯刺破了前面的雾气。我们不能看到这些坦克在往哪里开。在这个恐怖的时刻，我们几个人像孩子一样抱到了一起。我把自己的头压低了下来，然后又探出头从河堤的草丛中往外看。可以听见在离我们很近的地方有机枪疯狂的扫射声和坦克的履带声。那些坦克正在岸边密集休息的士兵里碾压着，黑暗和恐惧让一些人吓得一动不动。在稍远的一些地方，我还看到有两盏车灯在搜寻着自己的猎物。

到了天亮，我们看到了昨晚至少来过10辆苏军的坦克，他们从这里通过，一刻不停地开向基辅。

我们昨晚在河水里一直站了许久，一动不敢动。

对岸的德国炮兵用自己的炮火把布尔什维克人的坦克精确地吸引到了我们这里，那些坦克用自己的机枪和履带夺去了许多德国士兵的生命。

岸上依旧没有停歇的惨叫声让我们从河里爬了上来，试图跑去照顾那些重伤员，但是几乎没有什么值得照顾的重伤员，我们看到的景象是人类的言语无法描述的恐怖。我们在那里开枪打死了许多被坦克轧得稀烂的奄奄一息的士兵，只是想让他们从这种可怕的痛苦中解脱出来，虽然有明文规定禁止这种“安乐死”。

太阳升起后，雾气渐渐散开了。

一些士兵被强迫组成了掩埋这些扭曲而可怕尸体的殡葬队，每个人只要有机会就想尽力从这个殡葬队的工作中逃出来，逃得越远越好。

疲劳再一次让我的眼皮变得越来越沉重，我感到阳光明亮得难以让人忍受，浑身的疲劳也让我难以明白我本该脱去自己的衣服到河里洗个澡，然后在温暖的阳光里让自己的疲惫的身体放松一下。但是我没有这样做，只是呆呆地躺在原地，并透过自己几乎闭上的眼皮看到了自己灰绿色的军服渐渐变干，最后变成了一种黄色。当我终于睡去，又被一种恐怖的喊叫声惊醒了。

我睁开眼睛，看着眼前灰蓝色的天空，天空中传来一个熟悉的声音——俄国飞机。当我想把自己撑起来时，听到了自己浑身骨头发出的响声。我除了看到一排正在草丛里睡觉的士兵外，似乎一切都没有什么异常，但是已经有许多人醒过来正向天空张望着。一个戴着咔叽布军帽的家伙从我们身边跑过，口里还大喊着什么。

在我们身后的一挺重机枪开火了。我们坐了一会儿才从困倦中完全清醒过来，头顶上 4 架俄国的战斗机正在大约 1000 米的空中盘旋着，每个人都在喊着，无论他是士兵或军官。

一名衣衫褴褛的上尉向我们喊道：“你们想坐以待毙吗？你们至少要试着抵抗一下！”

我们在一片混乱里拿起了自己的步枪，单腿跪在地上等待敌人的飞机向我们俯冲下来，但是这几架雅克飞机却飞走了。我们没有想到这些飞机居然怕我们，推断大概是飞机快没油了。我们的警惕松懈下来，大家揉着眼睛松了一口气，每个人都在考虑是否再躺回到地上补补觉时，突然那挺重机枪转向了北面开起火来。每个人都向那里看去。那 4 架苏联飞机紧贴着地面从我们的头上呼啸而过，飞机的机枪向我们吐着火舌。此刻听到那名上尉大声喊道：“开枪啊，你们这些杂种！”

当飞机从头上掠过时，我看见上尉滚到地上，紧接着又站了起来，一只手捂着自己的肚子，一只手拿着左轮枪向飞机继续开火，然后表情痛苦地跪在地上，接着就完全倒了下来。在所有人里，上尉是唯一被飞机击中的人，飞机的目标是我们后面正在渡河的那些士兵，每只船上都挤满了人，而船由于载重太重向前的速度异常缓慢，这简直就是飞机的最佳靶子。

一名面容消瘦的士兵喊道："过来帮帮我们。"他和另外一名士兵在包扎着上尉。

有人问道："他为什么要站起来？"

一名军士长说道："上尉表现得像个英雄，他是这里唯一的英雄，我们都该为自己感到害臊。"

那个面容消瘦的士兵现在正把奄奄一息的上尉抬到河边。我站在他背后，手里拿着一些上尉的东西。

那名士兵叹了口气说道："这和害臊没有关系。"

我们并没有被抛弃。在河的西岸，我们的高射机枪正在向那些我们头顶上的俄国飞机开火。河面上的两只破旧的渡船继续向西岸前进。那两只船上开始骚动起来，上面有不少人在这次空袭中受伤或是被打死了。

那几架飞机再次向拥挤着士兵的河岸和河面上那两只渡船俯冲下来。飞机的扫射演变成了一次可怕的屠杀。当飞机扫射完开始爬升的时候，我们看到周围到处是被打中的人，那两只在河里的渡船也被飞机打得千疮百孔，那些还能移动的士兵纷纷从渡船上跳到了水里。那几架飞机现在第四次俯冲下来开始扫射，这次我们所有人的枪开火了，这几架飞机被迫放弃进攻离开了。有一架俄国飞机被我们打中了，它试图拉起高度来，但是飞机后面喷出一股黑烟。突然飞机一头栽向河面。我们看到飞行员试图跳伞，但是伞没有打开，飞机和他几乎同时砸到水里。此时，我们的欢呼声淹没了渡船上伤者的呼救声。但是到了中午，俄国飞机再次飞了回来，这一次一共来了 12 架。

在此期间，每个人都挖好了自己的掩体以多给自己一些保护，但是我们的武器很难够到那些飞机。俄国人这次还是集中火力扫射那些挤满人的渡船，那些渡船此时已经快到河的西岸了。我们的高炮并没有能阻止这些伊柳辛式对地强击机向我们的渡船俯冲下来。当炸弹碰到水面的时候，一艘渡船和它上面的士兵被爆炸撕得粉碎。我们的渡河行动暂时停了下来，但是这些飞机的攻击才刚刚开始。那些伊柳辛式强击机向上爬升，准备再一次俯冲下来。一名在我旁边的士兵哭喊着说："这些杂种！这些杂种！"我们汗津津的手紧张地擦着掩体边的地面向飞机瞄准开火。

我旁边的另一名士兵喊道："我们没法把它们打下来，它们会把我们都打死的，这些狗日的！"

一个奇迹出现了，这个奇迹完全扭转了这里的局势。

有人喊道："胜利！胜利！我们的空军！"

9 架梅塞施密特 109 战斗机出现在天空，它们向那些俄国飞机冲了下来，那些俄国的伊柳辛式飞机刚刚结束扫射后试图拉起高度，看到了俯冲而下的德国战斗机，它们试图逃跑。空中立刻充满了机炮开火的声音，两架伊柳辛式强击机像被猎枪击中的野鸡一样从空中坠落下来。河岸上，士兵们的欢呼声震耳欲聋。5 架俄国飞机此时从我们的头上低空掠过，我们似乎忘记了它们的威胁，士兵们向这些飞机挥舞着自己的拳头。

那个在我身边的家伙，刚刚还对于这些俄国飞机又恨又怕，但是现在他已经高兴得发抖了。我们的战斗机追着那些落荒而逃的伊柳辛式飞机。它们飞过一座小山，小山把我们的视线给遮住了。我们听到了机炮的声音，接着就是一声巨大的爆炸，然后再也没有听到任何声音，我们接着包扎起了自己的伤员。

第二天，我们在小雨中醒了过来，几乎要欢喜雀跃了。渡船一刻不停地将士兵们运到河的西岸，每艘船都尽可能多地装着士兵。然而许多士兵依旧站在东岸。我们已经不记得在东岸待了多少天了，但是我们还是在各种困难中重新集结了部队。那些不同部队的士兵按照自己的部队番号重新组队等待登船。我们的军官们也组织了一些士兵到河岸边的小山上以防止苏军突然进攻。我们知道俄国人已经离我们很近了，对俄国人到现在还没有进攻感到惊讶。也许是争夺基辅的激烈战斗让他们腾不出手吧。

我现在加入了一个由大德意志师成员组成的一大批等待渡河的人员中。在一些军官中我看到了魏斯雷德少校，他告诉我们说，作为精锐师，而且也作为一支以进攻为职能的部队，我们应该优先登上渡船。军官们都说我们是下一批登船的部队，大家自然都希望能够尽快地到达西岸。有一些家伙现在想用一种特殊的方法渡过河去。他们将河边的芦苇用皮带捆起来，然后将它们当作筏子划过去。这样的办法在过去已经被士兵们屡试不爽，但是如果这样过河的话，那士兵们势必要抛弃自己所有的装备，而每一名士兵都不愿意被视为是逃兵。

那些用这种方式过了河的士兵一定会受到军官们的训斥。但是要向那些已经被恐惧吓坏了的士兵执行军规看来并不容易。许多用这种方式渡河的士兵要么被淹死，要么后来死于肺炎，剩下的人则在渡河后面临军事法庭的审判。

我现在对于局势已经不再清楚，我正在忙于发现在我们师等待过河的那些人里面有没有我的朋友，但是我的寻找一无所获。有一次我觉得看到了几个属于我们这个被打散的连队的士兵。我和这些人交谈了一会儿，他们告诉我他们已经不记得任何过去发生的事情。对于那些筋疲力尽的士兵而言，我的问题无疑让他们恼火，他们现在满脑子想的都是必须渡过第聂伯河。

现在只有一个人能够回答我的问题，但是对于那些军官们的尊敬和敬畏让我几乎无法开口去和他们说话。有几个年纪比我大一些的士兵斗胆问了他们一些事情，但是像我这样一个年轻的士兵，情况就不太一样了。我十分想和魏斯雷德少校搭上话，这样的愿望已经体现在了我的脸上。所以我总是在他的周围走来走去。终于当我坐在自己的背包上的时候，魏斯雷德少校开始向我走了过来。我看着那个穿着被雨水打湿皮大衣的高大身影，准备向少校立正敬礼，但是少校示意我坐在原处。我坐在原地目不转睛地看着少校的脸，少校看起来要比平时高大，我想这是因为自己所坐的位置较低的原因。

他问道："你是哪一支部队的，年轻人？"

我结结巴巴地说出了自己部队的番号，同时也告诉他在科诺托普突围时连队的番号。他起初把我当成了捷克人，我于是向他解释自己的祖籍。他听了之后只说了一个"嗯"字。

少校说："那些我率领的部队是最后突出包围圈的。"

我红着脸说道："我知道，少校先生，我当时看到你了。"

少校说："啊，那我们在突围时有许多相同的回忆了，那真是一个艰难的时刻。"

我回答道："是的，少校先生。"

他想拿出一支香烟来，但是发现自己的烟盒是空的。他是准备给我拿一支香烟吗？

少校接着说："我们明天就要过河了，年轻人。我希望在这之后你会得到一次休假。"

少校说出的"休假"两个字对于我而言就像是一杯可口的香槟酒那样。

我高兴地喊道："休假？"

少校说："是的，我们不会把这个休假从你的生活里偷走的。"

那些我以为再也不会有的激动突然都回来了。这是真的吗……但是休假总是可能的，我怎么会怀疑呢？我突然意识到了自己内心深处的沮丧有多深，自己已经有多么的绝望。现在我开始小心翼翼地想起了葆拉。自从我被编入了进攻部队以来，就再也没有收到葆拉的信。虽然我们的部队活动频繁，但是和葆拉失去联系这件事一直让我的心里很难受。在那些战斗中的极度沮丧和厌倦里，儿女情长的话语已经完全失去了意义。那些在爆炸中坍塌的房屋似乎也让我对生活的正常感觉随之坍塌，那些战争里的痛苦远远超过了无法实现的爱情所造成的痛苦。我常常想，如果我能从这场战争里活下来的话，那我对生活的要求是极其微小的。如果一个人的生命都还在朝不保夕的话，那他如何能够为那些爱情的失意而耿耿于怀呢？自从别尔戈罗德的恐怖以后，我对世界的所有原来的认识都被摧毁了。在瞬息万变的战局里，我们常常不知道到底要放弃生活里的哪些事物才可以取得某种身心上的平衡。我依然不愿向死亡屈服。我已经在那些极度的恐惧中向自己发誓：即使是失去一切财富、爱情，甚至是一部分肢体，我也要从这场可怕的战争中活下来。

我现在感到魏斯雷德少校就要离开这里了，因而我问他是否知道我的一些战友的下落。他只记得老兵的下落。他对我称呼着老兵的名字："奥古斯特·维尔纳的连队在突围的时候负责协助一个榴弹炮连。他们是第一拨的突围部队，那时的处境非常艰难。那些活下来的人现在恐怕在基辅了。那里是我们师重新集结的地方。”

我安静地听着少校的话，少校点了点头，然后就离开了。他离开时告诉我说：“我们明天过河。”

少校提到的休假的消息让我由于突然而来的兴奋感到有些眩晕。我也为自己的一些战友可能在突围中战死感到沮丧。也许基辅到科诺托普的路上我曾经经过他们被烧焦的尸体。我也会像别人那样试图忘记和他们的友谊吗？我也必须“无悔地”否认——在战争里，“无悔”是一个奢侈的用词——那些和霍尔斯、林森，甚至是林德伯格那个浑蛋的记忆吗？

但是，即使我所有的朋友都不会回来，我从老兵那里也学会了一件宝贵的事情，那就是无论在何种艰难的环境里，我都可以重温那些美好的回忆，即使我躺在冰冷的雨地里任凭雨水湿透全身的时候也不例外。那些在我脸上流下的雨水可以让我的眼泪不被别人看到。

雨在不停地下着，一直到第二天下午才停了下来。我们站的河岸边的土地完全成了一片踩起来像海绵的地方。我们全身早就没有一处是干的了，有些人干脆把自己的衣裤都脱了，光着身子在岸边等待着。大多数时间我们都站在岸边看着那些渡船在来回地运送着士兵们。

到了中午的时候，尽管天依旧下着小雨，但是一队俄国人的伊柳辛式强击机出现在了我们这里。我们一边诅咒着这些带来厄运的飞行器，一边迫使自己趴在了黏糊糊的河岸的泥土上。那些飞机向我们来回扫射和投弹了 3 次。又有一些士兵成了这次渡河行动新的阵亡者。

终于在下午 6 点钟的时候，那时天色已经渐渐变暗，我们师的部队开始登船了。

我们被下令拿好自己的东西，然后排好队走到 3 个登船地点。

我们拿着自己沾满泥的枪和背包在大雨里无声地等待着，我们师最后上船的人不得不在岸边等待好几个小时。

模糊和短促的笑容闪现在人们的脸上，至少我们开始过河了，这一切的麻烦可以暂告一段落了。我们马上就可以换上干衣服，然后就是好好睡一觉，再也不用担心俄国人了。我们都在憧憬河那边的新生活，但是还有一个恐惧——在我们过河的时候会发生问题吗？那些过度使用和严重超载的渡船是否能够撑得住？或者它们会突然沉没并将船上的士兵带到幽深的河底？还有那些俄国人的雅克飞机……如果那些飞机出现的话……我们都非常清晰地记得前天在河面上的那场屠杀。

天渐渐黑了，俄国飞机在晚上很少出来，也许至少现在我们不再受它们的威胁了。

当轮到我时，我和大约 100 名士兵登上了渡船，渡船的木板边上被数以千计的士兵的皮靴底磨得到处是木渣。水面离渡船的边上只有大约 20 厘米，这让我有些不安。

一名 40 来岁的军官喊道："船长，好了，你想要我们都沉到河底吗?"

那名负责开船的工兵笑着说道："施比斯先生，我们被命令要搭载尽可能多的士兵，我们已经习惯了。好了，现在再上来 10 个人。"当我们的船到了快倾覆的时候，那些负责开船的士兵解开了绳子。随即他们矫健地跳到了船上给他们预留的位置上。

船慢慢地离开了岸边。大家都不敢动一动，唯恐会把这艘船弄倾覆掉。河的西岸随着起伏的波浪不时地从我们的视线里消失。我站在船的中间，前后是两个我不认识的家伙，一个是来自解救我们从科诺托普突围的步兵旅，另一个家伙来自我的连，他现在已经站着睡着了，看起来他是这里唯一对于周围一切一点也不在乎的人，而现在其他人都在留心地听着或看着周围，特别是头顶上的天空。一艘只有我们一半大的船，靠着后面与我们型号相同的马达慢慢地和我们的船并排驶着。那艘船的甲板也和我们的一样拥挤。

过河大约花了 15 分钟，但是好像是过了一个世纪一样。河水缓缓而轻柔地从我们的周围流过，这让我们这些焦急渡河的人心里感到烦躁和狂乱。有几个家伙一直在数数，不知道他们是在计算时间呢，还是在帮助自己睡觉。

船的前部传来声音说我们马上就要靠岸了。那些在船前部的人可以看到那个笼罩在雾气之中的河岸了。我们的心跳开始加速，默默地希望船的马达能够转得更快一些。我们马上就要上岸了，而此时天空依旧是安静如常。

一艘空空的渡船经过我们向东岸驶去。我们冷冷地看着这艘船。任何向东的运动都让我们感到不寒而栗。现在西岸离我们只有 20 米远了。我们依旧不敢动一动，如果是在其他的情形下，我们一定会跳起来欢呼。在经历了那么多天的等待和沮丧之后，我们得救了。

现在船离岸只有 10 米了……然后就是 5 米。马达开始倒转起来，船缓缓地停了下来，停靠在一个由木桩搭成的码头上。我们又听到一个声音告诉我们说要慢慢和小心地挪动。我们一个接一个踏上了岸边的土地，这里的土地就像是东岸那般泥泞。但是这些泥泞已经不重要了，我们已经到了河的另一边。西岸意味着安全，这里也是我们和俄国人之间的天然屏障。大家都强烈渴望这种安全感很久了。德军战报里的命令是明确的：我们必须要死死守住第聂伯河的防线。敌人不能从这条防线通过，在明年春天的时候，我们会发起反攻，一直把那些俄国佬丢到伏尔加河里去。在痛苦而漫长的撤退途中，还有在东岸的似乎无尽的等待中，所有人都在想着这个命令。我们的厄运似乎随着我们踏上西岸而结束了，我们就要重新整编，领到干净的衣服，休假，还有那个我们还没有被打败的信念。当然，西岸依旧是俄国的土地，但是这是一块在几年前曾经欢迎过我们的土地，这里的人们喜欢我们。我们似乎感到像是回到了自己的祖国一样。

第四部
向西部的行军
（1943年冬至1944年夏）

第十章

上帝与我们同在

河岸边有一些军官和士兵带领大家走到集合的地点，那些士兵和军官的态度并不是十分友好。而那些戴着徽章的宪兵们简直让人心烦透了。

所有的地方都有宪兵，在这些军事警察中有些人还是不错的。但是我们想忘掉罗姆尼的那些宪兵，还有我们从顿河撤退时遇上的那些宪兵，我们不想让这些不愉快的回忆破坏了我们回到第聂伯河西岸时的好心情。

我们跟随着两个坐在挎斗摩托上的家伙在淤泥里前进着。他们没有让我们列队前进，而只是让我们在后面随意地走着。也许他们知道我们一路上的艰难，所以决定让我们放松一些。现在我们摆脱了俄国人的追击，也许一切都会好起来的。摩托车开始加速了，我们也加快了自己的步伐。走了大约两公里后，我们终于到了一个很大的营地，那些先我们到达西岸的士兵们正在等待和休息。现在天黑下来了，小雨依旧下着。那里的铁丝网沾满雨滴而反射着周围的亮光。两个拿着机枪的士兵正在门口示意我们往前走。我们停了下来，那辆挎斗摩托加速开走了。我们站在铁丝网环绕的一块地上，不知道下一步该做什么。

我们试图告诉自己，军队里面的事情总是这样的。这里对于我们这些刚刚从科诺托普九死一生突围出来的士兵的欢迎让人失望。也许他们会带我们到那些干净、整洁的营房里面，接着就可以好好睡上一觉恢复恢复了，或者他们准备发放我们的休假通知呢。最后的这个猜测让所有人都忘记了雨水和泥泞，心里充满了喜悦和憧憬。

大约等了两个小时，这时另外一批士兵也加入了进来。雨越下越大了，我们现在浑身都淌着水。在不远处，一排坚固屋顶的木板房，一些士兵被编成 20 人一组走到了这些房子里。我们满怀希望地等待着，相信现在倒霉的经历就要结束了。那些被带到木屋里的士兵再也没有出来，他们现在一定睡在了软绵绵的床上，这些走运的浑蛋！

一个小时后，终于轮到我们了。两名预备役军官和一名上尉带着我还有另外的 19 个人走进了一栋房子。房子里面有一台发电机，光线非常明亮。在这个洁净的地方，我们突然意识到了自己肮脏的外表，感到有些不自在。一些军官和宪兵正坐在我们对面的一张长桌子那里。一名二等兵走到了我们面前，他向我们喊着命令，他的口气听起来就像是那些新兵训练营的教官。他告诉我们走到桌子那里准备检查，并且要拿出那些准备检查的证件和枪械。这种见面的方式让我们更加不自在起来了。

一名坐在桌子边的宪兵喊道：“首先，你的证件。”

那名站在我们这组第一个的上尉此时正在被询问着。

宪兵说：“你的部队在哪里，上尉？”

上尉回答道：“被打散了，宪兵先生。他们要么阵亡了，要么失踪了。我们打得很艰苦。”

那名宪兵看着上尉的证件，什么话也没说。

宪兵接着问道：“你是否离开了你的士兵，或者是他们都阵亡了？”

上尉停顿了片刻，我们此时都在注视着他。

上尉用一种愤怒的语气问道："现在我在接受军事法庭的审判吗？"

宪兵说道："你必须回答我的问题，上尉先生，你的部队在哪里？"

上尉显然发现自己被问住了，实际上这里几乎没有人能够回答类似的问题。

上尉试图解释，但是这一切努力都是徒劳的。

看来上尉在突围中丢掉了太多的东西。那个宪兵现在询问着上尉丢失的东西。在那个宪兵看来，一个人在这次突围中能够活着回来并不是一件不可思议的事情，一个人在入伍之后掉了15公斤体重也不算是一个稀罕的事情。那个宪兵只注意到了上尉丢掉了自己的蔡司牌望远镜、装地图的盒子，还有便携式电话。

按照规定，一名德国士兵宁可死去，也不能丢掉自己的装备。这个倒霉的上尉被送往了纪律营，在那里降职为军士长。

上尉此时眼睛睁得大大的，看起来正在从这个令他震惊的处罚中缓过神来。两名士兵接着拽着他走到了一群神情沮丧的人中间，他们都违反了同样的规定。

现在轮到我了，我把自己皱巴巴的证件从口袋里拿出来，那个宪兵一边翻看着，一边狠狠地看着我。他看了一眼我焦虑和沮丧的脸，然后继续查看着一些清单。

我幸运地找回了自己的部队，也留下了那张医务所开出的证明我带病参加战斗的条子。但是现在我的头有些晕，觉得自己就要昏倒了。那个宪兵飞快地读着一名普通士兵规定要带的一连串的物品的目录，我没有全部听清楚他说的话。看来我总共丢了四样东西，其中包括那个我故意丢掉的操蛋的防毒面具。

我的军饷证被那排人一一审视着，然后有人在上面盖了个章。我在慌忙中做了一件蠢事。我从自己的子弹袋里面拿出了剩下的9个弹夹。宪兵看着这些弹夹眼前一亮。

他问道："你那时在撤退？"

我回答道："是的，长官。"

他向我吼道："为什么你不去防卫自己，为什么你不去战斗？”

我只好说道：“是，长官。”

他说：“‘是’是什么意思？”

我向他说：“我们被命令撤退，长官。”

他咆哮地吼道：“去他妈的撤退！有哪支部队在行动中不开枪的？”

我的军饷证传回到那个宪兵的手上。他一把抓了过来，翻弄了几页，他的眼睛从军饷证上抬起来看着我。

我紧张地听着他说的每一个字，也许他准备把我押送到纪律营里，在那里的士兵将被安置到最前沿的阵地，并且要去清除战场的地雷，还有所有的休息时间都必须待在营地里，在那里，“自由”这个字眼失去了一切意义，也许还有不让你读家里的来信……我正在努力忍住自己的眼泪。

那个宪兵终于把我的证件还给了我。我没有被送到纪律营里，但是几乎要晕倒了。当我拿起自己的背包时，我抑制不住地小声抽泣着，一个在我旁边的士兵也在同样抽泣着。

那些仍旧等待询问的士兵们惊讶地看着我。我像个流浪汉一般从那张长桌前走过，从我们进来时那个门对面的一扇门出去了。我感到自己现在的表现很丢脸。

我回到了外面的队伍里，他们依旧在雨里站着。那些人并没有躺在我们想象的软软的床上，雨水不停地从他们的肩膀和背上流下来。

虽然我们的国家以这样的方式感谢我，我和不少人比起来依旧是幸运的。

3 天后，我们知道了就在我们渡过第聂伯河的第二天，俄国人向还留在第聂伯河东岸上的六七千名德国士兵发起了进攻。那些俄国人也许因为在夺取基辅的战斗里受到了挫折，他们决定拿那些依然滞留在东岸的德国士兵开刀。就在那个夜晚，天空中无数的照明弹照亮了东岸剩下的那些德国士兵的阵地。

在西岸战壕里的那些士兵目睹了对岸如同潮水一般的苏军士兵冲向了我们在东岸草草搭建的阵地。那些剩下的德国士兵意识到自己绝对无法挡住苏军的进攻，形势立刻转变为了无法控制的疯狂与恐慌。有人在喀秋莎火箭弹的爆炸中跑着，试图逃出这个无法逃出的结局。那些士气旺盛的苏军士兵在我们猛烈的火力面前依旧向我们的阵地冲来，完全不顾自己惨重的损失。

苏军的损失是巨大的，每一发德国子弹都打中了目标，但是俄国人依旧继续着他们不可遏制的疯狂进攻。在我们登船的那个地方，我们剩下的士兵在一片惊慌中纷纷跳到渡船上，一艘渡船因为人太多而翻沉了。只有不多的士兵还能够保持冷静，他们甚至需要向天开枪来维持秩序。在一片混乱中，那些渡船搭满了士兵，那些跑到水中，试图抓住船帮爬上已经爆满的渡船的士兵的手被船上的无数双军靴踩踩着。在那里，甚至是朋友之间也开始了你死我活的争抢。一些军官在这一片混乱中自杀了。有一条渡船刚刚离开河岸几米就突然像一个玩具一般翻到了一边。船上200多名士兵顿时掉到了河里，许多人当时就被淹死了。

在那个时候，俄国人冲上了岸边的小山上，消灭了那里的德军士兵。那些喝得醉醺醺的俄国士兵单膝跪在岸边向河里和河边的德国士兵瞄准射击，他们仿佛就像是参加一场射击表演一样。一些惊愕中的德军士兵用自己的冲锋枪向那些俄国人开火，剩下的几千德国士兵在河岸上到处奔跑和喊叫着，他们试图从这个局势中逃脱出来，一些人在奔跑的过程中中弹倒在了地上。俄国人也在向那些在水中朝对岸游去的士兵开火，照明弹撕开了夜幕，照亮了第聂伯河的东岸。

仅仅是过了一个小时，这一切就结束了，俄国人占领了第聂伯河的东岸，现在只有几声零星的枪响。大约三分之一的德国士兵做了苏军的俘虏，其他的士兵不是被打死，就是被淹死了。对于那些没有过河的士兵而言，他们的任务已经结束，再也不会被那些西岸的宪兵所蹂躏了。

我们在那个临时营地里又在雨里站了一会儿，接着有3辆来接我们的卡车出现在我们面前。尽管路面几乎无法通行，每辆卡车上依旧装载了50名士兵和他们的装备，严重超载的卡车车厢似乎都要爆裂了。我被装载在其中的一辆里面。我横跨在卡车的尾部车厢板上，一条腿在里面，一条腿晃荡在车厢外面。有一些士兵其实完全在车厢的外面，他们抓着外面的车厢勉强站在车厢外的凸出处。我们在这个暗夜里向前行驶着，但都不知道卡车要往哪里开。

一个小时以后，我们在一片建筑物的前面停了下来，意识到一个不同寻常的行动正在进行着。我们渐渐分辨出这些建筑物位于一条两边都是树的公路旁。这里到处都是军车和军人，也有许多的军官和宪兵。卡车突然停了下来，我们被要求下来。虽然知道自己脱离危险了，但是都感到已经受够了。我们此时饥肠辘辘，许多人进入了梦乡。

在这里又等了半个小时才有人来照看我们。雨不大不小不停地下着。在别处此时也下雨了吗？法国下雨了吗？我试图想起自己的房子和我那张床，但只能唤起一些零碎的战前的记忆。我现在唯一的世界就是俄罗斯广袤的大地，这片无边无际的原野似乎要把我们都吞噬在里面，它也将整个旅整个旅的部队吞噬在了里面，直至他们的名字全都消失。

终于有一名军官向我们走来，带队军官把文件递给了那个走过来的军官。那个军官在手电的微弱光线下仔细看着这些文件，然后就命令我们收拾起自己的东西跟他来。终于走进了一个有屋顶的房子里，这里久违了的温暖的气氛让我们仿佛是到了西斯廷教堂一般四下张望着。

那个带我们来的军官对我们说：“你们过一会儿才会被派往你们所属的连队，现在抓紧机会睡一下吧。”

我们用自己的手电筒照着这间黑糊糊的屋子，发现这里有两张长椅和四五个大桌子。每个人此时都躺了下来，士兵们把靠自己最近人的大腿、屁股或是皮靴当枕头。现在所有的不适都不重要了，至少我们不在雨里了。一些人马上就鼾声如雷地睡着了。大家都感到从现在开始，一切都会变得好起来，都在想着那个肯定会到来的休假。

但是我们这些刚刚从前线下来还没有习惯这种白日梦般的安慰。难以遏制的困倦牢牢地抓住了每一个人，我们迅速地陷入了沉沉的梦乡。

大概休息了相当长的时间。当我们被一片嘈杂的声音吵醒的时候，天已经大亮了。刺耳的哨音响了起来，我们挣扎着站起来。我们的仪表现在看起来简直又脏又乱，如果元首看到我们的话，也许会把我们送回家或是枪毙掉。

那个把我们唤醒的军官用一种惊讶的神情看着我们，也许他也没有想到德国军队会落到如此狼狈的地步。他开始对我们说话，但是我已经记不得他所说的内容了。我多少还没有完全从睡意中清醒，心不在焉地听着他说话。我们意识到现在就要出发回到自己的部队了。

这里有一间木屋被用作淋浴室，但是现在外面已经等了一大群人，根本就没有机会洗到澡。有人给我们提供了用便携式汽油桶改制的水壶，里面装满了热水。但是大家都累得连澡都懒得洗了。当我们还在新兵训练营的时候，常常对自己军服上的一个污点吹毛求疵，但是那些日子已经一去不复返了，现在所关注的是那些更为重要的事情。再者，外面的气温实在太冷了，没有人想脱掉自己身上的衣服，尽管这些衣服不过像一些麻袋片披在我们的身上。

我感到冷得发抖，担心自己又生病了。开饭了，我们像一群乞丐一样排在厨房的外面。这时，从河那边刮来了一阵湿冷的疾风。两名炊事兵用大汤勺把热汤盛到我们已经变了形的脏兮兮的饭盒里。我们希望能够喝上一些咖啡，但是这样的想法太不现实。厨房现在提前给我们供应了热汤，这些热乎乎的浓汤让我们感到好受了许多。

一名少校正在注视着大家，他正在寻找我们的军官，一个负责我们的上尉向他走去。

那名少校说道："同志，已经给了你和你的人时间把自己清洗干净，我认为你们应该好好利用这个机会。"

我们的上尉回答道："是的，少校先生。"

上尉命令大家走到那些装着热水的便携式汽油桶前。我们此刻羡慕地看着那些能够进到澡堂里好好冲个热水澡的士兵们。这种体验简直就像是来自天堂的礼物一般，因为这里现在是如此接近前线。

正当那些站在前排的士兵脱去了自己的衣服并把那些躲藏在皮带附近的虱子拿去的时候，我们突然接到了立刻出发的命令。

对我而言，这个命令是一个让人欣慰的变化。在这样寒冷的天气里脱去自己的衣服几乎对于我们而言是不可能的，我更愿意把那些虱子留在我的身上，而此时我的肚子依旧咕咕直响。

现在可以肯定自己又病了。

我不可遏制地颤抖起来，感到寒气一直窜到了我的脚底。我们登上了外面的卡车，卡车依旧像以往一样严重超载。但是现在没有人抱怨什么。无论车上如何拥挤，这总比走路要强。但是我马上就遇到了一个麻烦。

卡车走在一条被雨水变为沼泽的道路上，轮子把路上的泥水向两边泼去，这个景象看起来像某个城市的喷泉一样。我此时想起了我们从顿河的撤退。俄国现在还是一个泥浆的海洋吗？我们向北面的一片丛林驶去。几个不时的爆炸声传到了我们的耳里。但是听起来这些爆炸规模并不很大。天空开始阴沉起来，大雨就要来了。

我挤在两个战友中间，身体随着卡车在泥泞中的颠簸而起伏着。我越来越感到不舒服，嘴唇和脸烧得滚烫，一点微风就让我感到好像是针刺般冰冷，肚子也越来越疼，这些疼痛在我全身放散开来。开始时我以为这是因为我们刚刚经历过艰难日子，特别是在科诺托普突围的时候我还没有完全康复。我知道自己的脸色一定看起来很可怕，肠子正在里面痉挛着。自然没有人会对我的问题过问一下，而且我也不是这里唯一肚子疼的人。但是紧接着我的疼痛开始加剧了，我不得不弯下腰来，虽然车上挤得厉害，而且我还背着自己的装备。

旁边的一个家伙注意到了我的不安，他凑过来对我说："没关系，朋友……我们很快就要到目的地了。"但是他显然不比我对于这次行程的目的地更清楚。

我说道："我肚子疼死了，但现在实在不是一个适合上厕所的时候。"

突然我意识到自己所面临的难题是什么，肚子正在翻江倒海似的几乎要爆炸了。我现在当然不能让这列车队停下来，只好对自己所要面临的难堪局面大笑起来，但是无论怎样我都要想出一个解决的方案来。我们的车队正在通过一片森林，即使我们已经到了目的地，我也不可能立刻从车上跳下来去解手，如果这样做的话，恐怕会被认为是一个逃兵而被枪毙的。

但是怎么才能够忍住呢？我试图转移自己的注意力，但是这个办法并没有奏效。我的肚子越来越疼了，浑身都起了鸡皮疙瘩。

终于，我再也忍不住了。

我痛苦地向周围的人说道："让开一点，伙计，我现在患上了严重的痢疾，我憋不住了。"

由于卡车的噪音很大，没有人听到我的请求，我于是用自己的肘推搡着周围的人并且大声喊着。我周围的人只是稍微挪了挪，与我的距离分开了10厘米左右。我现在感到自己的脸因为尴尬而烧得通红。我试图解开自己的裤子。

身边的一个士兵说："慌什么？你可以在我们到营地的时候再解决。"

我说道："妈的，我生病了。"

他嘟嘟囔囔说着什么，并试图移动一下自己的脚，但是车子里完全没有什么空间可以让他移动。没有一个人笑，实际上，没有一个人注意我此时的尴尬处境。由于拥挤和身上的武器，我没法把自己的裤子解下来。我终于意识到自己已经无能为力了，我的肚子再也忍不住了，一股脏兮兮的液体顺着我的腿流了下来。此时，我的肚子依旧疼得要命，我陷入了麻木的状态里，这种状态让我难以对自己的尴尬处境感到好笑。实际上，我已经真的病了，我的脑袋此刻正在眩晕而且发着高烧。这是我第一次慢性腹泻的开始，从此以后，腹泻就成了我生活的一部分。

我们这次的路途延续了很长时间，在此期间我共经历了两次腹泻的折磨。我发自内心地愿意用自己10年的生命来换取一个把自己洗干净和在一张温暖的床上休息的机会。我依然被一阵阵的疼痛和高烧折磨着，小腹的绞痛已经越来越厉害了。

终于到了新的营地，我感到似乎像过了一个世纪那么久。我被从卡车上拽下来点名时头晕乎乎的。我依旧尽力保持着清醒，勉强站好。但是我苍白的面容还是没有逃脱掉军官的眼睛，我急促的呼吸引起了军官的注意。

他问我："你怎么了？"

我视线模糊了，结结巴巴地说道："我病了……我……我……"

他又接着问道："是什么问题？"

我说："我的肚子……我发烧了……我可以清洗下自己吗？先生……"

军官说道："你们立刻送他到医务室。"

一名士兵过来搀住我的胳膊。居然有人愿意帮助我！我简直不能相信。

我呻吟着说道："我得了急性痢疾，我现在必须要把自己洗洗。"

那名士兵说："在医务室你会受到一切所需的照顾的，同志。"

在医务室外面，我排起了队，我前面大约有 30 个人。我肚子的疼痛让我喊了起来。我知道我的肚子又要爆发了。我跌跌撞撞地离开排队的人群，向厕所跑去。当我从厕所里出来时，注意到自己的排泄物里面掺杂着鲜血。我回到了排队的人群里等了半个小时，然后轮到了我。我脱下了自己的裤子。

一名医务兵尖叫道："我的上帝，他真臭。"

我看到自己面前的长桌子前面坐着一排医生，他们似乎像是一群法官一样审视着我的病情。其中一名医生嘟囔道："痢疾。"他显然也被顺着我的膝盖流下的粪便惊呆了。

另一名医生说道："现在你必须去冲个澡，你这头脏猪，我们然后才可以看你。"

我回答道："没有什么比这个更让我高兴了。你不知道我多想洗个澡。"

一名医生说道："澡堂在那边。"显然他已经迫不及待地想把我从这里赶走了。

我把自己的衣服搭在肩膀上向浴室走去。幸运的是，在浴室那里没有一个人，除了一个正在擦洗着地板的男孩，他用一种困惑的眼神看着我。

我问道："有没有热水可以洗澡？"

那个男孩说道："你想要热水吗？"

我重复道："你们有热水吗？"

他说："是的，我这里有两大壶准备给16连洗衣服用的热水。我可以给你一些。淋浴的水可能已经凉了。"

虽然我现在发着烧，但是我还是把这个男孩看作是一个只有拿到一些香烟或其他什么东西才会干活的无赖。

我于是说道："我没有香烟。"

男孩说道："这没有关系，我不抽烟。"

我呆呆地站在那里，感到有些惊讶。

我接着说道："那么你能现在就把水拿给我吗？"

那个小家伙跑开了，他指着一个小房间对我说："你可以去那里，那里更舒服一些。"

两分钟后，他提着两桶热腾腾的水进来了。

他问我："你去过前线吗？"

我看着他，不知道他的话是什么意思。他现在依旧傻傻地笑着。

我回答道："是啊，我已经受够了，如果你想知道的话。我现在病了而且感到恶心。"

男孩说道："那里一定很可怕……哈尔夫军士长说他不久后就会把我送到前线去送死。"

我用水把自己的屁股好好地冲了一番，感到舒服极了。我用惊讶的眼神看着男孩。

我说："总是有那么一些家伙喜欢那样，他们喜欢送一些家伙去送死。你现在在这里做什么？"

男孩回答道："我在3个月前入伍的。我离开了费希特先生，在波兰训练了3个月后参加了大德意志师。"

我听了男孩的话想着："这又是一个熟悉的故事。"

我接着问："谁是费希特先生？"

他回答道："他是我的老板，他有一点严，但是他对我挺好的。"

我问："你还那么小，你的父母就忍心让你来这儿？"

男孩说："我没有父母。费希特先生把我从孤儿院带走，我在他的农场里工作。”

我看着他想到，又是一个可怜的人。他依旧在微笑着。我捂着自己的肚子，感到此时它又要暴发了。

我问道：“你叫什么名字?”

男孩说：“赫尔穆特·弗罗施。”

我说：“谢谢你，弗罗施，现在我必须要回到医务所了。”

正当我要离开的时候，我注意到门口有一个粗短的身影站在那里。那个身影喊道：“弗罗施!”

弗罗施立刻跑回去拿那块地板上的抹布。我慢慢走了出去，试图不让他注意到我。那个军士长的注意力实际在弗罗施身上。

他吼道：“弗罗施！你擅离职守，为什么?”

男孩回答道：“我只是在问他关于战争的一些事，军士长。”

那个个头粗短的军士长说道：“你不可以和任何人交谈的，除了回答我的问题。”没有等弗罗施回答，军士长一记清脆的耳光打在了弗罗施的脸上。我飞快地离开了那里，在心里骂着那个军士长：“狗娘养的!”

在医务室，一名医务兵毫无兴致地看着我。我立刻明白他并没有兴趣向我这种脏兮兮的士兵提供任何的服务，而这种服务也不会为他带来什么经济上的收入。他用自己的指头把我浑身摸了个遍，然后又用手捅捅这，戳戳那。最后他让我把嘴张开，然后把他的一个手指戳了进去看了看我的牙齿，接着在我的病历本上写下了一串数字和单词，我随后就被转到了外科门诊。在那里，五六个家伙正在检查我的病历，他们要我把衣服脱掉好让我的肩膀露出来。一个性情粗野的家伙拿起针管就狠狠地给了我一针。我被带到了病房里，那里有一些为伤残士兵准备的床位。工作人员检查了我的病历，我被奇迹般地安排在了一张盖着灰布的小木床上。虽然床上并没有什么正式的床单，但是这毕竟是一张在木架子上面的真正的床，而这张床是在一个有着屋顶的干燥的房间里。

我瘫倒到了床上开始享受起这个久违了的安逸的感觉，头依旧是烫乎乎的，仍然觉得自己的意识有些不清。我已经习惯了睡在坚硬的地上，而此时床铺温软的感觉竟然让我感到一种惊奇。

这个房间里放满了像这样的小床，许多士兵躺在这些床上痛苦地呻吟着。我丝毫也不在意这些噪音，脱掉了自己的外衣，然后把那件脏兮兮的外衣当作被子盖在身上。我感到自己得救了。我像这样在床上躺了很长时间，试图控制住自己肚子的不停痉挛。

过了一会儿，两个医务兵拿着一件沉重的设备到了我这里。他们一言不发地把我的衣服揭开。

他们对我说道："翻过去，同志，让我们看看你的屁股。我们想要清洗你的肠子。"

我还没有反应过来，他们就给我一大缸灌肠剂，接着他们就转到了下一个病人。我痛苦地喝下了那缸灌肠剂。

我对于医学一窍不通，但是这些我服用的液体的确让我感到非常奇怪。实际上，我后来又喝了一次这种灌肠剂，结果在第二天的一整天，我不得不无数次从我躺的地方一路小跑地冲向厕所。医务室和厕所之间隔着一段距离，每次我跑出去都必须顶着刺骨的寒风。于是，我从休息里所得到的收益几乎都被这样的奔跑抵消掉了。

两天后，我被医务室宣布为痊愈，然后我像踏着棉花一样蹒跚地走回了部队。我的连队驻扎在离医务所很近的地方，师部现在离我们大约有 10 公里的距离。我的连所在的村子里大约有一半的俄国农户已经离开了。虽然我很高兴看到那些连里的老朋友，其中也包括奥林海姆，但我依旧与去医务室之前的状况差不了多少。

我的好朋友霍尔斯、林森还有老兵都尽力照顾我，他们尽自己的所能让我好得快些，找了不少的伏特加酒让我喝下去，据他们说，这些酒对于我的病有奇效。但是我依旧每天无数次需要一路小跑地向厕所冲去。我发现自己的排泄物里有血，这种情况让老兵也有些担忧，由于担心我晕倒，许多次他都陪我一起去厕所。在朋友们的规劝下，我两次试图回到医务室，那里此时到处是那些从基辅运来的伤员。但是我那张出院证明让我已经无法再回去了。

我再也没有离开营房里的那张床。幸运的是，我不用参加那些日常的训练了，我的朋友们也代替我站岗。连里的一切情况都很好，魏斯雷德少校仍旧指挥我们连。不幸的是，我们现在依旧在战区，这意味着我们随时可能被调往前沿阵地。魏斯雷德已经知道了我的病情。

霍尔斯向魏斯雷德少校说了我的病情，魏斯雷德站了起来，微笑着说："我的孩子，我们就要立刻从这里出发了，上面要我们撤到离前线大约100公里的后方，在那里会有一些事做，但是看起来这次休整会像是一次休假一样。告诉你的朋友再坚持一天，并且你要把这个好消息传达下去。"

霍尔斯用力立正，然后一阵旋风般从少校的房间里冲了出去，向每一个他经过的小木屋子喊着这个好消息。当他走到我身边时，用力地把我从迷糊中晃醒。

霍尔斯喊道："你有救了，萨杰！你有救了！我们马上要得到一个真正的休息了。"他和同屋的另外两个士兵说道："我们必须帮萨杰找到尽可能多的奎宁，他必须再坚持一天时间。"

我浑身软绵绵的，但是霍尔斯的兴奋和喜悦感染了我，我们要离开的消息让我感到好受了许多。

霍尔斯再次向我喊道："你得救了！现在想一想，你发着高烧，他们一定会让你住院的，他们也不会砍掉你的休假了，你真是个幸运的家伙!"

每次我动一动，肚子都感到难受，似乎又要拉到裤子上了，但我和其他人一样在收拾着自己的东西。我把那些一捆捆的信收了起来。师部的邮局里有不少我的信，其中有12封是葆拉的，3封是我父母写的，还有一封是恩斯特的母亲给我写的。我父母在信中问到我长久没有写信的原因并说了他们的焦虑。葆拉的信让我的病情好了许多。我给他们都一一回了信，虽然我现在的高烧让我的头脑不是太清楚。

终于出发了。我坐在一辆小卡车上向维尼察驶去，卡车在路上几乎完全陷在了泥里。我们以为是走进了那个臭名昭著的普利佩沼泽了，那片沼泽地其实离我们也不远。我们绕着这些沼泽地向前开着，这里的道路上垫着一层木头，这些木头看起来好像是浮在泥浆里一样。我们的卡车在这样的道路上无法开快，但是这些木头有效地防止了卡车轮子陷到泥泞里。我们在8个小时里总共开了大约150公里。现在的天气阴沉而寒冷，小雨夹着雪花在空中飘洒着，这样的天气让我们不用担心苏联飞机的袭击。

到达新营地时，立刻把我和我们连的另外6个人送往了医院，在那里疟疾是一个常见的疾病。我的朋友们现在驻扎在离医院有20多公里的地方，但是我知道我很快就会回到他们那里。

医生告诉我因为我的病没有得到及时的治疗，我的肠膜已经严重受损了。

实际上我过了两个星期才恢复了正常的饮食。每天都必须把屁股对着医务兵，然后他就在我满是针眼的屁股上狠狠再戳上一个新的针眼。每天都有人来量我的体温，温度计上的温度总是在38度左右。

冬天到了，我坐在温暖的床前看着窗外的雪花飞舞着。知道我的朋友们现在暂时脱离了危险，但是在这种欢乐中，我完全没有想到此时整个前线的形势已经严重地恶化了。战报里依然充满了那些微笑着的炮兵士兵的照片，还有就是不知道说了一些什么的报道。霍尔斯来看了我两次，他还带来了我的信。他现在为每一件微不足道的好消息而大笑起来，我们还在外面的雪地里打了雪仗。他和我一样对于急剧恶化的局势一无所知，我们不知道自己马上就要再一次撤退了，战争的恐怖也将再一次淹没我们。

住院后的第三周，我得到了一个好消息——被通知去医生办公室办理出院手续。一名医务兵检查后告诉我，他们认为我的病正在好转，他们将批准我出院。

那名医务兵还对我说："我想你可以在家里休养而不是在这里。"

我故作冷静地同意了这个建议，但是我的心已经高兴得都要发狂了。我得到了一个回家休息10天的休假通行证。虽然这次休假比我上一次休假的时间要短些，但是我还是立刻想到了柏林和葆拉，我想带她一起去法国看望我的父母。如果局势不允许我们的话，我会在柏林和她待在一起。

虽然依然感到虚弱，但还是有些欣喜若狂。我以最快的速度收拾好自己的东西，然后满面笑容地离开了医院。我也给朋友们写了一张便条，向他们道歉我没有能够当面和他们道别，但我想他们会理解的。

我穿着擦得亮亮的皮靴踩在雪地里走向了火车站。我是如此的高兴，甚至向沿路的俄国人挥手打招呼。我的军服已经被洗干净和缝补好了，我感到自己有了一个干净和整洁的外表，忘记了那些过去的痛苦。我满怀着对德国和元首的感激，感谢他们给我提供了一张干净的床和不会漏雨的房顶，感谢认识了那些忠于自己职守的部队上的好朋友们。我又感到高兴，并对自己过去的沮丧和畏惧害臊。我也想到了我在法国童年里那些愤愤不平的经历，但是现在有什么事情能够让我感到愤愤不平的呢？现在还有什么东西能够让我感到绝望呢？也许只有如果葆拉突然对我说她不再爱我的时候……也许吧。

我感到自己的确已经恢复过来了。在我最困难的那些时候，我想象到了我的个人生活里的一些灾难——例如我母亲的病故——我告诉自己能够接受这样的事情，只要战斗能够停下来。我后来也向每一个天神忏悔自己有着这样的想法，我准备好了为此承受惩罚，只要他们能够让这些血腥的屠戮减少一些。

战争似乎已经将我变成了一个冷漠的怪物，一个失去正常人类感情的人，虽然我再过 3 个月才到 18 岁，但是我感到自己现在好像是 35 岁一样。

随着岁月的增加，我懂得了许多的东西。

和平让我感受到了许多欢乐，但是没有一件事情能够超过战争中那种渴望活下来的冲动和对于爱情的憧憬。我常常想到和平的生活有些循规蹈矩，但是这样的想法接着便让我感到恐惧。在那些恐怖的战争岁月里，一个人对于和平的渴望之情几乎让人难以忍受。所以在和平中生活的人们绝不应该哪怕是有一刻向往战争！

火车站在一条街道的尽头。车站没有站台，乘客都直接从街道上登车。有 3 条铁轨从车站穿过。地上软绵绵的雪让周围几乎没有人来往走动时产生的噪音，而那些还没有被积雪覆盖的地方看起来冰冷和黑糊糊的。

只有几节客车车厢和一些空盒子散落在车站里。在车站办公楼旁边有一堆上面写着 WH 字样的码放整齐的箱子。大楼里有四五个俄国铁路工人围坐在一个红彤彤的火炉边上。这几个人坐在那里一动不动，似乎已经被这里的单调夺去了本该有的活力。这里没有任何指示火车出发方向的路牌，除了停在铁轨上的一个蒸汽机车头，那个车头看起来似乎因为许多年的过度使用而濒临报废了。我现在已经想不起这个车站的名字了，也许这个车站其实并没有什么名字，也许这里原来的站牌已经被丢到一个角落里了。看起来这个清冷荒凉的小站很少有什么火车来。

虽然我身上揣着一张让我感到温暖异常的休假证明，望着周围的原野，我却突然感觉到一种强烈的孤独。我本能地走进了那个车站的楼里，那些俄国的铁路工人看起来比法国的邮政人员还要慵懒。我知道要把自己的意图告诉给他们是不可能的，就算他们有人懂德语。我的德语发音让许多战友感到费解。我从他们的门口故意几次走过，希望有人能够注意到我而向我提供一些火车的信息。由于没有人站起来，我把脸贴着窗子向里面看，只看到4名戴着脏兮兮套袖的铁路工人，他们都没有看我这里。我又往里面看了一眼，我惊讶地看到了1名德国士兵睡在4名俄国人的旁边。我于是怒气冲冲地用力推开了门走进去。一股热浪迎面扑了过来，让我的脸颊感到火辣辣的。我使劲地故意跺着自己靴子上的雪，这个声音听起来就像刺破这里宁静的枪声一样。

那几个俄国人慢慢站了起来。屋子里面的那个士兵此时只是挪了挪自己的脚，他看起来大约有50来岁。

他开口问道："我能为你做些什么吗，同志?"他的口气听起来像是一个店铺的伙计招呼自己的客人一样，我一下因为这种随意的气氛而愣了一会儿。

我终于说道："嗯，我想知道开往祖国的列车什么时候经过这里，我要回家休假。"我的口气听起来比德国人还德国人。

那名士兵微笑着慢慢站起来，然后他向我走了过来，手扶在桌子边上说道："年轻人，这么说你是要回家休假了?"他的口气听起来似乎马上就要大笑起来了，这让我感到有些恼火。

他接着说道："现在真是一个休假的好时候啊!"

我问他："什么时候会有火车经过这里?"

我希望能够尽快结束这场谈话。

他突然问道："你的口音很奇怪，你老家是哪里?"唉，终于还是露馅了！我的脸不禁红了起来。

我几乎用一种生气的口气回答道："我有法国的亲戚，我的父亲……我在法国长大。我已经在德国军队里服役两年了。"

他又问："你是法国人吗?"

我说道："不，我母亲是德国人。"

他说："这种情况的话，要以父亲那边为主。"

他现在看起来也有些气愤。

他对那些俄国佬说道："你们看看，他们现在居然连法国孩子都招进来了。"显然那几个俄国佬根本就听不懂他的话。

我又问："火车什么时候到?"

他说："别担心，它们时不时会来的。"

我说："这是什么意思?"

他说："这里没有时刻表。你又有什么办法? 这里不是德国的火车站。火车时不时会经过这里，但是你从来不知道它们什么时候经过。"

他笑了笑说："你可以坐下来，现在时间还很多。"

我说道："不啦，我可没有时间，我必须走了，我不能坐在这和你聊天。"

他说道："好的，那自便吧。如果你想要到外面走一走然后被冻住的话……或者你也可以搭卡车去维尼撒。那里开往西部的火车比较多。但是我要告诉你，你必须在一片茂密的森林里走上大约 70 公里。在那里有许多这些家伙们的朋友。"他边说边指向那几个俄国铁路工人。"他们那些在林子里的朋友们可与阿道夫·希特勒的观点不太一致，也许你的休假就此结束了。"他看着那几个俄国人笑着，那几个俄国人也向他回笑了一下，他们并不知道我们谈论的内容……

我问："为什么?"

他说："游击队!"

我接着惊讶地问："你是说这里也有游击队?"

但这一次是该他惊讶了。

他继续说道："当然，在罗马尼亚也有，还有匈牙利和波兰，也许甚至是在德国。所以年轻人，坐下。这个混乱的局面和你没有关系，你也不应该搅和在里面。如果只是为了节省几个小时就被这些人打死，这是不值得的。我这里有一些真正的咖啡，它们在厨房里，还热乎乎的呢。有一个好心的军官送给我的，他早就对所有战争厌倦了。”

他接着拿着一个很大的军用咖啡壶走了回来。

他看着那几个依旧笑容满面的俄国佬说道：“我们都已经快把自己的肚子喝炸了。”

我现在感到有几分不自在。

我问他：“那你在这儿的工作是什么？”

他有些恼怒地说道：“我的工作就是守卫这些箱子，”接着指着外面那些摆放整齐的箱子，“还有几个可怜的俄国人。他们以为我是谁？我已经快60岁了，他们居然还让我来这里当哨兵。我为了普鲁士的铁路干了30年，这就是我得到的感谢。都是一些没有用的努力。每个人都要坚守自己的岗位，这真是一支高效的部队。胜利万岁！我可以实话对你说，我受够了！”他讲到最后的时候已经在吼叫了。他把那个咖啡壶砸在桌面上。我感到自己好像是在巴黎的某个小酒馆里。我突然感到似乎世界都颠倒了过来。

我不假思索地向他说道：“那个咖啡壶是军队的财产。”

他看了看我，然后缓缓地放下自己的杯子，往里面倒上了一些热气腾腾的咖啡，再把咖啡递给我。

他说：“喝吧，年轻人。”

接着就是一阵沉寂。然后他用一种安静和严肃的口吻说了起来：“我的孩子，听我说，我今年已经57岁了。我从1914年到1918年在德国的骑兵师服役，我那时在荷兰的战俘营里待了两年，现在又在军队里待了3年半了。我的3个儿子在3条不同的战线上作战。我是一个老人，尽管我对于那些政治信条感到过激动，但是现在的政治已经让我感到心寒，我宁愿喝咖啡也不愿意谈论那些。所以现在喝点儿咖啡，你也可以借这个机会暂时忘掉你现在所处的这一片混乱。”

我惊讶地看着他。

他接着说：“我不是一名军官，更不是元首，我只是一名被迫脱去自己铁路制服穿上军装的老铁路工人。坐下来，放松一些，喝点你的咖啡。”

我说：“但是你所说的有些荒唐。毕竟，每一分钟都有士兵为我们的国家献出自己的生命……”

他说：“如果我的国家要我作出些贡献的话，我会推迟退休几年。”

我结结巴巴地说道：“但是……但是……”

我感到自己就像是被呛到水一样。我不能够否定那些由于德意志理想主义教育所产生的强烈情感。我在这场战争里受尽了痛苦，但是我无法认同一个否定这一切的生活。我觉得这个人的话已经过分了，我难以用恰当的话表达出来，也许我还太年轻不能理解这些话。

我还是喊道：“我完全不能同意你的观点，如果人人都是你那样想的话，这一切的牺牲都是枉然的了！你的想法让我们的生活完全失去了意义！”

我看到他的步枪在房子的一角。

我指着那几个俄国人说道：“你的那些朋友们或许会拿起你的枪的，你有没有想过？”

我以为他要把我从这里赶出去了，但是他的态度和所说的话并不一致，也许他有些怕我。

他苦笑了一下说道：“我们喝完咖啡后我会把咖啡壶拿回去，你还想喝吗？”

我把自己的杯子伸了出去，我对于刚刚把一个士兵的态度推回到正轨上感到有些扬扬得意。又等了 9 个小时，当我几乎放弃希望的时候，一列火车到站了，我登上了这列火车。

第十一章

被取消的休假

游击队

在从维尼撒开往勒沃夫和卢布林的火车上，我遇到了一些从切卡西和克莱门楚来的士兵。

他们告诉我在那里发生的地狱般的战斗，而这两个地方现在都被俄国人攻占了。整个战场，俄国军队终于靠着自己难以置信的数量优势吞没了德军的阵地，我们在抵挡他们的过程中付出了惨重的伤亡。所有在车上的士兵都是回国休假的，虽然他们看起来很高兴，但是不久前的那些经历还是像噩梦般的缠绕着他们。

火车在一个冬日的早晨开到了波兰的卢布林火车站，地上到处都是积雪，波兰的冬天比俄国还冷。大家虽然都已经习惯了在户外睡觉，但是没有人在火车上能够安稳地睡好，大家都把自己的领子竖了起来。虽然天还没有亮，但是站台上到处挤满准备开往前线的士兵。我们很容易就把那些新兵从人群里辨认出来，那些新兵无一例外都长着一张红扑扑的嫩脸。站台上每隔 10 米就站着一名宪兵。车站里的高音喇叭正在发布让我们下车休整的命令，我们顺从地从车上跳了下来。我由于寒冷和缺少睡眠而全身发着抖。

我们在站台上排好队，然后就向站台尽头的一个大厅走去。当我们走向大厅的时候，喘着粗气的火车头拖着空空的车厢开到了另一条铁轨上。

在大厅里，我们都领到了一份咖啡和两勺味道奇怪的果酱。当我们正吃着的时候，几个军官爬到大厅里一个装着高音喇叭的台子上。宪兵们正在台子的下面扫视着人们。

一开始，那几个高音喇叭嘶叫了一会儿，有人调了一下音，接着一个鼻音很重的声音从里面传了出来。那个军官的讲话就像是一记响亮的耳光打到大家的脸上："……休假必须被取消。"

我们以为自己听错了，但是下面的词语是清晰无误的：

"形势的需要……困难……责任……必要的努力……胜利。"我们慢慢清醒了过来。人群里发出了愤怒的吼声和骚动。但是现在大喇叭里已经传出了"德意志进行曲"。随着这个通知，数以千计士兵的休假梦想破灭了。此时喇叭里的音乐放得更响了。那些我们正在吃的果酱此时也味同嚼蜡，手中的咖啡也变得愈发苦涩起来。在为自己感到难过之前，我们已经被宪兵们赶上了一辆开往东部的火车。

我们站在了3个装满军需品的车厢旁边。由于沮丧和疲惫是如此明显，许多人都闪过了当逃兵的念头，我们被宪兵们围了起来。然后每个人领了俄式皮帽子、羊皮背心、羊毛衬里的棉手套，还有一双防寒皮靴。除此之外，还领了几盒罐头。现在已经不再想是否能够回家了，我们显然正在被运回到俄国去迎接另一个冬天，许多人都几乎快哭了。

火车里已经挤得不能再挤。有一些士兵是还没有参加过战斗的新兵。一些人是已经休完了假的老兵。而像我们这样的一些人现在则感到将要面临的未知的命运是令人担忧的。

火车向东开了很长时间，我们这才慢慢知道了是怎么回事。我现在沮丧透顶，我想起了马德堡和我被突然更改的上次休假。这一次休假我甚至连柏林的影子都没见到，我也不再有机会见到葆拉了。我们甚至连原地休整24个小时的机会都没有。当我想到这里，不禁陷入了深深的抑郁中。但是我还有一线希望。当回到自己的连队，会得到正式的伤病疗养证明。刚才为什么没有想到向宪兵们解释一下我的情况呢？但是没有一个有理智的人会去真的这样做。我最后的希望是：当我回到部队的时候，魏斯雷德少校会安排好这件事的。

和通常一样，返回前线的火车总是以最高速度行驶的，而往西的列车则总是不停地在沿路没有理由地时时停靠着。我们这趟车也不例外。

但是，一件突如其来的事件打断了我们的回程。

我们的列车刚刚加满煤正准备把我们送到目的地维尼察，那个加煤的车站上写着那些再也不能到达的地名：科诺托普、库尔斯克、哈尔科夫，这些名字勾起了我们许多痛苦的回忆。

我们的列车刚刚开出站大约15分钟，列车便突然地紧急刹车。所有的车厢都剧烈地抖了起来，车厢几乎出轨。在车厢里，士兵们和各种各样的箱子被抛得到处都是，到处都是一片叫骂声，我们都以为列车出轨了。这时有一些穿着军大衣的士兵沿着车厢跑过来，他们挥着手向我们喊着什么。一个人喊道："你们能够被挡住，停下来真幸运。"

大约在我们列车前面500米的地方，倾覆的列车车厢散布在那里的一片稀稀疏疏的树林里。我们从车上跳了下来去弄清楚发生了什么。

游击队……铁轨上的炸药……装满了军火的火车……150个士兵死亡……复仇……巡逻队……追捕。

那辆车剩下的300名未受伤的士兵现在已经被分配了任务。一部分士兵留在原地照顾那些受伤的士兵，另一部分去追那些把铁路炸毁的游击队，这次这些游击队已经不满足把铁轨炸毁了，甚至还向那些从倾覆车厢里爬出的士兵开枪。军官的哨声响了起来。我们车上的大约3000来人从火车上下来了，被分为三个组。最大的一个组有大约2000名士兵组成，这个组负责去搜捕那些游击队员，我就在这个追捕组里。和所有人一样，我的背包留在了火车里。随着哨音，我们纷纷蹒跚着从车边向田野走去，现在地上的雪已经有大约30厘米深。

在雪地里行走并不容易，一个人只需走两分钟便出汗了。如果走上20分钟的话，那他就气喘吁吁了。如果走上一个小时的话，就会眼冒金星地感到自己的肺似乎已经有些失效了。现在天气还不算太冷，但是迅速地奔跑让我们几乎喘不过气来，军官们也感到有些撑不住了，便改为步行。在我们离开列车一个半小时后，走进了一个村子，我们累得头都抬不起来了。那里几乎所有的房子都有着茅草屋顶，每个房子旁边是一个用向日葵做成的小窝棚，里面装着冬天取暖用的材料。

当我们到达那个地方时，那里已经到处都是德国士兵。覆盖着白雪的中央广场上到处都是平民，有男人、女人和那些到处跑跳并大声叫喊的孩子们。士兵们分散地站在广场的四周，有几个士兵拿着机枪。在广场的中央，一些士兵正在人群中穿过。在我们右边的一个建筑物旁，有一组士兵正拿着枪指着十几个趴在雪地上的俄国人。

我们起初以为他们死了。

一个站在我旁边的士兵说道："这些是我们在这里抓到的游击队员。"

他们是真的游击队员还是被怀疑是游击队员呢？

这些问题我们都无法回答。对那些人的审讯持续了至少一个小时，那些趴在地上的俄国佬现在肚子一定都被冻坏了，但是我们的几个机枪手也面临着同样的问题。

一支党卫军部队也参加了这次的追捕。我被他们"荣幸地"分配到了一组由像我这样的休假士兵所组成的搜捕分队，他们无疑看到了我袖子上的大德意志师的标志，这些党卫军喜欢使用那些从精锐部队里来的士兵。我们被装上了党卫军的卡车，沿着山路行驶了大约20分钟，然后就跳下了卡车。一个穿着黑皮大衣的党卫军少校向我们简要地讲了情况：

"你们从右路散开，然后走到这片树林里，你们必须多加小心。大约在离你们一公里的地方有一个工厂。我们的线人已经告诉我们那里是这些恐怖分子们的活动地点，必须采取突然袭击来消灭他们。"

他接下来指认了各个小组的组长，然后就出发了。

这真是一个了不起的休养啊！我要是待在维尼察的医院里会更好一些。我们在不久之后看到了一片金属屋顶，那里一定就是工厂了。但在我们还没有看清楚的时候，一阵机枪扫射声打破了这里的宁静。一个党卫军士兵喊道："我们终于找到你们了，你们这些杂种！你们最好是投降！"

看起来那些在村子里被我们抓获的游击队员把这个地方供了出来。几声枪响后，一阵熟悉的俄制机关枪的声音从工厂的一角响了起来。我和另一个士兵在一棵小树下立刻趴了下来，这棵小树的树枝上挂满了积雪。我听到了命令我们往前的哨音，但是并没有离开我趴下的地方，如果被这几个恐怖分子撂倒的话，那才是不明智呢。

另一个士兵小声地对我说："这些杂种！我们这次终于逮到他们了！我们会让他们知道把我们火车炸掉的后果是什么。"

战斗只进行了5分钟，所有的德国士兵们都站了起来。我们抓住了大约10名俄国俘虏。他们中有几个人正在唱着一首俄文的复仇歌曲，但是剩下的人都在向我们求饶。大约30个党卫军士兵把他们赶上了一辆卡车，他们已经开始殴打起了这些俄国人并向他们问问题。我们以为一切都结束了，这时那个党卫军少校的哨音响了。

他说道："这些狗娘养的家伙宣称他们是这里所有的游击队。也许他们以为自己可以保护那些还躲在工厂里的同伙们，我现在命令你们完全清理这个地方。"他指着那些工厂的厂房说道："现在我们必须占领那里，并把他们藏匿的所有武器找出来。"

我们向那些厂房出发了，厂房前面有许多废机器的大块的零部件，这些地方是狙击手的理想藏身之处。工厂前面的空地上到处都是德军士兵，但这并不令人感到安慰。即使是我们最后战胜了这些俄国游击队，他们的每一颗子弹都注定会打中我们中的某一个人。即使我成了这场胜利中唯一死去的人，胜利对于我而言也是毫无意义的。

我唯一知道对此作了理性评论的领袖只有阿道夫·希特勒。他有一次对部队说："即使是一支凯旋的部队也会有人牺牲的。"

这个位于荒郊野外的工厂是生产什么的呢？也许它是一个木材处理工厂。第一个屋子里放着一个木材锯，我们在下面几个屋子里也看到了几个类似的锯子。前两个屋子是空的，也许俘虏们说的是实话，但是我们的命令是检查整个工厂。部队已经把工厂团团围住，士兵们开始从四周向工厂的中心地带搜索起来。我们经过了一些像谷仓一样的建筑物，那些建筑物几乎要坍塌了，建筑物里面的铁架子已经被铁锈糊住了，它们看起来就像是某个港口里的一只古老的锚链。

猛烈的风从工厂的建筑物中间穿过，这些建筑物在风中发出一些吱吱咯咯的响声。除此之外，周围的一切安静得出奇。一些士兵不时故意将一块金属条踢开，或者是推倒一排木箱子。

我们8个士兵走到了一个黑糊糊的厂房里面，这里到处都堆着各种各样的机器。这个建筑里面没有窗户，当然这里也就没有什么光线。我们听到了一种敲击的声音。但是外面的疾风让这个建筑物里充满了松动的木板和砖瓦发出的碰撞声。虽然大家都知道下一秒钟可能就是自己活着的最后一秒，但是大家依旧没有采取任何的防范行为。在外面，党卫军士兵一定围住了几个躲藏起来的俄国人，枪声和喊叫声连成了一片。突然我们这个屋子里被爆炸的声音充满了，五六个照明弹从楼上的某个房间里丢了下来，几乎与此同时我们中的4个士兵发出了痛苦的喊叫，其中两个士兵倒在了地上，另外两个试图向门口跑去，剩下的几个士兵则慌忙找着掩蔽处。这时又传来几声枪响，我的右边又有两个士兵喊叫着倒在了地上。步枪在我的手里剧烈地抖动着，一颗子弹打到了我的枪托上，枪托上的一大块木头被打飞了，子弹离击中我只有几厘米的距离。那两个试图跑出门的士兵在门口被子弹再次击中了，他们俩倒在了门外的雪地里。在外面，更多的士兵向这里跑来，但是他们停在了门口，并向里面开了几枪，他们的子弹其实更有可能打中我们，而不是那些俄国人。我们于是大喊起来，要是不喊的话，有几个白痴一定会往这里丢手榴弹的，那我们就只好和那些俄国佬一起被炸上天了。幸运的是，外面的人及时听到了喊声，因而他们采取了不同的策略。外面的士兵开始想办法要把这个厂房的铁皮墙揭掉，那些躲在厂房屋顶下面的俄国佬正在向厂房里任何可疑的动静拼命地开着枪。他们的子弹射穿了并不太厚的铁皮墙，这些子弹不仅威胁着我们，而且也威胁着外面士兵们的安全，我一动不敢动地躲在原处。

我会是最后一个活着留在这个屋子里的德国士兵吗？我知道至少还有另一个士兵躲在这里一个别的什么地方。我感到自己被一种不可逃脱的威胁和恐惧所包围，紧紧地咬着自己的嘴唇不让自己喊出声来。我们外面的人正在试图把这个房子彻底炸飞，而那些躲在房梁上的俄国人像蜘蛛一样一动不动。突然我听到了后面有一种物件擦碰的轻微的声音，这个声音从乱放的一堆杂物里和那里的一根支撑梁柱间发出。我一动不动地躲在原处看着那里，外面的嘈杂让我没办法把这种声音听清楚，我只好竖起自己的耳朵去分辨那些声音。我屏住呼吸，一直到自己的肺都快炸了为止，心也怦怦地剧烈跳动着，脑海里浮现出了对这种声音的种种猜测，我想象到了会即将躺在地上死去或者被这些游击队抓了俘虏，他们可以利用我来作为他们从这个包围中逃脱的方法。我现在已经被一种从未有过的惊慌所充满，然而接着突然被一种无论如何都要保全自己的想法占据了。我发着抖停止了自己的想法。

现在听到了那个威胁正在一步步逼近我。

如果我是一个百万富翁的话，一定会把自己所有的钱拿出来只为了知道那个向我逼近的威胁的确切位置。我感到孤独和绝望，但是也决心不管付出多大代价都要保护自己。突然看到一个男人出现在离我不到 5 米的位置，感到了一股寒气顺着自己的头皮爬了上来。然后又有一个男人出现在了他的后面，这个男人现在正往一堆麻袋那里爬去。虽然他们都躲在暗处，但是我还是看清了他们穿着便装。那个离我最近的家伙戴着一顶很大的帽子，他的身影至今还留在我的记忆里，个子很高，而且看起来很壮硕。他停留了一会儿，向周围看了看，然后又往前走了几步。我现在悄无声息地慢慢抬起了自己的步枪，知道枪膛里还有一颗子弹，所以不用去拉枪栓。我试图让自己的颤抖停下来，知道如果自己发出一点点声音，那我就完了。幸运的是，现在外面的嘈杂声很大，这使得那个男人的注意力分散了。我的枪已经瞄准了他，手指也紧张地放在了扳机上。然后我迟疑了一刻，如果现在把他打死实在是太容易了。那个男人开始向我的藏身处一点点走过来。他的同伴已经看不到了，大概那些家伙离我至少有 20 米远了。

我可以清楚地听到那个俄国人的呼吸声。他现在也许看到了我躲藏的地方，而且注意到了我钢盔上淡淡的反光。他迟疑了不到一秒钟，然后一道明亮的火光突然照亮了他，他倒在了地上的灰尘中，他的腹部被我枪膛里射出的子弹打穿了，我的枪依旧在我汗津津的手里颤抖着。另一个俄国人跑开了，他的同伴现在正在我的脚边死去。我感到自己的脑袋被一种黑魆魆的空洞所包围了，一个噩梦般的感觉充满了我。现在外面的嘈杂声越来越响了，我感到自己像是坠入了一个无底的深渊里，既想跑出去，恐惧又让我不敢从藏身的地方离开。看着那具面朝下躺在我的脚前的尸体，不敢相信我已经杀了他，等待着鲜血从他身体里涌流出来，依旧木然地看着那具一动不动的尸体。

突然屋子一边的墙被撕开了，外面的士兵们成功地将这间厂房的一部分铁皮墙扯开了。强烈的光线突然照了进来，德国士兵进入了厂房，我从自己的呆滞状态里摆脱了出来。看到了那个党卫军的少校，他正蹲在一堆废旧机器后面，大约离我有 20 米。

他喊道："这里还有人活着吗?"我挥了挥自己的手，然后他看到了我。我知道至少还有一个俄国人躲在我们附近，所以我不想引起太多人的注意。另外一个和我一起的德国士兵正在从废墟中的某个地方喊着："同志们，到这来。我这里有一个伤员。"

少校喊道："大家都别动，我们马上就要把这些俄国佬都消灭掉。"

他看到了那个躺在我脚边死去的俄国人。我们现在听到外面传来的引擎声，这个声音变得越来越大了。从我藏身的地方看去，看到了一辆装载着重机枪的装甲车在雪地里向我们驶来。不一会儿，这辆装甲车从那个被刚刚撕开的厂房口子强行开了进来。装甲车上的强光灯照射着这个厂房，士兵们也趴在车子旁边瞄准着厂房的里面。由于装甲车停在我的后面，车上的强光灯也扫过了我，我不由得颤抖了一下，几乎可以感到那些躲起来的俄国人现在一定也充满了恐惧。我看到在门外的两具德国士兵的尸体边上，其他的一些士兵正在集合。

我们的少校现在用俄语喊道："投降，否则你们都要被我们像耗子一样打死！"

厂房里没有一点声音。突然一声大叫从房子的横梁里面传了出来，这个喊叫声似乎就像我刚才在恐惧中想喊而没敢喊出来的声音一般。我们的重机枪开火了，机枪子弹是一种专门的爆炸弹，这些子弹迅速地把屋顶给撕开了，外面的光线进到了房子里面。所有在外面的德国士兵都在向房顶开着火，在那里有大约 15 个俄国人。我跪在地上，双手捂着自己的耳朵。在我头顶上，听到了俄国人的冲锋枪的声音。我再一次听到了那种令人不寒而栗的惨叫声，一具尸体从房顶上重重地摔在了地上，这个声音听起来就好像是屠夫摔在砧板上的一块肉一样。重机枪把厂房的屋顶摧毁了，强烈的光线把那些俄国人藏身的地方照亮了，又有一个人从上面掉了下来。其余的人试图从那里向外突围。结果一些人从那里掉了下来，另外几个人依旧躲在横梁上，到了最后，所有的俄国人都被打死了。我们为那些在火车倾覆中死去的德国士兵报了仇。现在这里到处都是德国士兵，我可以从自己的藏身处出来了，浑身都是灰，衣服上也沾满了厂房里的碎片。

党卫军把为数不多的几个俘虏押上了卡车，然后就顺着来时的路开走了。我们列队站好，就唱着军歌向那个村子走了回去。当我们抵达那个村子的时候，那些观望的村民已经散去了，我们都感到了一种释然。

党卫军们给了我们每个人一个解释我们推迟回到各自部队原因的书面证明。我们于是又回到了火车上，大家都迫不及待地想离开这个地方。在我们列队离开那里时，看到了一个令人难受的场景，一支行刑队正在执行处决被抓获的游击队员的任务。随着一排枪响，16 个被抓获的俄国游击队员倒在了雪地里。我们大家都无言地走过这些尸体。一个军官告诉我们，这些游击队员把我们的一辆军列炸出了轨，至少有 100 名德国士兵死亡，这些游击队员必须对这起破坏活动负责。这些非军人的战斗人员不能享有战俘的待遇，战争的法则规定可以不经审判就立刻将这些人员处死。

我们在这列一动不动的军车上度过了一个夜晚。我没有能好好睡着，白天那些战斗噩梦般的回忆让我无法安稳地睡着。

第二天，天气开始变得刺骨的寒冷。我们上了一列停在被炸断铁路那一端的火车，呆呆地看着这一片白雪皑皑的原野从我们身边掠过。这片单调的旷野不时被一小片的松树林所遮蔽。我们再一次被这一片人迹罕至的无垠的原野所震撼了，辽阔和宽广的含义能够被此时我们眼前的这片苍茫的原野解释得淋漓尽致。有谁可能控制这片土地吗？是我们？还是那些苏联的克格勃们？

我们在晚上到达了维尼察。这里刚刚解除了一个空袭警报，现在车站里到处都是穿着军大衣的士兵们。大德意志师的一部分部队正驻扎在这里，那些宪兵把我们带到了师部。师部里面的工作人员效率很高，当我告诉了他们自己的名字和连队的番号后，他们立刻就告诉了我们连队的确切位置。我惊恐地知道我们连又一次回到了前线，我们和 20 个其他的连正驻扎在离维尼察大约 500 公里的地方。我原想可以和朋友们在温暖的炉火边讨论是否可以把我的休假再次生效，但现在我们注定要在冰冷的战壕里见面了。这样的变化让我感到当头挨了一棒，呆呆地站在那个负责办理士兵返回手续的军士长面前。

他对我说道："怎么了？你病了吗？"

我脑子里一片木然，不知道如何回答他的问题，然后告诉了他实际的情况。

我说道："我刚刚开始了一个休假，军士长先生，但是我的休假在波兰的卢布林被取消了。"

军士长说："我们的国家正在经历一个相当艰难的时期，年轻人。你并不是唯一被取消休假的人，那些在你前面来的和你后面的许多人都是这样的。"

正当我想谈到这次休假是因为我生病后需要疗养时，那个军士长看到了党卫军少校开具的那份证明。

他说道："我看到你在最近参加了清剿破坏分子的战斗。祝贺你。我会把这份证明放到你的档案里，你们连长一定会提拔你的。"

虽然我有些紧张和疲惫，但还是笑了笑。

我说道："我非常高兴，军士长先生。"

军士长也说道："我也一样为你高兴。"他接着和我握了握手。

我和另外30个情况与我一样的士兵们从那里走了出来，心情还是有些沮丧。

我们晚上睡在了一个温暖舒适的营房里，虽然没有足够的床，但是地板上都铺了厚厚的地毯。虽然心里充满了即将返回前线前的焦虑，我们这一晚都睡得很好。

我们都已经学会了使用任何等待的时间来抓紧睡觉，那些对于自己处境的思索除了给自己增添烦恼外，的确是毫无意义的，只有睡眠能够让我们忘掉现实和恢复精力，那些不能够为将来的紧急情况攒足睡眠的人是最不幸的。

整个晚上和第二天几乎都在睡觉，只有在开饭的时候才会打断自己的睡眠。到了第二天晚上，我们终于被一个军官从睡梦中喊醒，然后就登上开往前线的卡车。强劲的寒风穿过我们的冬服刺透了进来，就像是突然洗了冷水浴的感觉一样——俄罗斯的严冬已经到来了。我们在外面点了名后就爬上了卡车。

天亮之前到达了一个工兵修建起来的村子。我们被命令从卡车上下来，然后每人都领到了一杯热乎乎的咖啡。现在的寒冷让我们想起了过去的冬天——浑身颤抖的冬天，残酷的严寒，没法洗脸，虱子，还有无数的让正常生活无法继续的因素。到处都是战争的气息，每个人的脸上都写着焦虑。我们周围的大弹坑说明了这里曾遭到空袭，这里的局势看来并没有得到控制。

我们被分成了四个组，每个组都必须走到各自的阵地，这些阵地相隔大约有七八十公里远。每个组都发放了各自连队的信件和其他的物品。然后有人向我们解释了前进的路线，一个军官用一种胜利的语气向我们说道，只需要步行30公里就可以到达我们的阵地。

我们沿着被大雪覆盖的山谷向前走着，周围是一大片防御工事，那里布满了反坦克炮和雷区，还有许多的机枪掩体。在我们前面，一望无际的白色原野一直伸向无尽的远方。我们已经离开了最后一道防线，走在一片谁都可以占有的土地上。这里的前线从来就没有被清晰地划分过，更像是一片随处暗藏着杀机的地方，我们随时都有可能和苏军的部队遭遇。

我们小组里有一个新兵，他长得又高又瘦，用羚羊一般的双眼看着这片无名的无边无际的平原，被这片他所不熟悉的平原的辽阔给震惊了。

我在一年之前也曾有过同样的感受。

在几天的大雪过后，狂劲的冬风把这个辽阔的乌克兰原野吹成了一个平平的白色镜面，一切高出地面的物体都特别显眼。有五六架飞机从我们头顶向南飞去，我们愣了一下，想要弄清楚这些飞机的来历，但是它们很快消失在了地平线那边，我们不知道它们是俄国人的雅克战斗机还是我们的梅赛施密特 109 战斗机。

到了午饭时间，我们还是没有弄清自己前进的方向，带队的军官告诉我们前进的方向是正确的，他看起来也和我们一样有些惊慌。

这样辽阔的旷野是不能让人大意的。

一个人可以在德国的黑森林里玩探险游戏，但是在这块辽阔的俄罗斯冰原上可就不行了。大自然的威力让人强烈地感到了自己的渺小，在这里，人们似乎都难以不去相信上帝的存在。

我们走了很长的一段时间，终于走到了一排高低不一的电线杆那里。电线杆沿着一条正在使用之中的公路延伸下去。公路上有车辆刚刚通过后留下的车辙印。

军官决定我们要走这条通向南面的道路，他认为这条路是找到部队的最快的捷径。这看起来有些不合常理，因为如果这样走的话，就必须要走一个与我们刚刚走过道路相垂直的方向，但是没有人哪怕是犹豫一下。我们为晚上可能要在这样的野外行军而感到忧心忡忡。我的脑海里此时突然闪过了自己被搅黄了的这次休假，感到似乎看到了一颗从夜空中突然坠落的流星。我咽了一口口水，又继续走了下去。

那个瘦瘦高高的士兵依旧一言不发。他惊异的眼睛从雪原上转到了我们这些看起来经验丰富的老兵们的脸上，跟随着我们往前走着。

我们突然看到了在前面500米的地方有一个突起的物体，一根长长的炮管从雪地里伸了出来。我们意识到自己正在走向一辆被伪装起来的坦克。当然这辆坦克是我们的，否则我们早就死了。这辆豹式坦克只有炮塔露在地面上，在它后面是两三个突起的小土堆，看来是碉堡。突然一个人出现在了坦克上，在他的坦克制服外面套着一个羊皮背心。他跳了下来，向我们报上自己的部队番号，我们也向他报上了自己的番号。他告诉我们说坦克由于机械故障而不得不留在这里，他接到命令要把坦克半埋在这里作为临时的工事。他和另外8个人费了好大劲才把这个工事挖好，他们现在和自己原来的部队已经分开，到目前为止已经在这个地方守了3个星期了。有一次一些俄国人从附近经过，坦克上的机枪让那些俄国人只好从很远的一个地方通过这片原野。那起交火让他们成了前沿阵地的一部分。原来将在大约两周左右的时间里换防，但是他们已经在这里三个星期了。他们说晚上在这里睡得很不踏实。

我们的军官问道："前线在哪里?"

那个人说道："基本上这里到处都是前线，大部分交火都是摩托化部队间的交火。到了晚上，那些车辆都不开自己的灯，每一次我们都被吓个半死。一架俄国飞机把我们的无线电台打坏了，然后我们就彻底和外界断绝了联系。这种情况足可以让一个人发疯。"

我们的军官解释道："我们现在要和我们的部队会合，你知道还需要走多远吗?"

那个人回答道："前线大约在离这里8到15公里的东边。但是很难说哪里是前线。"

我们都听得一头雾水。

我们的军官说："走那条路吧，我们一定会找到什么东西的。"

那些坦克兵们遗憾地看着我们离去。夜晚的降临比我们预计的来得早，此时原野上也升起了大雾，我们到了一片认为是前线的地方。我们看到了一些随意放置的反坦克炮，还有一个睁着恐惧双眼的哨兵，他向我们用一个颤抖的声音喊道："是谁?"我们的军官也因为恐惧而发出了一声含糊的回答。接着一个脾气急躁浑身发抖的士兵领着我们去见连长。

那个士兵说："俄国人在从各个方向穿过这里，现在的确有些令人丧气，除非前线能够被巩固下来，否则这种局面还将继续下去。但是那个你们所寻找的部队不在我们这里。"

我们见到了连指挥官，他是一个少校，现在正在一个点着蜡烛的掩体里面，看起来年纪挺大并且身体不太好。他的军大衣斜披在自己的肩上，胸前围着一个灰色的围巾，戴着布军帽而不是钢盔。我们向他立正行礼。少校认真研究着地图，试图找到一些能对我们有用的信息。他看起来有些困惑，这个地图看起来很细致，但是这些地方已经被外面的大雪所覆盖了。他借着手电筒的光亮推断出了我们所要去的一些地方，最后决定我们所要去的地方位于这里的东北方，看来离我们在维尼察的师部有很远的距离。

我们虽然已经从黎明走到了现在，这个漫长而让人筋疲力尽的行军还没有结束，我们再次向那片冰冷和雾蒙蒙的黑夜走了进去。走了大约 45 分钟，碰到了另一个藏在雪地里的德军连队，他们把自己的地方腾出来了一些好让我们进来。我们必须要停下来，否则在这场大雾中肯定要迷路的。我们试图在这样的寒冷里睡觉。在外面的战壕里，哨兵们正在跺着自己的脚来取暖，雾气已将这些哨兵完全笼罩在了里面，哨兵们的视线也无法看到比战壕边远多少的地方。

虽然有暖灯和搭在掩体入口的帆布，我们还是感到寒气逼人，大家都只是浅浅地睡着。外面的温度现在大约是摄氏零下 10 度，这里的士兵用各种各样的方法打发着时间，有人在试图睡觉，一些人在打牌，还有一些人在用自己冻僵的手吃力地给家里写信。掩体里的蜡烛被收集起来放在一个铁盒子里继续使用，这种方法可以使蜡烛的使用时间延长四五倍。那些对这个掩体里的回忆至今还萦绕在我的脑海中，就像是我孩童时代听到的一个传说一样。

我们迎着清晨的寒冷离开了这里，继续前进。周围的一切都非常安静，寒冷对于我们的威胁不亚于苏联红军对我们的威胁。

我们很长时间都走在一排结满冰霜的铁丝网边上，早上还没有散尽的雾气在铁丝网上旋即变成了一颗颗亮亮的冰珠。

一直到了接近中午时分，我们中大约有三分之二的士兵找到了自己的连队，那里的军官们告诉我们其他连队的位置，现在只有 16 个人还没有找到自己的部队。我和那个新兵属于不同的连队。我们的寻找走了不少冤枉路，现在变得越来越愤怒了，命令怎么能如此模糊呢？这样的调度问题对于德军部队是少见的。实际上，那些过去在波兰和法国行之有效的严格的调度系统在这片茫茫的乌克兰冰原上几乎不存在了。现在整个俄国的前线有 2000 多公里长。我们不断衰减的运输能力也在这个寒冷的冬天里变得更加困难。

在剩下的 16 个人里，14 个士兵属于同一个连队，我自己属于另一个连队，那个新兵属于第三个连队。

在天黑之前，那 14 个士兵碰巧遇上了自己的连队。现在只有那个新兵和我还在寻找着自己的连队。

我们满心焦急地走在被车辆压得硬邦邦的路上，经过了一个破败的小村子，那里有几个士兵在守卫着，当我们经过的时候，他们默默地看着，我们感到了几分尴尬和害怕。

我们被告知应该往东北方向走。但是现在雾气渐渐升了起来，前面的能见度几乎为零。

虽然我那时还年轻，还是告诉自己要坚强起来。那个新兵用慌张而不安的眼睛看着我，我建议我们俩在原地挖一个坑，然后把自己的帆布铺在上面过夜。我的提议让这个新兵感到恐惧，他坚持要继续走。

他说："我们的连队一定离我们很近了。"

我说："你疯了，我们不能这样走下去，我们会完全迷路的，然后狼会吃了我们的。"

那个新兵说："狼？"

我说："是的。这里有很多的狼。"

新兵说："但是这些狼也会在这里找到我们的。"

我说："当然，我们现在在野外。但是我们一旦到了帆布底下，它们就不会来找我们的麻烦。要是它们还不走，我们就用枪打它们。”

新兵说：“那还不是一样的结果。到了明天，我们还会同样迷路的。”

我说：“我们现在正在沿着交通线走，明天会继续走下去，就这样。相信我，这是目前最好的办法了。”

我终于说服了那个士兵和我一起在坚硬的冻土上用镐头刨了起来。这时我们听到了引擎声。

那个新兵喊道：“卡车！”

我说道：“什么卡车？你简直疯了！你听到了履带的声音吗？”他望着我问道：“坦克？是德国的吗？”我回答说：“我怎么知道呢？”

他又问道：“我们现在还在我们的前线后面，不是吗？”

我只好说道：“唉，以上帝的名义……但愿如此。”

当在只能依靠直觉作出决定的时候，我对于在这种时候希望知道决定的理由感到非常恼火。

新兵问道：“我们现在该怎么办？”

我对他说：“从这条道上离开，想办法躲在雪地里。”

我已经从道路上离开，坦克的声音变得越来越可怕，现在坦克几乎已经到了我们的面前，然而在浓重的雾气中依旧什么也看不见。在战场上，没有什么比坦克的声音更让我揪心的了。不知道等了多久，我们终于看到了一个影子从雪地上缓缓驶过。坦克的声音震耳欲聋。我看着黑暗的周围，试图从声音里找到一些判断的依据。终于，一股无名的力量让我从地上站立起来并小心地向坦克跑去。那个新兵在原地惊讶地看着我，过了一会儿，他也赶了上来，用自己焦急而困惑的眼睛看着我说：“这是一辆我们的虎式坦克，必须赶上它，然后我们就可以坐在上面了。”

我说道：“我们必须小心才行，他们会把我们当俄国人的。但是如果我们赶上它的话，就不用再走路了。”

我们开始在坦克留下的车辙里跑着。虽然坦克行驶的速度很慢，依旧没法赶上它，我们已经气喘吁吁了。我很快意识到我们是没法赶上那辆坦克的，必须要冒冒险才行。我抬起了自己的步枪向坦克的方向开了一枪。这种办法无疑是危险的。坦克上的成员一定会认为他们受到了攻击，然后就会用自己的机枪向我们扫过来。

坦克停了下来。他们一定听到了打在坦克炮塔上的子弹声。我们大喊着："同志!"现在坦克的引擎已经在空转的状态，坦克的噪音此时小多了，我们听到了炮塔里传出的一个声音喊道："是谁?"

我们奋力冲到了离坦克很近的地方，那个从炮塔里探出头来的家伙现在已经把手放在了机枪的扳机上。

他喊着："只有你们两个？你们在这里干什么?"

我说道："我们在找自己的部队，我们迷路了。"

那个坦克兵说："我并不对此感到意外，我们也迷路了。"

我们欣慰地看到他的白色钢盔上印有老虎纹路的标志，这意味着他是大德意志师的士兵。我们解释了自己的情况，他们随即把我们拉到了坦克里面问我们："你们都是大德意志师的士兵?"

我们回答道："是的。"

坦克的内部涂着一层橘黄色的涂料，昏黄的灯光映照着，有两个士兵坐在炮塔里，或许还有两个坐在更前面。坦克的引擎发出的噪音让人简直没法说话，但是这里面暖洋洋的，空气里面充满了机油和废气的味道。

虽然炮塔的空间不算太挤，但是操纵设备和弹药箱占据了太多的空间，我们费力才挤了下去。坦克车长不时把自己的头从坦克里探出去，他戴着一顶厚厚的冬帽，这让他看起来很像俄国人。

坦克兵们告诉我们他们也在寻找自己的连队，因为引擎故障而耽误了两天。不得不向路上的部队到处问路，这非常危险，因为一辆单独的坦克仿佛就是一只瞎了眼的野兽。他们也没有无线电台，指挥官也没有出来寻找他们，也许上面已经把他们列为失踪人员了。

他们告诉我说这辆新坦克已经涂上了防磁性地雷涂料，外面还安装了灭火器。现在最大的威胁是俄国人的反坦克火箭筒，这是俄国人仿照我们的"铁拳"反坦克火箭弹改制的。

他们还告诉我们所有俄国坦克都不能够战胜虎式坦克。后来在罗马尼亚前线，我们看到了虎式坦克与俄国坦克的对垒。那些俄国的 T-34 和 KW-85 坦克在付出沉重代价后才认识了虎式坦克的威力。

行进了一个小时后，坦克停了下来。

指挥官喊着说：“一个路牌！这个附近一定有我们的营地！”

外面开始下雪了。一个路牌突然出现在了我们的面前。一个坦克车手用自己戴着手套的手把路牌上的雪擦掉，接着他大声读出了路牌上的方向。看起来那个新兵的连队在更东边的地方，其他的连队在东北边，坦克也将往那个方向开去。

第一次到前线的士兵现在和我们道了别，然后独自走进了黑暗里，临别前，我看到了他脸上恐惧的神情。

20 分钟后，我找到了自己的连队，那些坦克兵也决定留下来休息。我从坦克上跳了下来，向一片破烂的木屋走去。那些木屋尖尖的屋顶好像是一些大帐篷的顶。在屋子里面，一个军官正在一张用木板和弹药箱拼成的桌子边坐着，桌子上点着三支蜡烛。屋里由于没有生火，军官身上披着毛毯。他告诉了我的连队大体的位置。我然后穿过了一排掩体，猫耳洞和战壕，感到就像是第一次来到前线，只是这里的战壕要比顿河前线的战壕窄，那些不多的工兵已经尽力了。来到这里的步兵还需要把这些战壕加深并加固，俄罗斯的严冬终于到了，地面已经冻得硬邦邦的了。

我不停地问别人自己的连队在哪里，终于有一个联络官把我带到了我们连指挥官的掩体。那个站在连部门口的哨兵在打量我了一眼后把掩体门口的帆布门帘打开了。他非常惊讶地看到一个像我这样的士兵居然也像军官一样被人护送。

魏斯雷德少校还没有睡觉，叼着一只烟斗，竖起的领子遮住了他大部分的脸庞。他没有戴帽子，看起来正在研究一幅地图。有两个油暖灯在掩体里燃烧着，但是掩体里依旧非常寒冷。在掩体的一角，一个人正靠着背包熟睡着。魏斯雷德少校抬头看了看是谁进来了。但我正要报告的时候，电话铃响了。

少校接完电话后，我再次向少校说道：“少校先生，列兵萨杰向你报到。”

少校说道：“休假结束了，我的孩子？”

我回答道："不是的，少校先生。我的休假被取消了。"

他说道："啊，但是你身体还不错。你现在感觉怎么样了？"

我想告诉他我多么的失望，而且我多么希望能够至少回去几天，但是这些话现在好像堵在了我的嗓子眼没法说出来。我突然感到了我对于这里的那些熟人和朋友不可分割的感情。

结果我改口说道："我很好，少校先生。我可以等到下一个休假。"少校站了起来。虽然我不能看到他的脸，但是我感到他正在微笑。他把一只手放在我的肩上，然后我感到自己在他的手下有些颤抖。

他说："我要带你去见你的一些朋友。我知道和朋友在一起能够弥补许多遗憾，即使没有舒适的床，甚至是没有吃的东西。"

我感到有些受宠若惊。少校现在走了出去，我跟在他的后面。

他解释道："我总是把我手下的人按照朋友分在一起的。维尔纳、霍尔斯、林森，还有林德伯格现在都守在那个反坦克炮炮位上。他们会很高兴看见你的。"

魏斯雷德少校高大的身影走在白茫茫的雾气里。当我们经过时，一些已经几乎睡着了的家伙跳了起来向少校汇报说一切都正常。

我们走到了一个比其他掩体都更深的一个掩体，这里有 3 个蜷缩在一起的人躺在地上，有两个人靠在战壕的加固木桩上。我立刻认出了老兵的声音。

老兵向少校说道："欢迎来到我们的掩体，少校先生。我们今晚可以聊聊了，现在一切平安无事。"

老兵那个熟悉的声音让我感到有些惊讶。

魏斯雷德说道："萨杰在这里，他刚刚回来。"

老兵说道："萨杰，我真不敢相信！我以为你正在柏林正花天酒地呢。"

我说道："我想你们了。"

老兵说道："真是个好小伙子。你的决定是正确的。在我们这里有时你可以看到焰火，但在柏林则是一片黑暗。记得上次我在那里时是一年半前了。"

我可以听见霍尔斯在睡意十足地问道："发生了什么了?"

老兵大声说："起来，小伙子！少校先生现在正和我们的朋友萨杰在一起。"

霍尔斯立刻像被子弹打中了一样跳了起来。

霍尔斯说道："萨杰！他现在回到这里真是疯了!"

魏斯雷德少校觉得自己必须说点什么了。他说："如果不是我了解你在战斗中的英勇表现的话，我本该派你到纪律营里去的，列兵霍尔斯。"

霍尔斯现在突然清醒了过来。

他解释道："请原谅我，少校先生，我刚才还没醒。"

少校说道："那你的睡眠看来是充满悲观主义色彩的，列兵霍尔斯。"

老兵此时开口了："前天是顿河，昨天是顿涅茨河，今天是第聂伯河……你必须得承认，少校先生，就算是一头强壮的大象也会对现在的局面感到有些泄气。"

少校说道："我知道，这就是自从我来到俄国后最担心的事。如果我们失去了信心，那一切都会变得更艰难的。"

老兵又说道："我们丢掉土地和士兵的速度要比失去信心的速度更快。"

少校回答道："俄国人不会跨越普利佩沼泽的，相信我。"

这时林德伯格傻呵呵地问了一句："我们可能会撤到哪里?"
老兵回答说："撤到奥德河。"

少校小声说道："上帝保佑我们避免这样的灾难，我宁愿死也不愿意看到这天。"

也许魏斯雷德少校相信上帝，后来，他的祷告言中了。

第十二章

红军坦克

第聂伯河第二道防线

我回到部队后，10 天过去了。我们轮流到那些木房子里休息，已经喝完了一大缸咖啡，没有伏特加，也没有饼干，接着战争再次来到了我们这里。

为了打发时间，士兵们在战壕里要么正在用温水洗脚，要么在抓虱子，还有的人竟然用自己身上的虱子来与其他人的虱子进行虱子爬行比赛。大家都暂时放松了下来，但是这样的时间正在飞快地结束，很快就陷入了一种百无聊赖的状态。一切都是那样按部就班，我们对于这样的前线生活都已经非常熟悉了。无论我们的士气有多高，大家的心里总是充满了一种战斗开始前的焦虑感。

在这 10 天里，我们许多次地来回于战壕和村子里的那些小木屋之间。每次轮班站岗 12 个小时，一些士兵都会被从战壕里换下来，回到大约 800 米外的村子里休息。白天的时候，我们总是呆呆地望着那片空荡荡的平原。晚上，大雾将我们能够看到的距离缩短到不过 5 米左右。虽然并没有试图阻挡敌人的推进，但是他们的阵地正在向我们靠近。

俄国人有几次用摩托化部队试图从防线上突过去，我们向他们开了火。有一次，俄国人的坦克出现在了我们的视野里，接着坦克向我们的阵地开了火。除了这些时候，我们都是无所事事地呆呆看着雪花落在自己已经冻得像木头一般的军靴上。每隔 12 个小时，我们回到村子里的小木屋休息。每 6 个人相互紧紧地抱在一起休息，这时那硬邦邦的军靴才又慢慢地变软了。我们被严令禁止生火，因为烟雾会暴露我们的位置，魏斯雷德少校常常来检查我们。

我对于自己的小组特别感到一种温暖感。老兵说话直来直去，我们这些年轻的士兵常常听着老兵和那些与他年纪相仿士兵的聊天，他们所聊的内容常常让我们感到惊讶。部队已经放弃了基辅了，那里曾经是战斗的中心地带。我们试图守住第聂伯河前线，密集的炮击对于俄国人疯狂的进攻似乎也奏效不大。从切卡西到克莱门楚，俄国人已经牢牢地控制住了第聂伯河两岸的战略要地，他们也控制了德斯纳河地区。在内德戈罗夫，我们也从那里撤了出来，在那里的德国士兵实际上面临着被俘或是死亡的残酷选择。

幸运的是，由于我们的阵地极其不稳固和漫长，我们这些人只负责守卫第聂伯河防线的南翼。这个地方的地势看起来就像是台球桌那样平坦，就算是有充足的供给，要守卫住这样的地形也是极为艰难的。在我回到连里的第 12 天，俄国飞机轰炸了我们的阵地，许多人在轰炸中受伤或阵亡。在那天的晚些时候，地平线上出现了一长队衣衫褴褛的德国士兵，他们是从切卡西突围出来的部队。这些满是伤员，又累又饿的部队像蝗虫一般涌到了我们的战壕里，把我们的食物吃了个精光。他们刚刚经历的惨烈的战斗可以从他们极度憔悴的脸上看出来。这些幸存下来的德国士兵们穿着破烂的靴子，背着空空的背包，眼里布满了血丝。苏军强渡第聂伯河的战役从喀山开始，他们迅速突破了德军在西岸的防线，并在喀山包围了许多德国部队，这些退下来的士兵刚刚从苏军强渡第聂伯河的战役中幸存了下来。现在外面的气温已经降到了摄氏零下20多度了。

在这样的酷寒中，俄国人抵达了我们的防线，他们到来的声音在很远的地方都能够听到，我们就像是一群被困住了的动物一般专注地听着猛兽的逼近。在过去的两个小时里，我们都仔细地在听着这个声音。虽然看不到什么，但是不断有人喊道："他们来了!"

紧张的心情让无数可能发生的场面从我们的脑海中升起。我们也想到了远方的家人，或是自己的爱人。我们想象着即将到来的战斗结果——投降、被俘、战斗或是死亡……有人手里紧握着武器在想象着自己的英勇表现能够把俄国人挡回去。但是大多数人此时都想到了自己的死，我们也准备好了接受这样的结局。这样的思想准备正是那些创造辉煌战功的士兵最重要的特质。

在面对着苏军难以置信的数量和装备优势时，我们往往只好选择逃跑。但是我们也常常别无选择地要面对着这个对手，许多人成了没有勋章的英雄，这些人的决心有时竟能够成为他们击溃强大于自己许多倍敌人的原因。我们已经不再是为希特勒战斗，也不为了什么国家社会主义事业而战，或者是为第三帝国的前途而战，甚至不是为我们饱受轰炸煎熬的家人或是未婚妻而战，我们坚持战斗只是出于一种纯粹的恐惧。无时不在的死亡的阴影让我们已经习惯，但是我们也为这个无人能够逃脱的结局发出绝望的怒吼。我们现在战斗着的真正原因也许是可耻的，但是这个原因到了最后胜过了一切的理想或说教。我们为自己能够活下来而战斗着，我们不愿意死在一个到处是积雪和泥浆的掩体里。我们像一群耗子一样战斗着，当我们被一只远远比我们强大的猛兽困住时，也会奋不顾身地跳起来露出自己的牙齿。

虽然我们已经无数次被打败，但是恐惧反而成为一个让我们战斗下去的动力，就像此时我们正趴在冰冷的冻土上专注地听着这场即将来临的风暴。

现在已经清楚地听见了坦克和步兵前进的声音。穿得像一大袋土豆的霍尔斯此时向我挪了过来。

霍尔斯在我耳边说道："你听见了吗？他们有坦克。"

起初只听到坦克的声音，接着我听见了俄国士兵唱歌的声音。他们高唱着一支胜利的歌曲，现在轮到他们感受那些只有前进部队才有的乐观和激情了。

老兵嘟囔着说："一年半前，向莫斯科进军时，我也是这样唱着歌的。"

到了晚上，这些俄国军队发出的声音依旧没有停息下来，那些在村子里睡觉的德国士兵都回到了战壕里，每个人都准备迎接俄国人的进攻，甚至连那些炊事兵和医务兵们也拿起武器和我们站在了一起。我们的前线单薄而漫长，单是我们师所防御的阵地就长达100公里。看起来我们有不少人，但是俄国人的数量至少超过我们30倍。

心里的焦虑让我们感到头上的钢盔似乎越来越沉重。我们的手脚刚刚还被冻得生疼，而此时却只感到自己僵冷的手脚似乎已经在恐惧中不再属于自己了。在其他的夜晚，士兵们还常常在战壕里跑着驱走自己的寒意，但是今晚上，所有人都脱掉了那些笨重的棉鞋，轻装站在冰冷的战壕里一动也不动。刺骨的寒冷在我们身上盖上了一层白霜。有时我们想清理一下自己的武器，但是当手指触碰到冰冷的金属枪身时便感到像是被电击了一样。在我们前面，俄国人依旧按兵不动，我们现在所听到的只有他们坦克的轰鸣声。

我们有时会听到某匹快被饿死的马的哀鸣。疲倦和沉沉的睡意像寒冷和恐惧一样向我们袭来，我们虽然大睁着双眼，但是每隔5分钟或10分钟，都会感到眼皮像灌了铅一般压了下来。接着我们又会清醒过来，慢慢等待着黎明的到来。黎明是一天中最寒冷的时候，人或牲畜往往都是在这个时候被冻死的。

俄国人正在故意拖延他们进攻的时间。自从我们听到他们到来后，已经一整天过去了，但是依旧什么也没有发生。如果我们有足够的装备和人员的话，此时发动反攻一定会取得成功的，但是我们接到的命令只是原地等待。现在实行了4小时的轮休制，这样我们的战壕里能够随时有很多的士兵。许多人抱着枪睡着了，他们身上到处都是冻疮。那些伤员和病号正一个个被马车或人背抬到了后面，我们不会有预备部队来增援我们。

老兵抱怨说："这简直是一塌糊涂。"

到了黄昏的时候，我们看到林德伯格光着屁股站在雪地里。他刚才走开想去拉屎，但是在雪地里蹲了将近一个小时也没有拉出来，结果他哭得像一个孩子一样。霍尔斯对他忍无可忍，终于大发起了脾气，用林德伯格的防毒面具带子狠狠地在他的大腿和屁股上抽了一顿。

到了第二天早上，俄国人还是没有进攻。我们已经被冻得浑身发僵而且变得更加紧张了。我们的一架飞机从头顶上飞过，投了四捆邮件。我收到了四封，两封是家里的，还有两封是葆拉写的。所有的信都是至少一个月以前就写的。我如饥似渴地看着葆拉的信，她的字里行间充满了忧愁。她说现在在离柏林大约有70公里的一个小工厂里工作。她还说现在柏林已经没法居住了。

我该怎样思考这件事呢？我该如何想象葆拉现在的处境呢？

我父母的信依旧是一贯的开头就让我感到恼火的无病呻吟的抱怨。我和老兵维尔纳说了这件事，他回答道："这就是那些法国人所能抱怨的事。"

我母亲的来信让我为她不切实际的建议感到震惊。这个可怜的妇人在信里恳求我要照顾好自己，别出风头，做好自己的本职工作，除了这些外什么也没有了。她的这些建议和我现在所要面对的环境没有任何关联。我从信纸上抬起了头，望着前面即将到来的面对死亡的战斗。母亲对于我们的处境毫不知情的可悲态度让我眼里充满了泪水。

那些收到信的每一个人似乎都对信的内容感到意外，我看到了那些比我大好多的老兵们眼里都噙满了泪水。有人从战壕里跳起来像一个疯子般大声号叫着，一个他的亲人或密友在轰炸中被炸死了。

我旁边的一个高个士兵说："这些信让每个人都感到恼火。"边说边看着旁边一个他的哭得难以自抑的朋友。

看起来生活不会放过我们，哪怕是在这个时候。

到了下午的时候，我们中一些人被派出去侦察对面的俄国人的情况。他们从战壕里爬出去消失在了满天的风雪里。指挥官们已经厌倦了等待并准备去刺激一下敌人，我们听到了几声枪响，接着那些被派出去侦察的士兵跑了回来，他们报告说俄国人那里到处是坦克和军车。

我和战友们在夜幕降临时被喊醒了。我们跑向了前沿阵地，心怦怦地剧烈跳动着。俄国人的坦克此时正在向我们的阵地冲过来，可以感到它们的履带让我们脚下的大地剧烈地抖动着。

我们的反坦克炮炮手和那些拿着反坦克火箭筒的士兵们此刻正在眼睛一眨不眨地用望远镜盯着前方，他们不时地擦拭着落在望远镜片上的雪花。阵地前面有几个反坦克壕，但是这些壕沟的数量和质量仅仅只起到一种装饰的作用。我们知道如果我们没能挡住苏军坦克，那一切就都完了。大家手里都紧紧地拿着刚刚发给我们的反坦克手榴弹或是磁性地雷。

我们保护的那门反坦克炮由奥林海姆、巴勒斯、弗雷维希还有其他几个人操纵。我们的观察范围被漫天的鹅毛大雪严重降低。在我们北边，一挺我们的机枪开火了。坦克的声音变得越来越响，但是我们依然看不到坦克。在我们北边，已经枪炮声大作。虽然是漫天大雪和暗淡的天色，我们还是看见了那里激烈战斗的火光。反坦克炮特有的短促而沉闷的射击声正响彻着原野，我们的呼吸随着坦克声音的越来越大而愈发急促起来。地平线已经被火光照亮了。附近的地平线上升起了长长的火舌，将大雪纷飞的原野突然照亮。我们现在听到了坦克全力加速的声音，这时5个钢铁怪兽从夜幕中突然冲了出来，它们的行进路线和我们的战壕刚好平行。我们的反坦克炮已经开火了。老兵维尔纳将自己的机枪顶在了肩窝上。此刻巨大的恐惧感几乎让我无法移动身体了，那群T-34坦克的领头坦克将炮管转向了我们，我们的反坦克炮弹在这辆坦克的车身上击出耀眼的火花，虽然我们有5发炮弹击中了这辆坦克，但是这些炮弹只在坦克车身上留下了一些划痕，看起来这辆坦克并没有受到严重的影响。

另一辆坦克从我们的身边大约10米的地方疾驰而过。我听到了一声巨响，我们的一发反坦克火箭弹在坦克车身上爆炸了。那辆钢铁怪兽立刻减慢了速度，然后浓烟从坦克的炮塔与车身结合的缝隙里冒了出来，坦克的舱盖打开了，舱盖重重地砸在了金属车顶上，发出刺耳的声音。然后就听到了里面的喊叫声，接着一声巨大的爆炸淹没了这叫声。巨大的爆炸把这辆坦克的炮塔撕了个粉碎，在炮塔的残余部分到处挂满了血淋淋的人体组织碎片，这些被巨大爆炸撕开的金属呈现着紫色和金色。我们的阵地上没有人发出欢呼声，只是不时响起的反坦克炮的声音。我们一发反坦克炮弹击中了第二辆坦克的后部，这辆坦克也冒起了黑烟。然后我感到自己手中的机枪弹带从手指中滑动出去——老兵维尔纳开火了。那些从这辆坦克中逃出来的人被子弹无情地打倒在了地上，我们终于可以暂时松口气了。此时阵地前被燃烧的坦克残骸映得通红，现在也可以更容易地看到那些扑向我们的坦克了。已经有一辆苏军坦克从我们的战壕上碾过去了，当这辆坦克向我们径直冲来时，我可以感到自己的发根在恐惧中竖了起来。反坦克炮立刻把自己的炮管在几秒钟的时间里掉了过来，指向了那辆疯狂向我们驶来的坦克。一发炮弹随即向坦克发射了过去，炮弹穿透了坦克前部的装甲打到了坦克里面。坦克的引擎立刻戛然停了下来，然后发出一阵阵的嘎嘎声，听起来好像是坦克的传动系统被击中了。几乎与此同时，在我们的右侧看到了两个明亮的火球，然后就是一长串爆炸声。有一辆坦克此时正向我们开炮，周围大块的冻土被爆炸抛到了天上。

我在混乱中不知道发生了什么，只看到右边的那辆坦克熊熊燃烧了起来。

有人喊道："向反坦克火箭筒手致敬！胜利万岁！"

我们的反坦克炮正在向另一辆突破我们防线的苏军坦克开火，那辆坦克显然也出现了机械故障。接着坦克的左边被自己内部弹药的爆炸给撕开了。我们现在的注意力被一个不可思议的场面吸引住了，一辆 T-34 坦克刚刚轧过我们的战壕，战壕里的几个士兵倒在了坦克的履带下面，我们的一辆半履带式卡车正在追着这辆坦克，卡车上的反坦克机枪正向坦克的后部猛烈射击着。弗雷维奇现在已经受伤，甚至可能已经死了。我们用机枪向那辆突破阵地的俄国坦克射击着，但是那辆俄国坦克丝毫没有减慢速度。有两发俄国坦克的炮弹在那辆追击坦克的卡车附近爆炸了，第三枚坦克炮弹在我们的战壕前面爆炸了。那辆突破了我们防线的俄国坦克看来确信自己依旧被我们的卡车追击着，一溜烟地消失在了风雪里。

俄国人的进攻终于结束了。这次进攻延续了大约半个小时，进攻的目的显然是试探我们的防御能力。许多俄国坦克被我们摧毁在了阵地前面，俄国人的损失似乎要远大于我们的损失。但不幸的是，这些损失对于正在我们前面集结的庞大的俄国坦克部队而言几乎可以忽略不计。虽然我们表面的损失不大，但是有 4 个反坦克阵地被摧毁了，这严重削弱了我们的防守能力。

现在紧张的气氛缓解了很多。战壕里面的电话铃响了起来，有人命令担架员去转运伤员。虽然在战壕里抽烟是明令禁止的，但老兵正坐在战壕的地上抽着烟，霍尔斯也和我们坐到了一起。

霍尔斯喘着气说道："我听说魏斯雷德的掩体被一辆 T-34 坦克给压垮了。"

我们惊讶地看着霍尔斯，想知道更多的消息。

老兵对我说道："你们待在这里，我去看看。"

霍尔斯提醒老兵说："小心你的香烟。"

老兵回答道："谢谢提醒。"

老兵把自己的烟头的火灭掉，然后把烟头塞到了自己的袖子里。他半个小时后又出现在了我们面前。

老兵说："我们挖了 10 分钟才把魏斯雷德找到，他没事的，他的两个副官也没事。只是他的通信兵死了。他一定是看到坦克慌了，在试图跑进掩体的时候被坦克轧死了，我们在掩体的废墟里找到了他的尸体。"

我们为魏斯雷德少校能够逃过这一劫而感到高兴。我们所有人都非常爱戴他，在战斗中连里所有的士兵都深深地信赖少校的指挥。

第二天早上，雪停了。平原上到处都是被积雪覆盖着的坦克的残骸。

在我们阵地前至少有 20 辆被击毁的苏联坦克，一些坦克仍然在燃烧着，火焰将坦克的躯壳烧成了棕红色。看起来昨晚上苏军坦克向我们防线的 4 个地点发起了攻击，每个地点大概相隔 20 多公里。4 个攻击点的一个就是我们的阵地，这里由 6 个连防守。另外 3 个攻击点在离我们更北的地方。

我们早晨8点钟的时候回到了阵地上。这里一切又都变成了一片无声无息的寂静，阴云密布低垂的天空仿佛就像一个铅制的屋顶一样在我们头上。我从来没有见过像俄罗斯冬天这样的天空，常常对这种铅灰色的辽阔天空感到惊讶，从密布的阴云里透出的光线让地上的一切东西都显得极不真实。我们冬服的颜色在这片纯白雪地的映衬下看起来是一种脏兮兮的尿黄色，许多士兵已经把自己所有的冬装披上了，这使得他们的活动非常笨拙。由于那些冬装并没有考虑到要套在几层厚厚的其他冬装上，有些最外层的冬装已经被撑裂了，我们看起来就像是一些会活动的破烂枕头堆。

虽然处于劣势，但是现在我们都稍稍松了一口气。那些俄国人的坦克残骸就像是一些在一次狩猎活动中被宰杀的野兽一般。我们都知道这根本不算是一次严重的进攻，但不管怎样，我们已经把敌人最可怕的战争机器挡在了我们阵地前。连队里的老兵们都认为俄国人是主动停止了进攻，而一些新兵则认为我们已经阻止了俄国人的攻势。少校现在为那些受伤的士兵打开了几瓶酒，那个晚上我们在村里的小木屋中开了一个庆祝晚会，我们特别祝贺了我们的反坦克火箭筒手的英勇表现。

我们点燃了七八支蜡烛，向几个负责反坦克火箭筒的军士长们祝贺着，他们是林森、凯勒曼和顿德。掷弹兵斯迈伦和普林斯与魏斯雷德少校碰了碰杯。魏斯雷德少校的左手上缠着厚厚的绷带，他的两个副官脸上也缠着绷带。有两个伤员躺在担架上，我们给了他们许多香烟。

霍尔斯依旧在神采飞扬绘声绘色地描述着战斗的情景，他左手拿着酒杯，右手在不停地挠着自己满是虱子的夹肢窝。林德伯格现在也处于一种兴奋的状态，正如他在任何顺境里的表现一样。他在困难的处境里显得特别怯懦，虽然看起来依旧非常年轻，但是他的脸上现在也有了几分沧桑感。

尽管周围很喧闹，有几个士兵却已经在一旁睡着了，那些还没有睡着的士兵们也很快就喝醉了。像所有的德国军队的庆祝一样，有几个士兵开始唱起了军歌，因为大家几乎不会唱其他什么别的歌曲。在小屋里昏暗的灯光下，这里的一切是如此动人，但又是如此的不真实。

老兵开始唱一首俄国歌曲，没有一个人懂得他在唱什么，我们不知道他唱的是一首布尔什维克的歌曲还是一首友好的乌克兰人唱的歌曲——虽然我们在乌克兰的时间已经不多了。

每个人都在唱着自己喜欢的歌，结果没有人能够在这一片乱哄哄的歌声中听清什么。霍尔斯现在扭着我的胳膊逼我唱一首法国歌曲，我虽然已经喝得想吐，但还是勉强唱了几首法国的小调。

霍尔斯此时已经喝得东倒西歪了，他大笑着喊道："现在我们有法国佬来帮我们了，乌拉！"

接着一件让人不悦的事情发生了。林森酒气熏天地站了起来说道："谁他妈在谈法国佬？我们能够从这帮孬种身上指望什么？"

他正在向霍尔斯吼着。霍尔斯此时像头狗熊一样跳着舞，他一把把林森拉过来试图和他跳一曲华尔兹。

林森嚷嚷道："住嘴，你这个白痴！把你自己的脑袋埋到雪堆里再去放这样的屁吧。"

比林森高一个头的霍尔斯此时还在继续跳着舞，林森用拳头打在霍尔斯身上向他喊着："列兵霍尔斯，立正！"

霍尔斯现在用他醉意朦胧的双眼看着林森说道："你他妈是谁？你敢叫我闭嘴？"但林森还是重复自己的话："立正！否则我会让你好看。"

霍尔斯喊道："但是你还忘了萨杰！"他边说边向我招着手。

霍尔斯说："萨杰是半个法国人，他一辈子都住在法国。不管怎样，法国现在和我们在一起了。"看起来霍尔斯和我读到了同样的新闻简报。

林森说道："你这个傻瓜，你在哪里看到这个消息的？"

霍尔斯回答道："我在东线战报上看到的。"

我现在不知道该让自己的眼睛看哪里。

林森吼道："醒醒吧，你们这些傻瓜。就算是一小批法国孬种参加了我们又怎么样？任何这样想的家伙和整天只知道弹着吉他哼着爱情小调的那些黑头发浑蛋没什么两样。"

我知道林森在谈论长久存在于普鲁士和德国南部之间的文化与历史差异。

我说道："林森，你别忘了我的母亲是在柏林郊区长大的。"

林森对我说："那你就必须要选择。要么你像我们一样是德国人，要么就是那些没有用的法国佬。"

我正想说我自己对于自己的身份实际并没有选择的能力。

霍尔斯吼道："但是萨杰的确作了选择！他和我们都是一条船上的人。"

林森又说："所以他现在和那些法国佬没有任何关系了。"

林森刚刚击毁了第七辆俄国坦克而被授予了铁十字勋章①。

我突然感到了难以言喻的压抑和脆弱，我感到自己简直无法取得像林森那样的战功。我发现战争总是让我感到虚弱，也许是因为自己的法国血统吧，而林森从骨子里面看不起法国人。我虽然和林德伯格有区别，他也不是一个正宗的德国人，他生在德国南部的康斯坦察湖，那里就是林森称呼的"黑头发家伙"们居住的地方。

一群人现在正唱着《马力恩卡》这首歌，每个人都已经烂醉如泥了，而我此刻一个人待在一边陷入了沉思。我突然感到自己原来感受到的所有自豪感，一切在F训练营中感到自己是一个真正德国人的快乐，一切所忍受的折磨和痛苦都在林森酒后的话语中被画上了一个大大的问号。现在我知道了事情的真相了，虽然我竭尽所能和林森经历了许多的艰难时刻，但是我的这些战友依旧在内心中拒绝着我。他们会认为我有资格参加德国军队吗？在内心的一个角落，我诅咒着自己的父母带给我的这个充满了矛盾的身份。

我感到气愤和难以言表的孤独，我能够信任霍尔斯和维尔纳，也许还有其他几个人。但是连他们也正在和自己的同胞们一边跳着一边继续喝着酒。

我再也不能用一种轻松的心情来唱那些我曾经喜爱的德国歌曲了，也许有一天我会在战场上死去，但是我的身份似乎并不比

---

① 相当于一等功奖章。译者注

一个死在主人脚下的忠心的老黑奴好一些。在酒精的作用下，这个联想让我更加感到有一种想吐的感觉，我走到外面吐了出来。接着深吸了几口冰冷的空气，醉意浓浓的脑袋不能让我拥有清晰的思想。回到了小屋，倒在了几个背包上睡着了。

第二天早上，俄国人又开始行动了。先是打了几发炮弹过来，他们已经连续好几天故意让我们处于这种紧张而不安的状态中。显然俄国人正在准备一场具有决定意义的进攻，目前他们的这种拖沓就是他们惯有的组织进攻的风格。在白天，有一批炮兵部队来到我们这里增援我们，所有人不得不为那些大炮挖出掩体来，结果大家完成任务后两手都满是水泡。我们被命令突破苏军的防线。那天下午，我们的大炮开火了。敌人的阵地上没有任何反应。天一黑，一些部队趁着夜色爬出战壕向苏军的阵地摸了过去。我们再次向东面前进了。

真是糟糕！在一阵慌乱中，那些摸到苏军阵地前面的部队居然和一大片苏军的装甲部队相遇了。那些装甲车辆在雪地里停着一动也不动。接着夜晚的宁静被我们的冲锋枪声、手榴弹声和俄国人的惨叫声所打破了。俄国人被我们的突袭完全打了个措手不及，我们向那些车辆投掷了燃烧弹，这些燃烧弹一定毁掉了不少俄国人的装备。

然后那些进攻的部队转身跑回到了原来的阵地，他们的脸上带着抑制不住的兴奋。

这次袭击激怒了俄国人，他们决定在天一亮时就向我们实施报复。

就像是在别尔戈罗德一样，俄国人的阵地上突然炮声隆隆并发出耀眼的火光，一场瓦格纳式歌剧一样宏大的进攻开始了。我们拼命地趴到战壕的底部。炮弹像雨点一样倾泻在我们阵地上，那些从村子里跑到战壕准备战斗的士兵中大约有四分之一在路途中受伤或阵亡了。我们仿佛再次回到了别尔戈罗德噩梦般的回忆，战壕里面到处都是那些中弹而发出垂死惨叫的伤员们。虽然这不是我第一次面对这样的场面，而且也准备好了自己战死在这里，但是我还是被巨大的恐惧吓得一动也不敢动。

幸运的是，我们早就不再盼望的德国空军出现了，我们的战机把苏军阵地上的炮火削弱了很多。但是到了第二天，俄国人也派出了自己的飞机疯狂轰炸我们的炮兵阵地，炮兵被迫在晚上撤退了，我们现在失去了最后的保护。

我们在战壕里又坚持了 4 天，在这 4 天里，苏军向我们频繁地发动着步兵和坦克结合的进攻。在这 4 天里，我们连阵亡了 83 个人，我们只好在战斗间隙把他们草草掩埋掉。这些阵亡的人里面包括了奥林海姆，他刚刚从别尔戈罗德战役受的伤中恢复过来，却在这片本该平静的第聂伯河西岸永远地离开了我们。

俄国人现在已经完成了大部队的集结准备向我们这里发起总攻了。俄国人的炮火随着时间的推移变得越来越强大，他们正向我们的阵地和周围较远的后方疯狂射击着。老兵维尔纳也受伤了，他已经被转移到了后方一个安全的地点，他和其他的几百名伤员正在等待着被送到医院里。一个愣头愣脑的军士长取代了老兵的位置，我继续负责为这个新来的人填装子弹。这个军士长的枪法明显要比老兵生疏许多。

第二天晚上的战斗是如此骇人的激烈，以至于我所记住的只是一些支离破碎的事情，我们阵地上的弹药补充只是靠着 4 个士兵拉着帆布袋运到战壕里。

在俄罗斯的冬季，到了下午 5 点钟的时候天便已经漆黑一片了。俄罗斯的时间总是这样的——夏天几乎没有夜晚，但到了冬天却又几乎没有白天。

我们刚刚击退了两三次大规模的进攻，左翼此时传出了许多惨叫声，我们推断这是不少自己人被攻上来的俄国人打死了。我们此时已经打完了第五条机枪弹带，我和那个新来的军士长正在用烫人的枪身来温暖自己的手。夜晚被无数俄国人炮弹爆炸的火光照得明晃晃的，这些密集的炮火让我们难以在阵地上活动。我们的战壕不深，有些掩体并没有与战壕连接，所以如果有人要到哪里去的话，就必须飞快地跳跃着，并不时还要猛地趴到地面上。

我们不时可以看到有 4 个士兵从一个弹坑跳到另一个弹坑里，他们扛着我们迫击炮和机枪所急需的弹药。这一次已经离我们大约有 40 米远的时候，他们的身影突然被一片白色的弹道所包围了。我们再没有看到这几个人从地上起来。几分钟之后，我被命令爬到他们被打倒的地方取一些弹药回来。那个军士长命令我至少拿回来两排机枪子弹带。当我刚刚爬到那里时，我听到了俄国人发起进攻的吼声，雨点般的手榴弹和迫击炮弹向我们的阵地倾泻了下来。我身下的土地在爆炸中翻抖着。我感到自己就像是一颗掉到一个被剧烈敲击中的大鼓里的豌豆。我和那几个刚刚被打死的运送弹药的士兵的尸体躺在一起，看不到他们那里有任何的机枪弹药。接着听到了一辆坦克的轰鸣声，周围的黑暗被明亮的曳光弹和爆炸所撕碎了。借着这些光亮，看到了一辆涂着 S157 号码的俄国坦克向我驶来。我大张着口急促地呼吸着，趴在原地一动也不敢动。我周围到处是苏军坦克前灯刺眼的光柱，在这一片的巨大嘈杂中，我似乎听到了那个军士长所操控的机枪的吼声。我感到自己就要崩溃了，不知道如何才能从我在的地方逃脱出去，只好趴下来把自己的头紧紧贴在地面上，看起来就像是一只等待着屠夫斧头瑟瑟发抖的牲畜一般。

在离我大约有 100 米左右的那门反坦克炮已经被炮手们连同弹药箱快速地拖出阵地撤退了。我听到了混乱里坦克巨大的轰鸣声。一辆坦克的前灯光柱射了过来，那辆坦克显然已经越过了我们的阵地，正向我们后方突进，坦克在离我大约 20 米的地方经过。我看见这辆坦克突然之间变成了一个燃烧的火球，爆炸的力量让一股热浪迎面冲我扑来。在半麻木的状态中听到许多双靴子从我的头旁边跑过，虽然周围都是巨大的爆炸声和枪声，我还是听到了那些脚步声中的喊声既不是法语也不是德语，而是俄语。

一切都发生得如此迅速，我实际上完全没有反应过来到底发生了什么，依旧可以听到一挺机枪的吼声，还有数以百计的人的吼声。又有一辆坦克爆炸了，爆炸的碎片散落到了我周围的地方，我们的一些士兵一定还在战斗着。

然后一切都渐渐安静了下来，这种安静延续了大约 45 分钟。我已经被极度的紧张折磨得筋疲力尽了，缓缓站了起来向自己 20 分钟前离开的阵地走回去。在那里已经什么都没有了，除了一些烟雾和一动不动的尸体。我们的整个阵地上都弥漫着浓重的烟雾，继续向我们的第二道防线走去，这时我突然被一具尸体给绊倒了。这时才意识到自己手上没有武器，我捡起了那具尸体身边的武器，随后便开始跑了起来。

我听到了周围响起了四五声枪声，子弹在夜空里划出一道道白光。我知道自己随时有可能晕倒在地上，紧接着我一头跌入了一个大弹坑里，弹坑里面正躲着 3 个和我一样惊魂未定的德国士兵，他们的眼睛此刻正死死地望着东边被黑暗笼罩的地平线。到处都是燃烧着的火光，这让我感到更加头晕了。

我在那里待了很长时间，不知道下一步该怎么办，然后听到了和我躲在一起的其他几个人的惊呼声。在我们阵地的南边，整个地区似乎都像燃起了大火，天空中传来了阵阵如同雷鸣般的响声。

在离我们大约 30 公里的德军第聂伯防线以西第二道防线南翼，苏军排山倒海般的进攻撕碎了那里的阵地，数以千计的德国士兵被打死，20 个旅的德军没有来得及撤离便被苏军团团围住，最终被迫放下了武器，虽然浴血奋战，他们最终还是没有逃脱被俘和被羞辱的厄运。对我们这些人而言，战争依然在继续着。我决定离开藏身的弹坑，弓着身体像一个疯子般向我们的后防阵地跑去，在那里有一群士兵正在给一个人包扎着。有一个我没有认出的家伙喊着我的名字说："你从哪儿来？萨杰？"

我的头依旧没有从炮击所造成的眩晕中解脱出来，愣愣地看着他。然后我说道："我不知道……我不知道……那里每个人都已经死了……我从那些俄国佬中间逃了出来。"

在我们后面，听到了引擎的轰鸣声，一辆牵引车正在拖着一门反坦克炮进入到阵地。接着俄国人的炮弹在我们这里再次落了下来，疲倦让我们都感到随时会倒下来睡去。俄国人的炮弹密集地落在了我们周围，我们再一次扑向了掩体的地面，爆炸剧烈的冲击每一次似乎都离我们越来越近，大块大块的积雪和泥土铺天盖地地向我们落下来，我们战壕边突然闪过的一道白光和震耳欲聋的爆炸声让我们被一股巨大的力量推到了战壕的一边，接着雨点一般的石块把我们压在了战壕里面。

在那个死亡的边缘，我被死亡的力量所撼动着，以至感到自己的脑袋在裂开。我像一个疯子般喊叫着，那时候的记忆至今还让我感到恐惧，那种被活埋的感觉超过了一切人类语言的描述。无数的尘土从我的面庞与脖子流下，越挣扎越被那些雨点般跌落的土石压在战壕的底下。在我的大腿下面有一个疯狂抽动的人腿，我奋力从土里把自己的脑袋拔了出来，钢盔此时也脱落了下来，钢盔的系带牢牢地勒住了我的脖子，险些让我喘不过气来，身体依旧被掩埋在泥土下面，我知道要么会憋死，要么就会失去自己的理智。

我的嗓子里充满了愤怒和绝望，没有什么噩梦能够达到这样的恐惧。这个时候，我突然明白了那些在战场上凄厉的惨叫声，也明白了那些部队的军歌，那些军歌往往描述一个在战斗中死去的士兵，然后这些歌的旋律会突然地阴沉下来。就如一首歌的歌词那样：

“我们如同兄弟一般向前进，然而他此时已经躺在尘埃之中。我的心里充满了绝望，我的心已经被绝望所撕碎……”

我再一次经历了眼睁睁地看着自己的战友死去的那种绝望的感觉，这种感觉就好像是看着自己死去一样。

到了晚上，俄国人试图撕开我们的第二道防线，他们的 9 次进攻都以失败告终。但是他们再坚持一次或是两次，一定会成功的。我看到连里剩下的将近四分之三的士兵在 20 分钟中差不多都战死了。一阵俄国大炮的轰击让我们旅 2800 人中的 700 人转眼之间被夺去了生命。我用自己的手狠狠地抠着身下的泥土，身边有两个士兵倒在了血泊之中，那两个奄奄一息的士兵此时已经被炮击所掀起的泥土掩埋了起来，他们能够活下来的可能性微乎其微。还有一个在我身边的士兵被炮弹击伤了，在我旁边痛苦地号叫着。他也被炮弹掀起的泥土埋了起来，我不得不把他从土堆里挖了出来，帮着他在一阵阵爆炸中转移到后方，路上看到了地上有一支枪，我随手将那支枪捡了起来。

那个晚上我们所面对的困难继续在增长着，似乎被卷入到了一场我们注定要输掉的可怕比赛之中。

我们旅剩下的士兵在各样的弹坑中重新集结了起来。到处被笼罩在烟尘里面，原野上散落着我们和俄国士兵的尸体。那些没有冻死的伤员在雪地上哀号着，他们的哀号声好像是严冬时寒风的呼啸一般。士兵们现在被组织起来去救治那些到处都是的伤员。

和以前一样，俄国人再次把救治他们伤员的工作交给了我们。他们的伤员倒在了他们被击中的地方，他们的结局无非是死在那里或是被我们的医务兵们给予适当的护理。俄国人的战备物资与日俱增，但是他们的战场急救工作似乎从来也没有运转过。那些受伤的俄国士兵几乎不可能得到我们很好的医治。

当那些医务兵在照顾伤员的时候，我们有 12 个士兵转移到了一个被完全摧毁了的掩体里。魏斯雷德少校刚刚来到这里。少校的出现让我们感到了一种欢喜的心情，霍尔斯、林森和林德伯格都来到了这里。当我正在包扎一个右手受了重伤的军士长时，魏斯雷德少校下达了撤退的命令。他把我们交给了一个军官去点名，然后这支严重减员的部队在清晨到来之前出发了，我和林森走在一起。俄国人在这次进攻中也蒙受了巨大的伤亡，现在他们停下了攻势以能够喘息片刻，林森不明白我到底经历了些什么。

对于林森而言，我能够从俄国人的进攻中活下来本身就是个奇迹。

我的冬装在撤退中完全丢掉了，现在只穿着一件单薄的外衣。在逃跑的过程中，捡起的那支枪结果是俄国人的。对于林森而言，一切都清楚了，俄国人攻占了阵地，而他们也没有注意到我，或是以为我已经死了。我从俄国人手中夺取了一件武器，接着靠着这件武器冲了出来。

林森坚持认为："你只是吓坏了，但是我相信你后来会想起来的。我不知道还有什么能够解释你那时的处境。"

林森的观点是有自己的理由的。

我已经无法记清楚刚才发生的一切，反正在不分东南西北的混乱中逃了出来。也许林森在试图弥补那天晚上他对我不友善的态度所造成的伤害。

到了黄昏的时候，德国部队撤出了第聂伯河西岸的第二道防线。俄国军队的进攻已经给处于战线南面的德军和罗马尼亚军队带来了巨大的压力，我们的部队只好从阵地里撤出，并放弃了那些不能够带走的军需物资。大德意志师一半的士兵依靠步行离开了防线。我只希望头顶上铅灰色的天空能够飘下来一些雪花，这样的话，俄国人对我们追击的速度就能够减慢下来。

第十三章

第三次撤退

游击队　1943 年圣诞节　伯普鲁维斯卡的包围

我的祈祷实现了，我们在风雪里安静地行走了大约 50 公里。

我们惊讶地发现德国部队在沿线几乎都没有设置什么后备阵地，只看到了一些观察哨所。哨所里面的士兵随后也加入了我们撤退的行列，现在俄国人可以在后面一枪不放地追击我们了。

在我们渡过第聂伯河后第三次撤退的第二天，部队停了下来准备阻击追击的苏军，其他的部队继续撤退着。我们大约 2000 人在一个小村子里驻扎下来。当我们一到达那个小村子时，那里的居民都逃到了附近的森林里。我们现在依靠一些剩下的装甲车辆作为主要的火力，现在有 4 辆轻型坦克。这些坦克在我们 1939 年攻占波兰的时候可能还有些用处，但是现在这些坦克对于俄国的 T-34 而言就像是一些玩具一样。这些坦克的主要武器是双管机枪和掷弹器。我们主要把这些坦克用作拖拉机，每一辆坦克都可以拉上大约 12 架雪橇。有 4 辆履带式卡车被安装上了反坦克机枪。

这几辆履带式卡车可以在大雪封路时作为我们其他 6 辆轮式卡车的紧急牵引车。

有 3 辆重型挎斗摩托从积雪中驶过。这些重型摩托车能够让自己的轮子不被积雪所阻挡，它们在雪地里弯弯曲曲地向前行驶着。有 3 门反坦克炮被布置到了我们的防线上，这些反坦克炮是对付俄国游击队的有力武器。我们被命令阻击 3 个在后面追击我们的苏联步兵师，至少要阻拦他们 24 个小时，最后还要想办法让自己从战场上撤退。

我们现在的战线有大约 100 公里长，还有一些部队落在我们的后面，主力部队已经离开我们继续向西撤退。

那些已经突破我们南翼防线的俄国军队对于我们并不太感兴趣，俄国军队此时已经并不想和我们正面交手。红军将与我们战斗的任务交给了那些乌克兰的游击队，那些游击队的数量在急剧增加着，斯大林命令他们在我们撤退的沿线伏击和骚扰我们。这些游击队的战术是打了就跑。

那些游击队员也被称为恐怖分子，他们总是挑选那些容易的目标进行袭击，他们的行为让战争变得更为血腥，靠着种种非常规的方法实施了那些普通军队无法实施的策略。

俄国游击队的骚扰使得前线的战斗更为激烈了，我们在乌克兰也得不到应有的安宁。这片曾经欢迎过我们的土地已经被亲莫斯科的游击队所控制了，乌克兰的老百姓们必须在游击队和我们之间作出选择。那些游击队正在积极招募年轻的乌克兰人。这场隐蔽的战争拒绝一切撤退、平静或是怜悯，这种颠覆性的攻击没有自己的模式，游击队员们只是为了复仇而战斗着。

这些破坏分子们正在向火上浇油。

乌克兰也在战局的转变中更改着自己对于战争的态度，现在德国人和乌克兰人之间已经充满了苦涩和怨恨。这里的战争现在已经变成了一场全面的焦土战争，在我们撤退的过程中，沿途一切的村镇都让我们提心吊胆，我们的部队不得不在严寒中实施 24 小时不停歇站岗。

我们这里的那些白雪覆盖的土地上只有一片死一般的寂静，不时有几只狼的嗥叫声从附近的原始森林里传来。部队有四分之一的士兵在站岗，我们从那些防御单薄的掩体和积满白霜的坦克旁向外观察着，也组织了一些巡逻队在森林周围巡逻，其余的士兵则在那些被废弃的俄国小木屋里睡觉。

那些木屋里的炉子已经在我们到来之前被游击队故意破坏掉了，他们希望我们在这个没有遮蔽的旷野里冻死。有一些木屋的屋顶已经被掀掉或是被烧掉了。也许那些游击队没有时间把这个村子完全毁掉，只好尽其所能地进行了破坏。但是我们的士兵人数远远超过了这些破烂木屋所能够容纳的能力。一群群士兵们只能蜷缩在那些残垣断壁下面，在大雾中找到任何可以点燃的东西来取暖。在那些还算完整的屋子里，士兵们取暖的火随时有可能把木屋子引燃。我们这支筋疲力尽的部队现在已经没有人愿意去附近林子里收集地上的枯木，只是把村子里任何可以点燃的东西收集来丢到火里。士兵们被木柴的浓烟熏得眼泪直流，他们一边揉着自己的眼睛，一边咒骂着什么。一些士兵在火边缩成一团，他们试图睡上那么一会儿，尽管浓烟把他们时常呛得咳嗽起来。在那些没有屋顶的屋子里，士兵们也围坐在火边，但是由于实际上是在露天，几乎没有人感到什么暖和。那些离火最近的士兵常常不得不离开火一段距离，而稍微站后面一些的士兵们则只是微微地感到些暖意，但至少火堆附近的温度都在零度左右。

每隔两个小时，四分之一负责执勤的士兵回到屋子里休息。外面的气温已经降到了摄氏零下 20 多度。我们大家身上都脏得要命。任何人如果要起来小便的话，需要向大家通报，那些手长满了冻疮的士兵此时就会和那个人出去，好让他温暖的尿液浇到自己肿胀通红的手上，但是这种防寒的措施实际上往往造成了冻疮伤口的感染。

我的第一班岗是在凌晨时分。我的第二班岗在中午 1 点钟。天空中阴沉的低云还是像一个铅屋顶般挂在我们的头上。在我站完全天的岗后，天色已经变得有些殷红色了，下午 3 点左右回到了村子，没有什么可以汇报的。

回到村子里火堆旁，我眼睛又酸又涩，鼻子上的冻疮也在火辣辣地痛着。我们大家就像那些好莱坞电影里的芝加哥匪帮将自己的领子竖起，并用围巾或布将自己的脸围住。到了下午 4 点左右，天空变成了一种紫红色，接着又成为灰色。周围的积雪在这样的天色映照下也变成了灰色。夜晚就要降临了。黎明将会在早上 9 点左右才来到这里。到了晚上，我们周围的气温会骤降到摄氏零下 40 度以下。我们所有的车辆都被冻住了，汽油也结成了冰块，机油先是变黏起来，接着就成了一块橡皮似的东西。我们周围的森林里到处传出一种奇怪的声音，树皮在酷寒中被冻裂了，岩石在气温降到摄氏零下 50 度时开始发出爆裂的声音。我们所恐惧的俄罗斯的严寒此时完全降临在了我们周围，我们又一次必须面对俄国严冬里的战争。

我们在村子里所能找到的一切可燃的东西几乎都被烧掉了。一个上尉正用枪对着大约 40 个士兵，这些满嘴喷出急促白气的士兵试图把我们的两辆雪橇也丢到火里。他们的鼻孔处已经结起了两根小冰柱。

那些士兵喊道："我们需要雪橇上的木头！"

那个上尉吼道："滚回去！森林里到处是木头。"

已经有一帮人从树林里回来了，这些把自己脸包裹得严严实实的士兵把从森林里拾到的柴丢到了火堆里，火苗又重新蹿了起来。我们必须不断从树林里把柴拾回来，使火堆能够持续烧下去。我们祈祷着俄国人不要在这个时候向我们发起攻击，否则的话，我们所有的抵抗都会在瞬间崩溃的。

在外面站岗的任务是最为艰巨的。如果你一动不动地站着，就有可能会被活活冻死的。晚上 9 点的时候又轮到我站岗了，我和另外 14 个士兵在一间没有屋顶的木屋残垣里站着。我们的前半个小时靠互相用拳打着对方度过，这种方式有助于我们的血液循环。但是到了后半个小时，严寒便不可抵御地降临到了我们身上。有两个士兵被冻晕了，我们试图用自己已被冻得僵硬的手将那两个士兵抬起来，手上的手套早就满是破洞了。我们手上和脚上的疼痛似乎已经侵入到了我们的心脏部位，并向全身放散开去。4 个士兵把那两个昏厥过去的士兵抬到了火堆边上。现在如果俄国人冲上来的话，他们可以轻易地把我们全部都干掉。我们这批站岗的士兵里有一个人正在不停地原地绕圈跑着，他一边跑还一边哭得像个孩子。我脚上的疼痛现在也让我大叫起来。虽然我们有命令，但是我还是从岗位那里跑到了最近的木屋里，从那些躺在地上睡着的士兵身边挤过，然后呻吟着跪在了屋子里的火堆旁，把自己的军靴伸进了那堆燃烧的火里烤了一会儿，皮靴的皮面立刻发出嗞嗞的声音。我不禁抽泣起来，其实我并不是这里唯一哭鼻子的人，其他一些战士发出的哭喊声要远比我响亮。

终于到了自己站岗结束的时候了，我们都准备离开自己的岗位回去睡觉。俄国人还没有发起进攻的迹象，我们的枪身在寒冷的空气里反射着冷冷的蓝光。我们所有的士兵此时都稀稀拉拉地散布在村子里，无法想象的寒冷几乎让大家再次陷入了疯狂中。虽然有些士兵可以为自己在与俄国人交手中的战功而感到自豪，但是我们现在都必须面对一个同样严峻的战斗——和寒冷与疲劳的战斗。相比而言，那些我们身上爬满的虱子并不算什么。寒冷已经夺走了几个士兵的生命了。好几次我看到士兵们将那些被冻晕的士兵抬到了火堆旁边。那些得了肺炎的，严重冻伤的，还有身体虚弱的，都没法抵御这样的严寒。有 3 个被冻晕了的士兵再也没有醒过来，还有 5 个人是在大家不停拍打下和酒精的作用下才苏醒过来。

在这种极地气候般的寒冷里面，我们只好将那些被冻死的士兵的尸体用雪草草掩埋了，然后在他们的坟墓前放上一根树枝和他们的钢盔。现在已经没有时间去伤心或是反思。那些活着的士兵们正在奋力想要把冻得结结实实的车辆发动起来，但是没有一辆车能够发动起来。

斯佩罗夫斯基军士长想把自己的摩托车发动起来，但是无论他如何用自己将近 100 公斤的躯体压向摩托车的发动踏板，摩托车依旧是一动不动。我们在坦克下面生火以让坦克的汽油和机油能够慢慢解冻并恢复到能够发动起来的状态。士兵们一边咒骂着，一边气喘吁吁地做着这项工作。魏斯雷德少校看起来有些不耐烦了，他的皮靴上包着他在撤退途中捡到的破布。

他吼道："我们至少要让一辆车的引擎保持能够发动起来的状态，这是必需的，否则这样的疏忽会毁了我们的。"

我们面无表情地听着他讲。显然有些士兵此时已经把死亡看作是一种解脱了。

大约过了一个小时，我们终于听到了一个引擎发动的声音。我们的一台装甲车发动了起来。司机让这辆装甲车预热了一会儿，然后又继续加热着车辆被冻住的变速箱。经过两个小时的努力，我们终于上路了。我们被命令以最低的速度前进，不得不在车辆后面走着。直到那些车辆的引擎温度到达了某种最低要求时，我们才登上了车。

到了中午，有几辆车发生了机械故障，接着整个车队被迫停了下来。有几辆车的散热器被里面的高浓度酒精给烧坏了，不得不开始修理它们，我们幸运地发现居然还有合适的更换零件。当这项修理工作正在进行时，我们趁这段时间拿出了几个罐头，却不得不用斧头把罐头里的肉砍开，还需要砍开那些被冻成了水泥一般坚硬的豌豆汤，还有冻得像一块砖头一样的葡萄酒。我们总共花了一个小时才把车辆修好。无线电通知说我们大概还要开一个小时才可以到达大部队那里。

我们现在正在穿越一片属于我们一个哨所管辖的地域。那个哨所由两个平房和三四个小木屋组成。奇怪的是没有人从那里出来迎接我们，整个地方看起来似乎被遗弃了。我们看见从一个平房里冒起一股青烟，无疑那里面的人似乎正在一堆温暖的炉火边熟睡着。我们派了一个小组到那里去看一看。5 分钟后，小组中的一个士兵上气不接下气地跑了回来，他说道："那里所有的东西都被毁了，少校先生，每个人都死了，那里真可怕!"

每个人的脸上都露出了几分焦虑。我们走近了那片房子，我们看到那些木屋的门都被踢开了，有四五具尸体躺在一间小屋的旁边。

有人喊道："是游击队干的！这里几个士兵刚刚被他们打死！少校先生，这里刚刚才发生过战斗，那些匪徒们一定还在附近。"

另一个小组的士兵现在进到了第二个平房里，紧接着一片连续的爆炸声从那个房子里传了出来。一股夹杂着土木雪块的碎石雨被抛到了空中。魏斯雷德少校咒骂了一声，然后就向那个地方跑去。我们紧跟在他的后面。有 3 个士兵刚刚被游击队所埋下的炸弹炸成了碎片，其中两个人已经完全无法辨认，另外一个人正在咽下最后一口气。在瓦砾堆里我们看见了 4 具德国士兵的尸体，他们在我们到达之前就被杀害了。

魏斯雷德喊道:“大家当心地雷!”

这个命令被大家传达了下去。士兵们此刻站在了第三间平房的门口没敢进去。在房间里有 6 个几乎被脱光了的德国士兵,他们都遭到了可怕的屠戮,他们的头或四肢已经被砍掉,他们的尸体躺在一摊早就凝固的黑色的血迹里面。这个场面让人无法目睹。有两个曾经在莫斯科、库尔斯克和别尔戈罗德作过战的老兵,他们虽然已经看过战场上一切可怕的景象,但是现在他们双手捂着自己的脸从那里走开了。我们所有人都没有看到过比这个更为残忍的场面。

我们的几个士兵小心翼翼地把那些尸体抬了出来。其中有两具尸体被游击队拴上了饵雷。由于没有工具和时间,我们只好将这些尸体用瓦砾盖上。

对我们而言,这些游击队疯狂和变态的行为是我们从来没有见过的。魏斯雷德少校带领我们为这 18 个被谋杀的士兵举行了一个悼念仪式。我们脱掉自己的钢盔和帽子站在雪地里唱着:

“我曾经有一个好同志……”

哀悼的歌声在这片俄罗斯的冬原上回荡着。对于我们这里的 2000 名士兵而言,此时的心情只有震惊。复仇的怒火使得那些恐怖分子们摧毁掉了战争里应有的最后一点点底线。我们无法接受这样的残忍,即使我们经历过战场上种种惨烈的景象。

我们又出发了,经过那几个平房时,看到了在雪地里刚插上的一个木牌,上面写着“复仇”。

我们又开了一个小时,松软的雪地让车辆的噪音降低了许多,但是这也让我们能够听到很远地方的声响。突然我们听到了自动武器的声音。魏斯雷德和其他的两个军官立刻命令车队停下来,此刻清晰地听到了交火的声音。在这里以西大约 8 公里的地方,战斗正在继续。我们开始加速前进,坦克车手们想要冲到那里,但是军官拒绝了他们的请求,每辆坦克的后面都拖着三个大雪橇,上面坐满了人和弹药。我坐在一辆坦克后面所拉的第三个雪橇上,在我后面拖着的是一辆变速箱出了故障的挎斗摩托车,坦克已经达到了自己的最大马力。现在远处的枪声愈发激烈了,突然魏斯雷德少校命令车队停下，他从车上跳了下来并开始查看地图。我们在雪橇上的士兵们被命令跟上他，我们看来要再一次参加战斗了。那些拉着雪橇的坦克此时也解开了后面所拉的雪橇，向前面加大油门开去，我们跟在坦克后面，奋力跑着，魏斯雷德少校坐在一辆挎斗摩托车上向我们示意前进。一辆装载着80毫米迫击炮的吉普车从身边呼啸而过，车轮卷起了一阵雪雾。

我们气喘吁吁地沿着坦克的履带印向前跑着。坦克已经把我们远远地抛在了后面。现在坦克已经和敌人接上火了。我们在拼命奔跑了10分钟后才到达了战场，听到坦克上的机枪正在猛烈地向前面射击着。

魏斯雷德少校的摩托车现在疾驰回来，摩托车在雪地上滑了半个圈在我们面前戛然停了下来。

少校命令我们说："现在大家散开到树林里面。"

我们遵照命令执行了。摩托车陷在了雪地里，一些士兵不得不用力把摩托车拉进了树林里面。现在我们看不到坦克了，看样子坦克正在追击逃窜中的敌人。20分钟后，一发信号弹示意我们到一间平房那里集合。这个哨所的目的是维护这里的交通线。

这个哨所刚刚被游击队所袭击，也许这些游击队就是刚才谋杀那些士兵的同一支游击队。这里的哨所幸运地及时发现了游击队，然后开枪作了抵抗。在26个驻守哨所的士兵里，有6个人受了伤，两个人阵亡。在雪地上有二十几个受伤或被打死的游击队员。他们手上的武器有俄国的、德国的，还有美国的。有几个受了伤的游击队员试图跑回到森林里，但是我们的士兵已经冲了上去了结了这几个试图逃跑的人。两个骨瘦如柴的破坏分子成了我们的俘虏，他们的眼睛流露着惊恐的神色。他们对我们问题的回答只是重复地说着："我们……不是……共产党。"他们以为我们是谁？或者他们真的什么也不知道？这也许是可能的。他们看起来就像是即将要被屠宰的野兽一般，我们的士兵们都在小声地说着复仇。

魏斯雷德少校看了看那两个俄国游击队员，然后又看了看我们。他试图从这两个俘虏的嘴里问出些什么来，但是他的努力看来没有奏效。终于他失去了耐心，他伸开双手表示出无奈的神情。几个士兵把那两个俘虏推到了前面，那两个俘虏看着后面的士兵们喊叫了起来，他们拼命地向前跑了起来，但是枪声响了，他们俩都一动不动地摔倒在了雪地里。

这个哨所在最后的关头被我们及时解救了。这里的一个士兵告诉我们，至少有 400 名游击队员向这里发起了进攻，战斗已经持续了两个多小时。那些哨所里的士兵们热情地拥抱了我们，他们非常高兴地得知被批准能够和我们一同撤离这里。现在我们就像是德国陆军最后的扫帚，将沿途所有我们的部队都一起带走了。

在我们即将离开那里的时候，一件糟糕的事情发生了。那辆在车队前面的摩托车正走在离第一辆坦克大约三四十米的地方。摩托车开上了路，在雪地里艰难地行走着。后面的那辆坦克跟在摩托车的后面也上了同样的路。突然一声山摇地动的爆炸声传来。我们周围树枝上的冰雪像雨点一般落在了我们的身上。那辆坦克的履带被炸断了，坦克的底部也被爆炸撕开了一个大口子，火舌立刻从坦克的底部蹿了出来。在那辆坦克后面雪橇上的那些士兵立刻跳了下来向坦克跑去。一个军官跳上了炮塔，他试图把里面的坦克手拽出来，坦克里面的人看来都受了重伤。其他的士兵此时已经都趴在了路边准备迎接可能的袭击。坦克已经完全被浓烟所包围，我们已经用完了 3 个灭火器，但是坦克燃烧的火焰依旧没有任何减小的势头。我们对于坦克里的人已经无能为力了。坦克油箱里面的汽油淌了出来，这加剧了坦克的火势。坦克后面挂着的三个雪橇也被解了下来。那个试图解救被困坦克手的军官被迫从坦克上跳了下来。在一种无助的愤怒里，我们看着坦克里面的两个人被活活地烧死了。空气里弥漫着汽油的味道，还有人肉的焦煳味。那两个摩托车上的士兵幸运地错过了地雷的引爆器，他们冷汗直流地看着这辆熊熊燃烧的坦克。

我们的车队把坦克留在了后面，坦克燃烧的火焰让里面的弹药开始爆炸了。我们也被迫放弃了那 3 辆雪橇上的物资，并点火烧了它们。那些原来坐在雪橇上的士兵们现在只好到其他卡车上挤挤了。我们所有车辆都远远地绕开了那辆坦克，坦克里的机枪子弹正在剧烈地爆炸着。

我们把大片的土地放弃给了我们身后的苏联红军。这是最后一次欧洲的十字军东征了。

刺骨的寒冷让我们在任何时候都难以忘记，就算是在强烈情感活动的时候，例如我们刚刚和那些游击队交火的时候。不久后，我们和自己的师会合了。会合的地方看起来是一个规模挺大的镇子，镇子的名字叫伯普鲁维斯卡。德国的工兵们正在战壕前面的地区忙着埋地雷。其他的步兵连队和一支坦克部队也来到了这里，十几辆虎式和豹式坦克像一动不动的猛兽般向我们瞪着眼。虎式坦克的出现让所有人都有了一种安全感，它们就像是钢铁要塞，没有俄国坦克是我们虎式坦克的对手。

镇子里面有一些德国政府的办公人员，这些公务员们惊讶而不悦地发现他们正在俄国战场的中心地带。他们对待我们的态度不是很友好，也许他们看到从前面撤下来而对我们有些怨恨吧。对于他们而言，俄国就像是这个设施齐全的镇子一样是个衣食无忧的好地方。这些小资公务员们也常常会和当地的一些乌克兰女孩子通宵达旦地狂欢。现在看来这些公务员必须和那些乌克兰女人们撤离了，他们的目的地是一个安静和遥远的地方。我们现在的任务则是保卫这些小资阶层寻欢作乐的生活。我们对此感到愤怒，一些士兵还和几个傲慢的公务员吵了几架。最后，我们都被安排在了一些温暖的小木屋里。在木屋里，我们找到了食物和酒，除此以外，我们终于有机会洗澡了。我们的木屋里没有蜡烛，但是壁炉里温暖的火焰照亮着小屋里的一切。我们立刻把小屋里的浴缸用雪装满了。我们都脱了个精光，拼命地擦洗着身上的污秽，也迅速地把自己的外衣和内裤泡在水里清洗。我们知道这个清洗自己的机会可能会很快结束，每个人都在最大限度地使用着这个机会。有人甚至找到了满满一箱肥皂，这些肥皂被丢到了我们的浴缸里面。

我们每个人可以轮流躺到浴缸里，但是一个人只有两分钟的时间，多一秒也不行。我们在浴缸旁边欢呼雀跃着，已经好几个月没有清洗自己了。水从浴缸里漫了出来，把木屋的地面都淹了。屋里的 30 来个士兵正在浴缸旁打闹着，我们不停地将浴缸用水装满。昏暗的光线让我们都没有注意到浴缸的水早已经变成了灰黑色了。无论如何，身上的虱子都在浴缸里一命呜呼了。

当我们洗完澡后，把浴缸里的水从浴缸下面凿的一个洞放了出去。外面现在依旧是至少摄氏零下20多度，没法光着身子把浴缸抬出去。当浴缸里的水都倒完之后，大家把这个木制的浴缸劈开，然后把它们丢到了壁炉里。壁炉里的火苗贪婪地吞噬了这些并不太多的木头。霍尔斯正在乐滋滋地嚼着一块肥皂，他一边大笑着一边说他想把自己的里面也洗一洗，也许他觉得自己的里面也和外面一样脏，而且还爬满了虱子。

他喊道："现在那些俄国佬可以在任何时候来了，我现在感到自己就像是一个全新的人。"

我们木屋的门突然被推开了，急劲的寒风从外面呼啸而至。屋里的每一个人都大声地抗议着。两个士兵出现在了门口，他们的怀里放满了各种各样的点心。我们呆呆地看着这两个士兵将怀里的这些东西放在了地上的湿衣服上：一串辣味香肠、几块姜糖面包、几箱挪威产的沙丁鱼罐头，还有一大块熏火腿。除此之外，他们还抱来了8到10瓶酒——有果酒、法国干邑，还有莱茵河的葡萄酒，最后还有雪茄。那两个家伙还在从自己的衣袋中拿出更多的东西来，此时我们大家都已经兴奋得狂呼大叫起来了，木屋的墙壁看来都要被大家的叫声撕开了。

我们里面有一个人用兴奋的哭腔问道："你……你们是从哪里弄到这些东西的？"

一个带来这些东西的士兵说道："镇上那些该死的官僚们都在过着花天酒地的生活。我们连的司务长格兰德斯克从来没有见到过这么多的好东西。那些浑蛋们都把这些东西藏了起来，正准备带着这些东西逃往后方呢。这只是我们拿到的很小一部分，但是那些官僚们已经被气疯了，告诉我们会向上面汇报我们偷窃他们的私人财物。他们以为能够骗得了谁呢？要写就让他们写去吧。去他妈的！"

每个人此时都站到了那堆美味边上。霍尔斯的眼珠子都要掉出来了。

霍尔斯穿上自己的湿衣服说道："你们把我的那一份留给我，我要去那里亲自看一看，再多带一些回来。那些狗娘养的家伙以为能够把我们留下来守住前线，而他们却可以带上这些美味逃之夭夭，我的天！”

霍尔斯穿上了一件俄式棉衣冲出了门口。一个叫索尔玛的年轻士兵也和他一块儿冲了出去。索尔玛的情况和我相似，他的父亲是匈牙利人，而他母亲是德国人。当他们走了以后，我们连的费汉姆牧师、林森还有林森的助手豪特开始为大家分起了这些食物。我们不得不用镐头把火腿劈开，因为刺刀太钝。自从费汉姆牧师在第聂伯河东岸失去了自己的童贞和部分的宗教信仰之后，他便越来越像其他的士兵了，现在他正在咒骂着：“想想那些被这些操蛋的刺刀捅开的肚子，现在这把刺刀连他妈的一块熏肉也砍不开。”另一个人接着说道：“如果必要的话，可以向工兵连借一些炸药来。”

这里没有一个士兵会被忘记掉。德国军队里的这些非凡的战友之情让每一个士兵都能够有难同当，有福同享。战争把那些不同地区、不同身份的人带到了一块，在其他任何时候，这些人都不可能彼此信任。但是战争使得我们能够在一种英雄气概中紧紧地团结在了一起，每个人都觉得自己的命运和其他战友的命运息息相关。那些官僚们的态度让我们感到惊讶，但并没有感到太多意外。我们觉得自己有权利洗劫那些官僚们私藏的物品，虽然德国部队里面的国家荣誉感和纪律依旧非常明显，那些一面看着作战部队忍饥挨饿，一面又把那些美味的东西私藏给自己的人，在我们的眼里，他们不能算是人。

费汉姆牧师一边吃一边在品评着那些官僚们，他把这些官僚比作了希特勒在《我的奋斗》中所描述的小资产阶级。他说：“作战部队有着自己眼前的需求，对于我们这些活一天算一天的士兵而言，任何空洞的说教都是一种浪费时间。我们必须要随时学会吃好喝好，在可能的时候和女孩子睡觉，而不是浪费时间去和那些女孩耳鬓厮磨。对于我们，每一刻都是宝贵的，每一刻也许都是我们生命里的最后一刻。”

霍尔斯和索尔玛该分得的那份被放在了他们的钢盔里面，我们在喝完酒后都开心地唱了起来。霍尔斯和索尔玛一直也没有回来。后来霍尔斯对这次冲动感到了后悔，他和索尔玛在从一个官僚那里抢夺几瓶法国干邑的时候被宪兵抓住了，结果霍尔斯和索尔玛每人都被关了 6 天禁闭。

“平安夜……圣善夜……”

转眼到了 1943 年的圣诞节。

北风依旧在伯普鲁维斯卡北面的错综复杂的战壕间呼啸着，我们两个连的士兵正在这些战壕里守卫着。那些工兵部队已经撤到了西边的后方去了，我们两天前被布置到了这里。前线再一次停在了这里，我们确信战斗马上就要打响了。第聂伯河南翼防线的崩溃导致了整个德军前线的后撤，我们现在再一次修筑了自己的防线。庞大的苏军部队像一台压路机一样慢慢向我们逼近了。我们已经感受到了这一点，阵地上不断增加的部队让我们意识到这一次的战斗又将会是十分的惨烈。

我们周围现在到处都是山地和茂密的林木，坦克和自行火炮在灌木丛里等待着敌人的到来。树林里的许多树的树皮已经被酷寒的天气冻掉了。伯普鲁维斯卡镇上的食品仓库已经被士兵们哄抢了好几次了，我们的指挥官们默许了士兵们的这些狂欢式的行为，也许他们也知道这场即将来临的战斗将会是异常艰巨的。

现在是圣诞夜了，虽然我们周围一片荒凉，但是大家还是充满了激情。每个人心里都充满了复杂的心情与回忆，有些人在谈论着和平的可能，有些人在谈论着自己刚刚结束不久的童年生活。士兵们都大声地谈论着，试图掩饰他们内心的感受和沮丧的情绪。魏斯雷德少校已经来过我们这里了。他和我们谈了一会儿，虽然他告诉大家不要太去想家，但是他不久后也陷入了一种思乡的情绪中。他毫无疑问有自己的孩子，而且他也想和自己的孩子在一起。他不时抬头望着刚刚放晴的夜空。他的长外衣上结满了冰霜，那些冰霜看起来就像是圣诞树上的闪光饰片。

我们在天寒地冻的战壕里已经待了连续 4 天了，士兵们轮流在战壕里守卫着。晚上的站岗也被分作了两批，每一天都有士兵因为肺炎倒下，冻疮已经成为了一个普遍的现象。寒冷让我在站岗的时候几乎被冻死，我已经两次人事不省地被抬到了木屋里，我被放在火炉边慢慢从死亡线边缘爬了回来。我们所有人的脸上都被冻裂了，尤其是在嘴角。幸运的是，我们有充足的食物。炊事兵们得到命令要给大家做富含脂肪的食物，给养也源源不断地到达这里，这使得我们的司务长格兰德斯克能够为大家烹制那些满是人造黄油的黏糊糊的浓汤。

这样的浓汤虽然吃起来有些倒胃口，但是对于在寒风里的士兵们非常有效。炊事兵们已经从俄国人的浓汤里学到了如何烹制冬季食谱的方法。我们也在用蒸桑拿的办法来提高自己的御寒能力，从热腾腾的蒸汽里跑到了冰冷的淋浴下面，这个巨大转变让我们的心脏都要停止跳动了。这个方法就像那些黄油浓汤一样非常奏效。

格兰德斯克向我们说道："大家尽量吃，不要浪费。现在德国的孩子们连甜点都没有了，一切最好的东西都提供给了我们。"

格兰德斯克的话太对了，在大约 6 天前葆拉写给我的一封信里，她告诉我说现在食品配给制非常苛刻。

我们现在已经离德国的边界线越来越近了，每一天我们都和德国的距离在一点点缩短，很快德国也不能向我们提供人造黄油了。

终于在一天清晨，军士长的哨音将我们从暖呼呼的木屋里赶了出来，一队苏军的坦克现在已经抵达了离伯普鲁维斯卡不到两公里的地方。寒风像一把屠夫的斧头一般打在我们的脸上和身上，每个人都飞奔到了自己的战壕里。

我们还没有到达战壕的时候便听见了从我们西边传来的巨大爆炸声，那些像一群疯牛一般冲向我们的俄国坦克轧上了我们埋设的地雷，现在轮到这些俄国坦克在我们面前起火燃烧了。军官们从战壕观察镜里看着这一切。几乎所有幸存下来的俄国坦克现在正在试图往原路倒回去。炮兵没有开炮，都在等待着这些试图退回去的坦克再轧上我们的地雷，此刻开炮的话也许会引爆我们精心埋下的地雷。

但是有 3 辆斯大林式重型坦克居然勇敢地穿越了我们的雷区向我们镇上驶来。这 3 辆坦克在我们的 37 毫米反坦克炮的火力中丝毫没有减慢自己的速度，接下来我们虎式坦克那令人生畏的 88 毫米大炮开火了，就像是某个好莱坞电影里面的镜头一样，3 辆坦克几乎同时中弹，一辆坦克立刻在地上侧翻了过来并起火爆炸了，另外一辆坦克像一头被打中要害的野猪一样戛然停在了地上，只有第三辆坦克继续隆隆地向我们冲过来，坦克的侧面暴露在了我们的反坦克机枪的火力面前，坦克外部的机枪和炮管都被我们的反坦克机枪打得稀烂。坦克此时居然试图转动自己的炮塔，我们所有人都对这辆坦克了不起的举动充满了敬意。这辆坦克正在向我们的战壕前的雷区驶去，一连串的爆炸将坦克左边的履带撕了下来，这辆坦克终于像一只斗败的野兽一样一动也不动了。黑烟从坦克里面冒了出来，接着两个黑影从坦克炮塔里面爬了出来。但是我们没有人开枪，那两个俄国人手里拿着手枪，准备护卫自己。当没有听到枪声的时候，他们向我们的阵地方向迈了几步，接着丢掉了自己的手枪，举起双手向我们走了过来。不一会儿，他们就走到了我们的战壕这里。战壕里的士兵看着这两个俄国英雄，向他们笑了笑，那两个俄国人也向我们咧嘴笑了笑，他们的牙齿在他们已经被熏得乌黑的脸上显得特别白，就像是黑人的白牙齿一般。士兵将这两个俄国坦克手带回到了我们的木屋里面，给他们倒上了两杯果酒。这两个俄国士兵的表现完全和那些游击队的作为形成了鲜明的对比，我们对于这两个俄国士兵没有丝毫的仇恨。林森看着他们自言自语地说道："要是老兵维尔纳在这里，他也许会和他们喝上一杯的。"

第二天夜晚，我们派出了一些士兵去重新埋设地雷。我们的防御作战很大程度上是依靠地雷来弥补由于战线漫长所造成的人员短缺。第二天，看到了新的增援部队，两个罗马尼亚旅和一个匈牙利营到了我们这里。我们被告知还有驻扎在维尼察的一批德国轰炸机会前来支援我们。

费汉姆牧师看着这些部队说道："看来我们这里马上要上演一个大节目了。"

林森的态度非常乐观，他对于我们得到增援感到非常高兴。他认为苏联红军将会在这里被挡住。他从来没有想过普鲁士会落入敌人手中。那时我们也没有人会想到这一点。

一天晚上，俄国人派遣了一大批从远东来的蒙古人向我们的阵地发起了人浪冲锋。他们这次冲锋的目的是要清除我们的雷区。因为俄国人想要节省自己的坦克，而他们的步兵却显得相当富余，所以常常派遣自己的步兵来完成这样的任务。

这样的进攻自然遭到了失败，但是俄国指挥官们并没有想取得什么胜利。我们的地雷在那些蒙古人脚下爆炸着，我们的弹雨立刻打倒了任何还活着的人。那些俄国士兵的尸体迅速地在严寒里被冻得硬邦邦的，冬天的严寒让我们免受了尸体腐败时散发出来的恶臭。

俄国人并没有用大炮来帮助这些从亚洲来的部队。这说明这次冲锋的目的就是为了清理我们的雷场。我们再次派出士兵去补埋地雷，但是俄国人已经准备好了向一切地面活动的东西开火，我们有不少士兵在这次任务中伤亡了。很明显我们已经几乎不可能依靠地雷来防守我们的阵地了。

在另一个夜里，当外面的寒冷跌到了一个新的水平后，俄国人向我们再次发起了进攻。我们在摄氏零下50度的严寒里守着自己的阵地，一些士兵由于过度寒冷而晕了过去，他们甚至连喊都没喊就倒在了战壕里。在这里，每个人都随时面临着被冻死的局面，我们的手上和脸上都涂满了机油，每动一下都感到异常困难。

那些向我们发起攻击的俄国佬们和我们一样地受到严寒的蹂躏，双方都希望能够停火。现在连金属都变得易碎了，那些苏军的坦克在这样的严寒里向我们的阵地扑来，但是这些坦克要么在我们战壕前的雷区里被炸毁了，要么被我们的虎式坦克击毁了。虽然我们的手已经痛得要死，但还是稳稳地抬起自己的武器向俄国人射击着，那些早就被冻僵了的俄国士兵在我们的火力面前被迫后撤。苏军军官们希望我们会因为严寒而失去抵抗的意志，他们因而完全不管那些苏军士兵的死活，继续命令那些士兵向我们阵地发起进攻。那些俄国军官们愿意付出一切代价，只要我们的阵地受到攻击。

我现在把自己的双手放到了两个空机枪子弹箱里以感到暖和些。那些不得不常常使用自己双手的炮兵和机枪手们，他们往往最后会患上严重的手部冻伤。我们这里许多士兵最后都不得不截去了自己的脚或手。

这样的酷寒延续了3个星期。苏军也终于停止了进攻。他们现在唯一的进攻方式就是播放那些让我们想家的音乐和规劝我们投降的讲话。

到了第 2 年的 1 月底，寒冷开始慢慢缓解起来。在白天，气温有时会升至摄氏零下 10 度。但是晚上的时候依旧是寒气逼人。我们缩短了晚上站岗的轮换时间以让大家都能忍受，我们知道俄国人的反攻就要开始了。一天凌晨，大约是在四五点钟的时候，我们被哨音吵醒了，接着被命令立刻前往自己的阵地。

一大群 T-34 坦克和美国产的谢尔曼式坦克向我们的阵地开来。俄国人的大炮首先开了火，炮火给伯普鲁维斯卡镇造成了严重的损害，大批当地的老百姓被迫撤离。阵地上大约有 15 辆虎式坦克、10 辆豹式坦克和十几辆马克-3 和马克-4 式坦克。这些坦克在昨天晚上就一直保持着一个预热的状态。在苏军进攻的开始，我们的两辆马克-4 型坦克在苏军炮击中被摧毁了。阵地再次面临被突破的危险。我们趴在战壕里，眼睛微微眯着，都在等待着俄国步兵即将到来的冲锋。机枪和反坦克手们都保持着沉默，坦克和大炮也做好了向敌人射击的准备。

那些虎式坦克都被绝好地隐蔽了起来，它们的引擎空转着。每一次俄国坦克出现在我们的视野里，一发虎式坦克的炮弹就会立刻让它燃烧起来。那些俄国坦克正慢慢驶来，同时还向我们胡乱地开着炮。如果不是我们面前的原野上有如此之多的被击毁的俄国坦克的话，那他们这样的心理战术也许会奏效的。我们的 37 毫米反坦克炮和反坦克火箭筒还没有被用上，第一拨的苏军坦克在离前沿阵地大约 500 米的地方都被我们的坦克和重型反坦克炮所摧毁了。

我们的虎式坦克是一个令人生畏的堡垒。敌人的炮火似乎对于这些坦克根本发挥不了作用。虎式坦克的前部装甲有将近 20 厘米厚，这种坦克的唯一弱点就是灵活性较差。

苏军的第二拨进攻开始了，更多的坦克开了上来，坦克后面还跟着许多的步兵。

我们在战壕里默默等着苏军靠近，都感到有些口焦舌燥，我们把自己的枪牢牢顶在了自己的肩窝，手榴弹也放在我们的手边，心在剧烈地跳动着。

突然，天空中奇迹般地出现了30架我们的飞机。正如所承诺的，从维尼察机场起飞的德国轰炸机开始了对苏军的轰炸，他们的每一颗炸弹都落到了苏军阵地上。

我们战壕里传出一片"胜利万岁，德国空军万岁"的欢呼声，这个欢呼声甚至连那些轰炸机的驾驶员们都能够听见。虽然遭受了重大伤亡，俄国人的冲锋依旧在继续着，所有的武器开火了。随后我们的坦克像1941年那样冲向了溃败中的敌人。

周围到处是一片震耳欲聋的爆炸声，空气中充满了苦涩的烟雾、火药和汽油的味道。我们的喊声和俄国人的喊叫声混成一片，那些俄国人被这些突如其来的打击给吓晕了。

我们可以看到虎式坦克稳健地扑向那些俄国坦克。这些虎式坦克将那些俄国坦克一一地消灭在了它们的面前。德军再次用火箭弹和20毫米加农炮向俄军阵地扫射着。战场上浓厚的烟雾遮蔽了我们的视线。

俄军的大炮依旧向我们的阵地开着火，我们有几个人中弹阵亡了，但大家都没有注意这些。那些俄国人的大炮很快就被潮水般退却下来的自己的士兵弄哑了。

我们做梦也没有想到的事发生了——第二拨德国空军的飞机出现在了我们的头顶，俄国人的败局就此锁定了。所有人都激动得拥抱了起来，并发出欢呼的喊叫声。在过去整整一年里，我们都在不断地后撤着，俄国军队无可比拟的数量优势在与日俱增着。现在林森就像一个疯子般喊叫着："我说过我们能做到的！我说过我们能做到的！"

我们的战果在一份特别的战报里被提到了，位于罗马尼亚边境的防线抵抗住了苏军的进攻。在历经几个月的鏖战和严寒之后，德国和罗马尼亚的部队成功地打垮了俄国人的进攻并摧毁了大量俄国军队的给养。

那些在我们阵地面前扭曲的俄国坦克残骸就是这次胜利的最好证明。在沿罗马尼亚边界线上的300多公里的前线，苏联红军在一个月内总共发起了16次进攻，如果我们考虑到一月份里有3个星期的时间由于严寒而双方相持的阶段，这是16次进攻实际上都发生在一个星期之内。俄国军队在战线的5个地方发动了进攻，他们只有在一个地方几乎得手。

沿罗马尼亚边界的前线在南部被俄军突破，但是突破了防线的俄军被迅速包抄和消灭了。

在我们这里，所有的阵地都完好无损，我们感到非常自豪。再次证明了如果我们得到足够的补给和一些准备的话，我们能够挡住那些远比我们强大的敌人，因为这些敌人的进攻策略从来也没经过周密思考。

老兵常常谈到俄国人的失败，看到俄国人的坦克中弹起火时，他总是露出自己的牙齿向大家笑着。

他总是说："这个傻瓜，它总是像这样被我们逮住。他们只能靠数量优势来打败我们。"

我们大德意志师总共在这次战役里获得了 30 枚铁十字勋章，那支参加作战的英勇的坦克连队也获得了同样数量的铁十字勋章。

第十四章

回到波兰

在后来的战斗中，我们师被苏军击溃了几次，许多人非死即伤。据说别的完好的部队常常想从我们师抽调人手以巩固自己的阵地。但是当这些部队到达我们这里时，常常发现这些部队都已经减员大约三分之二，我们对于这样的部队无能为力。

我们师现在终于享有了一阵期待已久的休整，如果不是那些枯燥而令人恼火的军营生活的话，我们的休整是一段充满了田园诗意的享受。在那里的军营里每天都要像新兵一样做操和从事基本训练，我们几乎为此和上面吵了起来。

我们的军营位于波兰，这里离前线大约有 400 公里。营地在第聂斯特河边，靠着喀尔巴阡山脉。这条河流离波兰的勒沃夫有大约 80 公里远。第聂斯特河在这里非常狭窄，当我们到达这里时，河水湍急地在河道里奔腾着，河床里有不少露出水面的石头，石头上有不少的冰雪。在河流的开阔地带，那里的河道总是被冻住的，冰层下的水流发出一种奇怪而沉闷的声音。

周围是一片壮美的景色：在蓝天的衬托下周围的地平线被许多白雪皑皑的山峰围绕着，在那里我们甚至看到了翱翔的雄鹰。从乌克兰黑暗而毫无生气的冬天里逃脱出来，在这个风景宜人的地方待了两个月。虽然天气依旧很寒冷，但是我们都睡在清洁而温暖的营房里面。上面号召厉行节约，因而暖气只能控制在十几摄氏度的水平，这样的室温让我们能够保持一个清醒的状态。我们的营地占地很大，里面的管理完全是一种传统而严格的普鲁士风格的战时管理。150 个不带地板的木房子建在了营地里，每个房子都被编了号。在不远处的树林里，有一栋石头房子，那里一定住着我们的文书和其他的军官。这里一切供应充足，井井有条。没有人能够想到德国此时已经几乎枯竭了自己所有的资源来维持这场战争。在经历了那些前线的混乱之后，我们在这里的每一个活动都需要营地的批准，这些循规蹈矩的气氛让我们感到自己像是突然被关到了笼子里的一群野兽。

营地的中央是一片很大的广场，这样的建筑目的是为更好检阅部队和训练。在那些训练中，刚刚参军的新战士被训练如何端好自己的武器，这些训练在检阅时是有用的，但是在前线那里却毫无用处。那些新兵们看起来非常喜欢这些训练。霍尔斯和我感到自己好像是回到了一年半前在波兰训练时的情景。那时我们第一次学会如何放置炸药。那些日子现在看起来好像是发生在 10 年前一样。在战争里，一个人会老得非常快。我们脸上的沮丧情绪没有逃过那些新兵们的眼睛。那些新兵们在我们眼前更加努力地训练着，似乎是想向我们表明战争现在是他们的事了。

对那些刚刚踏入军营的中学生而言，他们对于军队的热情将会在他们在前线泥泞里度过的几个夜晚和看到战地医院之后大幅度降温下来。我们都经过这样的事，那些新兵们很快就会知道战争的残酷与无情——战争并不像他们在营地里投掷那些塑料手榴弹时那样充满了欢笑声。

我们的元首正在把自己最后一点人马拉上战场，现在那些傲慢的宪兵们也需要参加我们的作战部队了，这些年纪很大的新兵在这里吃够了他们不习惯的苦头。当我们看到那些往日不可一世的宪兵此时也在泥地里匍匐向前爬行的时候，简直开心极了，我们为此几乎忘记了过去那些痛苦的回忆。那些原来管理宪兵的军官现在已经把他们的下属移交给了德国陆军。这些宪兵在新兵训练营的出现对于我们这些老兵是一件乐事，但是对于那些刚刚来到这里的年轻的新兵而言，他们的日子就不好受了。这些颐指气使的昔日宪兵现在正使用一切手段让那些学生新兵们学会对自己俯首帖耳。

在这里的生活也并非都尽如人意。在我们来到这里之前，不得不在俄国恶劣的道路上步行了50公里，那里的路都满是车辙印和冰块。然后才上了卡车并被带到了莫吉列夫，一个富有东欧特色的小镇。在那里登上了两列破烂不堪的火车开往波兰的勒沃夫，接着在勒沃夫，卡车把我们载到了这个兵营里。我们这群破衣烂衫的前线士兵在一群穿着锃亮军靴和一尘不染笔挺军服的营地军官的目光中走到了自己的营房。

我们被允许休息48个小时。在第一次检查中，我们身上的破败军服让负责检查的军官们感到震惊。虽然在检查前我们都使劲打理了这些衣服。但是这些军装都已经完全失去了他们原来的样子和颜色，原来的灰绿色现在变成了有些发绿的尿黄色，军装上到处都是破洞和被烧过的地方。皱巴巴的破烂军靴也失去了原有的黑亮的光泽，许多人的军靴都没有了鞋跟或鞋带。我们看起来就是一帮流浪汉。那些检查军官已经惯于挑剔士兵们的着装失误。但是我们这些参战士兵的服饰简直是给了这些检查军官一记响亮的耳光。这些浑蛋现在本该向我们致敬的。

他们也明白这一点，但是他们依旧要挑出一些毛病来给自己留下些面子。在我们不远处，一群穿着迷彩服的宪兵和学生汗流满面地唱着歌列队行进着。

我们队列前的检查军官依旧对于我们现在的境况不依不饶。一个检查军官在一个倒霉的士兵面前停了下来，其他士兵的头微微向那个士兵的方向偏了偏看着那个被训斥的士兵，都想知道到底是谁被抓住了。

那个军士长喊道：“你的名字和编号！”

我们虽然不能看到，但是都听到了那个士兵的回答。

那个倒霉的士兵大声回答道："弗罗施，军士长先生。"接着他说出了大家都耳熟能详的自己部队的编号。

弗罗施……这名字让我想到了什么。弗罗施？我在哪里听到过这个名字？

接着我在渡过第聂伯河后的那些记忆回到了我的脑海里。浴室里的热水，一个看起来有些傻气而好心的男孩。现在这个军士长在挑他什么刺呢？

在离我大约10米左右的队列里的第三排，弗罗施正笔直地站着。军官现在正在严厉地训斥着他。他的眼睛按条例直视前方。他消瘦而苍白的脸被头上沉重的钢盔遮住了大半。不幸的是，他愚蠢的失误现在让那个军官能够无情地训斥着他，长满冻疮的双手现在正紧紧地贴在自己肮脏的裤缝上，衣服所有的扣子都掉了。弗罗施用一些细线把自己的扣子和衣服缝到了一起。弗罗施还细心地将每一个线头都打了结。不幸的是，他把每一个扣眼都缝在了上面的一颗扣子原来的位置上，结果外衣上出现了奇怪的褶皱，军服上的奇怪没有逃过那个检查军官的眼睛。我们连的军官想为弗罗施说情，他向那个负责检查的军官提到我们的部队刚刚经历了极其困难的处境。

那个检查军官向我们的军官说道："你们的军需报告说你们有足够的材料可以把自己的军服维持在一个良好的状况，上尉先生，报告还特别提到了扣子的供应。"

我们的上尉一下子被问住了。

那个负责检查的军官继续说道："再者，上尉先生，列兵弗罗施甚至都没有把扣子和扣眼的位置对正。"

接着就是一阵无言的尴尬。上尉沮丧而同情地看了弗罗施一眼。弗罗施能够从这个惩罚中逃脱吗？虽然我们的上尉出于好意想改变弗罗施的境遇，但是最终也无可奈何。上尉回到了自己的队列里。我们连的士兵心里都很恼火。

那个军士长现在喊道："立正！"

接着军士长宣布了关于对弗罗施的处罚决定。弗罗施将被关20天的禁闭参加一系列的惩罚性的体力活。弗罗施立刻从队列里站了出来。他是唯一从队列里站出来的人。接着我们的检查结束了，队列转身开始在营地的操场上跑了起来。弗罗施依旧目光前视站在原地。作为唯一被惩罚的士兵，弗罗施看起来就像是一个不公正待遇的活标本。弗罗施再一次孤零零地一个人面对惩罚。他在部队里的确找到了战友的关怀，但是战场上的那些紧急情况让他非常不适应。10 天以后，我们领了新衣服，弗罗施还是穿着那套破军装，完全成了不公正待遇的象征。但是他还是带着自己一贯傻傻的笑容和对任何人的顺从。

后来当老兵维尔纳谈到弗罗施的时候说："他是这样谦卑，如果他不能配得上勋章，那至少他配得上进天堂。"

向前走……趴下……站起来……跑步走……向前趴下……面对我站好……操场上坚硬的冻土让我们的手和膝盖被磨得够戗，地上的那些树枝也让我们的制服渐渐磨破了。训练营的教官们在我们训练地的周围引爆了一些爆炸物。对于我们这些经历过喀秋莎火箭弹袭击的部队而言，这种爆炸声让我们感到滑稽。我们于是完全趴在了地上，接着我们又用自己的手肘撑着自己的脸，我们对这样的训练只感到好笑，甚至多少有些愤怒。我们的态度结果遭到了教官的一顿斥责，我们全连随后得到了集体惩罚。我们必须要沿着营地的操场边不停地匍匐前进。那些营地的教官在我们的前后走动着。离我们不远的地方，魏斯雷德少校正在和营地的教官们交涉让我们结束这样的训练，但是一切都是白费力。上面有命令让我们这些从前线回来的部队也必须要参加训练。我们必须回到 1940 年到 1941 年时的那些严格的规定，这场战争一定会打到最后的。

接着开始了全副武装的越野跑，我们穿过村庄时都齐声唱着歌。这些训练是要在当地的老百姓中宣传我们的形象。那些当地的居民们在我们走过的时候都向我们挥手致意和微笑着。我们甚至训练了一种在撤退时采用的倒退跑法——这个训练倒是蛮实用的。

每星期四的下午 5 点到晚上 10 点，我们可以自由活动。大家都像潮水般涌入当地的两个小村子。当地农民邀请我们到他们家里并给我们东西吃，甚至有的人还请我们吃饭。我们很快就和当地一些女孩交上了朋友，那些女孩子都很喜欢我们。我们把这几个小时的休息以一种最充分的方式运用了起来。

我们在第二天重新回到了训练的科目里。虽然训练内容比较枯燥，我们还是努力配合了。我们已经习惯了去服从命令，这些训练也许让我们能够尽快结束这场战争。终于穿上了新制服，这些制服和以前发的那些制服有很大的不同，制服的裤子就像法国军队的裤子一样宽松，这些裤子让我们看起来像是打高尔夫球的人一样。新制服主要是发给那些新组建的部队，像大德意志师这样的精锐部队，我们的制服基本上还是沿袭原来的样子。我们每个人甚至还发了新皮靴——这又是只有精锐部队才有的特权。

但是现在这些制服的料子和以前相比就差了许多，这些料子让我们想起了某种硬纸板。新靴子的质地也和以前的靴子质地有很大区别，这些靴子看起来是用某种劣质皮料做成的。我们的内衣质量最差，只有在你折起内衣的时候你才感到衣服是用某种棉布做成的。我们的袜子看起来非常特别，它们的质地不像是用天然的材料做成的。

霍尔斯说："我宁可穿那些在俄国时候发的袜子。"

这些袜子比原来的旧袜子要经磨许多。但是这种袜子的保暖性的确差一些。这是我们见到的第一批尼龙袜子，当时许多人都没有听说过这种合成材料。

我们在新靴子上打了许多鞋油。脱下了那些破衣烂衫后，我们都感觉好多了。这种光鲜的形象让当地的老百姓感到德国军队现在一定情况很好。

霍尔斯穿着他崭新的军装和一个波兰女孩谈上了恋爱。霍尔斯几乎是有些迫不及待地爱上了那个波兰女孩，他每到一个地方都会把自己一部分的心留在那里。这一次他已经开始向那个波兰女孩求婚了。

回到营房后，林森对霍尔斯说："你那些酸溜溜的情话真让我们受不了。"

接着林德伯格笑着对林森说："你为什么不能只是接接吻然后就像所有人那样离开呢?"林德伯格还记得他和林森、费汉姆牧师，还有索尔玛的一次外出。他们 4 个人缠住了一个 40 来岁的波兰农妇。她在这 4 个人的热情纠缠下答应了他们的要求。

霍尔斯嘟囔着说：“那个女人不过是一头奶牛而已。你们真是一帮猪猡，一点浪漫都不懂……”

霍尔斯的话让我们的营房里爆发出一阵哄堂大笑。费汉姆也笑了，但是他依旧感到有些尴尬。

我自己也和几个当地的女孩子认识了。但是我并没有和她们任何一个有什么实质性的进展。我依然爱着葆拉，我和她还常常通着信。我现在最想要的就是休假。那些我所不熟悉的女孩身体让我感到不自然，甚至有些恶心。当我一看到裸露的身体时，我会想起那些战场上冒着青烟、内脏流得到处都是的腐臭的尸体。总之，我还是更喜欢那种寄托于书信的柏拉图式的爱情。对我而言，葆拉和其他所有的女孩都是不同的，葆拉比她们要更温柔并更出色。

接着我碰到了一件成为大家笑料的事情。

当我们在附近村子里休假时。那天的天气很好，地上只有一层薄薄的白霜，我们心情很好，但是我们依旧想要更多地吃一些食物。我们现在的食物少得可怜，我们在离开食堂的时候总是觉得自己没有吃饱。当地的农民总是想卖一些东西给我们。我们手上有一些贬值了的德国货币和军用货币，最容易买到的食物是鸡蛋。在村子里，我们分了工，我们现在有 3 个人，豪特、施莱赛和我。我们把霍尔斯和他的波兰女孩留在了营地旁的村子里。附近村子里能够收购的食物都被士兵们买完了。于是我们决定到 5 公里以外的一个村子去买些吃的，这个村子也在第聂斯特河畔。

我们向着村子的方向分头走了，希望能够在沿路的一些农户家里买到什么东西。我走在一条两边都是雪堆的小山路上。小山的山脚下是一个被冻住的池塘，一些长着黄色或粉色羽毛的鸭子正站在冰上梳理着自己的羽毛。我看到在路的右面有两个土丘，土丘后面有一大堆木头，几乎把后面的房子都遮蔽了。在路的左边也有一些低矮简陋的木头房子。这里的风景充满了乡村的气息。

当我走向一个木房子时，我看到了一个农妇从里面走了出来。她的衣服看起来像是中世纪人穿的。我们彼此微笑了一下。她说了一些我听不懂的话。

我对她用德语说道："您好，太太，你们……有鸡蛋吗？"

我又重复了一下："有……鸡蛋吗？"

她走近了我，依旧向我快乐地微笑着，她又说了一些我听不懂的话。我只好又向她笑了笑。她示意我跟她来，我照办了。我们接着走向了一个楼梯，她开始爬上楼梯，她边爬边向我示意要抓紧楼梯。

她一边爬还一边大笑着，我看到她爬上了一个满是稻草的阁楼上。我用惊讶的眼睛看着她那双肉乎乎的大腿，眼睛不听使唤地望着她肥厚的屁股。那个波兰女人看到我在注视她，她站在阁楼的一个天窗旁示意我也爬到阁楼上，我感到有一些尴尬。现在那个阁楼的楼梯仿佛就像一个我们训练时翻越的障碍一样。我终于爬上了阁楼，我不得不弓着腰坐在了那个波兰农妇的腿边，她那双粗硕的大腿至少有半米的腿围。她一直在咯咯地笑个不停，似乎她马上就要下一个蛋似的。我的步枪刮倒了阁楼上的许多东西，我再一次感到自己好像是在一个战壕里面爬行似的。草堆里有许多母鸡，那个波兰女人把那些鸡赶跑，然后在里面捡了几个鸡蛋。她转过身子来向我笑笑，她的牙齿虽然排列不太整齐，但是很白。她拿着这几个鸡蛋向我挪过来。

我感到了她的呼吸和体温。当她把这些鸡蛋放到我的外衣口袋里时，她的手指死死地抱住了我的屁股。我一下子惊呆了，我在等待着解散的命令，但是这个命令根本不会有。那双手还在我的身上挤压着。

我喊道："看在上帝的分上！非常感谢……非常感谢！"

我现在只想以最快的速度从这里逃走，无论她怎么想。

她已经牢牢地搂住了我，依旧微笑着，眼睛里充满了热辣辣的期待。

我的上帝！

现在只有两个逃脱的方法。我要么冒着把自己脑袋摔碎的危险从梯子上滚下去，要么发动反攻把我的敌人推到草堆里。

然而，这一切都太迟了。那个至少比我要重 10 公斤的波兰女人已经熟练地把我推倒在了阁楼的左边。我发现自己在这个身强力壮的敌人的身体下面无力地挥舞着自己的手。她的一只手正在忙着拉开我咔叽布裤子的裤链。我两个口袋里的鸡蛋早就被她压碎了，背在后面的步枪也被我压在了身子底下。

如果元首看到这个场面，肯定会从大德意志师把我永远地开除出去的，然后我将被永远地安置在某个勃兰登堡纪律营里。但是那个决意要征服我的妇人牢牢地捏住我的下身，这让我动弹不得而又不由自主地哆嗦了一下。如果不是那个波兰女人在兴奋中忙着把自己的外衣扯下来的话，我绝没有机会躲过这一劫的。我看到了那个女人肚子和小腿上的一堆堆的肥肉，想到了葆拉，对葆拉的一切回忆和眼前这个女人形成了强烈而荒谬的反差。她正沉浸在了自己的兴奋之中。如果不久之前我对她那张肥胖的小猪脸还有些好感的话，那现在她的脸上只有一种吓人的疯牛般的狂野。我用力翻过身来，从那个波兰农妇身下挣脱了出来，弓着腰站了起来并把我的口袋翻了过来，里面都是一些黏糊糊的鸡蛋和碎蛋壳。现在那个波兰妇人恢复了一些自制力，试着大笑起来，突然意识到了她刚才的行为可能会带来严重的后果。我一溜烟地从楼梯上滑到了下面，站在楼梯下面示意她帮我洗一洗我制服上的碎鸡蛋。我试图表现出一些愤怒，但是一种无力的感觉让我只感到自己的脸火辣辣地烧着。

那个波兰女人此刻有点尴尬地微笑着，她领我到了一个房子那里。我们穿过了一道开着的门，接着我们走了几步穿过了第二扇门。

这个木屋一直延伸到地下大约一米的地方。我们到了一个黑糊糊，屋顶很低的房间里，这个房间只有一个很小的窗户，黄色的窗框里透出一点点微弱的光线。这些农舍都被隔为了两部分，一边住人，另一边住牲畜。这就是为什么我一进这个门就闻到了一股刺鼻的酸臭味。两头肥猪正在里面的猪圈哼哼着。屋里还有几张铺着稻草的宽椅子，显然这些宽椅子是床。我们进来的时候一个老妇人转身向我们微笑了一下，我不知道她是否能够理解“一个德国人”的含义。在屋子的中间有两个孩子在玩耍，那个波兰妇人用水瓢递给我一些水。我必须得把自己的军装脱掉，当我脱掉军装时，我的里面的那些破衣服就露了出来。我母亲一年半前寄给我的那件毛衣手肘以下的袖子已经没有了，现在毛衣的下面也严重脱线了。

我正准备洗自己的军装时，那个波兰妇人从我手里面把衣服拿了过去。她把衣服上有鸡蛋的那个地方放在了一块鹅卵石上，然后就用形状像大暖瓶塞的硬稻草团擦了起来。她麻利地把衣服上的污渍很快洗掉了，看到这些，我几乎都要原谅她刚才粗野的举动了。她把我的军装还给了我，现在军装看起来像新的一样。我不敢再向那个波兰女人微笑了，以免我的微笑被她再次错误理解。但是刚才发生的一切似乎都被大家忘却了。这些朴实的波兰农民完全生活在眼前，他们不会被那些过去或未来的负担所拖累。我向她们道别准备离开。

那个坐在床上的老妇人也向我微笑了一下，那个波兰妇人正在翻动着房子里的一些瓦罐子，她找到了一个鸡蛋，然后递给了我。

我收下了这个鸡蛋，但是我不知道如何表达来掩盖我此时的尴尬。这个鸡蛋让我想起了刚刚发生的事情。当我翻着自己的口袋想找出合适的钞票时，我感到自己的脸又火辣辣地烧了起来。那个妇人比画着表示她不要钱。我依旧感到尴尬，我只好连声用德语说着“非常感谢”之类的话。

我已经离开那个房子走出去了几步，正在这时我后面的房门又打开了。那个波兰妇人在那里喊我，她手里拿着我靠在桌子上的步枪。

这真丢人！

我试图用一连串的感谢来让自己恢复平静，但是我依旧感到十分滑稽，于是只好挺直了自己的腰，试图让自己看起来严肃一些。我知道刚刚发生的这个事件一定会让战友们捧腹大笑的。我感到几乎无法原谅自己。我简直是个白痴——一个经历了别尔戈罗德战役的幸存者居然被一个胖胖的波兰大妈把自己的裤子给扒掉了！我也许是一支值得骄傲的部队的士兵，但是我这趟唯一的收获就是一个鸡蛋。我几乎没脸告诉大家这件事情，担心朋友会再次把我的裤子扒掉的，他们一定会这样做以确认那个波兰大妈有没有偷走我的什么东西。

朋友后来问我：“你为什么不早说呢？否则我们都要到那里

去，我们要坚持那个大妈对我们所有人都做完她想要做的事。这是报复，你知道的！”

随着春天的到来，战事变得更为残酷了，东线的局势变得越来越糟糕了，但是此时我们在这个军营里的训练依旧充满了一种体育比赛时的风格。好消息是，我们的训练时间被大大缩短了，现在每天只训练半天，剩下半天自由活动。这些自由活动的时间被大家用来找到更多的食物。营地的食物再次被缩减，我们已经快到了饥饿的边缘。附近的几个村子里所有我们能买到的食物都已经买完了。我们必须要走到更远的地方才可以买到食物。我们想去第聂斯特河里钓鱼，但是我们既没有渔具，也没有经验。魏斯雷德少校和我们一起去河边钓鱼，他找到了一些炸药来炸鱼，我们通过这样的方式“钓”到了不少鱼。河边的一些池塘里有非常大的鱼。

我们这里也发生了一次事故，有两个出去找食物的士兵失踪了。他们的朋友说他们进山去找食物了。两天过了，他们还是杳无音信。我们在周围的村子里也没有打听到他们的消息。我们感到他们应该是碰到了俄国的游击队了，派了两个搜索小组进山找他们，结果真的碰上了游击队，我们有 5 个人在和游击队的交火中白白地送了命，我们依旧没有发现那两个士兵的下落。

随着苏军突入波兰，苏军的先头部队也渐渐逼近我们的军营。我们这里很快就要成为战区了。我们大家都在抓紧时间晒太阳，并等待着出发的命令。霍尔斯和那个波兰女孩如胶似漆了，他已经把那个波兰女孩当作自己的未婚妻了。我常常和劳斯一块去那个波兰女孩住的村子，但是我从来也不去为自己找个女孩解闷。霍尔斯告诉我说我一定很快就会休假了，到时候我就可以去看葆拉了。当霍尔斯和那个女孩希望两个人单独在一起时，我就会知趣地走开。

在这个安静的乡村，战争几乎忘记了我们。但是一天早上，我们的安宁和所有关于爱的梦想都被打碎了。我们的营地里到处是忙乱的场面，各个连队正在收拾自己的东西准备战斗，我们都有些不敢相信自己的眼睛。随着运载我们的卡车的到来，我们的营地被烧毁了。

我们问道："发生了什么?"

军官们只是说："快！快！我们全部人都必须离开这里!"

我们还没有反应过来便被赶上了一辆灰蓝色的旧卡车里，卡车向北方开去。在这个野花遍地的春天，那个整齐的军营在我们后面化作了一团火焰和浓烟，那些升起的烟雾好像是预示着某个即将到来的不幸。

在卡车上，每个人都在谈论着到底发生了什么？为什么他们要把营地烧毁？现在前线在哪里？

到了上午10点钟的时候，我们师的车队突然停了下来。道路两边都是一些刚刚吐露出新芽的树木，附近的小鸟也飞快地从我们的车队停留的地方离开了。一辆挎斗摩托车向坐在大众汽车里的那些军官递交了一个命令。接着我们的军官告诉我们的车队转向。

车队倒车的时候，可以听到空中飞机的声音。接着军官的哨音响了起来。

"大家注意！敌人的飞机向我们飞来！大家注意!"

我们立刻纷纷从还在移动的卡车上跳下来。

实际上，那些俄国人的伊柳辛式强击机已经发现我们了，15架俄国飞机在我们的头顶上慢慢飞了过来。一些卡车被士兵匆忙丢在了路中央。军官向那些把卡车丢在路中央的司机怒吼着，而那些司机此时也不知该如何是好，只好重新上车把车停在了路基边上。这时，那些俄国飞机向我们俯冲下来了。

俄国飞机向我们的车队首先投下了炸弹，我们看着那些有点像飞镖形状的炸弹从飞机上投下来。那些俄国飞机分成了两组，第一组投完炸弹后，第二组又向同样的地点把炸弹投了下来。

炸弹的威力让周围的一切东西都飞了起来。一辆被炸翻的卡车向我们飞了过来，卡车在离我们大约10米远的地方落了下来。卡车油箱里燃烧的汽油几乎泼到了我们趴着的地方，我们不得不往后面挪了挪。我们已经知道了所发生的情况，尽可能地从路上跑开，这时那些伊柳辛式飞机向公路俯冲下来，不停地向公路扫射着并发射火箭弹。

那些起身试图从公路跑开的士兵没有注意到俄国人的第二拨

飞机，他们许多人被飞机的机枪扫倒了。有些奔跑着的士兵在路上被俄国飞机的机枪子弹打成了碎片，他们像一个散了架的木偶一般倒在了地上。

当这些飞机离开时，我们车队的18辆卡车已经燃起了大火。这次空袭是如此突然，许多人都还没有反应过来到底发生了什么。我们小心翼翼地走回了燃烧的车队，同时也注意着天空的情况，那些俄国飞机也许只是假装离开了，也许会随时回来再来攻击我们的。

这条由于解冻和春雨而变得泥泞的路上到处都是碎片和残缺的尸体。炸弹爆炸的力量把一些士兵炸得四分五裂，他们的内脏被抛到离他们的尸体有七八米之外的地方。15分钟前还到处是小鸟婉转鸣叫的道路已经是一片狼藉。

也是在这15分钟里面，我们装着3个连士兵的30辆卡车里已经有18辆被炸毁了，20个士兵被打死了，还有3个士兵受了重伤。

我们把那些死去的士兵掩埋了。在那些阵亡的士兵里有豪特和敦德，他们在第聂伯河第二道防线的战斗中都因为英勇而被授予了铁十字勋章。他们也是我的好朋友，在不到24小时前我们还在一起欢笑着开着玩笑。这个悲惨的事件让我们都几乎要垮掉了。

我们爬上了剩下的12辆卡车。结果所有的卡车上都坐满了人，士兵坐在了卡车的踏板上、卡车的车头或挡板上。士兵头上和卡车上现在都插满了树枝作为伪装。卡车以每小时40公里左右的速度向前行驶着。结果两辆卡车由于不堪重负而完全熄火了，那些卡车上的士兵只好步行继续前进。他们在6个小时后才在罗马尼亚边境上赶上了我们。我们将要参加在维尼察开始的残酷战斗。德军的中部防线已经被苏军突破了，现在南部的防线还算是没有问题。那些徒步前进的士兵遭到了俄国和波兰游击队的袭击。幸运的是，他们打退了游击队的骚扰，并从游击队手里夺取了一些马匹。结果他们许多人骑着马赶到了我们这里。现在的天气阳光明媚，我们征用了一些当地罗马尼亚人的卡车来补充那些我们被炸毁了的卡车。这些罗马尼亚人的卡车都是一些相当陈旧的车辆，上面的车牌是一些私营企业的，我们没有时间把这些车牌遮掉。我坐在一辆“英国”小卡车后面，这辆卡车出厂的时间大约是 1930 年。

第十五章

回到乌克兰

最后的春天　魏斯雷德少校的死　大逃亡

经过了一段颠簸的路途后，我们重返了乌克兰。这里的道路还没有从春天的解冻里恢复过来，到处都是大片大片的泥泞，我们非常吃力地在里面穿行着。天气很好，甚至多少都有些炎热了，我们大家都把上衣脱掉了。

我们在路上的时候收到了命令，我们的目的地不再是维尼察了，我们的新任务是重建后方和前线的交通安全。这里的道路不断受到那些俄国游击队的骚扰。我们奉命去消灭这些游击队。他们对我们运输线的破坏非常厉害，我们对于前线部队的运输几乎都被这些游击队搞瘫痪了。维尼察将是德国军队新的反攻地点。在这里我们将挡住苏军向波兰的突进，并重新和北方的前线连成一片。

我们部队的任务是通过伏击战来消灭那些游击队。这些战斗的胜利很大程度取决于谁先发现对手。我们的师被分成了几个部分。最大的一组被派到波兰的勒沃夫和白俄罗斯的北部去执行这个任务。我们的这部分则是负责乌克兰南部和中部打击游击队活动的任务。虽然如此，我们依旧被认为是能够帮助其他连队从危机里脱身出来的机动部队。

然而，我们的机动性主要依靠那些临时征用的民用车辆，而那些车辆最后因为机械故障都没法用了，我们只好骑马或自行车来替代。我们后来又向那些数以千计的乌克兰难民们征用他们的马匹、自行车和其他车辆。有些时候游击队会混在这些难民里向我们开枪。他们的目的就是要让我们出于自卫而胡乱向难民开火，以达到分化我们和难民的目的。从那些游击队的角度而言，只要为了达到目的，任何手段都是可以的。

在 5 月底的一天，我们包围了一支规模很大的俄国游击队。他们大约有 400 多人，并装备有重武器。在我们这边，我们有 3 个连负责围歼这股游击队。

就算是最凶猛的野兽，它们在荷枪实弹的猎人面前也会本能地逃跑。但这一次，我们这些猎人的猎物比那些最凶猛的野兽还要危险许多。那些被我们从树林里惊飞而起的小鸟们，它们绝不会想到这些地球上的主宰们已经在同类里创造出了一批和他们同样残忍的敌人来。作为这个世界主宰的人类已经学会了如何来毁灭自己的艺术。这种荒诞的自然选择结果最终将我们所谓的主宰权变成了一种笑柄。

我们大家都感到紧张极了。虽然大家对于死亡多少准备好了或是无能为力，但是在那一刻到来的时候大家还是感到害怕。那些树叶碰在我们钢盔上的摩挲声让我们想到，在这个晴朗的日子生活本来应该是美好的。但对于我们而言，这样的生活已经不再是什么战火的洗礼了，这是我们每一天都要面对的生活，几乎所有的勋章都是发给死人的。我们已经看过了太多战争的恐怖，我们不认为自己能够再看到什么新的东西了。我们每个人现在都知道迟早自己会在某一天执行任务时被打死，但是我们还是故作坚强地不时发出勉强的干笑声。有一些坚强的人甚至已经说服了自己，反正每个人注定都不可能长生不老，每个人迟早都会死，所以什么时候死就并不重要了。那些意志坚强的人多少能够在走路的时候去考虑死亡之外的其他的事了。而其他那些意志并不那么坚强的人则希望把自己死亡那一刻的来临推得越迟越好。无论怎样，我们这里大多数人还是感到自己的冷汗顺着身体浸透了自己的军装，还有靴子和手心。

恐惧会让一个人的所有理想信条化为乌有，即使每一天面对这些恐惧也不能让你习惯起来。在每次行动开始之前，你总是会感到恐惧。就算是那些能够学会停止思考的士兵们也常常不可抗拒地受到恐惧的袭扰。

只要和敌人交上火，这些恐惧就会立刻消失掉。第一声枪响会像一个帷幕拉起的大戏一样让每个演员都全神贯注起来。一个会思考的士兵是可怜的。当第一批士兵中弹倒下时，大家的紧张情绪反而都会缓解下来。

斯佩罗夫斯基军士长正在带领我们靠近那个游击队的营地。我们前面林地里被踩平的灌木丛和许多的空掩体说明这里是一个很大的俄国游击队营地。我们现在每一步都有可能踩上他们埋的地雷。汗水顺着我们的太阳穴淌了下来，这招来了一些烦人的苍蝇。这里每一棵树或灌木丛后面都可能拉设了地雷的绊线。我们小心翼翼地迈着每一步。有一架飞机此时从我们头顶的树梢上飞过，飞机引擎的轰鸣声让我们都屏住呼吸，仿佛我们担心那些引擎的轰鸣声是游击队向我们开枪的信号。终于我们听到了一个短促的哨音，我们大家都趴到了地上。在我们前面的小路的尽头有一间看起来很结实的木屋。在我们包围圈的边上，战斗已经打响了。

斯佩罗夫斯基军士长命令两个士兵——巴勒斯和普林斯——负责向那个木屋投掷手榴弹。普林斯是林森那个反坦克小组的成员。但是今天，他们没有什么反坦克任务，所以普林斯变成了一个掷弹兵，他带着一大捆沉重的手榴弹向那个小屋爬去。巴勒斯看起来面如死灰，他此时也在沿着另一条小路向那个小屋爬去，其他人都颤抖着紧张地看着他们俩。

巴勒斯和普林斯是谁呢?

他们无非是两个再普通不过的士兵。他们到底是好人还是坏人?他们招人恨吗?上帝爱他们还是恨他们?他们也是我们这群疯子中的一员，是我们的战友。我们也许在和平的年代绝对不会成为什么熟人的。但在这里，他们每往前爬一寸都会揪动我们的心，让我们的心跳和他们一样。这两个我们并不太熟悉的人现在突然变得比我们最亲近的家人对我们还要重要，我们都清楚地意识到了这一点。我们知道，我们任何人都有可能被挑中完成这个危险任务的。他们现在已经爬到了离我们很远的地方，也许他们已爬到了离自己的死亡越来越近的地方了。他们此刻已经被茂密的树林遮住了。突然我们看到普林斯站了起来提着那捆手榴弹向那个木屋冲去，接着他又扑倒在了地上。

手榴弹爆炸的声音撼动着整个树林。在树林上面裸露不多的蓝天里，我们看到许多受惊的小鸟像射出的弓箭般飞离了这里。普林斯的手榴弹没有投中那个小屋，那捆手榴弹在离小屋大约七八米的地方爆炸了，并留下了一个到处是碎树枝的大弹坑。

我们的军士长小声说道："真他妈糟糕。"

有人说道："那里面没有人。"

然后我看到巴勒斯站了起来向那里奔去。我看着他的脚步，感到似乎是自己在那里跑着。他也把自己手中的集束手榴弹抛了出去，接着他扑在了地上。一道白光和巨大的爆炸声似乎让这片森林都呻吟了起来。巴勒斯又站了起来，普林斯也接着站了起来。他们的前面是一片被炸毁的林地，那个刚才还矗立在那里的木屋已经完全地消失了。

巴勒斯向我们喊道："来这里，同志们。这里没有人。"他看起来对自己的投弹结果非常自豪。

我们都站了起来准备走向他那里。他正在有些紧张地笑着，一声清脆的枪响从树丛中传来，接着又是两声。普林斯依然向我们继续跑来，但是巴勒斯只是在向我们有些迟疑地走来，他向我们张开了双手，接着便倒下了。

不到一个小时后，这个营地里躲藏的大约 400 个破坏分子发疯一般试图突破我们渐渐收紧的包围圈。他们用所有的武器向我们开火。那些游击队的阵地挖得非常巧妙，我们如果想要发起正面进攻的话，那无疑是自寻死路。

就在这个时候，我们有两个士兵踩上了地雷，他们立刻被炸得四处飞散，有些尸体碎片还挂在树枝上。

我们这里正在遭受一挺四管机枪的猛烈扫射，我们的机枪被压制得无法开火。我们试图挖一些单兵坑，但是树林里的地面到处都是无法砍断的错综复杂的树根。我们的进攻几乎已经转变成了防守。而且如果那些游击队试图突围的话，我们要挡住他们会是非常困难的。

我们只有靠几门几乎是垂直摆放的轻型迫击炮来向敌人发动一些攻击，但是看起来这些游击队并没有受到我们迫击炮太大的影响。他们现在正在用两三门也许是缴获的德国造的榴弹炮向我们射击着。这些炮弹的爆炸把大树都连根拔起。我们无法看到那些大炮开火后的硝烟，这使我们难以用迫击炮消灭这些大炮。我们已经对他们的阵地发起了10次进攻，但是每一次我们的人都被挡了回来，只留下一些中弹倒地的士兵在他们阵地前惨叫着。后来我们知道魏斯雷德少校竭尽全力试图调来一些装甲部队，但是在这个区域我们没有装甲部队，所以我们只好依靠自己的血肉之躯来完成这个任务了。看来现在所有的德国装甲部队都已经被投入到了与苏军的前线作战中。

在进攻失利后，我们又在树林里等待了一个小时。我们的指挥官决定孤注一掷地向俄国游击队的营地发起进攻，除了在包围圈外围留下几十个人。我们还要让那些俄国人相信他们现在已经被一支强大的德国部队包围了。我们的指挥官准备向敌人最薄弱的一个V字形阵地集中500个士兵发起攻击，那个俄国人的阵地上有大约40个人和一挺机枪。命令一下达，士兵们用掷弹器向那里密集地发射着手榴弹，这使得那些俄国人没法准确地瞄准我们。

有七八个士兵中弹倒在了路上，但是大家几乎没有注意到这些。我在第二拨的进攻部队里，我们后面还有两拨。当我们到达那个阵地时，战斗已经基本结束了。那些剩余的游击队还想顽抗，但是我们的手榴弹把他们大多数人都炸死了。剩下还活着的敌人也被第一批冲上来的德国士兵用刺刀给捅死了。我们紧跟着前面的第一拨士兵冲进了俄国人的营地。我们后面的士兵们也跟了上来。在树丛里到处都是惨叫声，到处都散发着一股火药、硝烟和鲜血的味道。我看到了从营地的木屋里冲出了更多的俄国人，他们正向我们的人开着枪。在一片混乱中，我和其他士兵们也向俄国人开着枪。一个个头很高的俄国人向我一连开了三枪，但是都没有打中我。他接着向我冲来，一边冲还一边喊着什么。我和另外两个士兵同时向他开了枪，他虽然中弹倒下但依然试图给自己的枪装上子弹，我们立刻猛扑过去，枪托奋力地砸向了他，他在我们的脚下死了。

在另一个木屋旁边，一场白刃搏斗正在进行着。在搏斗里有什么东西爆炸了，一些德国人和俄国人的尸体碎片被炸飞到了天上。其他人继续冲上去加入了这场格斗，惨叫声和叫骂声夹杂在不时响起的枪声中。不一会儿，我们也被卷入了这场搏斗里。一个我旁边的德国士兵的手被一颗爆炸的地雷炸伤了。许多士兵正在木屋附近用匕首、铲子、腿，还有石块和那些俄国人搏斗着。一个军士长刚刚用自己的战壕铲砸在了一个俄国人的脸上，那个俄国人的脸上随即被砸开了一个大口子，他痛苦地倒在地上翻滚着。凯勒曼正在向那些躲在榴弹炮后面的俄国人扫射着。至少有一半的游击队从我们的包围圈里逃跑了。我们收集了这里所有散落的武器和食品，由于无法带走那两门榴弹炮，只好炸毁了它们。接着我们掩埋了 70 个在这次行动中牺牲了的战友。我们用树枝做成的担架抬着受伤的人回到了在库克霍兹的营地，在那里喝了许多酒，试图抹去这一天那些惨淡的回忆。

乌克兰的春天总是每天都好像没有夜晚似的。

晚上 11 点钟的时候天空依旧微微地亮着，几个小时后，天色就开始变成了粉红色。此时的天气几近完美，四处是温暖和煦的微风，夏日的炎热暂时还没有到来。不幸的是，虽然这个季节让我们想到了和平，但是战争的机器在冬天短暂停息后又再次全力开动了起来。这里的天空现在是属于俄国空军的，他们的飞机数量已经达到了惊人的程度。德国空军的主要任务已经变成了防卫德国城市和满足西线战场的需求，面对那里占有绝对数量优势的敌人，他们的任务实际上已经成为了一些自杀性的任务。我们现在战场上的胜利完全只是一些部队绝对的英雄主义的结果。俄国的天空和前线的主宰已经掌握在了俄国人的手中。在前线后边，这里也成了另一个战场，德国军队和那些俄国游击队的战场。我们不停地派出巡逻队，几乎每一支巡逻队都会和游击队遭遇。这里的每一座小山或木屋都可能埋着地雷，或者有游击队的埋伏。我们几乎没有任何的车辆、汽油或是所需的相关零件，也不能从后方接收到什么供给了，那些破烂的德国车队在苏军猛烈的空袭中依旧向摇摇欲坠的前线开去。当那些车队终于抵达前线的时候，他们很多时候找不到那些所需要供给的部队，那些车辆上的军需品往往被一帮帮从战火中后撤的士兵们给消耗了。

我们现在的补给只够支撑我们所需的十分之一。我们不得不靠当地的那些老百姓取得所需的食物。那些老百姓已经对我们非常厌恶了，我们现在面临着饥饿的威胁。由于还是春天，树上没有结出任何的果子。要去林子里打猎，那我们成为“猎物”的可能性要远远高于我们打到野味的可能性。

我们 3 个连现在住在一个很小的村子里面，士兵们在执行任务的间隙都光着身子睡在地上。

当飞机飞过时，我们都忙着躲藏起来。当那些飞机离开时，我们又躺在了阳光普照的地上。晒太阳有助于我们那些冻疮的伤口恢复。我们望着蓝蓝的天空，脑子里面一片空白，我们现在的生活仿佛已经和过去完全地剥离了。那些过去和平的回忆现在对于我们来说就像是一些教科书里面的知识。战争让每个人都学会了去珍惜那些原来并不起眼的好事。今天，暖暖的阳光已经代替了我们想要吃的那些香肠和麦粉，我们现在再也收不到信了。我们就这样一动不动地躺在乌克兰的土地上，至少现在这里还是安宁的。明天，也许有一些食物和汽油会被送到我们这里。甚至会有葆拉来的几封信……也许明天还是只有我们，还有这里的土地、天空和阳光……想这些有什么用呢?

一天，我们的无线电里传出来一个在罗马尼亚边境上德军哨所的求救电报，他们被一群俄国游击队包围了。

在德国陆军的眼里，我们依旧是一支机动后续部队。我们负责方圆 250 公里部队的增援任务。那个向我们发来求救信号的哨所在离我们大约 160 公里的地方。那个哨所的士兵被告知可以在危急的时候向我们求援。我们现在只有 4 辆车况很糟的卡车，1

辆民用货车，1 辆挎斗摩托和我们指挥官的吉普车。魏斯雷德少校正在心急如焚地扯着自己的头发咒骂着。

100 名士兵立刻登车向那个哨所开去，我们拿上了尽可能多的自动武器以弥补我们人员的不足。每一辆车上都架着两挺机枪。但我们最担心的还是俄国飞机。我们在俄国的那些糟糕的道路上疾驰着，车后面掀起了一股漫天的黄土。在开了大约 50 公里时穿过了一个看起来是史前时代风格的俄国村子，那里的村民们正在拼命地从我们的车前跑开。我们这些坐在车上的人已经早就是灰头土脸了。当我们离开村子时，一些村民站在路边上看着我们，前面魏斯雷德少校的吉普开了过去，接着后面的第一辆卡车轧死了一只狗，第二辆卡车撞倒了一头不知从哪里跑出来的黑猪。我在第三辆卡车里看到了这一切。前面的卡车突然停了下来，那些尖叫着的村民向路边跑去，五六个士兵从卡车上跳下来去追那只受伤的猪。终于士兵们用刺刀刺中了那头猪，那头黑猪拼命地挣扎着，那几个下去抓猪的士兵身上都被溅满了猪血。最后他们把猪用皮带和麻绳捆了起来，这头猪奄奄一息地躺在了我们的后车厢边。

接着我们离开了那里。那头猪身上现在已经被漫天的灰土盖了起来，猪身上依旧汩汩地流着鲜血。我们已经对这样的事情不在意了。对我们这些活下来的人而言，这意味着今晚上我们有新鲜的猪肉吃了。胜利万岁！

我们穿越一片到处是黑色岩石的丘陵地带，那些小山由一些黑色的岩石构成，小山上面长着几棵稀稀疏疏的矮树。这里的泥土也是黑色的。我真希望我懂得一些地质学。我们的车队在这片奇特的地貌里行驶了大约 20 多公里。

我们刚刚离开这个地方，就发现了俄国人的飞机。有一个士兵说他看到了在我们左边的树顶上方有飞机，我们的卡车立刻停在了路边的树丛下面。魏斯雷德用自己的望远镜看着远处的天空。现在等上几分钟看来是个明智的决定。在我们这辆放着猪的卡车上，士兵们正在抽这个空隙飞快地把那头猪的肚子划开并把内脏抛掉。他们还没有做完这个工作，我们的车队又出发了。

我们又开了一段路，当我们在一片乱石嶙峋的地方行驶时，有两架飞机从我们的头上掠过。我们大声地喊着司机停车，车停了下来。但是周围没有可以供我们躲藏的大树。当那两架飞机飞过我们头顶时，我们都被一种疯狂和绝望的恐慌所充满了，有些士兵吓得裤子都尿湿了。当飞机向前飞去时，我们看到了这两架飞机是我们的梅赛施密特 109 战斗机。他们一定是某个执行战斗任务小组的幸存者。没有人向这些飞机欢呼，我们都已经被吓个半死了。

到了下午 4 点钟的时候，我们抵达了那个哨所。我们的卡车正沿着崎岖的山路缓慢地向前开着并准备好了对付随时而至的埋伏。魏斯雷德少校的吉普车在我们车队的前面开着。两个士兵坐在吉普车的车头位置向前仔细地看着那些我们周围的高山。我们看不到什么人影。突然，我们的前方出现了一个开阔的山谷。我们停了下来，把卡车的引擎熄灭了，我们此时立刻听到了冲锋枪的声音。我们毫无疑问到达了我们的目的地。在远处，透过夏日灼热的空气，可以看到一个村子。我们现在将几辆卡车的间距定为 100 米并继续向前匀速开去。我们的肚子又开始因为这个临近的威胁而扭痛着。

敌人显然知道了我们的到来。第一辆卡车突然看到少校的吉普车以飞快的速度倒了回来，就在此时吉普车前 10 米远的路上传来了一声爆炸。每个人都立刻从车上跳了下来趴在地上。第二声爆炸在路上炸了个洞，并掀起了一大片的尘土。那些游击队正在用 37 毫米反坦克炮向我们射击。接着机枪子弹打在了第一辆卡车的车身上。幸运的是，第一辆卡车上的士兵都已经离开了那里，只有倒霉的司机目睹了这一切。

敌人躲在山上，我们看不到他们。不管怎样，坐在吉普车上的人依旧为自己能够活下来感到庆幸。那门藏在树丛间的反坦克炮奇迹般地在吉普车转过路口时没有开炮。在路口的地方那些游击队放置了一棵砍倒的树。

我们立刻架设了两门轻型迫击炮向反坦克炮的位置射击，很快那里就安静了下来。

魏斯雷德说："他们看来是一些新手。"

我们架设了 12 挺机枪向山上的游击队射击着，士兵已经穿过树林向第一座岩石山顶爬去。我们的迫击炮将炮弹向任何一个可能藏匿着敌人的地方打去。敌人在炮击中暴露了一个他们准备伏击我们的阵地。

普林斯向斯迈伦说道："这帮杂种，他们想在那里伏击我们，现在看看我们怎么收拾他们。"

我们的部队用掷弹器向那些游击队射击着。接着我们有人用机枪向那些游击队埋伏的地点扫射着。在吃了两轮手榴弹的攻击后，藏在那里的狙击手们试图逃走。一个身影从那里跑了出来，他被我们的机枪立刻打倒在了地上。

普林斯喊道："这个狗娘养的。看到这些白痴被打死可真可怕。为什么他们不能好好待在家里等到战争的结束，看在上帝的分上！如果我是他们的话，没有人可以让我来打仗的，你也会这样的，不是吗，萨杰?"

家，这个字好像是一杯醇美的酒一样从我的脑海中穿过。家，战争结束……

我终于回答道："没错。"

普林斯又说："你看，现在我们必须得把这些家伙杀掉，这真让我恶心。"

我们听到了敌人掩体里面的号叫声。在我们左边，机枪和掷弹器正在将这里的一切宁静撕碎。突然一个俄国男孩从战壕里站了起来用冲锋枪向我们开火。子弹打中了我们一个士兵的右手和另一个士兵的小腿。那个俄国人立刻被我们的机枪打倒了。那两个被打中的士兵在地上痛苦地呻吟着。

我旁边有人喊道："妈的！你们就不能打准一点!"现在从那些游击队的阵地里爬出了两个人来，他们有些不慌不忙地向后跑了起来，我们的机枪立刻把他们俩撂倒了。

斯迈伦向那个机枪手说道："你看到了吗，你刚刚打倒了一个女孩。"

机枪手说道："一个女孩?你敢肯定?如果这帮家伙里面有女孩的话，那就说明他们的处境不妙了。"

几分钟后，我们清点了那些游击队员的尸体：有 6 个和我们年纪相仿的年轻人。在他们里面有两个漂亮的女孩，他们的尸体上都是血，现在已经有一大群苍蝇爬在了上面。

我们看着这几个人，感到有些恶心。他们为什么要赔上自己的性命来阻挡我们呢？这些业余的阻挡被我们迅速地瓦解了，我们清除了路障，继续向村子走去，卡车在后面缓缓地跟着我们。

敌人是否得到了错误的情报？他们是否过高地估计了我们并不强大的兵力？他们或许是害怕了？不管怎样，那些游击队现在已经放弃了对那个哨所的进攻，向我们扑了过来。

阳光照在这条狭窄而满是泥土的道路上。在我们前面的士兵已经和敌人接上了火。那些游击队藏在附近的一片公墓里。这是一个典型的俄国公墓，到处是蓝色、金色和白色的装饰，整个墓地看不出有什么悲伤的感觉。现在已经是 6 月底的一个阳光明媚的初夏日了，我们是多么想看一看那些山里的云雀啊。

每一次手榴弹爆炸后的烟尘都被山里的微风迅速地带走了。我们原来只打算进行一场短暂的交火，但是我们的指挥官却不这样认为。少校告诉我们不能让敌人认为我们的人很少。所以我们的手榴弹投掷器和轻型迫击炮向公墓开火了。两批战士把游击队从公墓里赶了出去，并随即占领了公墓。现在那些游击队躲在附近的一个大谷仓里。

为了尽快毁掉这个游击队藏身的居所，我们给机枪装上了爆破燃烧弹。那个谷仓上的草顶立刻就被子弹点燃了，敌人现在正试图用冲锋枪来抵挡我们。

一排迫击炮弹把谷仓的房顶打进了谷仓里面，那些游击队员们不得不从这个地方撤离了。

我们有两组人向谷仓冲去以追击那些逃跑的俄国人。一个满脸络腮胡子的老头正靠在谷仓边一堆石头上，老头已经受伤了，他的怀里躺着一个已经死去的他的同志，老头的衣服上到处是破洞和烧焦的痕迹。我们在离他不超过 3 米的距离里走过他身边。我们手里的枪并没有吓住他。他依旧向我们挥舞着拳头并大声地咒骂着我们。我们透过谷仓燃烧的火焰和烟雾看着他，但是我们没有人向他开枪。他一直不停地咒骂着，直到整个谷仓在烈火中坍塌在了他的身上。我们第一组人已经到了村子的街上并向一切移动的东西开着枪。

剩下的游击队向山里逃去。他们有一刻完全暴露在了我们的枪口前，我们把他们中的20来个人打倒在了土路上和灌木丛里。

我们的机枪里装上了一种特殊的杀伤弹，大批的游击队员被这种子弹打死了。当我们停止射击的时候，那些在德军哨所里的幸存者从里面出来加入了我们的队伍，许多人已经受伤了，12名德军士兵被打死。我们立刻为伤员作了包扎。我们把那个村子里的村民都赶了出来，现在村子里面到处都是火。

村里的男人、女人和孩子都参加到了灭火之中。我们花了大概整整一个小时才把火灭掉。然后我们和那些村民把那些尸体都拉到了一个集中的地点放置了起来。女人们大声地尖叫和哭泣起来，她们在那些尸体里面也许发现了自己的丈夫、儿子或是未婚夫。看起来大多数的游击队员来自本地。

很快，那些哭泣和眼泪就变成了威胁和诅咒。我们依旧在无声中掩埋了自己的死者并带上那些受伤的士兵。那一天的天气是如此美丽，以至于我们都不能相信这刚刚发生的一切是真的。此时我们的眼睛已经学会了忘记那些刚刚结束的悲剧，霍尔斯正在一边看着周围壮丽的山色一边搀着一个衣服上满是血迹的伤员。小鸟再次回到了这里动听地鸣叫着，虽然此时天空中依旧到处是烟雾和灰烬。对于我们这些东线的士兵而言，大自然的复苏总是让我们忘掉那些痛苦的战斗经历。在经历了泥泞和酷寒之后，大家都被这片明媚的阳光迷住了，我们知道今晚上不会再为夜晚的寒冷感到恐惧了。

我们对于刚刚发生的事情感到难受，我们何等需要那些可贵的宁静啊。

那些村民们依然沉浸在自己的悲伤和眼泪中，他们向我们大声地辱骂着，虽然我们并不懂他们说的是什么，但是他们的语气和神态是不会错的。

有一块石头从人群里面扔了出来，并砸到了我们一个伤员的脸上。两个士兵转过身去，向人群挥舞着手中的冲锋枪。

他们向人群吼道：“你们这些猪猡，都散开，否则我们会把你们都打成蜂窝。”

但是那些愤怒的叫骂声依旧继续着。我们队伍两边是一些愤怒的妇女。她们的脸被愤怒所扭曲着，向我们咒骂着并吐着口水，并且还挥舞着拳头。突然空中出现了 6 架并排飞行着的苏联战斗机，他们看来正在寻找我们的一个车队。这些飞机让这群俄国人立刻兴奋了起来，他们指着那些盲目地搜寻着目标的飞机喊着："乌拉，斯大林。"

我们看到这些充满仇恨的脸不禁都打了一个寒战。我们想起了那些被俄国游击队所残害的德国士兵，他们被肢解的尸体。我们也记起了那些在我们撤退路上被游击队杀害的德国士兵，他们的脸被斧头劈开，这样他们的金牙可以被取出来，一些伤员的头被放到了另一些德国士兵被剖开的尸体肚子里，那些被割下来的生殖器，还有那些被游击队脱光后反绑在摄氏零下 40 度户外的德国士兵，他们的脚被泡在外面的洗衣槽里，那里的水早已和他们的脚冻成了一块，我依然记得在那些黑暗冬日里被游击队杀死的德国士兵们的脸……

我们现在听着那些俄国农民愤怒的咒骂声，他们也许会为自己的愚蠢付出高昂的代价。现在如果有人命令我们向这些村民开火的话，我们都会毫不犹豫地扣下扳机。我看到我旁边的一个士兵的枪在自己脏兮兮的手里面颤抖着，另外一个士兵的脸都已经气得抽搐了起来。我们现在都放下了手里的活，我们的愤怒就像是一座火山般随时要爆发出来。

一个高瘦的人现在站在了我们这两群对峙的人中间。我们看到那个人是我们的少校魏斯雷德，他的脸现在也因为愤怒而显得苍白。他站在离那些俄国人大约 5 米的地方，他用一种可怕的目光向这些俄国人扫去，人群立刻恢复了安静。他在俄国作战的几年里已经学会了俄语。他告诉村民们去埋葬他们的死者，就像我们这样安静地埋葬自己的死者一样。他还说战争马上就要在这里结束了，他们应该好好地活到最后，而不是去参加游击队。他说道，从来没有想到必须要向平民开枪，那些拿起武器和我们作战的人是受到了虚假宣传的蒙蔽，他别无选择，只能打死这些游击队。他的声音此时变得更加严厉起来，向人群说他不会再容忍任何的敌意。他想带着所有的士兵活着回到营地，但是如果有一个德国士兵受到伤害的话，那所有村民要承担一切的后果。

魏斯雷德的话立刻让那些俄国村民安静了下来，一切又恢复了秩序，那些死去的人被埋葬了，哭泣的声音也停了下来。

我们在那个哨所里面找到了足够的汽油，那里的士兵拿出他们保存了很长时间的酒让我们喝。接着我们就上路了。有 8 个伤员留在了哨所里面，明天会有医护车来把他们接走。

我们登车点名的时候，有 6 个士兵缺席，他们都已经永远地留在了这一片乌克兰的土地上。

有人说道："现在我们的车不太挤了。"

没有人做声，我们的眼睛都看着那个在我们车轮卷起的烟尘里消失的村庄。明媚的阳光照在我们戴着钢盔的乌黑的脸上，我们的意识已经和正常的人分割开了。我们的思想，如同我们的眼睛一样已经不能习惯那些具体和安宁的事物，正常世界的感觉在我们这里没有地位。

我们在飞扬的尘土中继续前进，我们除了周围的卡车和那头血糊糊，爬满了苍蝇的猪，什么也看不到。

我们的车依旧沿着狭窄的山路颠簸地前行着。山路附近不时出现一些山羊。路面上有凸起的石头。有时候路上会出现一股从山上冲下来的溪流，或是雨后留下的水坑。其他时候我们仿佛是在穿越一片干涸的充满了沙尘的沙漠。我们的卡车带着我们颠簸起伏着，车厢的挡板和锁链在这些颠簸中发出金属的摩擦声。

我们仿佛向着一片新的地平线驶去，这样一个生机盎然的春天也无法让我们忘记战争的存在。我们面无表情地看着周围的春色，仿佛像一个哀伤的流浪汉看着圣诞节时满是礼物的商店橱窗一般。

我们也梦想战争能够结束与和平的到来，就像是一个病入膏肓的人希冀看到春天枝头上的嫩芽一般。

但是战斗并没有能够停下来，没有一刻可以享受的安宁，总是有人希望这场战争变得更加丑陋。也许那些交战双方的人们都有理由这样去做。在那一天，有一个人穿过了我们上山时的那片道路。他看到了我们的到来，迅速地在 10 分钟内埋好了自己的陷阱，他的陷阱和那些路上无数的小坑没有什么区别。接着他藏了起来，也许他想看到自己杰作的效果，也许想看到那股撕碎了我们领头吉普车的黄色火光。随着一声寻常的巨大爆炸声和司空见惯的滚滚黑烟，天空依旧是那么的蓝。但是 6 个满身血污的人正在这片浓烟里慢慢地死去，那辆吉普车的车头已经被炸飞了，剩下的残骸翻倒在了路边。

一些士兵把那些受害者从这堆燃烧的废铁里拉了出来，其他士兵则准备战斗。我们把魏斯雷德少校和另外 5 个受伤的人放在了路边的红土地上，他们中的两个已经死了，另一个人的一只腿被金属碎片撕开了几个大口子。魏斯雷德浑身是伤，他的身体多处骨折。我们尽力想让少校从昏迷中醒来，他最后终于睁开了眼睛。

和我们见过的所有临死的人不同，我们少校的脸上没有一丝痛苦的表情，他有些肿胀的脸上甚至掠过了一丝笑容。我们当时以为我们把少校救活了。他用一种微弱的声音向我们谈到了一起战斗过的日子，他告诉我们要团结，无论碰到任何局面都要拧成一股绳。接着他向自己的口袋指了指，斯佩罗夫斯基军士长从那里拿出了一封信，无疑这封信是少校写给家里的。在这之后，过了不到一分钟，我们的少校死了。我们每个人脸上都毫无表情，一片可怕的沉寂笼罩在我们周围。

我们从少校的吉普车里救出了两个伤员，我们把他们小心翼翼地放在后面的卡车上。沃勒斯上尉接任了少校的指挥，上尉带领我们隆重地安葬了我们深深敬爱的领导。所有的人一一地走过他的墓地向他敬礼，我们都感到失去了一位我们全连人都依赖的朋友。

我们感到自己被遗弃了。

那个晚上我们回到了营地，那里我们剩下的战友在焦急地等待着我们的回来。我们少校的死让所有人都感到了震惊。尽管我们随时都面临着死亡，但是魏斯雷德少校的死对我们这些年轻士兵而言就像是小孩子失去了自己的父母一样。

这天晚上的执勤变得比以前要困难许多。我们这 3 个连的士兵现在看起来要比以前更脆弱，我们过去有烦恼时总是找少校谈心的。

我们的新领导会是谁？我们这些人的命运要依靠谁？

第二天天一亮，一架多尼尔-217 式飞机从我们的村子上空飞过，飞机向我们投下了一个烟雾信号。这个信号告诉我们必须立刻开往北边的一个前线阵地。

我们被命令毁掉我们的营地和村子里大多数房子。我们不能够留下任何敌人可以使用的东西。由于我们没有燃烧弹，我们只好烧掉村子里那些有茅草屋顶的房子。

我们这个机械化连队步行出发了，我们把所有的给养放到了仅有的 4 辆旧卡车上面，无线电卡车和挎斗摩托车开在我们的最前面。每隔 15 到 20 公里，我们的卡车和摩托车都会停下来等我们。

我们的命令是荒唐的。那些向我们发布命令的军官们依旧没有想到我们这些所谓的摩托化部队现在已经没有什么交通设备了，我们只好尽自己所能了。

食物供给是我们这里面临的最大困难，很长时间没有从后方得到过食物了，每一顿饭似乎都是某种奇迹的结果。我们实际上变成了猎人或是土匪，甚至也在尝试着吃野果。在长途跋涉后，我们这一大群人终于抓到了一匹被抛弃的马。我们这 800 个人每天都需要许多食物，我们每天都在面临相同的难题——每天都向上面请求食物补给，而我们每次得到的回答总是：“正在路上。应该马上就到了。”军队的邮件服务也消失了，我们收不到任何的包裹或是消息。

夏天的太阳越来越热了，我们的局势也变得更加危急。

昨天我们把那头猪烤了之后用将近两百公斤的水把猪炖成了美其名曰的“猪肉浓汤”。

今天就要开赴前线了，我们每个人的眼睛都像饿狼一样放着光。我们的肚子是空的，饭盒也是空的，每个人都在受着饥饿的煎熬。我们无法想象被饿死会是什么样子。很长时间以来，我们都习惯了食不果腹的生活。我们平常的食物可以在几个星期内让一个养尊处优的小资产阶级活活饿死。大家都已经骨瘦如柴了，那些原来的啤酒肚或双下巴早就消失得无影无踪了。我们虽然饥饿，但是我们的感官却比以前更敏锐了。虽然现在我们饥肠辘辘，但是我们还是抱着在前面的路上能够找到食物的希望。毕竟俄罗斯不是一片沙漠，周围的原野看起来十分肥沃，我们肯定能够找到一个可以掠夺的村庄的。

斯佩罗夫斯基军士长和林森在查看着地图。地图上显示着附近有许多村庄，看来局势还不是太糟。问题是这个地图的一个角也许就会有法国那样大。在地图上的两个村庄之间也许实际上有几百公里没有人烟的地带。只要稍微偏离路线一点就意味着要多走好几天的路。

从不言败的林森说道："没什么可担心的，前面有许多村庄没有在地图上标出来。我们会找到食物的。"

我们被命令向北方开进，必须以最快速度到达前线。我们队伍里有人发出命令："大家继续走！"

我们在这片渺无人烟的原野上以每小时 5 公里左右的速度前进着。

一个来自汉诺威农村的男孩说道："如果有人在这里开农场的话，他能够赚钱的。"

每个村子附近一般都有大片大片的小麦田。在这些小麦田后面，依旧是一望无垠的没有开垦的长满了杂草或原始森林的荒地。我们已经习惯了这里的广阔。我们也想到了这些地方也许会成为我们的战场。对那些战后回到自己西欧家乡的士兵来说，他们所要去面对的是那些拥挤不堪的城市或乡村的生活。这些体验过俄罗斯辽阔大地的士兵回来时发现自己所坐下的每一片草坪都已经属于别人。

对现在而言，我们正走在这一片无边无际的俄罗斯原野之上，我们的靴子在干枯的草地上踏起了一阵阵的尘土。要不是战争的话，我们都会好好地感受一下这片辽阔大地的魅力，即使在许多年以后，我们总是对这片辽阔的大地有一种思念之情。

唉，要是有吃的就好了！

在上午 11 点钟休息结束后，我们又上路了。

我们刚刚像服药一样喝下了一大口在两天前煮的小麦嫩芽。我们又喝完了最后一点小米粥。天气非常炎热，幸运的是，这些清稀饭并没有让我们产生饭后的那种昏昏欲睡感。

我们有些担心地喝着水壶里渐渐减少的水。那些原野上的小溪和池塘的水里有许多能够带来疾病的病菌，例如痢疾、猩红热和霍乱。为了提神，我们现在开始唱起歌来，这些空洞的歌词和调子被原野上夏日的风吹得干干净净。

我们必须要想尽办法节省水壶里的水。

天色渐渐地变暗了，黑暗笼罩着我们的营地和四周的原野。尽管走了一天，但是在这片原野上，我们多少感到像是没有移动一样。我们其实在走路的时候就几乎已经睡着了。

天亮的时候，又继续开始行军了。走了好几个小时，但是前面的那些山脉似乎离我们还是那么远。我们在穿越一片满是岩石的地区，这里最高的“小山”也没有超过一个人的高度。大平原上散布着星星点点的小树丛，这让我想起了非洲的地貌，这些小树丛非常低矮，有些像那种高纬度的树木，风把红土吹得到处都是。我们早就放弃了排成三排的行军，采用了那些游击队的松散的走法。我们三三两两地走在一起。每个人都非常疲惫，步伐也放慢了下来。我们也不再聊天了，精力已经完全放到了走路上面。我们到底走了多远？靴子已经成了灰土色，我们继续着自己似乎没有终点的征程。微风吹拂着我们满是灰尘的蓬乱的头发，我们所参照的那些在地平线那边的山脉依旧一动不动。不变的脚步声和原野的风声已经让这次行军变得极度枯燥乏味，我们不时听到自己的肚子发出一阵阵饥饿的咕噜声。

在上午 11 点的例行休息之后，我们吃掉了最后一点小米粥，这时，两架双引擎飞机出现在了炎热而晴朗的空中，我们幸运地在飞机离我们很远的时候看见了它们。这个宽阔的原野任何东西在到我们这里之前 5 分钟就能够被我们发现。我们立刻散开了并准备着防空射击。我们有人马上就要死了……飞机看起来要么是侦察机要么是轻型轰炸机——但毫无疑问它们是俄国的飞机。

这两架飞机在我们头顶上大约 500 米的低空盘旋着。飞机的引擎声打断了原野上的微风细语并多少和我们胃里的咕噜声互相呼应着。

这两架俄国飞机在遭到我们射击的时候并没有向我们还击。它们在我们周围绕了一个大圈子，我们用焦虑的眼睛看着它们。它们这时第二次向我们飞来了，看来准备向我们进攻了。

但是它们的第二次回来并没有向我们投弹或扫射，只是向我们投下了许多在蓝天中飞舞的传单。

这两架飞机一走，一些士兵就过去捡起了地上的传单。一个家伙手上拿着一叠传单向我走过来。

他说道："俄国佬看起来不太明白，如果我们没吃饭的话，我们是拉不出屎的，可他们现在给我们送来这些手纸。"

我们开始念这些传单：

"德国士兵们：你们被抛弃了……向我们的部队投降吧，我们会优待你们的……你们已经输掉了这场战争。"

显然俄国人为了降低我们的士气在那些传单里印上了一些不知是哪里的废墟照片。废墟照片的文字说明是被轰炸所摧毁的德国城市。在照片上还有一些微笑着的德国俘虏的照片。在这些照片下面有几行字写着：

"同志们：我们现在的状况和你们所被灌输的谎言完全相反。我们对战俘营里的友善待遇感到非常惊讶。同志们，当我们想到你们正在那些满是泥浆的战壕里为保卫那个资本主义世界而战斗时，我们不能不建议你们最好是放下自己的武器。"

剩下的话大家都可以猜到。

我们有一个士兵是从莫斯科附近的陶沃斯战俘营里逃出来的。他现在正愤怒地吼道："这帮杂种！据我所知，我是那个该死的战俘营里唯一活着的人。"

他充满厌恶地把手里那些传单撕了个粉碎抛在风里。

我们还是继续往前走着。传单依旧在士兵们的手中被传阅着，那些传单上的话，如"战争已经输掉了"、"背叛"、"城市被摧毁"，一直在我们的脑海里萦绕着。

当然，这些传单都是那些俄国人的宣传。我们只需要和那个从陶沃斯战俘营里逃出来的家伙谈一谈就知道了。但是曾经回到德国的人都看见了那些被轰炸的德国城市，然后就是我们持续而痛苦的撤退。我们现在每天的生活完全没有最基本的交通工具、汽油、食物、邮件，什么也没有。也许我们真的输掉了战争，但是这怎么可能？

我们还走在俄罗斯的土地上。这片土地还算是我们的吗？或者这里只是我们慢慢死亡的开始？

但是这一切的猜想都是没有依据的，我们必须把这些丧气的念头抛到脑后。我们现在只不过是在度过一段困难的时期。

明天，我们一定会得到一些补给的，还有其他一些能够让我们生活恢复正常的东西。我们必须停止想那些令人丧气的假设。今天，阳光依旧灿烂，我们还得继续赶路。

我们又开始唱起了军歌。

这是霍尔斯第二次把我摇醒了。

疲劳让我们都很快地睡了过去，当我们被人突然从沉睡中唤醒的时候自然会感到恼火。

霍尔斯对我说："我肯定听到炮声了。"

我竖起了耳朵听了一会儿，但在夜色里我什么也没有听见。

于是我对霍尔斯说："让我安静一会儿，看在上帝的分上，别再把我叫醒了。我们明天还要走路的。我现在已经累死了。"

霍尔斯接着继续说："我肯定听到炮声了。如果你看一下周围，其他的士兵也正在听这些炮声。"我于是又听了一下，但是除了原野上微风的声音外依旧什么也没有。

我回答道："有炮声又怎么样？这又不是第一次。回去睡觉吧。你会感到好些的。"

霍尔斯对我说："我没法空着肚子睡觉。我已经受够了，必须得找些东西吃。"

我有些恼怒地对霍尔斯说道："这就是你把我喊醒的原因？"

这时正在站岗的施莱塞向我们走了过来对我们说："你们听到了大炮的声音吗，伙计们？"

霍尔斯此时用手捅了捅我对施莱塞说："这就是我刚才一直想告诉这个傻蛋的。"

虽然我依旧没有睡醒，但我还是听到了霍尔斯的这些话。

施莱塞说："我们现在所需要的就是苏联人突破我们的防线。"

霍尔斯用一种沙哑的声音说道："那我们就都完了。"

一个刚刚从地上跳起来的家伙说道："但是我们也可以与那些俄国人战斗的。"

霍尔斯用一种奚落的口气说：“战斗！用什么？就我们这些东倒西歪、饥肠辘辘、只有轻武器的七八百号人？你别开玩笑了，那样我们只能是去送死，老实说，我们现在连逃跑的力气都没有了。”

那个提到要战斗的士兵叫凯勒曼。他刚刚满20岁，但是他已经有着和他年纪不相称的成熟和老练。此刻霍尔斯的话让凯勒曼内心的忧虑都清楚地写在了脸上。

接着我们听到了远处传来一阵隆隆的响声……我们都彼此看着对方。这种声音停了下来，接着又开始了，又停了下来。

施莱塞说：“这是大炮。”其他的人都沉默不语。

我和其他人一样听到了炮声，但是疲惫已经让我不能够专注这个远方的炮声了。我不知道这是个梦或是真的现实。我感到自己又要睡着了。我周围的那些战友依旧在聊着天。我在半清醒的状态中没有太注意到他们所说的内容。斯佩罗夫斯基军士长刚刚来到了我们这里，他看起来想对那些炮声作出一些自己的推测。

他说道：“那些炮声还远，我们大概会在一天到一天半左右到达那里。”

霍尔斯补充说道：“要是坐车的话只要一两个小时。”

军士长看着他说：“你着急了？非常抱歉我们不再是摩托化部队了。”

霍尔斯嘟囔道：“这不是我的意思，我是想到了那些俄国佬，他们一定有坦克和汽油。如果他们突破了防线，他们只需要一两个小时就可以到我们这里。”

斯佩罗夫斯基一言不发地从我们这里走开了。他为什么要为此感到沮丧呢？毕竟他也只是师里的一个小官而已。

凯勒曼说：“我们睡觉吧，现在没事可干了。”

他又接着说：“这班岗真好。我们就像是一群屠宰厂里的牲口，等待着屠夫在天亮的时候过来宰我们。”

霍尔斯大声说道：“我们会饿着肚子被打死吗？”由于大家又累又饿，我们还是再次睡着了。我们一直睡到了天亮的时候——其实这时只能算是凌晨。

我们没有军号或是军哨，军官们把我们从睡梦里推醒。我们虽然睡得很熟，但是却奇怪地容易被周围一些轻微的动静所吵醒。作为一支开往战区的部队，其实在晚上或是凌晨的时候更方便行军。但是德国陆军即使是在目前的危急关头，依旧按照习惯的时间唤醒士兵，并带领士兵向那片光荣之地走去。

那些军队的条例没有考虑到饿着肚子的士兵是否能够避免这样或那样的困难，条例上只说到不管什么情况之下都要尽自己最大的努力完成一切任务，无论你是否吃饱或是年纪如何。

我们的军服在晨光中看起来变成了灰色。我在与我共同走了两年的同伴们迈着相同节奏的步伐，这些伙伴已经成为了我生命的一部分。每当我想到那些我们在俄国的岁月时，就会仿佛看到那些似乎并不重要的细节浮现在了我的眼前——在微明的天空下那些熟悉的身影，松散地塞到自己靴子里的裤腿，被弹药压得垂了下来的皮带，斜挂在一边的钢盔，那些钢盔总是在行军时碰到什么金属的物件儿发出一种没有回音的撞击声。每个人都发出一种特殊的气息，每个人都有着自己独特的步伐，即使是那些没有个性的军服也不能掩饰这些。对于外人而言，我们这些德国士兵没有任何区别，我们彼此所称呼用的“同志”也并非代表我们不分彼此。在这些制服和公式化的称谓背后，我们依旧是一个个不同的个体。

那些在队列中似乎相同的背影，其实他们都是属于每一个不同的人的。那个背影叫施莱塞，在我右边的那个背影叫索尔玛，靠我近些的那个背影是林森的。还有那些是普林斯、霍尔斯、林德伯格、凯勒曼、弗罗施……我在人群里发现了弗罗施的背影。我们每个人的不同依旧从这些相同的制服之中显露了出来，每个人一定从出生的时候就被烙上了这些不同的特质，无论什么环境都不能将他们涂抹掉。

我们所有的钢盔虽然都是墨绿色的，上面都落满了尘土，但是没有一个人的钢盔是挂在规定的地方或是与其他人的钢盔一样地摆动，所有钢盔都和它的主人一样有着独特的晃动。只有一样东西我无法用言语来描述它的区别，那就是这些一无所有的士兵脸上的那些忧虑，他们的每一步都把自己带向了前方无法预测的危险之中。我们虽然准备好了死亡，但是想要活下来的愿望也同样强烈。

除了这些情绪是相同的以外，我们几乎没有什么是共同的，这一点我们都知道。但是对于那些局外人而言，他们相信“所有匈奴人都是相同的”这样的陈腐观点。

我们在大约半公里的地方看到了他们。

他们已经在那三四辆开在前面等待着我们的卡车旁边围了起来。他们至少有1万人。在这片乌克兰的平原上，1万人几乎等于零，尽管这个数字的确不小。这1万多人看起来都狼狈不堪。他们试图挤上我们破烂的卡车。他们有不少士兵在我们的卡车上反复翻找着，试图发现一些吃的。他们已经躺到了拉着我们连装备的卡车里，似乎他们在用这种方式来报复上面对他们的抛弃。

这些衣着褴褛的士兵是从各个不同的连队来的，他们在和苏军激战几天之后撤了下来。那些俄国人实际上只是拿他们当玩偶，俄国人选择自己所喜欢的方式和时间把这些德国士兵一一消灭掉。这些士兵都徒步往后面撤着，在那些战场上可怕的经历之后，他们的脸上都只有一种死灰色。他们许多人还拉着或是抬着那些满身是血的伤员。这些人已经被太多的灾难所麻木了，他们早就不再是为什么理想而战，现在他们看起来更像一群即将被饿死的狼。

那种求生的原始本能能够让一个人变成一只嗜血的野兽。这些士兵已经无力辨别敌友，他们已经准备为一点点不能果腹的食物而去杀人。几天之后，这些倾向都被残酷地证明了，一帮快要饿死的德国士兵血洗了沿途的两个村子，只是为了多得到一些食物。但是这些士兵中的30个人依旧在到达罗马尼亚边境之前饿死了。

我们看到这些前线部队的样子时的震惊和他们看到我们时的震惊是相同的。一个瘦高的上尉用一种讥讽的口气问我们的上尉：“你们是要去哪儿?”这个上尉身上穿着一件显然比他要宽大许多的制服。

沃勒斯上尉指着地图上我们要去的地方，他接着说到了地点的名字和坐标。那个瘦高的上尉一边听着，一边像一棵风中的枯树般摇晃着自己的身体。

他说道：“你在说什么？哪个地区？什么高地？你是在做梦吗？那里现在什么也没有了，只有死人的坟墓，明白了吗？而且那些坟墓是一些被风刮着的敞开的坟墓。”

那个上尉衣服上挂着一个 1935 年纳粹党全国代表大会的徽章，他的制服上早已是污迹斑斑，皮带上挂着一大圈手榴弹。

我们的上尉用一种恳求的口气说：“这不会是真的吧，你们的确经历了很大困难，但是你似乎有些不太清醒，而且你也饿了。我们其实能够到这里也是靠着不可思议的奇迹才实现的。”

那个上尉死死地盯着我们的上尉，他的眼睛里闪烁着一种仇恨而焦躁的目光，看起来就像是一只病入膏肓的野兽。

他吼道：“没错，我是肚子饿了，我现在的饥饿感是那些苦行僧们都没有想到的。我既饿又累，而且我还很害怕，我现在可以杀掉全人类，只要我自己能够活下来。我真想吃了你，上尉。在斯大林格勒那时我们有过吃人肉的事情，马上这里也要发生了。”

我们的上尉回答道：“你简直疯了！如果情况糟到了那种程度，我们还可以吃野草，而且我们还继续占据着俄罗斯，我们有许多的物资可供部队使用。看在上帝的分上，别这样。你们继续撤退，我们来掩护你们。”

那个上尉发出了几声干笑说：“你们来掩护我们，那我们就可以安静地走了！你去告诉那些士兵，他们已经连续作战 5 个月了，他们五分之四的战友都死了。他们一直在眼巴巴地盼着增援、弹药、维生素、食品和药品。他们已经为此祈求了一千次，失望了一千次。你没法向他们这样说，上尉，如果你想试一试的话，我也不拦你……”

我们正在把我们这几辆破卡车上的东西挪一挪好让那些重伤员能够上来。伤员上来后，卡车开走了，我们羡慕地看着那些躺在卡车上的伤员消失在了远方。此刻我们这些所谓的摩托化部队真的是徒有其名了。

我们这些混合部队继续着自己的撤退——一个无用和没有目标的撤退。我们似乎在一个巨大的不断延伸的地毯上行走着，我们无论走多久，似乎都还是在原地踏步。我们已经走了多少个小时、多少个白天和夜晚？我已经记不清了。我们的部队散布在这片无垠的乌克兰平原里，一些人落在了队伍的后面，任何的命令或威胁都无法让他们走动了。其他少数像我们这样还有点食物的人继续往前赶着。许多士兵在绝望中自杀了。我还记得那两个被血洗的村庄，士兵们为了一小杯羊奶、几个土豆或是一碗小米就开枪杀掉了那里的人。那些饥饿的豺狼是不会有时间讨价还价的。

在这样一个狼群里还是有一些人类存在——几个士兵宁可饿死也不拿走两个婴儿身边的一罐酸牛奶。一些人在抗议自己同志暴行的时候被杀害了，还有一些人因为被怀疑私藏了食物而被打死了。通常这些人身上最后什么也没有发现。但这也有例外，一个来自奥地利的士兵被其他士兵踢死了，他的背包底下发现有一些压碎了的维生素饼干。这些饼干也许是他在几个星期之前从某个被打死的苏军政委身上拿到的。人们为了一点儿食物而大开杀戒。当所有的食物都被吃完的时候，士兵们就只好吃那些刚刚才冒芽的野菜。12000 名饥饿的士兵让沿路所有的村民都闻风而逃了。

这片乌克兰的原野上到处都是一些快被饿死的德国士兵，他们像僵尸一般跌跌撞撞地走着，到处寻找着可以吃的东西。他们有些人只是呆呆地坐在一个地方，一直到太阳落山。接着几辆俄国追击部队的装甲车开了过来，它们向那些依旧坐在原地一动不动的人群用机枪扫射着，完事之后，便向后调转车头离开了。

每一个人都在逃跑，都在向西面逃跑。许多人在路途中死去了，只有不多的一些人在向着罗马尼亚的边境走着，我就是属于这批人中的一个。我们走在一起的有 9 个人，霍尔斯和我（我们总是不分开）、斯佩罗夫斯基、弗罗施、普林斯、一个叫西门雷斯的老兵（他战前在政府里当公务员）、3 个匈牙利人（我们和他们无法交流）。那些匈牙利人是志愿军吗？或许他们参军的原因和我相似？没有人知道。他们用一种仇恨的眼光看着我们，似乎我们要为第三帝国的厄运负责一样。然而他们现在依然和我们紧紧地走在一起，似乎和我们在一起就能够让他们回到自己遥远的家乡。

一天，我们走在一条有着一排小树的路上，我至今还记得那个地方。似乎是在一个梦里，我们前面是一片无比宽阔的田地。我们可以看到在前面的小山那里有几间房子，我们决定要去那里找些吃的东西。

在我们走到那片农田的中间时，一阵飞机的轰鸣声让我们抬起了头——两架雅克式战斗机正在寻找着自己的猎物。

我们 9 个人中的 7 个立刻趴下了，只有我和弗罗施跑了起来。

就像是一帮忙于自保的被追逐的猎物，每个人都只想到了自己，以至没有人通知我们飞机的到来。那两个俄国飞行员看到了在下面疯狂奔跑的我们，立刻向我们俯冲了下来。虽然我们只是两个人，但是对于那些俄国飞机而言，我们依旧是应该被消灭掉的敌人。

飞机的引擎声逐渐尖厉起来，我们本能地扑倒在了面前的草丛中。机枪子弹从我们的头上掠过打在离我们前面很远的地方。我们抬起头来，看到了飞机在满布乌云的天空中画了一个优美的弧线。我们又气喘吁吁地跑了起来，我们的头顶上又再次响起了飞机俯冲时的嘶鸣。那两架俄国战斗机又向我们扫射了两次，每次都偏离我们有二三十米。现在就像是一个可怕的恶作剧，这些飞机第四次向我们俯冲了下来。我们浑身颤抖，汗流浃背地像两只蚂蚱般在草地上跑着。突然前面出现了一个土沟，我们扑了进去。

我们立刻感到了身后响起了火箭弹的声音，我们藏身的这个土沟两边的泥土都被震垮了，战友都以为我们死了。那两架飞机又一个盘旋，接着飞走了，那些飞行员们确信他们已经结束了我们的小命。当我们从飞扬的尘土中爬出来的时候，朋友们兴高采烈地向我们发出了欢呼。

那个农庄的主人们在我们到来前 15 分钟前就逃走了，我们在那里发现了一大锅热气腾腾的芋头汤，显然这些东西是主人们故意留给我们的——好让我们不翻箱倒柜地找吃的。我们立刻把这锅芋头汤吃完了。两天后，我们两次用枪逼着一些俄国人给我们提供土豆。接着我们和一列长长的德军车队相遇了，我们立刻加入了他们向罗马尼亚的撤退。

我们进入了罗马尼亚，那里的人看到这些被打散的德国军队非常惊讶。

这里老百姓的生活也处在了一种混乱之中，每天都有外国飞机飞过他们的头顶，来自罗马尼亚的军队、俄国游击队和我们德国军队没完没了地抢粮食或其他的物资。那些罗马尼亚的妓女们向我们的车队蜂拥而来，她们的数量是如此之多，以至我们都感到似乎罗马尼亚的大多数妇女都在从事这种职业。我们每天走 40 甚至是 50 公里路，都走得有些眼冒金星了，一会儿脱掉靴子走，一会儿又穿上靴子走。我们的肚子依旧是饥肠辘辘，有些士兵试图哄抢物资或做其他的一些违例行为。宪兵们已经警告我们这些行为可能导致就地处决。

这里的风光非常优美，但是早就没有什么心情去欣赏这些，我们现在只想着食物。

在这里发生了一件永远留在我的记忆中的事情，这是一群发狂的人类所作出的失去理智的行为。我们已经走进了山里并正在通过一个叫雷京的小镇，那时这个小镇叫阿劳或是厄劳。我们满脸灰尘，汗流满面地继续走着。我们幸运地没有被编入临时连队，沿着崎岖的山路都是我们不见头尾的部队。在队列里面有一些士兵正在用所有的车辆装载着我们的物资。

我们征用了一切可以征用的车辆，甚至是只剩下了钢圈的自行车。那些士兵用这种自行车赶到队伍的前面去寻找到一些食物。在这片乱石丛生的高山，我们不再担心敌人的飞机了，但是这里的地形对于那些游击队而言却非常理想。我们的士兵和游击队之间爆发了许多残酷的战斗，士兵现在只是为自己的性命而战。

大家现在都奋力想回到自己的祖国，这个愿望支撑着大家继续走下去，我们现在想到的就是这个。如果我们能够活着回到家的话，我们的祖国会用特别的温暖迎接我们的，祖国的人民也会帮助我们忘记那些恐怖的战斗。我们都以为只要我们一回到家，战争就会结束了，就算是最坏的情况，所有回国的部队都会被重组，敌人绝对不会踏进德国。我们抱着这样的希望，这个希望的实现会让我们感到这一切的痛苦都是有意义的，我们也不会再在绝望中没有出路了。

这些昨天的精锐部队士兵，曾经千百次地面对死亡，而现在只是希望自己能够活下来，我们不得不抱着这样的希望继续走着。我们还必须每天都要面对埋伏和袭击，必须要一刻不停地走，好使那些紧追在后的俄国人不会太快赶上我们。我们也只能每天吃到一点点东西，这对我们而言是不容易的。

我们走在一起的有 12 个人：施莱塞、弗罗施、沃勒斯上尉、林森、凯勒曼、霍尔斯和我，还有其他几个人。霍尔斯现在已经变得非常瘦了，他骨瘦如柴的身体就走在我前面四五米的地方。他常常走在我的前面，这让我感到了某种安全感，虽然已经瘦得太多。他已经脱掉了上身的衣服，只是在胸口上挂了一条机枪子弹带，背着的一个皮包里露出了一件防寒的俄式外套，皮包里面还装了四五颗手榴弹和其他的一些东西。头上的钢盔似乎和他的头焊到了一块，脏兮兮的头发里面的那些虱子一定已经由于缺乏光线而闷死了。

许多人都把自己沉重的钢盔丢掉了，但是霍尔斯感到自己的钢盔是一个士兵身份的象征，即使是经历了残酷的艰难考验，一个士兵依旧要像一个士兵，而不是一个流浪汉。我把自己的钢盔也像霍尔斯那样留了下来，但是把它挂在了皮带上。

前面有人向我们喊着要我们去看什么东西，我们顺路边的山谷看下去。一辆涂了迷彩，车身上写着“WH”字样的卡车已经翻到了谷底。林森此刻已经顺着山坡向谷底跑了下去。

有人喊道：“当心！这也许是一个陷阱！”

沃勒斯上尉也去追赶林森。我们都站在了原地，我们多少担心这辆卡车是游击队的陷阱。我们可能看到自己的两个战友会随时被爆炸撕成碎片的。但是一个令人安慰的喊声传了上来：“这简直是上天的恩赐！我的上帝，这里简直就是一个物资仓库。”

我们立刻向那辆卡车冲了下去。

“你们看哪！巧克力、香烟，还有香肠……”

“我的天！还有三瓶酒！”

施莱塞吼道：“闭嘴！否则你们会把整个军都引到这里的！没有人发现这辆卡车这简直就是一个奇迹。”

弗罗施轻柔地说道："那么多好吃的东西，让我们都尽量多拿一些，我们过一会儿在路上再分。"弗罗施和另外一个家伙在装了许多东西后爬上了道路去望风。我们周围的道路上有数以千计的士兵在通过。我们正试图拿走所能带走的一切东西。当我们快干完的时候，放哨的那两个人向我们喊道："当心！"

我们跑到了附近的灌木丛里，接着听到了远处传来的摩托声。摩托慢了下来，接着似乎停了下来。我们沿着灌木丛向前跑着，手里面紧紧地抱着那些珍贵的物资。我们已经习惯了迅速地逃跑并将自己隐藏起来。我们听到了几个军官的吼叫声，猜想那两个望风的士兵一定是被巡逻队或是被宪兵抓住了。

沃勒斯上尉小声说道："那两个家伙被抓住的时候夹肢窝下还夹着几瓶酒呢。"

林德伯格说道："我们赶快跑吧。"他已经开始跑了起来。

林森小声说："有人下来了，是一个宪兵，我看到他的胸章了。"

有人说道："去他的，我们赶快从这里离开。"

每个人都开始跑了起来，我们在灌木丛里分散地跑着，似乎俄国佬在后面追我们一样。我们在跑了五六百米后重新集合了，此时我们躲在了一块大岩石的后面。

霍尔斯说道："因为这些狗娘养的，我气都快喘不上来了，如果他们能够追那么远的话，让我来对付他们好了。"

林德伯格对霍尔斯说："你疯了，别这样说。你到底想给我们带来什么？"

霍尔斯向林德伯格说道："闭嘴！反正你也回不了家。俄国佬肯定会抓住你的。你为什么现在不好好想一想弗罗施和另一个家伙，他们已经被抓住了。"

沃勒斯上尉说道："我们现在还是抓紧吃东西吧。我已经受够了那种汗流满面又担惊受怕的生活。如果会因此被枪毙的话，那更应该把自己的肚子填饱了再说。"

接着我们像一帮饥饿的野兽一般吞下了手里的食物和罐头，大家都在贪婪而大声地咀嚼着。

林森说道："我们最好都吃掉，如果被抓住了，他们如果发现我们的背包里有食物的话，就有大麻烦了。”

有人说道：“没错，我们把东西全都吃掉。他们不会把我们的肚子划开来检查的，那些狗娘养的家伙必须要检查我们拉的屎才行。”

我们一直吃了整整一个小时，直到感到自己撑得快要吐出来的时候才停了下来。天色放暗之后我们从一条岔路回到了主路上。林森首先钻出灌木丛向外望了望说：“一切平安，都出来吧。”

我们向前走了大约三四百米，经过了那个我们找到食品的地方，那里一个人都没有。我们又走了四五公里，接着大家都瘫倒在了路边。

施莱塞说：“我再也走不动了。我不习惯一次吃这么多东西，这就是后果。”

在凌晨两点钟的时候，又有一大队德国士兵从我们身边经过，一个年纪很大的军士长叫醒了我们。

他喊道：“站起来，继续走，否则俄国佬会比你们更早到柏林的。”

我们又开始走了起来。这批德国士兵找到了几辆马车，我们有一段时间可以坐在马车上。天亮的时候，到了一个修建在山边的小镇上，一些士兵正在洗澡，另一些人正在地上睡觉。

前面已经走着一些向西前进的士兵，他们在憧憬着那个准备迎接自己的祖国，而想都没有想到那片土地的情形是什么。

镇上有一棵苍翠的大树，粗大的树枝向四处伸展开来。在这些树枝上挂着两个像麻袋似的东西，这两个稻草人似的东西被两根短短的绳子挂在了树上。我们走到他们下面，看到那两个面色灰白的人是我们可怜的朋友弗罗施和那个与他一起为我们放风的伙伴。

霍尔斯小声说道：“别担心，弗罗施，我们已经把那些东西都吃了。”

林德伯格捂着自己的脸哭了起来。我费力地读着在弗罗施扭断的脖子上挂着的那个牌子。

牌子上面写着：“我是一个小偷和自己祖国的叛徒。”

不远处，有大约 10 个宪兵正站在一辆挎斗摩托车和一辆吉普车旁边，当我们经过的时候，我们和他们的目光碰到了一起。

第五部
结　局
（1944年秋至1945年春）

第十六章

从波兰到东普鲁士

人民冲锋队　入侵

在 1944 年 9 月的一天，我们到了波兰南部的一个农庄。先前的那些恐怖的经历现在仍让我们感到有些头昏脑涨。离我们不远处，一个军官在大声地传达着一个什么命令或报告，不过大家都心不在焉地听着。我们看着蓝天，尽量不去想这些地上和人间的事情。现在只有一声爆炸或是军士长的哨音才能够把我们从这样的倦怠里拉回到现实中来。

至少这里看起来还有一些正常的秩序。德国军队正在用自己最后的力量恢复起一些秩序以让这些剩下的士兵能够振作起来。

俄国人在南线的进攻是如此猛烈，现在我们已经将罗马尼亚看作是敌人的势力范围了。我们马上就将在匈牙利作战了，先是凯科斯凯美，然后就是布达佩斯。

那个军官继续着自己的讲话。他现在谈到了反攻，谈到了重新控制局势，重组军队，甚至是胜利——一个对我们而言再没有任何意义的字眼。虽然不能够想象到德国会在战争中失败，但我们也不相信胜利是可能的。虽然知道自己还要去一些指定的地点和敌人激战，但是我们都确信无疑将把敌人挡在德国的边境线上。

虽然一种近乎崩溃的沮丧与幻灭感在蔓延，但是我们知道自己绝不能放弃。这种放弃所带来的巨大的灾难性后果是无法想象的，甚至在战后许多年的今天，许多从那场灾难中幸存下来的人还是不能够接受德国战败的事实。在那时，我们还是有不可撼动的决心，虽然我们都感到自己没有体力再支撑下去了。我们现在都想好好休息一段，由于超强度的疲劳而没法再干什么事了。

那个军官喊道："福莱斯纳将军已经重新建立了南部的防线，我们的部队已经被重组并补充了兵源。敌人不能够再向前开进，你们将阻止住他们。"

我们接着按自己所属连队分成小组登上了卡车。看起来这里还能找到所需的汽油。大德意志师的士兵被拉到了北面，我们对于这个行驶方向感到惊讶，因为我们知道大德意志师是和中央集团军在一起防卫苏军进攻的。我们这里的一些部队是北方集团军群的士兵，看来这两支被苏军挤压的部队现在终于在一起战斗了。

卡车把我们带到了一列火车前，火车停在一片松树林里面。这里没有车站，我们坐在一长列各式各样的车厢里离开了。我们这群人被安置在一节敞篷车厢里，我在波兰和俄国当运输兵的时候就常常坐这样的车厢。今天，我们不再为俄国担心了，德国人已经被俄国人从那里赶了出来。今天我们在向北开，火车行驶得很缓慢很小心，因为前面的铁轨可能埋设了地雷，或是空中会突然出现一些满载炸弹的敌机。火车终于带着我们停靠到了罗兹①，在那里我们看到了不少令我们惊讶的事情。

我们在罗兹停留了30个小时。

前线离这里非常近，就像是所有靠近战场的城镇一样，罗兹到处是军队。就像在南方前线一样，士兵们要被重新组合起来。

---

① 罗兹是今天波兰的第二大城市，二战中属于德国的东普鲁士地区。译者注

许多部队百分之三十到五十的士兵都已经从原来的名单里消失了。但是有些时候，那些被认为已经阵亡或失踪了的士兵又突然不知从哪里冒了出来。

大德意志师在罗兹有一个集合地点。这个地点位于一个糖果店里面，这个糖果店里所有原来的东西都被搬走了，糖果店的隔壁是一个有着长长走廊的门厅。糖果店门上有一块黑色的大牌子，牌子上用白色涂料画着一个钢盔——大德意志师的标志，两个衣着整齐的士兵在门的两侧站立着。

林森说道："我们现在终于回到大德意志师了。"我们过去的一个半小时里在城里到处找着这个地方。沃勒斯上尉向在糖果店里面的军官递交了和他在一起的士兵的名字和所属部队番号，我们现在一共还有 200 人。

沃勒斯上尉向负责的少校说道："少校先生，这是我们的名单。"

少校看了看我们这些穿着混乱的士兵对上尉说道："你现在给我带来了一批俄国佬，上尉先生。"我们许多人都穿着俄式外套。

上尉回答道："很抱歉，少校先生。我们的制服非常短缺。"

那个少校笑着说道："我会送你们到军需库的，你们看一看那里还剩下了什么。但是你要动作快点，因为你们不会在这里停留很长的。"

在下一条街上找到了师部的军需库，里面的东西显然要比其他部队丰富，我们看来能够领到一些急需的东西。在排队领东西的时候，我们看到了一批男人，他们是新组建的人民冲锋队的一部分士兵。我们用惊讶的眼神看着这些我们元首刚刚组建的新部队，他们看起来是属于那种最后时刻才会被组建起来的部队。

这个部队的一些人看起来至少有 60 岁了，我们可以从他们微驼的背、弓着的腿和满脸的皱纹判断出来。那些部队里面的小男孩就更让人惊讶了。虽然我们这些十八九岁的士兵严格意义上来说还是一些童心未泯的小大人，但是我们眼前这些男孩子绝对只能把他们看作是儿童。那支部队里最大的男孩只有不到 16 岁，其他的一些男孩看起来恐怕不会超过 13 岁。他们身上穿着被匆匆剪短拼凑起来的军装，手里的步枪几乎和他们一样高。这些男孩的装束非常滑稽和让人震惊，他们的眼神看起来有些局促，似乎就像是那些在新学期开学进校的学生一样。他们中间没有一个人能够知道即将要面对的不可想象的痛苦，而现在仍旧像这个年龄的孩子一般大笑和嬉戏着，他们刚刚被征召入伍才 3 个星期。我们接着看到了那些让我们揪心的细节，一些孩子依旧背着他们上学用的书包，他们的母亲在书包里放了他们需要的食物和衣服，而不再是课本。一些孩子正在彼此交换着糖果，这些糖果只有 13 岁以下的儿童才能够领到。那些和这些儿童站在一起的老人用一种困惑的眼光看着他们。

这样的军队能够干什么？他们能够打仗吗？我们无法回答这些问题。德国政府要用这些士兵来阻挡苏联红军的进攻吗？这些“士兵”是如此荒诞和具有悲剧性。这场全民皆兵的战争会把这些孩子都吞噬掉吗？德国这样做是出于英勇或是出于疯狂？

谁能够评判这样的牺牲？

我们在沉默中注视和聆听着这些孩子童年最后的时刻。我们对此无能为力。

几个小时后，我们被运送到了一个叫梅铎的地方，这里离维斯图拉只有几公里远。在那里我们找到了自己师里许多的战友。他们中很多人我们很久都没有见到了。我们旅也在那里，甚至军官们也在，我们听到了那些熟悉的名字。我们惊讶地发现大德意志师依然人员充足，配置完整。这个发现让我们的士气一下子高涨起来。我们现在都需要找到一些能够鼓舞士气的任何东西，即使即将面对着那个最后不可避免的悲剧的到来。在这个前线地带，我们看到了自己的连队里来了不少新面孔，这些年轻的新兵补上了那些阵亡或受伤的士兵留下的缺口。我们也看到了一些熟悉的面孔，在这些面孔里，我们发现了老兵维尔纳。维尔纳看到我们还活着也非常惊讶。

他大叫着说：“我们一定是那种刀枪不入的人。当我在第聂伯河第二道防线负伤离开你们后，几乎都没有指望自己能够活下来。”

沃勒斯上尉这时说道：“我们有一些人牺牲了。”

维尔纳却高兴地喊道："但是还有一些人依旧在这里。我的上帝!"

我们告诉维尔纳，魏斯雷德少校死了，还有弗罗施也死了。老兵也告诉了我们其他一些过去的战友的死讯。虽然这些过去熟悉的名字给每一个人带来了沉重的悲伤，但是我们依旧对于能够活着看到一些过去的朋友感到非常高兴。

我们要维尔纳给我们谈一谈德国那里的消息，我们都聚精会神地听着老兵的讲述。

维尔纳说道："我那时在波兰的坎西战地医院，失血过多已经奄奄一息了，那里的医生接连两天都没有时间照顾我。我从来没有想到过我的生命力是如此顽强，许多人都没有在那里挺过来。我在那里一直呻吟了10天，前两天是最痛苦的，我的伤口不断地感染，接着给我输了血，消毒，接着又感染，直到现在我终于回来了，并和你们一起又要度过另一个该死的秋天了。我现在最怕潮湿的地方了，我得了关节炎，这真要命。"

老兵再次开起了玩笑来发泄此时自己的怨愤。

霍尔斯问维尔纳："那你一定被允许回家休病假了?"

维尔纳回答道："没错，霍尔斯，我是回了德国一趟，去了法兰克福。我本可以再走远一些，如果我愿意的话，但是我没有理由这样做。我住在一个女子中学里面，那里已经没有什么女孩子了。我们的粮食很紧张，但至少我们能够自由活动。你们注意到了没有？我丢掉了一只耳朵。"老兵此时向我们自嘲地笑着。

我们此时看到老兵的右耳没有了，他右耳原来的地方现在是一片有些泛白的光滑的粉红色。看起来那里似乎随时会裂开一样。其实我们早就看到了，只是我们都没有注意而已，有太多的士兵失去了自己身体的某个部分，我们已经习惯不去注意了。

普林斯此时说道："没错，你从这面看去，好像是死了。"

老兵咧嘴笑了，他说："这是因为你看了太多的死人，当没有死人的时候，却依旧在幻觉里看到了。"

索尔玛此时喊道："别胡扯了，给我们讲讲德国吧。"

老兵这时才说："嗯……好的。"接着他沉默了一会儿，我们感到这沉默的一刻就像是过了一个世纪。

斯佩罗夫斯基军士长问他说："法兰克福那里怎么样了？"（斯佩罗夫斯基的家乡是法兰克福，他的家人或许还在那里。）

老兵此时不再看着大家了。他看起来似乎在注视着自己的内心。

他说："我那时住的女子中学在奥德河的东岸的一座山上。你从那里可以看到法兰克福市。整个城市都变成了那种灰色，到处只有一些残留的墙壁，到处都被大火熏黑了。城里面的市民们现在就住在这些废墟里，像我们这些士兵住在战壕里一样。"

当斯佩罗夫斯基听到这里的时候，他的脸有些抽搐起来，他的声音也变得有些颤抖，他继续问道："那我们的战斗机……还有高射炮……没有任何防空力量了吗？"

老兵回答说："当然我们有了……但是那些简直不成比例……"

沃勒斯此时说道："别担心，斯佩罗夫斯基。你的家人肯定已经撤到乡下了。"

斯佩罗夫斯基此时用一种绝望的声音喊道："没有。我的妻子给我写信说她已经被征召入伍了，而且她必须待在城里面，没有人能够擅离职守的。"

维尔纳知道自己的话语会给这里的听众带来很大的冲击，但是他脸上的表情并看不出来有什么太大的不安。

他接着说道："这是一场所有人都参与的战争。没有任何人能够从这里面逃脱掉，德国的士兵们必须要能够承受住这一切。"斯佩罗夫斯基现在走开了，他看起来非常震惊，他的眼睛里充满了泪水，有些趔趄地走着，好像是喝醉了一样。

德国士兵必须要承受住一切。我们对这样的局势显然已经不太能够适应了。林森现在像石头一般一动不动地坐着，他面色看起来非常凝重。

林德伯格问道："我们那里的那些城镇怎么样了？"他一定在想着那个在康斯坦察湖畔的老家。

老兵说："我不知道，但也许那里也和别处一样吧。"

霍尔斯有些恼怒地说道："你显然知道如何提升大家的士气的。"

老兵反问道："你们到底是要听真话还是童话？"

我感到自己仿佛走在一片笼罩着烟雾和遍地瓦砾的地方，知道自己已经不会对任何东西感到失望了，现在已经学会了平静。当然我也想葆拉，但是已经很长时间没有听到她的任何消息了，不知道还能不能收到她的来信。我的生活里面已经充满了各种各样的坏消息，就像是一个屋檐雨槽下面的水桶一样。当这个水桶被灌满了水流出来的时候，再多的狂风暴雨也不能增加这个水桶所能容纳的水了。

我们又坐上了一列在这个地区非常罕见的还运行着的火车，穿过早晨的霜冻向东普鲁士开去，马上就要度过自己在这个战争里的第三个冬天了，这里有些老兵已经度过了五六个冬天了。我们在晚上前进着，所有车上的灯光都熄灭了，那些占据了我们基地的俄国飞机在白天的时候活动非常频繁。我们正向普鲁士、立陶宛、拉脱维亚和库尔兰前线开进，在那里一些残存的德国部队还在艰苦地和苏军战斗着。

透过黑暗和浓雾，我们看到了在波兰北部旷野上大批大批走着的人。起初以为那些是我们的部队，但是我们后来才发现这些人都是平民，他们都在趁着夜色和浓雾要从苏军的进攻中逃脱出来。

接着我们跨越了普鲁士边界，进入到了林森和斯迈伦的家乡，他们两个人现在突然回到了自己的故土。林森站了起来斜靠在车窗边看着这片地方。我们其他人都没有太注意，这片地方和波兰其他的地方并没有区别，除了这里多了一些湖泊以外，波兰则是大片大片的森林。

林森突然微笑着说着："如果有雪的话，你们就真的不知道是在哪里了。"

然而我们大家依旧保持着沉默和漠然，林森继续说了起来：

"现在你们是在德国了，看在上帝的分上！快醒来！想一想你们盼这一天盼了多久。"

维尔纳说道："德国东部，这里实际上已经成为前线了。我这里有一个指南针，我能够告诉你们我们正往东北方向行驶，这不是好兆头。"

这时林森的脸由于愤怒变成了猪肝色。

他说道："你们都是一帮窝囊废。就是因为你们的失败主义才让我们落到了今天的这个地步。在你们该死的脑袋里，战争已经输掉了，但是你们依旧不得不去战斗，无论喜欢与否。"

周围有五六个人向林森喊了起来："闭嘴！"有人开口说道："如果那些将军想要我们打赢的话，那就把我们当人对待。"

林森继续说道："你们都是一帮只能经受胜仗的满腹牢骚的家伙。自从我认识你们以来，你们只会抱怨。对你们而言，战争在沃罗涅日战役[①]以后就输掉了。"

霍尔斯说了一句："这样想是有原因的。"

林森说："你们仍然要战斗，无论代价多大。我告诉过你们我们大家在这场战争里别无选择。我们别无选择。"

这时老兵站了起来。

他说："没错，林森，我们会去战斗。因为我们像你一样不能接受德国的失败。我们没有选择，我一样也没有。我现在是一个每天都运作的机器的一个零件，我已经是这个零件很长时间了。"

我们惊讶地看着维尔纳。我们曾经以为他能够适应任何的局面。现在他告诉我们他同样不能看到德国的失败。

林森继续着自己的牢骚。我们脑子里都在想着老兵所告诉我们的前景。对我而言，法国现在是一个遥远的地方。老兵为之战斗的事业现在也是我的事业，虽然已经经历了太多的艰难和失望，我依旧感到自己和这个事业牢不可分。我知道现在的战斗将会变得越来越残酷，我们即将要面对那种让人不能接受的后果。我和战友们有着一种特别亲密的感情。我已经能够没有太多畏惧地考虑着自己的死亡，死亡将把我过去、现在和将来的一切恐惧都化为乌有。我的这些战友和我想的也一样吗？我不知道，但是我们对死亡的思考是一种共同的情感。火车现在减慢了速度又向前行驶了几个小时，终于停了下来。我们在早晨的雾气里走向一

---

① 沃罗涅日战役是指斯大林格勒会战中苏军于1942年冬末于斯大林格勒西北沃罗涅日地区发动反攻并歼灭了防守该区域的意大利第八军。该战役成功地将德军最精锐的第六集团军完全包围在了斯大林格勒。斯大林格勒的德国军队于1943年1月底被迫向苏军投降。斯大林格勒战役被认为是第二次世界大战的转折点。译者注

片木屋构成的营地，这个营地让我回想起了我们在波兰的那个被烧毁的营地。我们被允许在那里休息一个小时，还在那里喝了一杯大豆汤。

一个旁边的人小声说道："现在有人参军是为了吃饱肚子。"

另一个人说道："这种情况应该不多。几乎没有人能够活到当上军官的时候。你连当上一等兵的时间都熬不够就被打死了，他们最多只能追认你。"

这时一个少校向我们说话了，他看起来是这个营地的指挥官。

"自豪的大德意志师的士兵们，你们的到来让我们感到非常高兴。我们知道你们在战场上的显赫声名，这让我们很受鼓舞。你们那些仍旧在波兰丛林里和俄国人作战的战友们和我的感受一样。你们的到来让我们感到备受鼓舞，我们将一同担负起这个艰巨的任务——保卫德国和欧洲的自由不受布尔什维克的践踏。那些布尔什维克将从我们的手里夺去这些自由并用最野蛮的方式践踏它们。今天，我们在战斗中必须精诚团结。由于你们的到来，我们将像一个壁垒一般挡在俄国人的前面。你们今天就是欧洲革命的开拓者，你们应该为自己被选中参加这个神圣而庄严的事业而感到骄傲。我祝你们马到成功。我也向你们转达元首和最高统帅部对你们的问候。你们现在可以尽情地享用那些食物和必需的交通工具。向你们的勇气致敬。我知道只要有一个德国士兵活着，他们就绝不会让一个布尔什维克人踏上德国的土地。希特勒万岁！"

我们在惊愕中看着那个穿着体面的军官，我们试图找到自己的勇气在哪里。

一个军士长意识到我们必须回复，他于是喊了起来："希特勒万岁！"

我们也嘹亮地喊了起来："希特勒万岁！"

凯勒曼此时说："现在要不是我疯了就是那个少校希望我们能够提起他的士气来。"

普林斯此时说道："嘘……还有人要对我们讲话。"

这次是另一个少校对我们讲话。

他开口说道："我非常荣幸地能够率领你们三分之二的人参加这场战斗。"

尽管我们都知道即将来临的事情，但是这句话让我们都感到了喉咙发紧。

他继续说道："整个师将在我们北面的一个地区战斗。整个师将被划分为几个部分在一个较广阔的区域挡住俄国人的进攻，那些进攻在我们这个区域将会非常猛烈。我将期待着你们的勇气和荣耀。我们必须要将那些俄国人挡在这里，任何的玩忽职守都是不允许的。3个军官就可以成立一个临时军事法庭在任何时候行使任何的处罚。"

(可怜的弗罗施！你知道有多少军官决定对你的绞刑吗？)

"我们将在这里取得光荣的胜利，或是领取自己的耻辱。我再次重复，任何的布尔什维克都不能将自己的脚踩在德国的土地上。所以，我的朋友们，我有一些好消息带给你们。这里有一些给你们的奖励和升迁的通知。在你们放纵自己的欢乐之前，你们必须到军需仓库领取你们的弹药和配给。解——散。希特勒万岁！"

虽然解散了，我们还是不了解现在的局势是什么。我对霍尔斯说道："看来局势有些好转。"

霍尔斯小声嘟囔着说："那个狗娘养的只想看到我们被打死。"

我们此时站在了一个很大的木房子前面排队领弹药。有人说道："我们等到了这一天，而魏斯雷德没有等到。我感到我们马上就要大开眼界了，普林斯。"

霍尔斯说道："我们不可能看到什么新鲜的东西的，我们都看够了。魏斯雷德只是这些狂人中的一个而已。"

一个声音在我们后面传来，我们惊讶地看到老兵维尔纳开口了："魏斯雷德是对的，他再对不过了。我们必须要把俄国人挡在这里，要不一切都完了。我没有时间向你们解释这一切……但他是对的。"

我们现在有些不知所措了，我们不能够立刻适应老兵这个巨大的态度转变。老兵接着说："有时间我会告诉你们为什么的，现在你们没有时间理解。”

葆拉：

当我读到你的话语和写这封信的时候，我忘记了外面一切的寒冷和东线残酷的战斗。

你的信就像是一份来自天堂的礼物。

我除了你以外再也不希求从这个世界得到什么，虽然我们都已经失去了彼此的联系。我在读你的信，我的战友斯迈伦是一个相信上帝的幸运的人，他正在为我们祷告着。再也没有比祷告更能帮助我们的了。祷告就像是伏特加酒一样能够暂时地消融掉那些刺骨的寒冷。

幸福总是相对的，对我们这些士兵而言也许只是意味着白天，因为夜晚的黑暗让我们想到了死亡的临近。

我已经被晋升为一等兵了，虽然新的军衔还在我的口袋里装着，我已经感到了现在肩上的责任。

我想这些艰难的时刻让我们这些士兵都成了真正的男子汉。

我能够听到来自东面的声音，也许那只是寒风的呼啸而已。

我期待着再次收到你的来信……

我们已经连续7天一边撤退一边战斗着。布尔什维克不能够踏上德国的土地。但是现在已经有3个强大的苏军集团军踏上了德国的土地，他们在五六个地方突破了我们的防线，已经进入到德国境内50公里的地方了。这3个苏军集团军潮水般地淹没了我们的防御阵地，那些幸存下来的人正拖着自己最后的武器穿过德国秋日的乡村向后撤退着。

遗憾的是，我不能仔细地描述这一片的混乱。但是我能够记得我的几个朋友的最后的时刻，他们是普林斯、斯佩罗夫斯基、索尔玛，还有林森。虽然有着一些过去的不愉快，林森依旧是一个真正的朋友。我要特别向林森致敬，虽然看过了太多的死亡，我今天依然清晰地记得林森的惨死。无论林森过去怎样看待我，我相信对我们大家而言，对他的国家而言，林森是一个勇敢的士兵，他也是一个能够毫不犹豫地献出自己的生命来帮助一个最不起眼士兵的人。他死亡的方式能够最有力地印证我的看法，也许是因为他，我才能够活下来坐在这里记述着这些往事。

林森内心绝不能接受这些一退再退的局面。他是一个愿意为某个誓言献身的士兵。

我们试图守住库尔兰前线的努力失败了，那些势不可当的俄国人已经突进到了波罗的海地区。北方前线已经被拦腰砍成了两段——在北边里加湾一带和我们防守的这一片。我们在这里的防线正在向里堡以西的普鲁士和立陶宛回缩，最后一直到维斯图拉以南的地区，那里终于成了一片惨烈的屠宰场。

我们师分成了几个部分同时向敌人发动进攻以使他们不能站稳脚跟。

但是我们大多数的进攻是不成功的，我们往往也随即转入了防守。我们师也试图重组并在西北建立阵地。但是那些被破坏严重的道路、燃料的短缺、泥泞和失灵的通信让我们的攻势受到了拖延，如果不是由于这些的话，我们是能够挡住俄国人的。除了这些困难之外，我们还必须防着头顶上的苏联飞机，他们一天天愈发频繁地出现在战场上。每一次这些飞机从我们头上飞过，我们的部队都会陷入混乱。重新集结的命令最终也没有实现，军官决定让我们分散成小组撤退。在猛烈的空袭下，这样的决定是合理的，至少我们的目标能够小一些。但是当敌人的装甲部队追上我们的时候，我们活下来的机会简直微乎其微。

就是在这样的情况下，我们在一个小村庄和俄国人的装甲部队遭遇了，这次遭遇战几乎让我们这个小组永远地从我们师的名册上被删去。

林森说道："我敢肯定我以前来过这里。"但他显然已经被这里的残破景象给震惊了。

他接着说："现在这里已经变得完全认不出了，但是我肯定我认识那些再过去一些的村庄，我们住的村子就在离这里大约100 公里的地方。"他边说边指着西南方。

林森又说道："科涅斯堡就在那里，我以前去过那里几次，我也去过克朗兹。那时天正下着大雨，但是我们还是下水游了泳。"

林森说到这里笑了起来，我们都很专注地听着。

虽然我们浑身发冷并刚刚经历了失败，在家乡的土地上，林森看起来依然十分振奋。但是他也觉察到了这个死一般寂静的村子，这里的住户已经在一天前逃离了。自早上起，我们300多个士兵已经在泥泞里走了20公里，此时正两两靠在一起相互取暖，也在等待着11点钟的可能的午饭。只有林森还在我们休息的马圈墙边踱来踱去，外面正在下着雨。林森和我们说着话，他的话语和远处隆隆的爆炸声混在了一起，那些爆炸声从东南方传来。我们现在已经不太注意这样的声音了，这些声音早已成为了我们生活中的一部分，以至于我们对此早就麻木了，除非这种声音近到了成为威胁的时候。除了从东边传过来的爆炸声，我们周围的一切都非常安静。我们已经多少变成了今天那些不放唱片就不能享受安宁的人们了——他们能够放松的前提是必须要有噪音。也许这些人害怕的无非只是完全的寂静而已。不幸的是，我们不能够操控那些东边传来的噪音的音量，实际上如果没有那些噪音的话，我们会更高兴的。

除了林森的自言自语，现在一切都没有变化。

在离我们大约25米的地方，有6个人在准备大家的午饭。更远一点有几个人在方便。其他的人则眼睛微闭地躺在地上。秋天里特有的清新湿润的微风拂拭着我们忧郁的脸庞，我们已经经历了太多的折磨而无心去体会此时的这些美景了。

我们在呆滞的状态中隐隐地感到了周围的这些苦难和哭泣，受伤的人依旧在呻吟和死去，但是无论怎样我们都会抓住一切机会好好地睡上一觉。

我们的午饭的一部分已经发给大家了，包在透明纸中的大豆香肠——每两个人一根。毫无疑问这些香肠是冰冷的。在撤退过程中，那些管理我们食物的士兵体现了一种惊人的敬业精神，他们在沿路搜集了足够装满整整一个挎斗摩托的土豆。当他们把这些土豆发给我们的时候，这时有4个士兵从一面墙那里翻了过来，他们喘着气向我们用手比画着什么。

其中一个人向我们低声喊道："俄国佬!"

那些散坐在地上的所有人都腾地站了起来，知道在下面几分钟我们将面临最危险的威胁，立刻散了开来奔向任何能够提供一点点隐蔽的地方。那些已经拿到食物的幸运的家伙正狼吞虎咽地把手里的东西飞快地吃下去。沃勒斯上尉和我们躲在了一个房子的屋檐下，他带着的电台里传出了其他部队发出的警报声。我们在寂静中等待了10分钟，但是什么也没有发生。俄国人一定离我们不远，否则我们的哨兵不会像这样通知我们的。但是我们没有人知道到底要对付多少俄国人，是一个师呢，还是一个旅，或是10个人。我们匆忙组织起了巡逻队，我们必须要知道应该战斗还是应该立刻逃跑。

离沃勒斯最近的6个人被派了出去侦察敌人的情况，我也是其中的一员。

有两个和我们小组规模一样的小组也被派到了其他的方向执行侦察任务。现在再描述我的绝望和恐惧的话已经没有必要了，我此时的心情就如同在奥特切尼、别尔戈罗德、那个游击队藏身的厂房和其他类似的地方。

和所有人一样，我已经把自己完全地交给了现在所处的这个无法控制的时刻，任由命运来决定自己的归宿。

我们沿着刚刚休息的那个马槽的另一侧走着，接着到了一片堆积着旧木头的开阔地里。

我们都感到了危险和绝望，这种感觉已经不会再让我们的心跳加速了，这种感觉既让我们痛恨死亡，而同时也让我们向往死亡。我手上的步枪现在就像是一块没有用的废铁。以前当我们穿越波兰和俄国的村庄的时候，这些木头和钢铁的重量让我有一种不可战胜的自豪感。今天，如果我们要拿这样的武器再组织起什么有效防守的话，那是完全不可能的。

我们穿过了这片荒地走到了一排房子面前，在这里分成了两个组，每组的3个人都小心翼翼地像拿着炸药包似的走着。转过了那片房子，我们可以看到一片更开阔的地方，那里的一排树已经早就掉光了叶子。在树那里有许多士兵，在远处，我们还可以看到更多的士兵向这里走来。

旁边的一个人向我小声说道："他们至少有三四百人，看那里。"

我们走过了先前休息的那个房子，在房子的另一头，几个柏油桶被放在一堵白色的墙边，再过去是另一间小屋。我们的脚步在碎石路上发出轻轻的沙沙声。我们接着走过了那个柏油桶，接着又走了四步，此时看到了我们的对面是 4 个和我们一样过来侦察的俄国兵，他们也和我们一样在尽量保持安静和小心。对于我们双方而言，此刻所有的思维都停止了。

我们慢慢地后退着，对面的那几个俄国人也向后一边退一边注视着我们。似乎某种奇迹般的魔力控制了双方，我们都没有向对方开火，迈着小心翼翼的步伐又分别退到了各自来的地方。

老兵维尔纳说道："我已经看够了他们了，我们回去吧。"

我们于是回到了出发的地点，维尔纳作了报告。我们感到像是做了一场梦一样。

15 分钟以后，我们开始在村子的北面构筑起自己的工事。根据情报，我们和一支大约有两三千人的苏军相遇了。我们这里虽然只有 300 人，但是我们没有接到撤退的命令。

几小时煎熬般的等待过去了，俄国人还是没有上来。我们已经习惯了俄国人这种慢吞吞的准备方式。我们知道一旦俄国人开始进攻的话，他们的攻势是难以阻挡的。当战斗开始时，天色已经开始变暗了。第一批俄国士兵在黄昏的时候沿着村里的房子向我们小心翼翼地走了过来。现在俄国人的步兵进攻不再像在别尔戈罗德和第聂伯河战役的时候了，那时俄国士兵的人海战术导致了他们惊人的伤亡。苏军的最高统帅部看来已经改变了原来的那些进攻策略。虽然他们非常坚定地踏上了德国的土地，但是也做好了充分准备，迎接我们对此采取的最顽强的抵抗。他们现在主要依靠坦克和飞机来消耗我们这些零散的部队。

对于德军而言，那些战壕里面欢呼着的士兵的景象已经不多见了，而那些布尔什维克现在越来越采用一种传统"欧洲式"的打法，他们的战术和我们的相差无几。这样的变化让我们的局势更加艰难。我们的迫击炮向一支冲向我们的苏军巡逻队开火了，但是又立刻停了下来，我们的弹药非常有限。

到目前只有一个很小规模的交火。对于那些经历了在俄国的战争的士兵而言，这简直不值一提——几颗手榴弹在黑暗中投向了对方，接着炸伤了几个人，或许还炸死了一个，这些事情和那些战壕里的战斗相比简直无法相提并论。当然，如果这样的事情是发生在巴黎的话，那整个城市都要骚动起来了，所有的大报都会整版整版地刊登这样的事件。

在这个雾气蒙蒙的夜晚，俄国人在我们的阵地前面修筑自己的掩体。我们常常会想到俄国人随时会从那里冲出来，这个想法让我们的胃感到难受。也许今晚上就是我们所有人最后一个晚上了。俄国人将会冲垮我们的阵地并最终结束我们两年的逃亡。我们不知道还有什么可以指望的。但是夜晚依旧继续着，时不时有几发照明弹升起来，但接着什么也没有发生。俄国人看来并不着急进攻，他们在观察我们，就像我们也在观察他们一样。

我甚至试图睡上一觉，尽管我们必须不停地注视着俄国人的行动。有几个人也想像我一样睡一会儿，但是晚上的寒冷让我们都没法睡实。终于黎明到来了，我们也变得愈发紧张了。空气和大地开始颤抖起来。虽然依旧下着雨，但是雨水并不能掩盖住那些开向我们的坦克群沉重的履带声。一队俄国坦克向我们开来，它们经过那些俄国士兵已经进入的村庄，现在正向我们开来。

我们知道自己没有能够抵御住这些坦克的武器。我们没有反坦克炮，我们只有一些反坦克火箭筒，根本无法挡住这么一大群坦克，我们可以从它们的声音判断出来。头发因为寒冷和恐惧已经竖了起来，我们已经决定撤退了。每个人都是靠步行，除了两辆摩托车的驾驶员以外。这两辆摩托主要是用来和指挥部联络用的。我们连在一片寂静中撤退了，只留下了 3 组人作为掩护部队，每组人有 10 个士兵和两部反坦克火箭发射器，每组中 4 个人是负责掩护的步枪手。

我所在的小组包括斯迈伦和一个专门受过反坦克火箭筒训练的年轻男孩——林德伯格、另外两个家伙，还有我负责掩护那 6 个操纵反坦克火箭筒的士兵。这是我唯一的一次指挥——我在这个悲剧性的时刻负责指挥另外 5 个士兵。

在第二组里面，我只认识林森，第三组的人我一个也不认识。

每一个反坦克小组有 3 个反坦克火箭发射器，这种笨重的武器允许我们有 18 次机会。就算这 18 枚反坦克火箭弹都命中目标的话，我们仅仅可以阻止住向我们开来的七八十辆坦克中的 18

辆。

当我们在思考如何面对这个绝望的处境时，我们都因为恐惧而变得有些身体不灵活了。沃勒斯上尉告诉我们俄国人的进攻速度减慢了，如果他们有五六辆坦克起火的话，他们的士气会被挫伤的。他说我们可以在24小时以内重返连队，但是现在没有什么能够让我们从这个以卵击石的战斗里解脱出来。我们非常清楚地知道这场战争是无法停下来的。今天，在这个该受诅咒的日子，我们的大限也许终于到了。

我们连队的其他士兵现在正悄然地从我们身边走过，而我们的沃勒斯上尉也在最后叮嘱了我们一些事项。那些坦克的轰鸣声依旧一刻不停地向我们冲过来。我看见霍尔斯和老兵走在一起，我向霍尔斯跑去。沃勒斯上尉注意到了我，他停下了和别人的交谈。我和霍尔斯与老兵说了几句下流话，这显然和此时的严峻局面格格不入，我试图让霍尔斯给我的家里带上一些东西，但是我什么也没有找到，结果我只好发出了几声干笑。霍尔斯也想不起要和我说些什么，接着维尔纳把他给拽走了。

最后沃勒斯也走了，我们几个小组分头埋伏了下来。我是我所在的那个组的组长，我现在和那个不太可靠的老友林德伯格在一起。林德伯格此刻已经吓得脸色发白了。我负责另外5个非常年轻的士兵，我们即将要面对一场残酷的搏斗了。我扫了一眼这几个下属，他们的眼睛都在死死盯着南面，坦克的声音从那里传了过来。林森向我们喊着什么，他指着四五个房子中间的一个凹地。我和我的组员跟着林森跑了起来。第三组人正试图在路边找到一个隐蔽处。

风开始有力地刮了起来，风里夹杂着一些雪花。在这个时候，俄国人向我们刚刚藏身的房子开炮了，大约七八百米外的房子现在已经笼罩在了一片爆炸飞起的泥块中。我急忙把我们组的两门反坦克火箭筒安置在了一些倒下树的树根附近。这几个反坦克手立刻开始拼命地挖起掩体来，他们在试图能够更有效地隐蔽起来。

其他人开始找着自己的掩体，我在和另一个表情坚毅的年轻士兵在一起，他的名字我已经记不得了。林德伯格和另外一个士兵与我隐蔽在一个屋子里面。在我们左边大概 100 米的地方，我可以看到林森和他的助手在一起。

俄国人正在将那个我们刚刚待过的小村子用大炮夷为平地。我们非常幸运及时撤离了。当听到那些坦克穿过那个已变成一片废墟的村子时发出的隆隆轰鸣声时，我们再次经历了在战斗打响之前的那种漫长的几分钟。我们试图思考如何应对这些坦克，但是现在的脑袋里已经变成了一团乱麻，所有那些过去的美好的或恐怖的回忆都涌了上来。我想到了我的童年、战争、葆拉和一些我还没有完全处理好的事情，而无论怎样，我们的时间都不多了。

我们现在既想哭泣逃走，又想大叫着冲出去面对临近我们的威胁。

虽然我们被告知那些布尔什维克人不能踏上德国的土地。但是现在数以千计的俄国人已经兴高采烈地踩在了这片土地上。这里只有我们 18 个人在试图挡住他们，这 18 个德国士兵正在期待奇迹的出现好让自己能够活到依旧纷乱的明天。

接着那些俄国坦克出现了。首先出现在我们面前的有 10 辆坦克，它们正在沿着第三组埋伏的道路行进着。

第三组的士兵看到了这些坦克开到了自己的面前，他们此刻向那些坦克开火了。

第三组发射的反坦克火箭弹击中了离他们有 20 米远的第一辆苏联坦克。他们的火箭弹打在了坦克的前部，火箭弹穿进了坦克并立刻打死了里面的乘员。

另外一辆坦克正慢慢地开着，并向着道路边拼命开火，这辆坦克从已经起火的第一辆坦克旁绕了过来。

我不能自已小声说着："这些坦克向我们开来了。"但是剩下的坦克中的 3 辆此时向第三组藏身的路基上开去。他们希望这样的举动能够吓住第三组的反坦克手。这时其中有一辆坦克爆炸起火了，这辆坦克的后面一辆的坦克继续向第三组的藏身地开上去，并把那辆燃烧的坦克推到了一边。这辆坦克已经开到了第三组的藏身地，并彻底把那几个反坦克手吓倒了。我看到第三组的几个战友已经从掩体里跳了出来像疯子般往前跑着。他们试图跑到树林里去，此刻开始爬上一个小山坡。那辆坦克正紧跟在他们后面，坦克的履带几乎都要碰到他们了，这时坦克上的机枪开火了，第三组的这几个反坦克手被子弹撕成了碎片，接着坦克从他们尸体上轧了过去。第三组剩下的人也在三四分钟后被坦克消灭了。现在十一二辆坦克沿着我们连一小时前撤离的道路向前继续推进着。这些坦克离我们实在太远，我们无法用反坦克火箭弹打中他们。又有 5 辆坦克出现了，这几辆坦克向林森他们所在的农场驶去，林森的掩体就在农场的边上。

林森和他的助手向坦克开火了，这些坦克离他们大约有 20 米远，他们击中了其中的两辆，反坦克火箭弹爆炸的声音响彻了山谷。一辆坦克绕过了这两辆燃烧的坦克向我们开来。林森向这辆坦克发射了一发火箭弹，但是火箭弹没有打中这辆坦克，却几乎击中我们，我们掩体旁 5 米的一间屋子立刻燃起了熊熊大火。爆炸把我们都埋了起来，我们的耳朵几乎完全被震聋了。剩下的 3 辆坦克继续向我们驶来。这时又有两辆坦克开了上来，它们向林森的位置驶去。斯迈伦向一辆离我们有 150 米的俄国坦克发射了一枚火箭弹，没有能够打中。火箭弹落在地面上翻滚了一段距离，但是没有爆炸。我们现在只想把坦克的注意力向我们这里吸引过来。一辆坦克向我们开着火驶了过来。

我听到了周围士兵在喊叫着，他们无法瞄准那辆在废墟中行进的坦克。那辆坦克从我们身边疾驰而过。也许这辆坦克是想用这样的方法把我们都轧死。

这辆坦克接着往路上开去。

在我们前面，一场众寡悬殊的生死决斗开始了，4 辆坦克向林森的掩体冲去，并疯狂地向那里开着火。

林森的反坦克火箭筒最后开了一次火。那辆离林森最近的坦克向后倒着，并碰到了后面的那辆坦克。这辆被林森他们击中的坦克里面冒出了浓烟和火焰，俄国坦克手在里面惨叫着。一辆 T-34 坦克此刻径直向林森和他的助手的掩体冲去。接着坦克在林森的掩体上停下倒车，履带立刻把林森的掩体碾平了。林森就这样死在了普鲁士的土地里，正如他所希望的那样。

对于我们来说，噩梦还在继续着。如果这些坦克继续往前开去，我们将面对后面跟上的俄国步兵。在一种不可描述的恐惧中，我们这几个剩下的士兵相互对视着。

林德伯格和我们组的第六个人在哪里？他们也许已经被坦克轧死在了那片废墟里。这个推断是我们那时唯一的推测。我知道那个在路边的小组已经都死了，林森也惨死于坦克的履带之下。林森小组的其他人在哪里呢？也许他们也被埋在农场的废墟里。一切可能的对策现在从我脑海中飞快地闪过。现在我们如果要冲出去的话，在这片灰色的土地上，立刻就会成为显眼的活靶子。我也考虑到向左边的松树林跑去，但是在到达树林前，我们需要跑过一段300米左右的开阔地。那些俄国人在我们还没跑完一半的时候一定会向我们开火的。我们周围到处是浓烟，但是这些烟柱都是向上冒着，并没有遮蔽地上的任何东西。

我突然被一种自私的情绪占据了，感到自己现在已经掉到了一个无法逃脱的陷阱里面。我对此毫不怀疑，于是命令旁边的士兵开枪打死我。他和我的心情大体相同，他沮丧地看着我。

他回答道："不，我绝不会那样去做。但是我希望你能够打死我，请开枪打死我吧。"

我吼道："你这个狗娘养的，我们都要死在这里了。所以你必须打死我，这是命令。"

那个士兵哭着回答道："不，不，我不能。"

我向他继续吼道："你只是害怕一个人被留在这里，就是这样。"

他也向我说道："没错，你其实也怕。"

我向他说："难道你没有看见我们已经对现在的局势无能为力了吗？"

我们听到了交火的声音，这些声音从我们后面传来。

我说道："这些狗娘养的一定和我们连接上火了。"

交火的声音继续着。我们看了看彼此，接着就陷入了沉默之中。我们已经没有什么可以交流的了，许久以前我们把该说的话都说完了。

接着我们组的两个人回来了，又过了一会儿，林德伯格拽着一个满脸肿胀的士兵也回来了。我们都蹲了下来。这时我们看到了一些士兵正向农场的废墟走过来。他们小心翼翼地前进着，向我们左边大约150米远的树林走去。

林德伯格用一种祈求的口气说道："我们也应该到那片树林里去。俄国人马上就要到这儿了。"

我回答说："你倒说得简单，你看一看我们要穿过的那片开阔地。那些俄国佬会立刻看见我们的。"

现在没有人对我的观点有异议了。每个人都看着那片树林，看着前面村子的边上，最后又看着我。在那个时候，要是我能够果断地担负起这些人所寄托在我身上的责任该多好。但是我依旧是一个优柔寡断的人，就如从前一样，尽管身边的这几个士兵在看着我，希望我能够为他们作出决定。林森曾经对我的挖苦在此时再真实不过了，我没有领导才能，我配不上任何领导的职位。

林森悲壮惨死的地方离我只有100米，但是我没有领导能力的事实现在暴露无遗了。

我依旧呆呆地坐在原地，我已经被绝望所湮没了。

我觉得其他的几个士兵会自己作出决定来。我真的是一个胆小鬼吗？我难道和林德伯格一样令人泄气吗？我不再想死了，我只是默默地诅咒着自己的存在。

在那一天，在那个关键的时刻，我彻底失败了，彻底辜负了自己和别人对我的一切期待。

我的头晕乎乎的。我虽然此刻依旧清醒，但是面对巨大的恐惧已经瘫痪了。我永远不能够原谅这一刻，现实让我本来的面目暴露无遗。

已经过了几分钟了，但是我的状态依旧没有变化。现在每一分钟都性命攸关。恐惧已经死死地掐住了我，我们这6个人都处在了崩溃的边缘。我已经不再看那个向我们逼近的威胁，完全陷入了一种木然的绝望之中。

我们听见了越来越多坦克的轰鸣声。我无法控制地颤抖起来，我无法将自己从恐惧中摆脱出来。其他人也都抱成了一堆，每个人的脸都被恐惧扭曲着，恐惧的喊叫随时都可能爆发出来。

林德伯格此时站了起来。他想看一看外面到底发生了什么。他的枪已经在刚才的混乱中丢掉了，此刻他也不再想做什么抵抗了。他突然扑到了掩体的边上，不可遏制地颤抖着，手里死死地攥着两颗手榴弹。

死亡离我们越来越近了。

我们周围传来了一阵大炮轰鸣的声音，爆炸让我们无法看到外面的情景。我们木然地等待着，接着我们听到了一辆卡车的声音，卡车离我们很近。接着我们听到了一阵冲锋枪的声音。我们无言地看了看彼此，我们不可思议地听到一个人在说着德语。接着我们听到了更多坦克的声音和自动武器开火的声音。我们依然一动不动地待在原处，这时有一个人走到了我们的掩体边上——他是一个德国军官。我们看到了他站到了掩体边，但是也许他认为我们都死了，接着他又走开了。几分钟以后，两个掷弹兵把我们从掩体里领了出来，我们顺从地跟着他。

期待已久的德国的反攻终于发生了，两个党卫军的装甲旅从侧面把那些俄国人打了个措手不及。这次反攻居然让我们夺回了村子，但是我们在村子里待了几天后，又被迫开始了撤退。

第十七章

美迈尔战役[1]

我们向北方退去，库尔兰前线[2]已经全面崩溃了。我们师再次重组。这些试图重新建立前线的努力遭受了严重的挫折和伤亡。现在俄国人已经打到了波罗的海边上，极度惨烈的战斗在德国的许多地方爆发了，无数的难民被夹在其中。这些难民也让我们部队的行动受到了极大阻碍。

整个普鲁士的平民都向着北方的海岸逃亡。我们现在有两个

---

① 美迈尔现在位于立陶宛共和国，是波罗的海的重要港口。一次世界大战后，战胜国依据凡尔赛和约将美迈尔港从德国割让给立陶宛共和国。在二次大战期间美迈尔重新成为德国东普鲁士的一部分。德国战败后被重新并入苏联加盟共和国立陶宛。在苏军攻入德国本土的战役中，美迈尔港于 1944 年 9 月被苏军完全包围，守卫美迈尔港的残余德军一直到 1945 年 1 月才最后通过海路撤离到德国本土。译者注

② 库尔兰地区现在位于波兰境内。德国北方集团军于 1944 年秋被苏军围困在该地区。库尔兰战役从 1944 年秋开始一直持续到二战德国战败为止。译者注

选择，可以向南前进，但必须要通过几个苏军的前沿阵地；或者向北面走，一直走到在美迈尔新建立的前线。不管怎样，我们的指挥官们迅速意识到我们已经不可能向南转移了。南部的两个重镇科涅斯堡和埃尔宾都已经成了战场。我们如果向南的话，必须一路战斗下去，而且由于沿路无数的难民，我们完全无法得到任何的补给。

最后美迈尔成了我们的目的地，这是一个自从今年秋天就被俄国人包围了的城市。我们必须要从俄国人的包围圈中突进去，我们还要为无数的难民打开一条通向美迈尔的通道。一路上的难民已经让我们的前进速度大打折扣，有时几乎都走不了了。那些可怜的难民正走在寒冷的户外，刚刚下过的一场初雪使道路非常泥泞。我们虽然有命令在身，但是还是不得不去帮助和安慰那些混乱的人群。几乎所有能动的车辆都开到了路上，即使这些车辆的汽油只够开一个小时，每辆车上都坐满了惊恐的孩子，他们的父母则在这些车辆旁边走着，士兵们在这些人流中缓慢地前进着。

我们经过了一些村镇。那里的人们几天之前还在过着一种正常的生活，虽然他们明白俄国人已经离他们不远了。在过去的两天里，这里的老人、妇女和儿童都在拼命地挖着战壕和反坦克壕沟。这种可怜而英勇的努力对于这些习惯了那种安静生活的老百姓而言无疑是一种震惊，他们看着那些从前线撤下来的憔悴而饥肠辘辘的士兵，几天之后，这些老人、妇女和儿童也加入了向北涌去的难民行列。

我们在任何需要的时候都会投入到保护这些难民的战斗里，紧追在人潮后的苏军正在随意地屠杀这些毫无反抗能力的难民们。我们必须要阻止俄国人的步伐，那些被派出去执行阻击任务的士兵们似乎就像是在扑灭一场燎原的大火。人们非常清楚地知道这些任务的艰巨和结果。人们对那些即将参加阻击战的士兵们依依不舍，那些负责阻滞苏军追击的士兵们也都知道自己没有可能活着回来。然而，一切努力都不能阻止住战争如同野火一般的蔓延。那些从苏军包围圈突入到美迈尔的人也有可能会在那里死去。但是死亡在美迈尔似乎只是一种解脱，那是一种比死在其他地方更安静的死。

最终我们师三分之一的人突入到了美迈尔，我们随即被编入了防守美迈尔的部队。在突入到美迈尔的战斗中，我们师有 1500 人倒在了路上。我们连一共有 20 个人在战斗中阵亡，他们中有西门雷斯和温克。

我们也许在突入到一个陷阱里，我们甚至想到这是俄国人故意让我们通过的。和我们一起进入美迈尔的还有许多难民，对于那些没有能够和我们进入到美迈尔的德国难民，他们将面对那些横冲直撞的苏联坦克、榴弹炮的炮击和多管机枪的扫射，最后还有俄国佬的刺刀。所有这一切对于一个怀抱着吃奶孩子的母亲而言是无力抵挡的。无论如何，我们每个人来到这个世界上总是要死的。

我们拉着没有油的卡车走进了美迈尔，每一辆坦克后面都拖着一长串的车辆，我们已经达到自己能力的极限了。在城里，每一个人和可以开动的车辆都在走着，人们心里都有一种感激和庆幸之情，苏军飞机的轰炸只能够吓住那些已经死去的人，所有活着的人都在继续走着，他们经过的路上到处都是倒在路边的伤员或是马上快死的人。

虽然到处冒着浓烟和烈火，俄国战斗轰炸机的轰鸣声，大炮的轰击，各样的恐慌和飞舞的风雪，美迈尔依旧是一个生气勃勃的地方。

我再一次无力找到合适的辞藻能够描述我在这里所看到的景象。

我感到人类的辞藻最适合描述那些鸡毛蒜皮的琐碎事情，而一切语言都无法描述那场在普鲁士进行的最后的战斗。

我原来在法国的时候也当过难民，看到过母亲在农庄里向那里的人要牛奶，我也看到过路边翻倒的车辆，有一次我们在蒙塔基斯还遭到了机枪的射击。但是我那时的回忆带给我的只是一种淡淡的忧虑，这种忧虑甚至有些令人陶醉。那时在法国，天气是美好的。而现在在普鲁士，大雪正在飘落下来，我们周围的一切都被摧毁了。数以千计的难民正在死去，没有人能够帮助他们。当那些俄国人没有和我们作战的时候，他们就把那些难民赶到自己的前面，接着就向他们开火并用坦克向惊恐的人群身上碾过去……任何还有一点点想象力的人都可以懂得我所描述的场景。从来没有什么惨景能够超过这些，用“恐怖”这个词来描述这些事情未免太过于敷衍了。

我们到达的美迈尔是一个“死胡同”，一个 20 公里左右长的半圆形的防御阵地围绕着美迈尔，美迈尔的后面是波罗的海。海面上常常被浓重的雾气所包围。我们几乎整个冬天里都牢牢地守着美迈尔周围的阵地，尽管我们时时会受到俄国人的炮击和进攻。俄国人的力量正变得越来越强大，而我们的力量则日渐衰减。成千上万的难民还在不断涌入美迈尔，那些难民一路上所遭受的苦难已经无法用言语来表达，他们等待着从海路转移到别处。

美迈尔的废墟无力收留如此之多的德国难民。我们对于这些从普鲁士各地来到这里的难民还是给予了最基本的照顾，这打乱了我们的调动和防守任务。在这个半圆形阵地里，到处都是炮弹的爆炸声，防守的士兵来自原先的精锐部队、人民冲锋队，还有已经被截去了一只手或脚的伤员。城里面那些妇女、儿童、婴儿和重伤员都在暴风雪和爆炸声中呆呆地坐在地上等待着撤离船只的到来。城里的粮食供给已经变得越来越短缺了，现在 5 个人一天的食物还不够一个小学生正常一顿午餐的分量。在雾气中传来一阵阵呼吁人们保持秩序的命令。每天都有许多船来到这里，每次这些船离开的时候上面都是坐得满满的。难民们排着长长的队列向码头涌去，那些负责登记上船的官员们已经无力应付如此之多的人了。那些从飞机上投下来的炸弹在拥挤尖叫的人群里留下了一个个狰狞的巨大弹坑，弹坑里到处都是被炸碎的人肉和骨头。人群依旧继续排着队等待着下一艘轮船的到来。这些人被告知要耐心等待，也被告知要节约粮食，在等待的时候没有任何的食物供应。一些老人自杀了，那些有着几个孩子的母亲将自己的定量供应卡和孩子交给另一个妇女，并恳求着那个妇人能够喂养好这些孩子，她接着拿起一支死去士兵的步枪结束了自己的生命。在这里，绝望和英雄主义是如此紧密地缠绕在了一起。那些官员们试图改变人们这种绝望的情绪，但是在那个时候，一切说教都失去了意义。人们默默地看着别人的自杀，没有一个人出来阻止。有些人在疯狂的绝望中，在那些城里到处都是的尸体堆旁用枪自杀了。似乎投降是唯一能够让这一切噩梦停止下来的办法，但是那些俄国人所展示的骇人听闻的暴行让所有人立刻打消了这个念头。必须守住美迈尔，无论我们付出多大的代价，直到我们所有人都从海路撤出为止。我们要么守住，要么死在阵地上。或者说不定最高统帅部还有一些其他的打算，也许他们打算将美迈尔变成一个发起反攻的桥头堡。这个想法被我们这些镇守美迈尔的守军视为一个纯粹的痴人说梦般的幻想。无论如何，当那些平民离开美迈尔时，一些增援部队也被船运到了这里来。我们只认为他们是来帮助我们防御的，而不是发起什么反攻。

我们在这里顽强的抵抗受到了最高统帅部的赞赏，其实我们只是希望在最后一个平民撤离的时候，我们也可以登船撤离这里。无论我们多么沮丧和绝望，我们都必须死死守住美迈尔。在这里，没有一个人能够不去战斗，那些眼泪已经哭干了的孩子们在帮助那些伤员和负责分发食品，这些孩子不得不抵御住那种想把手中食物一口吞下去的强烈愿望，他们毫无怨言地执行着那些大人交给他们的任务。这些孩子都理解了这里的局面。那些经受了这些艰难而又活下来的人们绝不会对正常生活里不可逃避的那些困难斤斤计较了。这些德国的民众经历了那些最悲惨的事情，我对于他们在这一切中的表现唯有深深的敬意。

在我们混乱的前沿阵地中，一些平民有时直接与我们并肩战斗，这些平民往往都是妇女。在付出巨大的伤亡后，我们的阵地守住了。我所说的“守住了”是指我们的防线没有出现全面的崩溃，实际上，一些地方的阵地正在不断地收缩着。我们所挖的防坦克壕在我们遏制苏军的进攻中发挥了重要的作用，俄国人现在主要依靠自己的飞机和大炮向我们发动攻击。

但不管怎样，俄国人的进攻也让他们损失惨重，我们防线的收缩让我们更有可能集中自己的兵力。美迈尔的周围到处都是被击毁的苏联坦克，我们阵地上的反坦克手几乎和步兵一样多。那些平民志愿者们将一批批的地雷运到我们的阵地上。我们的步兵常常发动一些小规模的反冲锋来赢得埋地雷的时间。我们唯一没有能力抵抗的是俄国飞机的空袭。俄国人的战斗轰炸机常常飞到我们的阵地上来扫射。在我们的西北部，几节留在了铁路上的车厢已经在两天之内遭到了 8 次空袭。我们所有的防空火力现在都集中在了码头地区，那里是俄国飞机最重要的目标。但是那里的防空火力也对那些俄国飞机形成了严重的威胁。结果这些飞机更愿意避开码头，而去进攻城里别的地方。

尽管寒冷、战火和食品的极度短缺，尽管这里每天都有许多人死去，美迈尔奇迹般地被我们守住了。接着一天下午，我们师的部分官兵被重新集结了起来，大家领到了反攻用的弹药。我们每人领到了两盒罐头，其他人领到了一磅苹果酱，另一些人则领到了一磅人造黄油。虽然每个人拿到的食物各有不同，但是我们依旧看到了在这一片满目疮痍的城市里，德国的军事指挥部门依旧不可思议地能够组织起这些活动来。更不可思议的是，我们此刻行动的目的是要将在克朗茨与科涅斯堡的德国前线连接起来。军官们正在将此次行动的目的告诉我们这些早已经不再相信什么奇迹发生的老兵。

现在，霍尔斯和我都从自己呆滞的状态中猛然清醒了过来。在过去的战斗里，我们已经习惯了那些最令我们震惊的命令，但是这一次我们将靠着这些单薄的装备去进行反攻，这让我们每个人都感到浑身发抖和无法控制的头晕眼花。

一些还算完好的坦克也将配合我们的反攻。那些原来属于库尔兰地区守军和从其他地方调运过来的物资也发放给了我们。我们将到南面离这里大约 15 公里的一个小村集合，然后我们将沿着海岸边的一条公路开始冲锋。这次行动的指挥官选择了恶劣天气肆虐的一刻开始发动反击。这时天上正飘着雪花和雨点，天气情况非常糟糕，以至俄国的大炮也停止了射击。就是在这个时候，我们的指挥官决定开始这一次最后的进攻。

大约 12 辆涂成斑驳深绿色的坦克向前冲了出去。坦克侧面的黑色十字架几乎已经分辨不出来了。那些坦克炮塔里的短波收音机正在播放着瓦格纳的歌剧《尼伯龙根的指环》中雄壮的《瓦尔基里进行曲》。一些破破烂烂的卡车里装着重机枪和各种武器跟在坦克后面行驶着，而过去我们一直都是用装甲车运送弹药的。

一大批的步兵走在这些车辆旁边或跟在最后，许多士兵都穿着空军和海军的制服。我高兴地看到了霍尔斯和维尔纳，他们正在一辆卡车的边上。

我们轻而易举地出现在了一支苏军装甲部队的营地面前，那些坦克和装甲车在雪地里排列得整整齐齐，似乎在准备迎接一个检阅似的。俄国人被这个绝对没有想到的攻势吓呆了，他们匆忙逃出了营地，我们接着把营地给烧毁了。我们发现了一批苏军储备的汽油，这样我们的进攻又可以继续了。我们在凛冽的寒风里继续推进着，又有几批苏军部队在我们前面四散而逃了。

然而，俄国人在美迈尔周围的部署非常广阔，当他们发起反击时，我们进攻的势头随即被遏制住了。我们此刻听到了俄国人阵地那里传来了很大的响声，我们立刻知道将很快就会遭遇到俄国人无情而疯狂的进攻。第一支俄国的坦克部队现在向我们这里隆隆地驶来了。

局势现在对我们而言万分紧急，就在此刻，我们听到从海里传来了大炮射击的声音。恶劣的天气让我们不能看清海岸那里的情况，但是那里的弹雨落在了向我们扑来的俄国人的进攻部队里。几艘停靠在海岸附近的德国巡洋舰和鱼雷艇正在支援我们的进攻。虽然能见度为零，我们的坦克所提供的敌人坐标依旧让那些军舰能够精确地打击我们前面的俄国目标。俄国人此时的进攻被多少阻止住了。他们也许错误地判断了我们炮火的来源而以为我们的确有比实际更多的地面炮火。

无论怎样，这些军舰的射击对整个美迈尔战场的格局起不到任何的作用。俄国人拥有几乎取之不尽的军需供应和人员。在开始进攻这天的晚上，我们进攻部队的侧翼受到了苏军的攻击，很快我们就招架不住了。我们大约一半的坦克被击中起火了。正如所预料的那样，我们的这次进攻失败了，我们被命令退回到美迈尔，必须回到 10 公里之外的进攻起始点，现在回去的道路周围都已经是蜂拥而至的苏军。我们从原来的道路上退了下来，此时我们的那些装满弹药的卡车已经尽可能地分散了开来。在黑暗中到处都是燃烧的火光，上气不接下气的士兵们从一个弹坑跳到另一个弹坑，他们都迫不及待地想回到美迈尔。让局势更加糟糕的是我们不得不穿过一片自己埋设的雷区。

我们在俄国人子弹炫目的轨迹中向后退了大约两公里。这里的道路比较狭窄，但是还算完整，路面上不时有几个弹坑。我们第一批车队此时沿着这条公路全速地行驶着。俄国人没有来得及调整自己大炮的目标，他们的第一排炮弹从我们的头顶掠过，但是他们的第二排炮弹让我们的两辆卡车中弹起火。还有两辆虽然也被弹片击中，但是依旧继续往前通过了这片危险的地带。刚才被打中的那两辆卡车已经堵在了路上，我们被派去清除这两辆卡车。俄国人已经到了离我们很近的地方，他们在用掷弹器和机枪向我们开着火。虽然我们心里充满了恐惧，还是在爬上一片湿滑路基的时候向他们不停开火。路基两边的沟渠里面我们已经埋设了地雷，我们被自己设下的陷阱困住了。已经有几个我们的士兵中弹倒下了，他们双手大张地倒在了地上，眼睛一动不动地望着铅灰色的天空。我们在那两辆卡车的残骸旁边等待着命令。俄国人的手榴弹在我们周围爆炸着，把夜色照得通明。俄国人的四管机枪向我们所在道路的路基扫射着，幸运的是我们这片的路基比地面略微高出一些。

俄国人的炮击横扫着路上的车辆残骸，每一次炮击都会把那些金属残骸炸得飞溅到四处，发出清脆的撞击声。我看到有两个德国士兵此时倒在了那几辆已经被炸得稀烂的卡车残骸边上，他们身上穿着和我们一样破烂的军服，他们也曾希望能够回到美迈尔，但他们都已经死了。

我们必须要清除掉那几辆挡在路上的汽车残骸，但是任何站起来的人都有可能被子弹击中。老兵维尔纳再一次从我们这批趴在路上的士兵中爬了出来，他在弹雨中跪着向第一辆卡车投出了一捆手榴弹，那辆卡车随即被爆炸推到了路边。第二辆卡车也像这样被炸到了路边。不幸的是，那些依然还在卡车里的伤员也同时被炸到了天上——战争就是这样。

到了午夜，战斗变得愈发激烈了，我们这批进攻部队大约三分之二的人撤回到了美迈尔。指挥部已经了解我们一路的艰难，他们决定为我们提供掩护火力。在疲惫中，我们走到了防线后面的营地里。在一个澡堂的废墟中，我们列队报了名，那些失踪士兵的名字被登记了下来。在前线没完没了的爆炸轰鸣中，我们试图躺下来睡觉，在这种恶劣的环境中睡觉本身就是一种英勇的行为。

第二天上午 11 点左右，我们刚刚吃完了昨天进攻时发的食物，就被命令回到防御阵地里去。在这样瞬息变化的局势里，我们完全不可能有任何的正式休息时间。在战壕里，越来越多的美迈尔平民加入到了我们的防御部队的行列。

现在海面开始汹涌地翻动起来，所有的建筑物表面都盖上了一层白霜。这些建筑物原来的住户现在正在码头上等待着登船。那些海浪把一阵阵冰冷的海水溅到他们的身上，但没有人发出一声怨言。

我们的部队继续让那些俄国人望城兴叹。从海路离开美迈尔是所有人唯一的退路，这使得人们为了美迈尔的防守而投入了所有可以找到的力量。食物、弹药和药品源源不断地送到我们这里。有几天，俄国人的炮击减缓了下来，虽然天气越来越冷，但是这里的生活却变得好多了。我们不知道的是现在俄国人正在集中自己的兵力准备猛攻在我们南面的科涅斯堡、海林根贝尔、埃尔宾、和哥滕哈芬。我后来知道那里的难民要比这里至少多出 10 倍。俄国人暂时放弃了美迈尔以集中兵力向普鲁士纵深挺进。在那里他们遇到了殊死的抵抗，但是俄国人最终消灭了这些抵抗。那三个攻入德国的苏联集团军拥有绝对的武器和人员的优势。

老兵现在小心翼翼地在一间房屋的废墟里架起了自己的机枪，这片废墟最高的地方也没有离地一米。他不时地用手把枪身上的积雪拭去，他的手已经因为持续的冻疮而变成了灰黑色。自从我们结束了进攻，老兵似乎又恢复了自己惯有的冷静，那些搅扰我们的紧张和焦虑似乎在他身上一点儿也看不出来。他不再参加我们关于战局悲观的讨论，看来在把自己从我们的痛苦感受中分离开来。战争、严寒和所有让我们不安的恐惧现在似乎再也不能够影响到老兵。他的举止开始变得有些怪异，我们都开始怀疑是不是他的精神出问题了。

然而，就是在那个早上，老兵的机枪把我们从一支俄国侦察兵手中救了出来。这帮俄国兵似乎对我们所在的这一片阵地特别情有独钟。结果20具俄国人的尸体倒在了我们阵地面前，尸体边上还停着一辆依旧可以开动的人民冲锋队的卡车，卡车的一个后轮是用一段粗大的原木做成的——这又是那些在美迈尔的人小小的杰作之一。俄国人先是向这辆卡车发射了一发50毫米的炮弹，炮弹穿过了车头，把坐在驾驶座的两个穿着军服的人民冲锋队成员打死了。结果那辆车好几个小时停在了我们的前面，并挡住了我们的视线。一些俄国侦察兵试图利用这辆卡车作为盾牌向我们靠近并用手榴弹把我们都消灭掉。但是维尔纳用自己的机枪准确地消灭了这些俄国人。对付这样的突袭，速度是最重要的因素，维尔纳显然是我认识的反应最快的机枪手。现在他默默地坐在地上像对待一块宝石一般擦拭着自己的机枪。而剩下的人——霍尔斯、林德伯格、我和另外两个士兵正拿着冰冷的冲锋枪呆呆地坐在战壕里，我们终于不安地意识到自己的冲锋枪根本不可能在刚才敌众我寡的战斗中保全自己的性命。

我现在有三发反坦克火箭弹、一把新式冲锋枪，这种新式的冲锋枪是刚刚发给那些人民冲锋队的，它结合了原先班用机枪和老式冲锋枪的优点，是一种非常有效的武器，最后我还有一颗小小的磁性地雷。在美迈尔，我们每个士兵都必须要随身带许多这样的弹药。背着这些让我们在任何情况下都无法跑起来。

我们将在这里守卫两个多星期。我们每隔两天都会打退一次俄国人不太猛烈的进攻，现在离后面的城市并不太远，这使得我们都可以每隔一段时间休息一次。离我们不远的街道废墟里竖立着一块路牌，上面写着这里离海岸有8公里远，这是我们从顿河撤退以后的最后8公里了，我们几乎是不可思议地用腿走完了这长达几千公里的路途。老兵有时揶揄地对我说：“孩子，这就是你的祖父在拿破仑时代所走过的路。你可以把这个经历看作是你的家庭传统，这至少可以让你得到一些安慰。”

晚上，我回到了那个我们栖身的潮湿和冰冷的地窖里面，这里是我们临时的住所。我们注意到几乎所有在美迈尔的难民都消失了。最后一批难民一定是我们还在前线的时候走的。我们走过了城市的街道，这里现在更像是一个被丢弃的露天停尸场。我们带着某种轻松的心情回到了地窖里。

我的几个战友正蜷缩在自己的床上，没有人说话，大家都在吃着司务长格兰德斯克做的晚饭，没有人注意晚饭的口味或内容是什么。大家都在一种凝重的沉默里面呆呆地躺在床上看着灰黑色的地窖顶。大家都在梦想着已经近在咫尺的撤离。大家睁着自己无神的眼睛陷入了幻想之中。他们都已经看够了外面战争的残酷，而现在我们终于可以仔细地看一看自己的内心了。他们都在继续幻想着，每个人都默契地一言不发，而只是继续更深地陷入了自己对未来的思绪之中。

我是唯一注意到大家的人。我注意到大家是因为我没有什么别的东西可以注意，而且我已经幻想够多了，幻想多少已经不能够再安慰我了，我有太多的梦想已经成为了噩梦。甚至在我能够幻想的时候，我也没有勇气再幻想了，因为如果我幻想中的一个能够实现的话，这个过程也都将是痛苦的。

所以我学会了逃避幻想而只去观察别人，并不时回到现实里面看着那些实际存在的东西——磨破了的皮靴、地上变色了的呕吐物，还有那几件脱下来的破军服。当我有幻想的冲动时，我克制住了自己，因为幻想是可怕的。那些其他人的幻想结果又怎样了呢？我似乎已经不知道该如何去幻想了。

然而在我的内心深处依然珍藏着一些残酷现实所没有能剥夺的东西。我似乎依旧能够听到它们并触摸到它们，它们常常会在沉默中发出振聋发聩的声音。我内心的平衡被这种声音打乱了，因为我已经不敢再去幻想或守住什么承诺了。我已经害怕向自己的生活索求什么了，我担心哪怕是最微小的希冀都会终究变成一个虚幻的泡影。

我已经放弃了几乎一切的回忆——我的情感、我的痛苦、我的忧愁，还有我的恐惧。我也忘记了葆拉，这样我的生命就不会再有什么挂念了。我也忘记了我依旧是一个年轻人。我虽然身体不好，但是现在在美迈尔，有人生活是如意的吗？在这里，那些肚子上被炸开一个洞的人依旧被劝慰要勇敢，其他的人，就算是自己伤口的鲜血已经喷涌了出来，染红了脚下的雪地，还必须坚持向俄国人开火，直到生命的最后一刻。和他们相比，我是幸运的，尽管现在我已经咳个不停，痰里都是鲜血，我的生命依旧如烛光一般跳动着。人们必须要停止向他人索要什么的梦想。此刻我在看着战友们的梦想，其实他们也知道在这样的环境里，梦想有多么危险。美迈尔需要所有的供给，其中也包括梦想和希望。那些还有梦想的人比那些没有梦想的人战斗得更为英勇。如今，我们每个人都已经厌倦了战斗。

有时有人会从这些失神的畅想中尖叫起来。这些尖叫完全是身不由己的，我们没法阻止住它们。我们疲惫的各个器官让我们不得不尖叫起来。

有人莫名大笑起来，而其他人则在默默地祈祷。那些祈祷的人还有希望的能力，如此之多的希望都已经死去，所以他们只好用大笑来说出自己的祈祷。不管怎样，就算是这些梦想现在都成为现实，一切也都太迟了，即使是听我们祷告的上帝也没有勇气出现在我们面前。他已经滥用了自己的怜悯，那天早上被打死的斯迈伦就是这种怜悯的体现。斯迈伦直到得知了他的小弟弟的死讯之后，才放弃了这一切的希冀，他只见过自己的小弟弟两面。斯迈伦一直为这些希望而死死坚持着。但是在这里，在美迈尔，即使上帝能够显现，一切也都太迟了。

几天之后，我们的部队开始撤离这里了。首先撤出美迈尔的部队是那些重伤员。那些还能够走的伤员正在为这样的安排而默默地感到欢快，他们甚至都忘了自己的伤痛。部队撤退的命令像一场吹去沮丧的和风一般从废墟里缓缓穿过。现在除了那些依旧呼啸着的俄国飞机，生活似乎又渐渐恢复了那些原来的色彩。一些被飞机炸沉的船只的残骸像礁石一般露在码头的水面上。废墟里面依旧到处都是那些被炸得四分五裂的狰狞的尸体。这里的德国海军正在完成一项了不起的任务。如果没有他们，那我们一定全都完了。

一艘装满了士兵的渡轮被一架苏联飞机的炸弹直接命中，我们被命令去清理这艘渡轮。我在这里不会提到任何的细节，那么多年过去了，那些回忆依旧让我感到作呕。我们那些负责清理的士兵的皮靴上到处浸透了鲜血，那些被炸碎的人体残肢被我们从这艘即将沉没的渡轮上扔到了水里，大群大群的鱼被吸引到了渡轮边上，那些被炸弹撕碎的人体发出一种无法描述的可怕的气味，虽然我们已经用水冲洗了甲板，但是这种气味似乎依旧强烈。

我们刚刚下到水里时，还觉得水里要比外面温暖。但只是过了一小会儿，我们就感到了刺骨的寒冷。我们的四肢开始变得不灵活了，接着胸口发出一阵阵让我们眩晕的疼痛。我们必须坚持干下去。

现在又有两艘船装满了士兵开走了，马上就要轮到我们了。

到了上午10点钟左右，天空放晴了。苍白的阳光照着这一片灾难的景象，这让我们感到有些难受。我们对于那种阳光灿烂天气的欢喜很早之前便消失了。这样的天气里，俄国人的飞机一定会出现在我们头上的。

当我们还没有把那艘渡轮打扫干净，俄国人的轰炸机飞到了我们的头上。没有人对此感到惊讶。这些俄国飞机是不会放过这样好天气的。我们拖着酸胀的腿向任何一个可以隐蔽的地方跑去。所有的真正意义上的隐蔽所现在都成了医务所。我们只好在废墟里趴下来，或者是找到一个弹坑。我们三三两两地躲在这样的地方，想要把自己的注意力放在我们即将到来的撤退上面。

我们现在可以听到周围防空火炮的轰鸣声，也许这些火炮是在试图让这些飞机飞离港口……但是我们听到了飞机从我们头顶飞过的声音，飞机巨大的引擎声让这里的空气不停地震颤着。看着这些飞机从城市的废墟上掠过，我们搓了搓自己已经麻木的手。飞机飞过人群时，人们就像是狂风中的小草一般低下身来。这5架飞机此刻飞过了两艘已经抛下了锚锭的轮船，5枚炸弹同时从飞机上落了下来向码头砸去。两枚炸弹落在了码头边的水里，巨大的水花把那些等待上船的士兵们淋了一个透，第三枚炸弹落在了废墟里，最后两枚炸弹落入了一群等候在码头边的士兵里面，尸体被高高地抛到了天上。一些受伤的士兵被那些幸免于难的士兵搀扶着，一些受重伤的士兵现在正大声地惨叫着。

我们头上出现了40架俄国飞机，更多的飞机从北面的峭壁后面也向这里飞了过来。其中一架飞机突然凌空爆炸了，也许是我们的高射炮击中了它。但是我们没有人为此发出往日惯有的欢呼。

渡船已经被士兵们坐满了，但是那些在岸边的没有能上船的士兵们依旧一动不动地排着队，期待着下一批船的到来。那些密集的俄国飞机在天空盘旋着，也许在寻找投掷自己炸弹的最佳位置。

我们因为寒冷和绝望而颤抖地看着这些飞机。但是没有人认为那些仍旧一动不动排着队的士兵发疯了。如果轮到我们的话，也会这样做的。在那个时候，希望对我们而言是最重要的东西，那些能够将我们这些士兵带离这里的轮船承载了我们对于生活所有的依恋。

那些飞机又飞了回来，我闭上了自己的眼睛。飞机的轰鸣声大得吓人，我终究只是一个凡人，而不是上帝。我没有死在十字架上，因而没有资格去睁开自己的双眼。

一天天就这样过去了，美迈尔除了在战略地图上还存在外，实际上已经消失了。城市周围的防线在不断地萎缩，但是已经有许多士兵登上了渡轮。然而依旧有好几千名士兵在城市里等待着，并来回于地窖和前线之间。我朦朦胧胧地看着那些在废墟里穿行的士兵们。

那些士兵已经失去了一切正常人所能拥有的生活，看着他们，我的心在一种深深的孤独里痛楚着。

我们已经在这里多久了？我们已经活了多少次了？这是无法回答的，全世界也都不能回答。我感到好像我是为了这些可怕的经历才生到这个世界的。美迈尔已经成了我生命的顶峰，一个无法超越的顶峰，只有永恒才可能超越它。我们都感到在美迈尔之后，我们所有的生命都随之结束了。美迈尔是我生命最终的坟墓。我们这些士兵都默然无语，这个不可思议的集体沉默让我们这些活死人都在思考着下一步我们会遇到什么样的际遇。虽然现在说这些话有些傻气，但是我们当时的确想着我们这里所经历的一切都会得到人们的承认，甚至直到我们死后也不会被遗忘，这让我们在那时都感到了一些慰藉。如今，关于我们在美迈尔所经历的评判取决于一个据信是完美无误的价值体系，但是这个体系完全忽视了那些在美迈尔所发生的事情。

如今，美迈尔的那些事情已经被时间盖上了一层又一层的灰尘，几乎没有人知道这里所发生过的一切了。

我们刚刚离开了自己安身的地窖向一个火炮掩体搬去，那门火炮已经被摧毁了。我把自己的背包和弹药放在了那门炮原来的位置上。霍尔斯、施莱塞和另外一个士兵把自己的东西放在了我的东西旁边。维尔纳、费汉姆、林德伯格，还有其他七八个士兵坐到了掩体其他的地方。我们的这个掩体要比我们住的那个地窖干燥一些，但这不是我们搬迁的原因。我们搬到这里是因为我们可以更方便地到达前沿阵地。我们的阵地继续向港口的方向萎缩着，现在那些防守美迈尔的德国守军正在面临着俄国人的决定性的进攻。我们被告知必须要小心地接近自己的阵地。我们一些士兵有时会向那些进攻的俄国士兵投降，然后那些俄国人就会穿上这些德国士兵的破衣服冒充他们。

我们有些倒霉的士兵已经好几次中了这样的埋伏。更多的时候，那些俄国人不声不响地爬了过来，而此时那些睡着了的德国士兵则成为他们的猎物，接着这些俄国人就待在那些士兵们的掩体里等待着换防的德国士兵。

维尔纳和其他两个士兵差点掉到了这样的圈套里。老兵及时地发现了那个掩体里不正常的情况，并打死了那些俄国人。其中一个当时和维尔纳在一起的士兵结结巴巴地说道："维尔纳救了我们，他用手榴弹让那些俄国人飞上了天。"那两个和维尔纳在一起的士兵都用一种紧张的腔调不流畅地说着。实际上，他们两个人都清楚如果不是维尔纳，他们其实是活不了的。

维尔纳此时什么也没有说，他又恢复了往日的平静，斜靠在了掩体的墙上。我们已经习惯了被维尔纳从种种危险中拯救出来了。那天晚上，我们这里的一个士兵准备抽一支从俄国人尸体上搜出的香烟。他点燃了香烟后走到外面去解手。俄国人立刻发现了他闪亮的烟头，一发50毫米的炮弹穿透了掩体的混凝土打在了他的背上，他一声没吭就这样死了。

费汉姆小声说道："现在俄国佬离我们越来越近了。"

第二天，在刺骨的寒风里走到了我们最前沿的阵地。在到那儿的路上，我们看到了最后一辆在那里的德国坦克。那是一辆古老的马克2式轻型坦克，这辆坦克不久前刚被俄国人打中起过火，坦克的车身上面有着许多的弹痕。它原来的火炮已经被摧毁了，现在被换成了另一辆其他什么坦克的炮塔，每天人们都要把这辆破坦克推到某一个战壕里作为碉堡，这辆坦克有效地阻挡住了许多次俄国人的进攻。

那些我们附近的步兵常常把这辆坦克从战场上拖回来修理，这辆坦克在那些士兵的战斗里发挥了不可估量的作用。

今天，这辆坦克的引擎出毛病了，一群衣着破烂的机师正在坦克那里忙碌，我们蜷缩在附近的掩体里看着那些忙碌的人们。一个机师在修理的过程中弄断了一个工具，他咒骂着把那个工具摔在了地上。我们听到了其他的机师在商量该如何处理这个棘手的问题。这辆坦克的发动机已经没法修好了，那些机师站在坦克周围商议该怎么移动这辆坦克。

有两架飞机刚刚从我们附近的废墟上飞过。所有在坦克那里的士兵们都趴在了坦克旁边紧张地看着这两架飞机。令我们惊讶的是，这两架飞机是德国的侦察机。他们从哪儿来？飞机上的飞行员们看到我们的坦克后降到低空向我们飞过来。由于坦克上没有德军的标志，我们所有人都有些恐惧地想到，那些飞机会把我们当作俄国人吗？我们于是都从掩体里跳了出去向飞机挥着自己的手。飞机从我们右边很低地飞了过去。我们甚至看到了飞行员，他们中的一个向我们挥了挥手。

他们一定是来自我们的一个基地，也许在那里一切都是可能的。

我们灰黑的脸望着那两架飞机一直到它消失在了远方，心似乎也随着那两架飞机飞走了。

面对这辆一动不动的坦克，刚刚飞走的那两架飞机给了我们一些新的鼓舞，现在我们大家都站到了坦克的旁边，有人建议我们来推坦克。虽然这个想法有些疯狂，但是我们还是把手放在了坦克冰冷的外壳上。我们 30 来个人喊着号子拼命推着这辆坦克，靴子在结了冰的地面上滑动着，但是坦克依旧一动不动，我们终于再也使不出劲了。那 3 个坦克驾驶员正责怪着我们的窝囊。大家简短地讨论了一会儿，有两个人跑到了坦克的后面。我们也跟着他们到了坦克后面，这时我们听到了引擎的声音。美迈尔还有一辆卡车，这我可没有想到。那辆卡车好像是喘着粗气似的开到了我们这里，我们立刻把一堆木柴放在了卡车的引擎前面当作减震器，接着卡车缓缓地从坦克后面推着坦克。我们那时以为卡车一定要原地打滑了，但是卡车终于一点点将坦克往前推动了。

我一动不动地看着坦克缓缓转动的履带。这个履带的移动对我而言就像是在美迈尔发生的小小的奇迹。卡车的引擎吼叫着，我们也奋力地踏着坚硬的地面向前推着坦克。坦克继续向前移动着，虽然我早已经累得头晕眼花，但是我们坚定的意志终于让这辆坦克前进了，也许我们应该为此而高兴吧。坦克满是铆钉的履带占据了我的视野。坦克继续在这片宽阔的防线上前进着，现在它在转弯了，我的心里充满了一种莫名的快乐。坦克也许被我们推不了多远，就像是我和霍尔斯或许会在美迈尔这里走到我们生命的终点一样。我感到似乎我和这块巨大的金属之间有了一种共鸣。在美迈尔，一切能够移动的东西都是有生命的，我依旧还活着……

我们后来又两次回到了阵地上。明天我们还要再回来，如果我们还能够活过今晚的话。但是今晚，那些俄国人似乎醒了过来，他们将炮弹像雨点一般倾泻在了美迈尔城里。大地不停地摇晃着，天空中到处都是照明弹，爆炸的火光将这里映得如同白昼。我们的掩体在俄国人密集炮击下坍塌了，爆炸巨大的气浪将我们肺里的空气抽了出去，我们已经闻到了死亡的气息。我们的指挥官沃勒斯上尉试图跑到外面自杀，但是我们追了出去死死地拉着他的皮带。在把上尉救回来的过程中，一个士兵被四处横飞的弹片击中死了。

俄国坦克已经到了我们营地南面的一个小山那里，在那里负责阻击这些坦克的士兵们都阵亡了。正当那些坦克从山坡上开下来的时候，从海那边传来一阵巨大的炮击声。几辆在山坡上的苏军坦克随即爆炸起火了。那些俄国坦克在我们巡洋舰的炮轰下甚至不得不往后撤退了，他们一边撤退，一边向我们这里开着炮。巡洋舰的炮击还在继续着。透过黑暗和大雾，我们可以看到那些大炮的火光。第二天白天，我们透过厚重的烟尘看到了有两艘战列舰正停靠在离我们很近的海岸边。一艘战舰是“尤金王子号”，另一艘战舰的大小和“尤金王子号”差不多。对于我们这些在绝望中鏖战的美迈尔的守卫者而言，这样及时支援是我们不曾想到的。那些俄国坦克畏于这些巡洋舰大炮的威力不敢靠近我们的阵地。

今天早上我们按照安排回到自己的阵地。在这里，我们常常都睡得不深。我们的睡眠是怪异的，能够大睁着眼睛睡着，就像是一盏熄灭的灯一样。这时我们的脸和那些死人的脸没有什么区别。当我们醒来的时候，我们不知道自己还能不能活动起自己的手脚来，感到自己的身体就像是一节枯木一般僵硬。我现在已经不敢再看自己的手臂，因为它们已经变成两根枯柴一般了。

我感到了自己的胸口有些痛，似乎我的里面也在发生着一场战斗一样。最后我还是必须从这样的困顿中摆脱出来。我周围的每个人看起来都和我一样怪异，他们的脸就像是死人的脸一样浮现着一种灰色。人们看到他们的时候会说他们也许是死人，因为在美迈尔严格意义上没有什么东西是活的。

我们离开了自己睡觉的碉堡向前线走去。俄国人依旧漫无目的地射击着，他们的射击就像是在打发时间——一会儿一颗子弹打在你左侧的地上，一会儿另一颗子弹打在了你的右侧。在昨晚那一场地狱般的炮击后，现在这些东西一点儿也不算什么。随着我们离前线越来越近，沿途那混乱的场面愈发变得不可想象起来。我们必须要爬过那些大弹坑和高高的土堆。我的头依旧在眩晕着，力气都赶不上一个孩子。

我们可以看到在俄国人的阵地上有烟尘升了起来，德国海军一定击中了几个目标。在路上，我们经过了几个守在自己机枪后面的士兵，他们死死地盯着我们，似乎这一切的局面都是我们造成的。我们继续默默地走着，在这里，礼貌一文不值，除了勇气之外，一切都死了。

现在维尔纳在干什么？

他已经停了下来。我不太明白——但是现在一切对我而言都没有什么区别。我已经由于极度的疲惫而麻木了。但为什么他现在开火了？维尔纳已经在地上架起了自己的机枪，他甚至连支架都没有打开就向前开火了，机枪子弹正扫在我们掩体的边上，每个人都趴到了地上。霍尔斯正趴在我的右边，但是我不敢看他。霍尔斯似乎突然变老了，他现在看起来恐怕有50岁。

霍尔斯从牙缝里小声地说道："我们马上就会知道了。"

这时老兵丢了一颗手榴弹出去，手榴弹落在了我们本该去的掩体附近。维尔纳简直是一个不可思议的士兵。因为如果是我们的人躲在那里，他们一定会叫喊的。

但是那些已经悄悄摸到我们掩体里的俄国兵此刻一声也不吭。如果他们想要靠喊叫来糊弄我们的话，我们会立刻识破他们这样的伎俩的。老兵是正确的，那些躲在我们掩体里的俄国佬已经在向我们开枪了。

维尔纳喊道："这帮猪猡！狗日的！"

维尔纳本该成为一个将军的，甚至有能力成为元首，他已经成了我们最信赖和依靠的人。他此刻正向那些准备伏击我们的俄国佬们射击着。那些俄国人已经被我们的弹雨压在战壕里一动也不敢动。接着我们听到了坦克向我们开来的声音。我们知道那里有一辆坦克正准备向我们开炮。

维尔纳已经准确地作出了自己的判断。他现在正拽着枪向后面缓缓地退着，在我的左边，一个士兵已经被打中了。

霍尔斯现在喊道："我们往回走吧。"

但是往后撤和向前冲一样危险。现在谁能给我更多的勇气呢？我的母亲吗？我曾经有过母亲吗？是葆拉吗？但是这种儿女情长的回忆现在又有什么用呢？或许是我的皮肤？我的皮肤看起来像霍尔斯的一样枯干灰暗，我已经没有勇气再看一看自己的皮肤了。对现在的我而言，无法找到自己的勇气是一种最令人疯狂的事……但是还有维尔纳，我们真正的领导，他值得我们为他去死。

我们不得不抛弃我们的朋友汉斯，他的屁股中弹了，在俄国人猛烈的射击中，我们没法为他包扎。我们对他说了声再见。他知道如何去面对死亡，因为他已经知道了活着在美迈尔意味着什么。

我们退到了一个弹坑里，在那里架起了随身携带的两挺机枪。正如我们所预料的，俄国人的坦克正在疯狂地向我们刚刚所在的位置开着火。现在战斗在我们南面和北面同时响了起来。俄国人正潮水般地涌入我们原来的战壕里。看到那些俄国人，我们都被吓得一动也不敢动了。维尔纳已经停止开火了。他看着我们，我们也在看着他，似乎我们都在祈祷着一个能够从这个困境中解脱出去的方法。我们看着老兵的面容，立刻知道了一场灾难就要降临在我们这里了。

老兵此刻突然喊道："你们赶快走！用你们所有的气力赶快跑吧！"他的声音从密集的枪炮声中传到了大家耳中。

我们已经拿着自己的武器滑到了坑底。我们在那里停留了片刻，大家都望着维尔纳。

费汉姆此时向维尔纳喊道："赶快下来啊！"

老兵回喊道："住嘴，神父。你也必须走。"

但是费汉姆依旧一动不动地待在原处。

老兵又向费汉姆喊道："为了上帝的爱，你快走吧。不要管我，我已经受够了战斗和撤退了。"

我们此刻向老兵喊道："维尔纳！"

老兵说："战争结束后像我这样的人是没法正常生活的，你们还记得吗？"

维尔纳此时已经再次开火了。他正向着那些顺着掩体向我们冲来的俄国士兵射击着。费汉姆又向老兵喊了一声，但是机枪的声音淹没了费汉姆的喊声。我们此刻都向后飞快地跑着，我们刚才那个弹坑里的阵地不可能再保住了。为什么维尔纳不跟上我们呢？

10 分钟以后，我们跳到了我们的迫击炮和反坦克炮的阵地里。在我们 500 米外的东边，可以看到滚滚的浓烟从我们刚刚离开的地方升了起来。我们此时感到固定战壕壁的木桩正在剧烈地颤动着，我们都死死地握着手中的武器。

我们战舰的炮火再一次帮助我们阻挡住了俄国人汹涌的进攻。如果不是这些大炮的话，我们的阵地已经被俄国人占领了。所有美迈尔的士兵都回到了自己的阵地。在激烈的枪炮声里，我们可以不时听到受伤人的呻吟声。现在战斗已经达到了白热化的程度，那些码头上准备登船的士兵们也赶了回来加入了战斗。此时这里没有什么利他主义，只有纯粹的自身利益。每个人都知道，如果美迈尔失守的话，一个人也走不了。

美迈尔再次击退了苏军疯狂的进攻，这个地方此刻就像是绝望的海洋中一个充满勇气的小岛。然而我们一直等待的渡轮还没有来。我们已经被抛弃了吗？那个我们为之战斗的原因已经消失了吗？这就是我们的结局吗？

第二天晚上，一艘渡轮像幽灵一般停靠在了美迈尔的岸边。一帮半死的士兵飞也似的涌向了这艘船，彼此互相推搡着，任何命令也不可能阻止这样的混乱，那些军官也和这些士兵一样向那艘渡轮冲去。

这艘船看来并不是接我们的，而是来拉走食物的。现在我们这里的食物足够我们吃 3 个月，既然我们将立刻撤离，这些食物最后只能毁掉。而此时在我们南面，有数十万的难民正在死于饥饿和寒冷。那些已经冲到了岸边的士兵们此时听到了船上一个海军军官通过大喇叭传出来的声音。起初他们没有听懂这些话的意思，后来他们模糊地弄明白了他们需要帮助那些在南面的难民们。船上的小艇此刻装满了食品和一些伤员向渡轮驶去，那些原本以为可以离开的士兵们此刻呆呆地站在夜色笼罩的海边。

我们逐渐减少的部队此刻被派到了美迈尔的北边，这里是一片靠海的沙滩，沙滩旁有一些不太高的悬崖。我们的碉堡就建筑在悬崖的顶上。但是俄国人已经占据了这片悬崖的几个制高点了，虽然人数还不太多，但是他们已经派了一些狙击手到了那里，那些狙击手不断地向下面的海滩射击着。

德军的这些阵地就像是一些被敌人团团围住的要塞的制高点，这里的士兵已经无法得到任何的外界补给。在美迈尔，任何能够动一动的东西都算是活的，那些能动的东西自然会被人使用。

一个衣冠不整的军官将我们带到了这里，他担心俄国人会在这里突破我们的防线。虽然这里阵地的位置非常险要，但是这里至少比前线安全。那些俄国坦克不能通过这里，除非他们能够翻过这些峭壁。我们利用那些难民们在这里挖的那些临时掩体作为我们的阵地。

我们现在已经可以清楚地看到那些俄国人了。他们正在沿着海岸的峭壁上走着，不时从那里向我们射击着，有时候也用迫击炮。我们周围那些松软的沙地已经被爆炸翻了起来，那些迫击炮的炮弹在这样的沙土中显得特别有威力。那些俄国人只不过是在拿我们开心，他们一刻不停地向我们开着火。如果我们的脑袋不木然的话，此刻一定会充满了愤怒。

虽然外面依旧寒冷，但是海面上也向我们这里输送来了雾气，这对我们而言是个好消息。俄国人已经渗透到了我们阵地的后面，我们已经在阵地后面打死了一些俄国人。那些俄国人其实也非常害怕，他们也希望自己的坦克或大炮能够一劳永逸地将我们这些阵地都消灭掉。俄国佬小心翼翼地试图穿越我们的阵地，当他们走到了他们认为我们能够听见的距离时，他们就会向我们喊出一大堆的脏话来，告诉我们他们会如何对待我们的妻子和母亲。他们也说到会割下一些我们身上的器官。有时，他们也会唱起歌来。

霍尔斯和我都在听着，我们的手指放在冲锋枪的扳机上。

在那些俄国人唱完歌后，会像这样数数道："听好了，德国兵，你们马上就要死了。听：一、二、三……"接着他们就会向我们射出一阵弹雨来，而我们依旧默默地听着。

在晚上的时候，海上会驶来两三只小艇。一帮衣衫褴褛的士兵会冒着被俄国人打死的危险向海边跑去。我们的阵地离海岸太远，因而我们无法及时地跑到那里。此时我们的嗓子眼感到想呕吐，我们无力地站在掩体里，猜测着周围的局势。那些装满士兵的小艇每一次离开我们的时候，我们的防线就变得越发单薄起来。现在没有什么能够阻止那些俄国人的进攻了。此时我们的时间已经变成了一场噩梦，我们都开始无法控制地颤抖起来。

霍尔斯此刻把枪对准了自己的头，我用自己充满忧伤的目光盯着霍尔斯，霍尔斯看到我的目光后把枪放了下来。

第二天，我们这里依旧被浓雾遮盖着，前线非常安静，俄国人正在准备什么吗？

霍尔斯和施莱瑟向海滩边的一辆破汽车爬去。我小心翼翼地加入进去。霍尔斯小声地对我说："帮帮我们，萨杰。我们要把这辆车的内胎拿出来，它的三个内胎都还是好的。”

我接着问道：“你们要做筏子？”

霍尔斯回答道：“是的，一艘小船，但是必须得小心。我们没有任何工具，所以我们必须得用刺刀。像这样做，但是得小心别把车胎刺穿。”

我此时感到了一线希望之光照进了我的脑海中。一只筏子，我们也许会在这只筏子上漂很久，但是这是我们唯一的出路了。我们没有工具，所以我们必须要将这些轮胎从车上取下来，同时还不能把车抬起来。焦虑让我们都颤抖了起来，我们开始了这个要命的工作。我们取出来的内胎必须是充满气的，否则它们对我们而言是没有用的。费汉姆此时也过来加入进来。

他说道：“你们疯了，就算是你们把车胎拿出来，它们也会爆掉的。是外胎让这些内胎不爆掉的。”

神父的话是对的。我们刚才已经晕头转向地折腾了半天，但我们还是不能放弃逃生的念头，于是我们对于费汉姆的建议报之以一阵咆哮。

霍尔斯说道：“那我们就把整个轮胎拿下来。”

费汉姆说：“我相信它们漂不起来。”

霍尔斯吼道：“闭嘴！你靠你的上帝去吧，我自己对于这些轮胎是有信心的。”

费汉姆什么也没有说，只是和我们一同用刺刀把轮胎上的螺丝取下来。

我们至少花了两个小时才把这些轮胎取了下来。我们还把这辆车的右前轮下的沙挖空，最后这辆车的底盘完全贴在沙滩上了。

我们现在可以听到在美迈尔重型迫击炮弹爆炸的声音，爆炸的力量甚至传到了我们这里，看起来俄国人已经夺取了一大片的城区。我们已经不敢想象在那里到底发生了什么，继续着手上这份荒唐的工作。在这中间我们有两次不得不放下手上的工作回到自己的掩体里。俄国人正在借着大雾渗透到我们的防线，有七八次我们向一些长着亚洲人面孔的俄国士兵射击着，每一次我们手中的冲锋枪射出子弹，都使我们在恐惧中发着抖。

到了晚上的时候，整个美迈尔都淹没在一片烈火之中。苏军的喀秋莎火箭弹持续地向着城区呼啸而来。我们此时已经对此毫无反应了。我们七八个人正在用一些皮带将木板绑在这3个轮胎上，几分钟之后，也许这七八个人就要相互厮杀起来了，因为那只筏子根本坐不下那么多人。

现在筏子已经做好了。施莱瑟和费汉姆把筏子推到了水里。我们像一群担心失去自己该得那份食物的恶狼一样跟在他们的后面。

费汉姆此时说道："等一等，我先来试一试。"

我们此时都往前走了一步。费汉姆看着大家，他知道如果他把这个筏子稍微划远一些的话，我们会杀了他的。我们的身后是美迈尔冲天的火光，而我们此时正在注视着半没在水中的筏子的移动。

当费汉姆试图在筏子上努力保持平衡的时候，他一定在向那个虐待狂一般的上帝祈祷着，而上帝只是看着那个筏子沉到了水底。费汉姆直到海水淹到他的皮带时才跳了下来，我们通往安全的希望就这样随着筏子也沉没了。

夜晚依旧在美迈尔巨大的火光中流逝着，沙滩已经被火光映成了橘红色。一个非常年轻的人民冲锋队的小男孩刚刚因伤势过重死去了，他的尸体直挺挺地夹在我们中间，我们多数人都没有注意到他已经死了。另外一个人突然从我们中间站了起来，似乎他是被美迈尔那边的火焰催眠了，他径直向美迈尔走去了。我们剩下的人看着他消失在了那片明亮而几乎有些不真实的黑夜之中。

俄国人现在可以在任何时候打得我们措手不及，我们也已经没有能力去阻挡他们的进攻了。我们这几个东部战线最后的守军现在正在目不转睛地看着美迈尔末日般的景象。天亮的时候，那些城里的火光已经几乎变成了亮白色。我们没有接到过任何命令或是被告知过这里的位置，只好一动不动地待在这里，消失在这一片揪心的孤独之中。

到了中午，我们的领导沃勒斯上尉告诉我们他要离开美迈尔了。他没有命令我们必须跟随他，但是我们大家还是跟着他走了。我们走到一半的时候都瘫倒在了地上。我们已经没有力气再走下去了，这走完的800米的距离就是我们所能够走得动的距离。

在不远处的东面，战斗还在继续着。

我们这些人依旧还活着，这怎么可能呢？夜幕渐渐降临到了美迈尔，夜色中的美迈尔火光冲天，连城市上空的乌云都被映得通红，在城市南部的码头那里也有火光。有人能够从这样的地方幸存下来吗？我们躺在原地，大家都陷入了沉默之中。我们的眼睛还在继续注视着眼前这片巨大的灾难。几个小时过去了，我们的生命早已干涸了，我们的眼睛空洞地望着美迈尔的大火。没有人想到要打开我们剩下的几个罐头。我们知道任何食物现在都已经变得苦涩了，就像是美迈尔的味道一样。

黑暗再一次隐蔽了我们，我们这帮一动不动的人现在被一片海上升起的雾气笼罩了起来。

在离我们不到10米的地方有一群人弓着腰从我们面前走过。他们的身影看起来有些像是幻影。他们是那些城里面幸存的德国士兵吗？他们是俄国人吗？或者只是一个幻觉？

我不知道我们在那里坐了多久。也许是又坐了一天一夜。没有人能够完整地复述一个噩梦。再者，就算我们知道过了多久，这又有什么价值呢？在美迈尔的时间不能用常规来量。直到今天，我还是需要有人作证才可能相信那些在美迈尔发生的事情，否则我会以为是自己一个疯狂的幻觉。就算是到了今天，当我回忆起那些美迈尔的经历时，我依旧不可遏制地由于恐惧和伤痛而颤抖起来，甚至连我的回忆本身都是痛楚的。那时的美迈尔这个人间地狱现在已经没有多少人还记得了，但是我依旧牢牢地记下了这段过去的历史。

我在这里没有为那时的血腥而抗议，我也没有想去呐喊什么复仇，我只是无法对于那些在美迈尔的经历保持默然和克制。我在自己的孤独中也学到了没有什么力量能够超越饶恕的力量。

我们有时在听着海上的声音，每一个从海上传来的声音都可能是我们得救的信号。我们站在海边仔细地听着。有个声音此时向我们传了过来，这个模糊的声音听起来有些像引擎转动的声音。接着有一些模糊的人声，我们此刻走到了水里，大家几乎没有感到海水刺骨的冰凉。我们终于听清了一些话语：

“这是温德吗？这是温德吗？”

那些船上的人在问温德在哪里。温德是一个在我们北边的城市。那艘船的灯光被雾气遮住了，但那个声音依旧继续喊着。也许这个声音是从一个扩音器里传出来的。我们颤抖着用自己浑身的力气奋力大喊着：“温德在这里！”

我们像一帮疯子般继续向水里跑去。我们边跑边喊着，一直到海水已经没过了我们的胸口。有人此刻跌倒在了水里，接着他们挣扎着站了起来，依旧不停地喊着。很快海水已经淹到了我们的下巴。我们想到了脱下自己的外衣向那个声音游去。接着一个模糊的船影从浓雾里钻了出来，我们又喊了起来。那艘小艇在不远处停了下来。

我们这帮淹得半死的人向那艘小艇拼命游去，终于到了那艘小艇的边上。我们可以看到那些船上的水手，他们此刻正把绳子和渔网抛给我们。他们问了我们一些问题，但是我们没有人回答他们。我们正喘着粗气死死抓着抛给我们的东西。我用自己被冻得僵硬的手指死死抓住船边一个满是铆钉的孔。

冰凉的海水正在摧毁我的意志，我努力让自己不被冻得失去知觉。这时一个空烟盒从我的上衣口袋里漂了出来浮在了我面前的水面上，我试图将我的注意力放在这个空烟盒上，但是正当我想努力去看时，我的视线模糊了。

现在一切都变得没有知觉了，自然我也感受不到疼痛了，我几乎感觉不到那些将我从水里拉上去的手臂。他们将我放在了小艇的甲板上和我的几个伙伴躺在一起。我们现在就像是一包包没有形状的湿乎乎的沙袋乱七八糟地堆在了甲板上。在半清醒的状态中感到水手们将几杯热茶递给了我们，我冒着烫伤自己喉咙的危险把一杯滚烫的茶喝了下去。我失神的双目依旧紧紧地盯着熊熊燃烧的普鲁士海岸。

我再也记不清下面发生了什么。我不明白为什么我没有在甲板上死于寒冷，也许那些水手们在拼命揉搓着我们的身体好让我们能够保持体温……我唯一记得的是从岸上传来的各种爆炸声。

终于，这艘船到达了皮洛[1]，在那里我们下船了。我们在一大群的难民中间颤抖地穿行着，我们首先到达了一个急救站，在那里医生给我们检查了一会儿。一大群伤员正坐在或躺在一个露天的棚子里。这个小小的港口笼罩在一种焦躁的氛围之中，如果战争现在还没有到达这里的话，那很快这里也会成为前线了。我们这时可以听到东北面雷鸣般的炮声。

---

① 皮洛原属于德国东普鲁士，二战后归苏联所有。现在位于俄罗斯加里宁格勒省，是俄罗斯在波罗的海的重要港口，该港口也是俄罗斯波罗的海舰队的驻扎地。

第十八章

最后的磨难

皮洛　卡尔堡　但泽[①]
哥滕哈芬[②]——我们的最后一战

我们在皮洛待了大约三个星期。我们被医生宣布为不适合前线战斗，而且我们大家实际都受伤了，即使没有受伤的话，我们目前的状态也只能待在医院里。

我们麻木的大脑已经不能理解任何发生的事件，或者是任何要我们去做的事情。虽然我们目前不能再回到前线，但是这并不意味着我们可以从部队里面离开。那些不断涌入皮洛的难民让我们这里每一个手脚能够活动的人都不能停下来。

我们现在正在忙于帮助那些需要救治的难民并帮助他们从这里撤出。所有的这些难民都刚刚经历了一场可怕的出逃，那些路

---

① 但泽在一战前属德国。一战后依据凡尔赛和约将其变为由国联托管的自由港。二战中但泽港被德国夺回。德国战败后但泽港被划分给波兰，并被改名为格但斯克港。现在格但斯克港是波兰位于波罗的海最重要的港口。译者注

② 哥滕哈芬位于但泽港的北部，也在波罗的海边，现在属于波兰。译者注

上所见的恐怖依旧印在他们憔悴的脸上。急救站这里还有一大批从科涅斯堡和克朗兹[①]来的伤兵，他们现在都躺在这里的地上。这里的急救站没有屋子，所以许多伤员都必须待在户外，一月份的寒冷正让一些重伤员悄悄地在这里死去。装载着大量逃难人员的小艇还在不断地驶出皮洛港，每艘小船上都装满了人，大约一大半的乘客是难民，其他的则是负伤的士兵。

我们把那些需要撤离的伤员分为两种，第一种是受了重伤而且生存希望渺茫的人，这些人留在了皮洛；第二种是依旧有希望活下来并适合乘船的伤员，他们将幸运地被运到德国的西部，那时人们仍旧以为那里是一片相对寂静的地方。

在这里，每 1000 人登上开往西部的船，又会有 3000 人抵达皮洛港。不断到达的难民已经快要将这个原本不大的港口挤爆了。

如果俄国人到这里来的话，那这里也马上将会变成第二个美迈尔，只不过会更惨烈而已。大量的难民从南部跨过了皮洛附近的沼泽到达了这里。他们来自海林根贝尔、博美仑多夫、埃尔宾，甚至还有从东普鲁士来的难民。他们被告知可以在皮洛登上开往西部的渡船。

我们和这些可怜的难民中的几个交谈了一会儿。他们几乎每个人在路上时都失去了一两个亲属，他们用颤抖的声音描述了我们曾在美迈尔所看见的情景。我们从他们那儿知道难民们逃到但泽港的路线已经被俄国人切断了，那些俄国人已经到了大沼泽地区。听起来美迈尔式的恐怖在德国沿海的城市中都在上演着。

我们看着那些坐上了船的难民现在向那个曾经被保证是安全的西部驶去。但是那些即使到达了德国西部的难民们又将面临新的困境。如果他们的祷告被上帝听到的话，那恐怕天堂也会为他们提前打开来缩短他们的苦难的，但是什么也没有发生，只有在那些难民沉沉睡着的时候，他们的苦难才暂时减少了一些。

---

① 科涅斯堡二战前是德国东普鲁士的首府。克朗兹是科涅斯堡附近的一个城市，也位于东普鲁士地区。东普鲁士在二战结束后划分给了波兰和苏联。现在科涅斯堡和克朗兹位于俄罗斯波罗的海沿岸的加里宁格勒省。译者注

随着隆冬的到来，气温已经降到了摄氏零下20度左右，这加剧了难民逃亡的苦难，同时也导致了更多伤员的死亡。

一大群人在一个大楼面前涌动了起来。从大楼里飘出来一股稀粥淡淡的香味，潮水一般的人们此刻已经将那里挤得水泄不通，并不断地跺着脚取暖。他们跺在石板上的脚步声听起来就像是一阵阵沉闷的鼓点。那些失去了父母的小孩是这里最可怜的。许多这样的儿童在逃亡的路上死去了，他们现在已经不再喊着自己的妈妈了，只是默默地流着眼泪。这些小孩子还没有到懂事的年纪，他们脸上的泪水已经结成了一串串的冰珠，他们的样子是这场战争里我看到过的最凄惨的景象之一。我们试图将他们聚拢在煮稀粥的大锅边，这样他们能够感到一些温暖。我们试图询问这些孩子的情况，但是他们只是默默地流着眼泪看着我们。

一个金属制的大大的十字架正竖立在离我们不远的地方，十字架上结满了白霜，看起来像一支巨大的剑。一群人此刻已经聚拢在了十字架旁边聆听着牧师的布道和鼓励。

现在严寒已经把附近的大沼泽地冻住了，那些计划进入到皮洛的渡船因此遇到了不少的麻烦。但是现在几十万的难民们正在步行通过这片封冻的沼泽地最终到达但泽港。人们也从海林根贝尔的包围圈中通过封冻的沼泽地向但泽港走去。他们逃亡的路上充满了各种艰险。俄国轰炸机试图用一连串的炸弹让沼泽上的冰面破碎，它们常常得手。那些私人汽车和其他一些交通工具在裂开的薄冰里沉到了水底。

但是没有什么能够阻止住汹涌的难民潮，那些难民已经准备好了经受这些艰难。由于苏军在这个地区的活动越来越频繁，大量在皮洛的难民此刻都选择了这一条天赐的逃亡之路。苏军的飞机每天都从皮洛上空飞过，看样子科涅斯堡的防守已经崩溃了。

随着皮洛的撤离工作渐渐减少，我们计划撤离一切不需要留在皮洛的人员。皮洛离科涅斯堡大约有20公里。在克朗兹的前线也支撑不了多久了，我们不久后就会在这里面对苏军的先头部队了。

我们现在属于一支临时整编起来的部队，这支部队的士兵都是来自一些被打散或是被消灭的德军部队的残余人员。没有人知道大德意志师在哪里，但是我们依旧戴着自己所属部队的徽章。在我周围还有一些熟悉的面孔。沃勒斯上尉的右手包在一堆脏兮兮的纱布里面，他已经失去了自己的两个手指。我们的神父费汉姆，施莱塞和林德伯格，还有我们的司务长格兰德斯克，他已经早就把自己随身带着的行军锅换成了现在手中拿着的冲锋枪。

这里面还有我永远也不会忘掉的好朋友霍尔斯。其他还有几个我叫不出名字的大德意志师的战友。这就是我们师在这里的所有人。我们师是不是已经被撤销了呢？看起来还没有。一个军官此时向我们致敬并要求我们立正，我们有些惊讶地看着这个有着冷峻面容的少校。

我们过去无数次对于这些部队上的繁文缛节感到恼火，但此时，这些军礼和命令让我们大家都感到了说不出来的温暖。这些命令让我们想到自己还是一个活着的人，生活依然没有完全离开我们。对于已经习惯了活在现在的我们而言，这样的感受几乎有些奢侈。少校向我们讲话，少校的讲话让我们知道了自己肩上的重担，我们这些士兵都必须要面对这里可能发生的一切危急情况。

这个穿着整齐的少校正试图在这个席卷全德国的灾难中恢复一些正常的秩序。虽然他知道德国已经战败了，但是他依然决心坚持到最后。他告诉大家我们将马上撤退，我们也像其他人一样要跨越这片大沼泽地向但泽走去，我们师的一部分士兵已经到了那里。此时少校用一种温和的口气告诉我们说我们将要和那里的部队会合参加进一步的行动。他并没有安慰说我们前面的局势会好起来。现在，各处的局势都已经到了最恶劣和最糟糕的地步了，每个人都无法回避这样的局面。少校现在向我们敬了礼，接着他向另外一批部队走去了。

我们开始出发了。狂风把冻得严严实实的沼泽地上的积雪吹得到处都是。在前面我们可以听到远方海浪的声音，我们后面依旧传来隆隆的炮声。

到了晚上，我们到了一片叫奈尔荣的沼泽地，并看到了我们在那里的防空掩体，那些防空掩体几乎都被周围高高的杂草所掩盖了，杂草上积着厚厚的雪。我在那里摔了一跤并把自己的脚给拧了。我们必须在这片沼泽地里走上60多公里，虽然脚受了伤，但是我还是必须要走完这一段路。

我找到了一个破笤帚做我的拐杖。这里有无数的伤员或是已经倒下死去的人，和他们相比，我现在的脚伤简直不值一提。我们在沼泽地里慢慢地走着。我们在一只倒扣下来的船的下面休息了几个小时。我们不是唯一使用这只船的人，在我们到达之前，已经有一批难民睡在里面了。我此刻把自己的头靠在霍尔斯的肩膀上试图睡过去。

我们在第二天中午到达了卡尔堡，这个小镇上到处都是饥肠辘辘的难民。那些难民正在大口地吞吃着刚刚发给他们的炒面粉，不多的几个炼乳罐头是给那些孩子准备的。士兵们排成了一条望不见尾的长队来领取两小勺炒面粉，还有一小杯淡茶。

我们筋疲力尽的行军依旧继续着，在这里两次遭到了苏军飞机的扫射和轰炸。那些飞机在低空向人群发射着反坦克火箭弹，每一发火箭弹都打在了密密麻麻的人群中，我们四周到处都是人肠子特有的一种血腥味。我们最担心的是那些儿童，他们根本就不知道这些飞机是怎么回事，他们也不知道现在寒冷和饥饿对于自己的威胁有多大。周围的一切都在威胁着他们的生存。他们被冻得生疼的手脚让他们紧紧地咬着自己的嘴唇。他们呆呆地望着自己被冻得红肿的手，望着那些周围的成年人。他们也看着那些在风里摇曳的枯草，他们再也不能把那些枯草地当作什么玩耍的场地了。

我为那些孩子们担忧。他们在自己还没有犯下任何罪行的时候就被惩罚了。我无力地看着这些孩子们，我就算是为他们死也不能够给予他们哪怕是一丝丝的帮助。我不是那个为人类赎罪的基督，但是在这里我找到了太多结束自己生命的理由。

我们在跨越了哈夫沼泽地的冰面后到达了但泽。那里的局势现在看起来似乎还算平静，虽然那里已经有了几十万的难民。战争仍然在但泽以南的地区进行着，我们终于听不见炮声了，但是俄国飞机依旧频繁地对但泽的市中心发动着空袭。但泽已经成了整个普鲁士难民逃亡的目的地。虽然许多人都露宿在野外，但是这里他们能够得到基本的生存保障。在这里人们可以坐火车到德国西部去，但泽港依旧可以通航。我们在码头边的一大群衣衫褴褛的人群中等待着。

沃勒斯上尉去了一个可以告诉我们在哪里和师部集中的咨询处。他在那里等了好几个小时。在此期间我并没有四处乱走，皮靴上的那些冻硬的褶皱正在死死地挤压着我已经肿胀起来的脚踝。

一艘大船驶进了码头，人潮随之向大船涌去。那艘船还没有放下自己的锚链，所有人都必须要耐心等待好几个小时才可以出发。在但泽，时间并不重要。

在这里，那些孩子的脸已经被冻得扭曲了起来，他们呆滞地看着周围。当睡意征服了那些孩子时，他们就在地上睡着了。我被疲劳和孤独感所包围着，我看着那些码头上的海鸥，它们正飞舞在人群的头顶。它们像是来自另一个世界。

我们已经两天在这个码头的大厅里等待着消息或命令。寒风吹动着那些窗户上残存的玻璃碎片，并让大厅里和外面一样冷。我们不得不停地走动着和挥动着自己的手臂，好让自己保持一些体温。由于我行动不便，我的战友们便给我在里面找了一个地方坐了下来，他们则在外面走动着。最后终于有了一个令人不太振奋的消息传到了我们这里——在但泽没有我们师的部队，也许他们都已经到了哥滕哈芬。哥滕哈芬是一个离我们大约几公里的小镇。如果腿没有问题的话，我能够很快走到那里的。

在霍尔斯和那把破笤帚的帮助下，我勉强走了一段。在路上，我们遇上了好运——一些当地的居民出来邀请我们到他们的房子里。房子里面非常暖和，我们感到似乎天堂的大门向我们打开了。在那里已经挤了一大帮从东部来到这里的难民，还有一大群默不作声的孩子，他们正坐在靠墙的一条长凳上。

这里有热水供应，房子的主人向我们提供了清洗自己的机会。虽然沃勒斯上尉知道我们这些士兵并没有权利享用那些原本是为难民准备的东西，但是他手上的绷带已经浸满了脓液了，他的身体也已经疲惫得无法活动了。我现在已经把自己的脚泡在了一盆温水里面。房子的主人坚持要让我们留在这里过夜，而且他们在晚上的时候还给我们做了一些吃的。

我们在温暖的地窖里面度过了一夜。不幸的是，我们的身体已经完全不习惯这种暖融融的环境。我们每隔一段时间都会不由自主地颤抖起来，我们一直压抑着的疲劳都在此刻爆发了。林德伯格每次都要颤抖好几分钟才会停下来，霍尔斯现在则靠着墙轻轻地抽泣着，我则是浑身都感到无比的酸痛，以至于每一次呼吸都能感到这些疼痛在起伏着。

我们再也不能像正常人那样生活了吗？这也许是可能的。然而，我被扭伤的脚踝此刻发生了一个奇迹般的转变。我的脚在热水里浸泡了 3 次之后，脚踝以奇迹般的速度恢复了。也许我们的身体长久以来几乎被剥夺了一切正常的需要，它们已经对于那些最微小的关怀都会有着不可思议的反应。那些已经垂死的士兵往往在喝了一杯果酒或是收到某个承诺之后奇迹般地活了下来。在今天，一场小小的感冒就可以让一个健康的男人卧床几天。然而我们的确也不是什么超人，而只是最通常意义上的人。

第二天早上，我们告别了房主。他告诉我们，自己最后的一点儿粮食已经吃完了，他们准备离开但泽逃到德国西部。

冬天的黎明很晚才到来，随着天色的放亮，那些俄国飞机也出现在了天上并轰炸了但泽码头，我们在这一片爆炸声中向房屋主人道了别，接着继续向哥滕哈芬前进。此刻我们周围都是一眼望不见头的难民，大家都在往西走，因为大家现在不再认为但泽是安全的。其他人则往北走，他们的目的地是海拉港，这是一个和哥滕哈芬相对的港口，这个港口也和但泽一样繁忙。

在哥滕哈芬被摧毁之前，这里是伤员的收容点，然后伤员被转送到内陆的村子里面。其他部队则穿过这里走向自己新的战斗的地点。海拉是离哥滕哈芬大约 50 公里的城市。

我们沿路问着那些士兵关于我们师的情况，但是没有人知道或是看到过我们师的士兵。有人建议我们去一趟部队调度中心，但是当我们到了那里时，我们看到了那些军官们已经忙得不可开交了，我们最后还是没能有机会开口问。有谣言从难民中传来：一艘很大的轮船几天前被击沉了，几乎可以肯定是被鱼雷击沉的。那艘轮船上满是刚刚逃离战区的难民。我们可以想象到当船在冰冷的暗夜里沉没时的恐怖。

这样的坏消息从来是不公布的，但是不管怎样还是传到了这里。那艘被击沉的船的名字据说叫威尔海姆－古斯特洛夫号。

我们依旧得不到关于我们师的任何消息。我们被编入了一个临时营，负责防守泽波镇的西面。

我们在离海岸线大约 30 公里的地方构建起自己的战壕。我们不知道敌人从哪里来，但是看起来我们都面向着错误的方向。所有的反坦克炮和防空火炮都瞄准着西面和西南面——我们唯一的撤退方向。我不太懂——但是这并没有区别。这不是我们第一次不明白战局了，显然别人已经替我们着想了。

除了挤满所有农舍的难民，这里的生活总体还算可以。那些普鲁士的农夫们继续保持着他们惯有的井井有条，尽管此时他们的脸上流露出明显的焦虑神情。未来的日子看起来是黯淡的，明天或许会更加艰难。虽然上面有命令要大家振作起来，虽然在这样的逃亡里面人们继续努力保持着原来的生活节奏，这些普鲁士的农场主已经悄悄地开始清理自己的财产了。为了不让这些财产落到俄国人的手里，农夫们已经屠宰了大量的牲畜作为难民的食物，这在后来证明是明智的。不久之后，许多剩下的牲畜都因为战乱而冻死或饿死在了农场里。

虽然现在大家都需要干各种各样的活和不停地轮流站岗，但是我们的粮食不再受到定量限制，大家的身体都开始恢复了起来。饭食中的肉类对我们的身体恢复起到了巨大的作用，我们将那些肉食都最大限度地消化了，就如同战争把一切东西都消化了一样。

格兰德斯克已经回到了自己的老本行，在几个平民志愿者的协助下，他在这里开设了一个巨大的露天厨房。现在有两辆卡车穿梭在泽波镇、哥滕哈芬和但泽港之间，这两辆卡车把弹药运送到这里的前线。虽然时不时有空袭，但是总体来说这里的安静还是有些令人惊讶。这样的安静似乎与 1945 年初的严峻局势一点也不协调。现在甚至连寒冷都减弱了，我们正在做着一些闲散的事情好让自己的注意力能够从即将到来的战事上转移开来。

在 1945 年 2 月的一天，一支我们原以为不存在了的部队邀请我们到哥滕哈芬去驻防。我们大德意志师已经有几个分部在那里重新聚集了，并准备开到西部去。一切似乎都在好转起来，我们和临时营的战友们道了别就离开了。格兰德斯克非常遗憾地离开了他已经管理得井井有条的厨房。这一次的调防让我们从一场可怕的灾难中脱离了出来，不久后，俄国坦克就从西面向我们原来的阵地开来，我们精心构筑的防御工事在苏军疯狂的炮火中被摧毁了。我们的临时营顶住了苏军第一轮的进攻，但是阵地后来还是被苏军攻占了。俄国人虽然也蒙受了惊人的损失，但还是像以往一样，这些损失对于他们而言似乎微不足道。在苏军对那个临时营阵地的进攻中，整个营几乎所有的官兵都阵亡了。

我们在哥滕哈芬等候命令，远方的炮火已经变得越来越激烈了。俄国人的先头部队已经渗透到了离城市只有 10 公里的地方，我们那些后撤的部队正在进行着惨烈的战斗。那些从郊外向哥滕哈芬镇逃亡的难民们不得不穿过苏军雨点一般的炮火，不少人被炸死了。在海上的德国战舰正在向那些苏军的先头部队开火。脚下的大地剧烈地抖动着，一些还没有脱落的窗户玻璃此时都碎掉了。

我们试图召集那些跑到这里的惊恐的难民们，他们想到海拉港登船离开这里。这时那些撤退的部队也到达了这里，这意味着我们的炮击并没有阻止住敌人的进攻。这里再次被那种疯狂的恐慌笼罩着，那些潮水般随处乱跑的难民将这里最后一点点的秩序也摧毁掉了。虽然接到了登船撤退的命令，我们还是集合起来前往泽波镇去堵住那里被突破的阵地。

我们离开了一片混乱的哥滕哈芬。大家口干舌燥，满腔愤怒地爬上了一些拉我们去阵地的民用小轿车。透过关得死死的车窗，我们死死地盯着天空，这时我们的耳中传来了俄国飞机的声音，它们听起来就像是一群嗡嗡叫的黄蜂。

我们在一个叫布罗塞的镇子跳下了车，直接跳进了一片瓦砾堆里。这个镇子里到处都是巨大的爆炸声。那些俄国飞机正在用火箭弹和炸弹轰炸着这里。那些俄国飞机飞得是如此之低，以至我们都可以看到飞行员的脸。当这些飞机飞走之后，我们又回到了那些快散架的民用轿车里在飞扬的灰尘里继续前进。前面的道路上到处都是炸毁的车辆，我们好几次都不得不下来把道路清理出来。我们不得不绕过一些巨大的弹坑，否则我们的汽车将可能整个掉在那些深深的弹坑里面。我们拿着自己的反坦克火箭筒在一个小村子边跳了下来，可以听到在南面大约10分钟路程的地方传来大炮的声音。

我们向一辆停靠在一片篱笆边的挎斗摩托车跑去。

我们以为在摩托车那里可以得到一些指示。但是我们来得太晚了——摩托车上的两个人都已经被打死了。摩托车驾驶员已经趴在了把手上，他的背被子弹打得稀烂。另外一个人看起来似乎睡着了，但其实也早已死了。枪声离我们越来越近了，没有想到俄国人会离我们这么近，我们其他的部队都到哪里去了？

接着我们看到了他们。我们翻过了一个花园的篱笆，在离我们大约200米的地方有一片斜坡地，那里到处是大炮的硝烟和此起彼伏的炮弹爆炸声，子弹和炮弹的轨迹在灰色的天空中不断划过。

我们必须不计一切代价占领那边的一个高地，虽然大家此时都揣着那个通往西部的登船证。我非常清楚现在其他战友心里所咒骂的是什么。

我们飞快地跨着大步跑到了那里。

我们身边有3辆半履带式装甲车，装甲车上的反坦克炮指着前面大约20辆一动不动的苏军坦克，那些坦克正停在一片黄白相间的雪地里。士兵们正趴在一些仓促挖好的坑里，他们手里的反坦克火箭筒直直地指向前面的钢铁怪物。当我们还没有将自己掩蔽好时，那些坦克就向我们开火了，随着第一排炮弹的爆炸，一大团爆炸后的浓烟沿着地面向我们扑了过来。此时可以听到从我们阵地上传来的喊叫声和呻吟声。那些躲在掩体里的半履带式装甲车此刻也开火了，我们周围这些巨大的声音淹没了一切。

那些俄国坦克依旧一动不动地向我们这里开着炮。有一些坦克似乎已经被我们打中了而无法开动，浓烟从坦克里面渗了出来。现在风从我们这边往那些苏军的坦克群里吹去。

接着一个残忍的命令被下达了——因为那些俄国坦克不向我们开来，所以我们必须主动上去打掉这些坦克。

我们此时的恐惧达到了空前的程度，许多士兵无法遏制地看着尿顺着自己的裤管流了出来，我们心中的恐惧都要爆炸了，以至我们几乎都完全不能控制住自己了。我们在坦克前面的开阔地上一会儿匍匐，一会儿跳跃着一点点地靠近那些坦克。那些坦克旁边没有步兵，坦克手并不开阔的视野使得他们的火力并不太准。此时我们6个士兵正在离那个坦克群大约60米的一个弹坑里趴着，坦克群里有一辆坦克正在燃烧。接着我身边几个战友从弹坑里猛然跃出，我大睁着自己的眼睛看着他们向死亡挑战。此时3辆俄国坦克向我们这里开了过来，如果这几辆坦克开上我们前面一个土堆的话，那对我们而言，战争将在不到一分钟内结束。

我今天依然可以记起那些坦克——它们厚重的金属外壳，还有我手里的反坦克火箭筒的准星。我死死地把自己的手指放在火箭弹的发射开关上。当这3辆坦克离我越来越近时，我身下的土地开始剧烈地颤动起来。我此刻的神经已经绷到了快断开的程度了。我现在可以看到坦克前部装甲上黯淡的反光了，接着我按下了手里的发射开关，眼前的一切都消失在了一片刺眼的白光之中，我的脸被反坦克火箭弹推进剂的热浪给烧痛了。

脑袋里面此刻是一片呆滞，它似乎已经变成我钢盔的一部分了。在我旁边，其他的士兵也在发射着自己的反坦克火箭弹。周围的一切都同时被炫目的白光照亮了。大家同时向第二辆开到我们这里的坦克射出了3发火箭弹，这3发火箭弹都同时命中了那辆坦克。

此刻第三辆坦克轰鸣着向我们侧面的一个小土堆驶去。坦克开始加速了，现在它离我们只有不到30米的距离，我拿起了自己最后一发反坦克火箭弹。我的一个战友刚刚向这辆坦克发射了火箭弹，我的眼睛被火箭弹推进剂燃烧时的白光晃花了。当我略微恢复了一些视力后，我看到那辆坦克已经离我们只有五六米远了，它满是泥块的履带轮发出巨大的金属响声，我们不可遏制地发出了一片惨叫声。

突然坦克的炮塔爆炸了，接着坦克整个笼罩在了一片浓重的黑烟之中。我们试图寻找着下一个目标，但是周围的浓烟和烈火让我们什么也看不到。由于没有听到坦克再开过来的声音，我们从弹坑里跳了出来奔向那辆燃烧的坦克。坦克的声音现在越来越远了，那些俄国人在我们自杀式的进攻中终于撤退了，我们此刻都瘫倒在了冰冷的地面上。那 3 辆向我们进攻的坦克都被摧毁了，其他的俄国坦克在我们疯狂的打击面前退却了。但是俄国人肯定会再次出现在我们面前的，那时会有更多的坦克，并且他们还有飞机和大炮的支援，我们此刻的疯狂努力又将化作乌有。

我们还在战斗着，我们知道自己无法最终挡住那些装备精良、潮水一般涌来的俄国人，但是我们的努力并不是白费的，我们的战斗使得一大批难民得以逃出了俄国人的追击。在晚上的时候，又有一些德国部队加入进我们的队伍，我们重新巩固了阵地，还布下了一片雷区，这些地雷是我们从但泽获得的。地雷是一个非常有效的防御工具，但是它们的作用只能发挥一次。俄国人在进攻前往往都会用大炮密集轰击我们阵地前的雷区。

俄国人已经连续 3 天向但泽港发起了进攻，他们试图切断但泽与哥滕哈芬的联系。费汉姆神父受了重伤。我们再一次要撤退了，这一次，我们海军的大炮给了我们巨大的支持，如果俄国人不是有如此之多的部队和装备的话，他们一定会撤退的。

我们的部队此时集中在了一小片阵地上。俄国人正在用飞机向我们发动攻击，实际上他们最后是用飞机压垮我们的。当我们向前面的地平线望去时，所有高出地面的东西都消失了。那片在半年前还是宁静和安逸的土地此时已经成了一片末日的景象。在白天，我们都无法离开战壕活动。天空中到处都是俄国飞机，虽然我们有高射炮，但是那些飞机还是与日俱增。随着我们部队的撤离，防守一天天薄弱下来。

我们是第一批撤往哥滕哈芬的部队。哥滕哈芬已经完全失去了原来的样子，镇上到处都是激烈战斗后留下的痕迹，空气里到处弥漫着一种汽油和东西烧焦的气味。通往码头的道路也被摧毁了，那些在道路两边的建筑都已经坍塌了下来，并将道路堵得死死的。

我们和几千名士兵正在清理这里的瓦砾好让那些满载着难民的卡车能够开往港口。每隔 5 或 10 分钟，俄国飞机都会再次飞回来扫射，我们不得不趴在原地的那些瓦砾堆里，那些飞机每天都要到这里扫射二三十次。我们能够活下来而没有自杀完全是靠着我们在别尔戈罗德和美迈尔的经历。我们已经不再去计算这里的伤员和死者了，因为这里没有一个人是没有受伤的。

那些从运输队抽调的马车上面都满满地装着用麻袋甚至是用废报纸包裹着的尸体，这些死尸都必须要尽快掩埋掉。

那些筋疲力尽的人们此刻正站在那些废墟上，他们同时也成了俄国飞机理想的目标，此时，西面和西南面的天空已经被映得通红。在哥滕哈芬，巷战已经开始了，此刻还有不少难民等在这里的港口边。俄国人的炮弹不时打到登船的地方，并在那里爆炸了。

我们试图想在一个小地窖里面睡上一会儿，一个医生正在在那里接生一个孩子。地窖的顶上挂着几盏煤油灯。小孩子的出生在平常应该是件好事，但是这个接生的过程似乎只是成了这场悲剧的一部分。那个母亲的哭嚎声在这个已经充满了哭嚎的世界里面已经没有了任何的意义，而那个哭泣的孩子似乎正在为来到这个世界而感到后悔。我们看到了地上那一片接生后留下的血迹，那摊血就像是那些在外面街道上或泥土里的血迹一样。在那些街道上和泥土里，我对于生命的理解已经坠落到了一个无底的深渊里，在那里，生命的含义不过是一摊血、一阵痛苦的挣扎和一声最后的哀号。

这个小小的婴儿微弱的哭声几乎完全被外面传来的爆炸声所湮没了。接着我们又回到了熊熊燃烧的大街上。为了孩子的权益，我们大家都祈愿他在达到参军的年纪之前就死去。对我们这些 20 岁的人而言，这是一个充满了仇恨的年纪。在我们对于生活有着如此之多梦想的时候，我们却要死去。这对于我们而言实在太残酷了。

我们帮助一些老年人往码头走去。在被火焰所照亮的黑暗中，我们搀扶着这些老人。在码头上有一只拖船在等待着他们。这时俄国飞机又来了，虽然这里的街道已经火光冲天，但是它们还是依旧向这里倾泻着自己的弹药。

这些飞机打死了 15 个我们负责护送的老人。我们试图让那些老人一起与我们扑倒在地上，但是他们没法和我们反应一样快。我们最后将那些活下来的老年人送到了拖船上，船上早已是人满为患了。

我们终于登船了。沃勒斯此刻跑到船尾去看登船用的木板是否已经撤去了。如果船上的人们移动的话，我们这艘船也许会沉没的。没有一个人动一动，我们再一次从俄国人的进攻中逃脱了。

第十九章

最后的西部前线

海拉[1]　丹麦　基尔　英国人　战俘

在天亮之前我们平安地到达了海拉。我们经过了几艘如同幽灵一般的轮船，轮船上的灯都熄灭了。这些船是去海拉、哥滕哈芬或是但泽港接难民的。我们原以为繁忙的海拉港结果只是一个小村子，港口规模也很小。许多轮船只好停靠在离岸稍远一些的海里，一些小艇正在源源不断地接送着那些逃往西部的难民。

还没有把脚踩到岸上，那些岸上的宪兵就命令我们站到一边。我们用一种不满的眼光看着那些宪兵。我们的好运现在会像夏日的融雪一样化为乌有吗？我们会被再送回但泽或是哥滕哈芬吗？那些宪兵此刻正在从船上疏导着那些面色苍白的难民。我们所有的文件都在身边。这艘船不是要把我们带到更远的西部吗？

---

① 海拉位于但泽港（现在波兰的格但斯克港）以北不远的一个半岛顶端。译者注

有没有可能我们的部署会被撤销呢？时间一点点地流逝着，我们不知道自己下一分钟的命运会是什么。

这时天色已经开始亮了起来，我们都感到了一种沉重的疲惫感。我们现在可以看见许多轮船灰色的轮廓，其中也包括不少的战舰，它们都停在半岛的两侧。正当我们看着港口的景象时，空袭警报响了起来。我们的视线转向了天空，这时人群开始骚动起来。

那些宪兵喊着："大家不要惊慌！我们的防空火力能够控制住局势！"

现在我们知道这里所有的防空掩体里都是伤员，我们只好自己去找隐蔽处了。如果有炸弹落到码头上来，一定会有很多人被炸死的。

我们向码头边的一艘旧船跑去。那艘旧船的木质船体可以挡一挡炸弹的弹片。当我们还没有到那里时，我们听到了防空火炮巨大的开火声。这些防空火力来自我们的一个海岸防空火炮阵地或是停泊在港口里的一艘军舰。这是我第一次经历如此猛烈的防空火力的射击，那些爆炸后落下的高射炮弹弹片恐怕也会造成地上人员的伤亡的。

在我们的东面，天空里已经充满了无数的小黑点。防空炮火的声音让我们都无法听到那些飞来的俄国飞机的声音。我们终于看到了3架沿着海岸线低空向我们飞来的飞机，高射炮弹在飞机的后面密集地爆炸着。接着我们听到了南面一声巨大的爆炸，一架敌机在港口的水面上方被击中爆炸了。那些宪兵所说的是对的，没有一架飞机能够从海拉上空飞过。我们感到了一种信心和安全，俄国人终于在这里被挡住了。

那些宪兵正在检查我们的证件。

一个军官此时告诉我们说："你们在3月X号的时候回来登船。在你们等候的时候，可以到海拉北面去帮一些忙。"

我们随即离开了港口。

霍尔斯问我道："今天是几号了？"

沃勒斯说："等一等，我这里有一个日历。"他边说边在自己的口袋里翻着，但是什么也没有找到。

沃勒斯说道："不管怎样我们都来得不算太早。"

霍尔斯说："但是我们还是应该知道。我想知道我们到底需要等多久。"

我们最后终于搞清了登船的日子是星期天，是 3 月的 28 或 29 号。我们不得不等待两天，德国东部前线的最后两天，有那么多的生命已经在这个前线消失了。

在这两天里，我们和那些满脸忧虑的难民们一起在海拉半岛上露宿着。

在这期间，俄国飞机有两次试图空袭这里。我所见到的空袭最后的受害者是一匹脏兮兮的白马。

一架俄国飞机被炮火击中在我们头顶的空中解体了。我们看着这架飞机吼叫着向地面冲去。飞机的声音惊吓了一匹地上的马，它拼命地向飞机即将坠落的地点奔去。这匹马还没有跑上两步就被飞机击中了，这匹马即刻被这架坠落的飞机撕得粉碎。

4 月 1 日下午，天气非常糟糕，我们在此时登上了一艘白色的轮船。这艘船一定曾经搭载过许多有钱的家伙。虽然我们大家都感到有些焦虑，虽然我们船上到处都是伤员和担架，我还是注意到了船上那些豪华的装饰。我这时想起了圣诞节时父亲带我去逛商店的情景。但是现在我已经没有勇气高兴了，我知道这种感觉最后总是没有什么好结果的。

我们的轮船在夜色里继续行驶着。就在不久前，但泽那里激烈的交火声传到了我们的耳里，我的那些战友正在那里战斗和死去。我们几乎不敢相信我们不可思议的好运气，这种好运气也让我们感到不安。我们的轮船此刻正在向未知的西部驶去。那是一片我们向往的土地，我们不能够想象战争会在那里发生。轮船的名字叫比勒陀利亚号，我们被暂时安置在轮船的露天船头上，虽然我们被迎面而来的风雨打得透湿，但是那种向西部驶去的甜蜜的感觉让我们忘记了食物和水。

我们当然可能会被一颗鱼雷送到海底，但是我们没有考虑那种情况。我们现在有一艘战列舰护航，一切进展顺利。

我们抵达了丹麦，在这里我们看到了那些几乎被我们忘记掉的东西，例如糕饼店。我们大家都用一种贪婪的眼神看着糕饼店橱窗里的东西，丝毫没有意识到糕饼店店主正在用一种狐疑的眼光看着我们这些衣衫褴褛的家伙。我们身上都没有钱，而那些糕点都不是免费的。我们有一阵子想到了用手中的冲锋枪去威胁店主给我们一些糕点吃。

霍尔斯再也抵抗不住那些糕点的诱惑了，伸出自己的双手，那双手看起来就好像是枯柴，试图向店主讨要一些吃的。最后那个店主把一块不太新鲜的蛋糕放在了霍尔斯脏兮兮的手掌上。霍尔斯把那块蛋糕分成了四份，我们每人都得到了一份。我们此刻正在品尝着这个我们全然陌生了的美味。我们向那个店主表示了感谢，我们试图微笑，但是大家满口的烂牙齿和脏兮兮的面容让我们的微笑看起来好像是某种嘲笑一般。店主转身回到了店里。他并不知道我们已经有多久没有笑过了，我们需要时间来重新学习微笑。

我们坐上一艘普通的轮船开往了德国的基尔①。在那里我们又看到了非常熟悉的景象，那里没有糕点店，也没有微笑的机会。我们在一堆废墟里再次集合了。霍尔斯问周围的人是否他能够回多特蒙德休假。一个大约 50 岁的士兵拍着霍尔斯的肩膀告诉他，如果霍尔斯有足够勇气和运气能够穿过美国和英国的防线的话，他是可以回家的。

霍尔斯的脸此刻充满了惊异和忧伤的表情。他说道："美国和英国的防线！"

终于到了梦寐已久的西部，我们却被这个坏消息给惊呆了。西部——这个我们在美迈尔、第聂伯河还有顿河时所梦想的天堂，这个我们唯一活下去的动力——现在只是一片被密集的民房所点缀的小乡村。这里的宁静不时被天空中飞机的轰鸣声所打破，于是人们在恐惧中向四处逃散。在这里，我们被 3 辆脏兮兮的汽车拉着向自己与死亡的另一次约会飞驰而去。我最后的幻想在那些残酷的悲恸里面土崩瓦解了。

在西部，另一些敌人正在让我们的苦难继续加深。这里有几个集团军的敌人在和我们这些疲惫的士兵战斗，我们的敌手也包

---

① 基尔是德国位于波罗的海的重要港口。译者注

括法国的军队。我无法描述当我知道法国军队也参加了对德国的战争时的感受。还是在俄罗斯大平原上的战壕里的时候，我对法国的感情就像是那些在巴黎咖啡馆里面谈论法国大革命的年轻人一样。我所做的大多数事情都是为了法国，甚至让我的战友们也明白了这些。到底发生了什么？这一切该如何解释呢？

法国离弃了我，当我最需要法国帮助的时候。也许我必须要向我的那些法国弟兄们开枪，我无法向他们开枪，就像我无法向霍尔斯和林德伯格开枪一样。

到底发生了什么？上面到底都向我们隐瞒了什么？我不知道，也不明白。我的大脑已经拒绝再接受什么类似的消息了，那些原来我们对于西部的希望现在已经在我心里死了。

我们将再次投入战斗。到底和谁战斗？我们都知道自己已经没有任何战斗下去的勇气了，现在我们所有的希望都死去了。

抵达了易北河的岸边，我们正躺在一条通往劳恩堡小路边的草丛里。英国军队正在这里驻防，我们将试图与这些英国军队作战。

一个年纪很大的老兵在给我们分发饭食。霍尔斯站在离我不远的地方，他两眼无神地看着前面，似乎在思忖着什么不可思忖的东西。那个老兵看起来不像我们这样抑郁。他现在用一种几乎听不到的声音说："如果运气好的话，战争会在几天后结束的。"

他的话是什么意思？我知道通常对于士兵而言，战争的结束往往就是当他们的头上或胸口上中了一枪的时候。

那个老兵接着说："我不是指那个意思。我们会成为战俘的，你会懂的。这并不太光彩，但是那总比挨饿和轰炸强。你会明白的，那些人不是俄国佬，他们不是太坏的。"

夜晚过去了。晚上的空气潮湿而温暖，我们都坐在路边满是露水的草里。一大群飞机从夜空的某个地方飞过。没有什么事情可以打搅我们这种半睡半醒的状态，我们在这3年的苦难中已经把这样的本领练得炉火纯青了。

在凌晨3点钟的时候，我们听到了北面大炮的声音，那里的天空被火光照亮了。炮击大约持续了45分钟，在此期间我们的半睡眠状态丝毫也没有受到影响。

黎明不久后就到来了，春天的太阳已经爬到了地平线那里。一辆吉普车正沿着道路向我们这里开来，吉普车在这条土路上不停地颠簸着，车的颜色是棕色的，里面坐着 3 个穿着另一种制服的人。

我们看着那 3 个戴着大得出奇钢盔的脸色红润的年轻人，看着他们的车向我们逼近。那些人似乎现在已经沉浸在他们早上出游的兴致里面了。

这是我第一次和英国人相遇，我所遇到的第一批英国人。向这 3 个快活的年轻人开枪几乎是一种犯罪行为，但是我们这里还是有一个狗娘养的向他们开了两枪。那辆车慌忙掉转车头，我们此时其实完全有时间把这 3 个英国人消灭掉。

我旁边的那个老兵向那个开枪的年轻人愤怒地咆哮着，那个老兵解释说向那几个英国人开枪会招来他们的坦克部队的，而我们都没有相应的武器。一个有些惊讶的少校几乎要出来制止那个老兵的言论了，但是他不知怎么没有开口，而又回到了自己的位置。

一个小时后，我们听到北面传来了引擎的声音——那个老兵的预言应验了。一架侦察机飞到了我们的头顶指挥那些装甲车辆的炮火能够准确地打中我们。我们现在向一个小山沟爬去，这个举动让我们免遭了大约 50 枚迫击炮弹的袭击，如果我们还待在原处的话，那我们将会有许多人伤亡。

那些英国人一定确信我们的抵抗只会是零星的，所以他们派出了 4 辆半履带式装甲车向我们开来。我们有些焦虑地看着这几辆装甲车开上了路基。这时我们里面有两个士兵从地上站了起来并向装甲车举起了双手。我从来没有在东线看到过这样的景象，我们这些依旧趴在地上的士兵不知道下一步会发生什么。那些英国人会用机枪把这两个士兵扫倒吗？我们的长官会把这两个放弃抵抗的士兵打死吗？但是什么也没有发生。那个在我旁边的老兵此时拉了拉我的手臂说：“我们也过去吧。”

我们都从地上站了起来，其他的人也很快地跟着我们。霍尔斯走了上来，他甚至都没有举起自己的手。我们每个人的心都在怦怦地剧烈跳动着，大家口里都感到有些干涩。这是我唯一一次对那些盟军士兵感到害怕，其实我这是自找的。

我们被那些英国士兵赶到了一起，他们脸上带着一种仇恨的表情。然而我们在自己的部队里面曾经见到过更可怕的表情，特别是我们在芬克少校的训练营里。那些英国人推搡我们的力量并不粗鲁，甚至还有些温和。

为了羞辱我们，这些英国士兵把我们装到了几辆结实的卡车上。那些在一边漠然看着我们的英国士兵们绝对搞不懂为什么我们此时的脸上已经露出了笑容并开心地在卡车上聊起天来，霍尔斯为此甚至挨了英国军官一记耳光，那个英国人对于我们的表现感到莫名其妙。其实霍尔斯刚才只是把我们这次轻松的旅途和那些我们在东线时的行军进行着对比。

接着我们碰到了其他一些盟军士兵，他们个子都挺高，每个人的脸都是红润健康的，他们虽然有些粗鲁，但是他们的粗鲁中依旧带着教养。他们的穿着很随意。他们的制服是用一种细腻的料子做成的，看起来像是高尔夫球衣。他们不停地在嘴里嚼着什么，就像是一群有反刍习惯的牲畜。他们看起来既不高兴也不沮丧，对于刚刚取得的胜利似乎并不太在意，只是在完成自己的义务而已。

我们这帮脏兮兮的家伙正在用好奇的眼神看着他们。看起来我们这帮被打败的家伙反倒比他们要快乐，对那些人而言，似乎天堂也无法让他们快乐起来。他们也许除了快乐以外什么也不缺。我们此时的快乐心情让我们多少恢复了一些常态。

盟军中的这些美国人也尽其所能地羞辱我们——这实在是完全正常的。他们把我们安排在一个仅有几个大帐篷的俘虏营里。即使在战俘营里，德国军队严格的纪律依旧在运行着，就如在哈尔科夫或是第聂伯河、美迈尔、皮洛，还有乌克兰大平原，无论在哪里，营地里的帐篷总是优先给那些伤病员准备的。

接着那些美国人来到我们的营地中间打开了几大箱罐头。他们把那些罐头用脚踢得四处都是，然后就走了。最后我们每个人都得到了一份食物。这些罐头是如此可口，我们甚至都忘记了天上落下的瓢泼大雨。还有那些袋装的橘子粉和柠檬粉简直成了不可思议的美味，我们用自己的外衣衣角接着雨水，然后倒入一点儿这些粉，自制了一点饮料。从那些美国人的掩体里，我听到了他们在谈论我们。他们看到我们为了这些在他们看来微不足道的东西而不顾一切，也许会因此而鄙视我们。他们也许会认为我们这些不战而降而此时又在雨地里吃着食物的士兵是一些胆小鬼。对于那些曾经在纪录影片里看过德国士兵的美国人而言，我们现在这些人一点也不像那些他们印象中的德国士兵。我们也没有让他们因为我们而感到愤怒，我们并不是那些他们所认为的傲慢而易怒的德国佬，我们只是一些在雨里面站着的饥肠辘辘的普通人。我们愿意去吃那些丢在泥地里的罐头。我们也是一些满脸忧虑的活死人，我们会靠在任何可以休息的东西上并能够站着就睡着了。那些我们的伤员并没有向美国人要求治疗，而只是对于能够好好睡上一觉便感到非常满足。

我们不久后就被送到了曼海姆[①]，在那里我们被送到了一个很大的战俘处理中心。

霍尔斯、格兰德斯克、林德伯格和我在所经历战争里都相依为命，我们现在只是知道战争对于我们而言结束了，我们没有去想战争结束的后果是什么。现在对于我们而言有太多新鲜的东西。我们知道最困难的时候已经过去了，那些成了战俘的德国士兵们正在组织起来帮助盟军工作。我们这些衣衫褴褛的士兵在那些穿着笔挺的战胜者中间穿行着，使用着他们同样的物资。那些给盟军的香烟也发给了我们，但是我们却没有什么可以回送对方的。有人甚至还收到了口香糖，他们一边嚼，一边大笑着，接着把口香糖一不小心咽了下去。我们的军官用德语在喊着口令，士兵们有些在集合，有些刚被解散。他们会再把我们送回到前线吗？那是不可能的。一个浑蛋的德国军官似乎已经被这里的轻松气氛冲昏了头脑，他还是机械地用以前的惯例向大家发出集合的命令，他向我们这帮已经成了战俘的德国士兵大喊道：“现在拿好你们的武器！”

他的命令随即招致了一阵哄堂大笑。

这种情况让那些美国人感到愤怒，他们走到了外面向我们吼

---

① 曼海姆位于德国西部。译者注

叫着，这样的情况让我们感到更滑稽了，但还是要忍住自己不至笑出来。那个刚刚犯了错误的军官已经意识到了自己的错误，正在那里立正站好等待着那几个美国军官的训斥。3个美国军官正在向他大声地抗议着，而那个德国军官已经早就羞得面红耳赤了。

过了一会儿，我们这些战俘排着长队准备体检。一些人在体检后被送往了医院，另一些人则被组织起来去清理德国各地的废墟。有一个专门的士兵管理和身份识别委员会在负责每一个士兵的个人情况鉴定。这些委员会往往由各个盟国的军官所组成，其中有加拿大人、英国人、法国人和比利时人。我的文件被交给了一个法国军官，他抬起头来看了我两次，然后他又抬起头看了我一眼，接着他用德语对我说：

“这里是你的出生地吗？”

我回答道：“是的。”

法国军官嗯了一声。

于是我用法语说道：“是的。我的父亲是法国人。”

我现在的法语和我那时在切姆尼兹兵营的德语一样糟糕。那个法国军官用一种怀疑的眼光看着我。过了一会儿，他再次用法语开口了。

他说：“你是法国人吗？”

我不知道如何回答这个问题。在过去的3年，那些德国人一直让我相信自己是德国人。

我于是只好回答道：“我认为是的，上校先生。”

那个法国军官问我：“你认为是的，这话什么意思？”

我感到有些尴尬，没有作答。

那个法国军官接着问我：“你和那帮家伙在一起干什么？”

我还是不知道该如何回答。

我只好说：“我不知道，上校先生。”

法国军官对我说：“别用德语叫我上校先生，用法语叫我上校先生，现在跟我来。”

他站了起来，我跟着他走着，我注意到了此刻霍尔斯正在看着我。我向他挥了挥手轻声说：“你在这里等一会儿我，我马上回来。”

那个法国上校有些恼怒地问我：“你在和谁说话?”

我用德语回答道：“他是我的一个战友，上校先生。”

那个上校再次说：“既然你会说法语，那就不要和我讲德语，现在跟我到这边来。”

跟着他穿过了一条走廊，我突然担心不能再见到霍尔斯了。最后我们到了一个办公室，在那里有 4 个法国士兵正在和一个年轻女子谈笑着，那个年轻女子似乎在说着英语。

上校告诉他们说我的情况有些可疑，他们接着就开始详细盘问起了我，我对于他们问题的回答似乎难以让他们感到有说服力。我的头有些眩晕，现在似乎我所说的一切听起来都充满了虚假。

他们中的一个军官在问讯我的时候把我称作是一个浑蛋和叛徒。由于我一动不动地保持着沉默，他们最终放过了我，然后他们把我关到了一间楼下的小屋里。我一个人在那里待了一天半的时间，我在那个时候还不停地想着自己的战友，特别是霍尔斯，他一定在担心着我。我有一种不祥的预感，我也许不能够再见到霍尔斯了，不安的心让我一夜都没有睡着。

第二天，一个心情愉快的上尉过来看我。我被带到了那个两天前我所去过的地方并被允许坐了下来，他接着说出了一些我完全没有料到的话来。

那个年轻的上尉此时正在看着我的证件，他对我说：“你的身世昨天让我们都感到有些吃惊。我们知道德国人常常让父亲是德国人的孩子参加德军。如果你的情况是这样的话，我们就不得不把你当作战俘对待了。然而你的情况是由于你的母亲是德国人，你才参加了德军。我们没有明文规定要拘禁你。我因此为你而高兴。”

上尉又温和地接着说：“我们现在已经解放你了，我这里有一张相关的文件。你可以回家并重新开始你原来的生活了。”

我此刻心想：“回家！他也许是在谈论火星上的事情吧。”

我接着说道：“是，回家。”

上尉停顿了一会儿，他给了我一个说话的机会，但是我没有说。我不能够理解到底发生了什么，而且我也不知道该如何回答。

上尉又说道："但是，我愿意建议你这样洗清自己。你可以报名参加法国军队，这样你就可以完全回到原来的生活了。"

我此刻的思绪都在想着霍尔斯，我只是心不在焉地听着眼前这个和蔼的军官的话语。他又说道："你同意吗？"

我有些条件反射地回答道："是的，上尉先生。"

上尉说道："恭喜你的决定。在这签字吧。"

接着他说道："你会被通知何时去报到的。"他边说边合上自己的文件夹。

他又说："现在赶快回家吧。"

我依旧不知道该如何对这个上尉说些什么。甚至上尉本人此刻看来也在失去自己的耐心了。他最后站了起来把我送到门口。

他问我："你的父母知道你在哪里吗？"

我回答说："我想他们不知道，上尉先生。"

上尉又问："你难道没有给他们写过信吗？"

我回答说："我写了，上尉先生。"

上尉说："哦，那你一定知道他们的情况了。那些德国佬难道没有邮局吗？"

我回答道："他们有的，上尉先生。我的父母也曾经给我写过，但是我已经有将近一年没有收到他们的信了。"

上尉惊讶地看着我。

他最后说道："这些狗娘养的，他们甚至连信也不让你收到。现在走吧，回家，然后忘掉这些事情。"

后　记

回家

火车正在阳光灿烂的法国乡间穿行着，我的头在座位的靠背上颠簸着。那些我周围的人像是来自另一个世界，他们此刻在大声地笑着。我现在既笑不出来，也没法忘记过去。

我在上车前到处找着霍尔斯，但是始终没有能找到他。对霍尔斯的思念此刻充满了我的脑海，我靠着自己最大的毅力才最终没有让眼泪流下来。在这场可怕的战争中，霍尔斯和我的友情是那么弥足珍贵。他也是我在这个残酷的世界里唯一的朋友，他是那个在我灰心绝望的时候担负我重担的朋友，我永远也不会忘记他，还有和他一起的那些日子。我也不会忘掉那些与我同生死共患难的其他战友。

火车继续向前隆隆地驶着，并将我一点点地带离这一切。如果这列火车像这样一直不停地走上几天，然后把我带到地球的另一边，这对我而言也不会有什么区别。我的记忆依旧牢牢地依附在我的生命里。

接着火车停靠在了那个我该下去的小站，我穿着那双带着我穿越过俄罗斯土地的破旧军靴踩在了水泥站台上。我困顿的眼睛看着这里那些我再熟悉不过的景象，什么也没有改变，这个地方看起来似乎已经睡着了，或许我不期而归的出现会让这个小站醒来吧。这里的一切都没有变化，只是我改变了，我清楚地知道我已经不可能再回到战前那样的生活了。

我站了一会儿，依旧看着周围的一切，接着我有些迟疑地缓缓地走着。我注意到两个车站的员工正在注视着我，他们显然希望我赶快离开这个车站，好继续自己的事情。我是这个车站最后出站的旅客，每个人都已经在匆忙中离开了。

那两个车站员工中的一个向我说："请快一点儿。"我向他走了过去，接着把自己的文件交给了他。

他说："你必须把这些东西拿给站长看一看，这边走。"

站长看了看我的那份文件，他显然没有弄清楚这份文件的内容。

他说道："曼海姆，这是在波齐[①]，是吗？"

我回答道："不，先生。是在德国。"

他听出了我奇怪的法语口音，接着他有些疑惑地看了看我。

他接着说道："这对我而言是一样的。"

我现在离自己的家依然有8公里左右的路程。天气非常晴朗，我几乎要高兴得一路小跑起来了。然而我的喉咙现在已经被忧伤哽住了，感觉到呼吸都变得困难了。我感到自己的理智开始融化了，一种不可思议的情感正在主宰着我的感觉，刚刚看到的那个车站和小村庄，即将要回到那片郁郁葱葱的房子和我的父母相见，我都不敢去想该如何面对那个时刻了。

但是这个事实又让我感到有些害怕——一栋爬满了葡萄藤的房子，在昏暗的走廊里坐着我的父母。我在自己的脑海里面构思着他们已经有些变化的面容，并尽量让这些能够和自己记忆中父母的脸庞搭配起来。我脑海中的影像渐渐变得模糊起来。我也想到了我的小弟弟，我想象着当我看到他的时候会惊讶于他已经长得那么高了。

突然我羸弱的身上冒出了一阵冷汗。现在那些俄国的回忆与这里的宁静形成了何等强烈的反差，那些战前的生活又将再一次回到我的世界里，一切都好像没有发生过一样。这样的反差是何等的巨大与残酷，我需要一个能够过滤掉这一切的筛子。我不能忘记霍尔斯和其他那些在战争里生死与共的战友们，他们和我曾经一起大睁着眼睛注视着死亡向我们一步步逼近，我们知道在任何时候死亡都会把我们轻易地吞噬掉。没有那些战友，我绝不可

---

① 法国东部一城市名。译者注

能有机会将这些战争场景记述下来，而这些又是那么与此刻的现实格格不入。

我的脑袋此刻就像是一只没有了舵的小船在海里漂转。我缓缓地走向那个曾经何等盼望的相见，而此时我突然害怕起来。

一架飞机正低空飞过了我所在的这片阳光灿烂的田野。我不可遏制地猛地向路边的沟渠里扑去。飞机从我的头顶飞过，接着便消失在了远方，它的消失就如同它的出现一般突然。我扶着旁边的一棵苹果树站了起来，依旧没有反应过来到底发生了什么。我感到自己突然被惊吓了。我用有些模糊的目光看着脚下的那片草地，那些小草刚刚被我的身体压平倒在了地上，此刻它们又缓缓地再次直立起来。那片草地看起来有些像一堆蓬乱的头发，它们刚刚从冬天的冰霜中苏醒过来，上面依旧带着一些枯黄的痕迹。它们现在似乎就像我一样慢慢地恢复着原有的生机。这些小草不是很高，否则的话，我会想起那些乌克兰大平原上的野草的。我再次躺在了那片小草上，草间凌乱而炫目的阳光让我有些睁不开眼睛，我随即闭上了自己的双眼。这片似乎是我此刻生命写照的小草让我感到些许的安逸和宁静，我慢慢地在上面睡着了。

只有死亡是一切的终了，那些在美迈尔都没有摧毁的希望在和平的年月里同样会继续生存下去。当我慢慢醒了过来，我再一次上路向家走去。我也许已经睡了几个小时，太阳已经快落到山的后面了，我将在黄昏的时候到家，这要比在大白天到家对我更合适。我对于即将要见到家人这件事感到焦虑。我此刻不想见到村里其他会认出我的熟人，所以决定在黄昏的时候才进村。我慢慢地走着，目光死死地盯着地面，似乎我昨天才离开这里似的。沉重的脚步声让我想起了那时在切姆尼兹新兵营里接受检阅时的脚步声。此时两个年轻人从我身边经过，他们没有注意到我。我转过了街角，在我左边看到了家里的房子。我的心此刻剧烈地跳动着，以至我感到胸口都疼了起来。

有人出现在了那个房子的门口，是一个个子不高的妇人，她的肩膀上披着一件长外套，那是一件我依旧熟悉的外套。我的母亲此时正在拿着一个牛奶桶向附近的一个农场走去。她现在向我这里走来，我觉得自己就要晕倒了。她正沿着路中间向我这里走来，虽然我的眼睛里此时已经充满了泪水，但我还是认出了她的样子。

我的心此刻已经快从我的嗓子眼里跳出来了，我感到自己就要晕过去了。

我的母亲从我旁边走了过去。我靠在路边的一栋房子的墙上试图调整一下呼吸，咸涩的泪水已经流到了自己的嘴里，我感到似乎像是血流到了那里。我知道再过几分钟我的母亲就会从原路回来。

我有些想跑开，但是却怎么也提不起自己的腿，我只好呆呆地站在原处，看着时间一分一秒地流逝。

过了一会儿，正如我所预料的，我母亲再次出现在了路上，她的身影在渐渐加深的夜色里缓缓地走着。她离我越来越近了，我不敢移动自己，生怕会吓到她。但是我再也按捺不住了，我鼓起勇气向她开口了。

“妈妈。”

她停了下来，我向前走了几步，接着我看到她几乎快晕过去了。那桶牛奶已经掉到了地上，我用颤抖的手一把抓住了她。她的喉咙里发出一声长长的叹息。

我搀着自己快要昏厥过去的母亲向家门口快步走去，在那里一个年轻人刚刚从里面出来了，他是我的弟弟。他看到了我们，接着喊了起来：“爸爸，有人把妈妈扶回来了！她病了！”

几个小时过去了，我依旧一动不动，默然无语地坐在家人中间，他们正在注视着我，他们的目光仿佛像是已经忘记了地球还是圆的这个道理了。我看到在壁炉上有一张我非常年轻时拍的照片。在照片旁边放了一个小花瓶，花瓶里有几支枯萎的鲜花。

我慢慢地和家人讲述着自己这几年的经历。但是我们都需要花费很多时间来恢复那些原来的生活——无论是那些等待我的家人，还是曾经如此盼望回到这里的我。

我知道自己的归来让家里的每个人都需要时间来适应，那些街坊邻里一定不能太快地知道我的回来，我们这个家庭的快乐现在还暂时是个秘密。在以后几天里，我几乎都在昏沉沉地睡着，我住在我一个姐姐的房间里，她在我没有回来的时候已经出嫁了。

我将在不久后参加法国军队，我这样一个微不足道的战败国士兵将成为他们中的一员。再次参军将有助于我慢慢地从过去的痛苦回忆中恢复过来。当然我这样一个该死的德国佬已经得到了太多的宽大。我过去受到过的训练让我在那些新兵里轻易地成为最出色的一员，但是我也必须保持自己的低姿态，尽量不去得罪任何人。我知道将会见到那些曾经恨恶我的人和那些愿意用自己宽容接纳我一切的人。

我的父母不允许我向外人提起自己的过去。

我现在专注地听着那些原先是我们对手的英雄们的故事。

那些充满了怨恨的人们将不会饶恕我的经历，他们只是将我的过去看作是一种愚蠢或是一些必须被追究的错误。而其他的人则有一天会懂得：在战争里，双方的士兵都是能够遵从同样的美德或生活的原则的，战争的痛苦是不分语言和国界的。

本来计划在法国军队里服务 3 年，但是我只待了 10 个月就提前退伍了。虽然我以为自己身体还算可以，但结果还是生了一场大病，并最终被批准提前退伍。

在我退伍之前，我参加了 1946 年在巴黎举行的一场盛大的游行。游行中有一段长长的静默时间让人们纪念那些在这场战争里死去的人，在那个时刻，我把这些名字在心里面默默地诵读了出来：

恩斯特·纽巴赫、林森、维尔纳、魏斯雷德、普林斯、索尔玛、豪特、奥林海姆、斯佩罗夫斯基、斯迈伦、敦德、凯勒曼、弗莱维希、巴勒斯、弗洛施、乌滕贝克、西门雷斯……

我拒绝把葆拉的名字加到这个名单里面。我也永远不会忘记霍尔斯，或是林德伯格，或是费汉姆，或是沃勒斯，他们的名字与回忆永远留在了我的生命里面。

但是有一个人我必须要忘记，他的名字叫做盖伊·萨杰。

译后札记

沿着作者盖伊的回忆，我们仿佛回到了上个世纪那场人类自相残杀的血腥与绝望之中。当读到盖伊在俄罗斯冰原的记述时，我们似乎可以感到凛冽的寒气从纸面间迎面袭来。在二战结束半个多世纪后，我们今天依旧在谴责这场空前的战争。我常常想，这场战争中有最后的胜利者吗？也许表面上是有的，但从人类自身的角度而言，恐怕并没有什么胜利者。

作为发动一次世界大战的国家，德国在一战战败后受到了英、法、美等战胜国的严厉惩罚。除了苛刻而巨额的赔款外，德国八分之一的国土被割让给了波兰、捷克、立陶宛等邻国。正是因为这些毁灭德国经济的惩罚性措施，德国成了德意志民族复兴主义狂热势力的温床。窘迫的生活和复仇的烈火成为一战后普通德国人生活的主旋律。在这样的历史背景下，德国人选择了疯狂鼓吹德意志民族优越论的阿道夫·希特勒作为自己的领袖。希特勒上台后的经济政策在短短几年彻底扭转了德国一片凋零的经济面貌，普通德国人民的生活得到了极大的改善和提高，德国迅速崛起成为欧洲经济和军事上的强国，这些经济上“奇迹般的”变化让德国人民认定希特勒是复兴德意志民族的“伟大领袖”，而希特勒所提倡的国家社会主义（即纳粹主义）和反犹政策自然也成了当时绝大多数德国人拥护和支持的国家政策。随着国家实力的强盛，在复仇和雪耻的旗帜下，德国终于发动了侵略波兰的战争，随即德国也对英国和法国宣战，第二次世界大战终于全面爆发了。

我们常常说：前事不忘，后事之师。二次世界大战已经结束60多年了，现在是时候从另外一个角度来审视和反思这场战争留给我们的遗产了。我衷心地希望读者通过这部书能够更深地思索人性和人类的历史，而不是简单化地将历史划分为黑白两个部分。实际上，只要有合适的诱因，在德国人身上发生的事情完全可以发生在任何一个民族身上，德国的经历无非再次暴露了人类在处理自身矛盾上一而再、再而三的愚蠢和自负。正如我在前言中所提到了，如果我们还是将德国的问题看作是某个主义的作祟，而不是我们人性弱点可怕力量的释放的话，那类似的事件一定还会在人类不远的未来重演的。

欧洲在经历了二战地狱般的屠戮后，人们终于意识到了民族主义是一把可怕的双刃剑——它既可以调动人的骄傲和自尊，也可以驱使人在这些情感的控制下走向疯狂的毁灭。实际上，欧洲若干个世纪周而复始的民族仇恨也是人类历史的一个缩影——血腥和暴力总是时刻可以找到方便的通行证，只要这个通行证上盖着国家或民族利益的印章。二战后欧盟的诞生和迅速发展就是欧洲各国领导人在二战无数尸骨之上的领悟。欧盟的使命就是淡化和最终融和欧洲盘根错节的历史与民族关系。今天，德国和法国这两个几个世纪以来不共戴天的仇敌终于在欧洲一体化的进程中成为推动一体化的发动机。从太空里俯瞰这个脆弱而美丽的蓝色星球，所有的国家之间实际上并没有本质的疆界，但为什么属于同类的人类族群又要为了自己的所谓文化差异性或利益多寡而争斗无休呢？也许有一天当人类不再固执和执着于自己可笑的“独特”和骄傲时，也许当人们愿意学会用宽容和原谅来回报往日的伤害与仇恨时，战争才最终会从我们的生命中离去。

华钢　2007年7月于云南昆明